V&R

Hypomnemata

Untersuchungen zur Antike und zu ihrem Nachleben

Band 191

Vandenhoeck & Ruprecht

Moritz Schnizlein

Patchworkfamilien in der Spätantike

Vandenhoeck & Ruprecht

Verantwortlicher Herausgeber
Hans-Joachim Gehrke

Bibliografische Information der Deutschen Nationalbibliothek

Die Deutsche Nationalbibliothek verzeichnet diese Publikation in der Deutschen Nationalbibliografie; detaillierte bibliografische Daten sind im Internet über http://dnb.d-nb.de abrufbar

ISBN 978-3-525-25299-4
ISBN 978-3-647-25299-5 (E-Book)

Umschlagabbildung: Harvard Art Museums, Attic red-figure Hydria (Kalpis): Family Scene in a Domestic Setting, c. 430 BC. Photo: Imaging Department © President and Fellows of Harvard College.

Gesamtherstellung: ⊕ Hubert & Co, Göttingen

Gedruckt auf alterungsbeständigem Papier.

Inhalt

Vorwort

Die vorliegende Arbeit ist die überarbeitete Fassung meiner Dissertation, die im Wintersemester 2010/2011 von der Fakultät für Geschichts- und Kunstwissenschaften der Ludwig-Maximilians-Universität München angenommen wurde.

Mein Dank gilt all jenen, die mir in der Zeit des Studiums und der Promotion mit Rat und Unterstützung zur Seite gestanden haben. Zunächst sei hier mein Doktorvater Prof. Dr. J.-U. Krause zu nennen, dessen Bürotür mir stets offen stand. Fruchtbare Unterredungen, seine wissenschaftlichen Hinweise, aber auch sein zwischenmenschlicher Zuspruch haben maßgeblich zum Gelingen dieser Arbeit beigetragen. Danken möchte ich auch allen Mitarbeiterinnen und Mitarbeitern des Münchener Althistorischen Instituts sowie den Teilnehmern des von Prof. M. Zimmermann geleiteten Forschungskolloquiums. Deren Anregungen und kritische Bemerkungen waren stets hilfreich.

Der *Studienstiftung des Deutschen Volkes* danke ich für die Gewährung eines großzügigen Promotionsstipendiums. Die finanzielle und ideelle Förderung haben mir eine sorgenfreie und fruchtbare Zeit wissenschaftlichen Arbeitens ermöglicht.

Ein herzlicher Dank gilt den Herausgebern und Verantwortlichen von *Hypomnemata* für die Aufnahme meiner Arbeit in die vorliegende Reihe und die gute Zusammenarbeit bei der Drucklegung.

Meinen Eltern und meinen drei Schwestern sowie meinen Schwiegereltern möchte ich für ihre Hilfsbereitschaft und ihren Rückhalt danken, den sie mir in all den Jahren meines Studiums gewährten.

Mein größter Dank gilt meiner Frau Theresa, die in allen Höhen und Tiefen der Promotionszeit stets geduldig hinter mir stand. Ihr ist dieses Buch gewidmet.

Moritz Schnizlein — Köln im Dezember 2011

Für Theresa

Einleitung

> *„Ich hab dich sehr lieb, Stiefmutter"*, flüsterte die kleine Stimme an ihrem Ohr. Doña Lukrezia fühlte schmale Lippen, die vor ihrem Ohrläppchen innehielten, es mit ihrem Atem wärmten, es küssten und spielerisch an ihm knabberten.

In seinem Roman *Lob der Stiefmutter*, 1988 unter dem Originaltitel *Elogio de la madrastra* erschienen, artikuliert der Literaturnobelpreisträger von 2010 Mario Vargas Llosa eine der ältesten Assoziationen zum patchworkfamiliären Zusammenleben. Seit und mit Phaidra und Hippolytos gehört die Vorstellung libidinöser Annäherungen zwischen Stiefverwandten zum Repertoire literarischer Stoffgestaltung. Das sexuelle Verhältnis zwischen Stiefmutter und -sohn, moralisch verworfen bei Paulus (1. Korinther 5,1), operesk vertont bei z. B. Jean-Philippe Rameau (*Hippolyte et Aricie*, 1733) und Henze (*Phaedra*, 2007) oder dramatisch ausgestaltet in Schillers *Don Karlos*, erfreut sich dabei jedoch weitaus größerer Rezeption als etwa die Begierde zwischen Stiefgeschwistern oder gar Stiefvater und -tochter. Der kürzlich verstorbene Claude Chabrol setzte den emotionalen Verwerfungen auch jener letztgenannten Patchworkfamilienmitglieder ein Denkmal, als er in seinem Film *La Fleur du mal* (2003) die „inzestuösen" Sünden zweier Stiefgeschwister und eines Stiefvaters thematisierte. Der Film verbalisiert die Diskrepanz zwischen der moralischen Erwartungshaltung an eine vorbildliche, großbürgerliche Familie und den verdorbenen Abgründen, welche sich hinter der heilen Fassade auftun.

Die Darstellung einer Diskrepanz, einer Nicht-Übereinstimmung, wie es nach *discrepare* zu verstehen ist, hat das Bewusstsein für die Verschiedenheit zweier Pole zur Voraussetzung. Im Falle einer (christlich-)moralischen Diskrepanz wie bei Chabrol werden diese Pole durch die entgegengesetzten Komponenten der jeweilig anerkannten Konvention und deren Missachtung repräsentiert.

Die vorliegende Dissertation mit dem Titel *Patchworkfamilien in der Spätantike – Herleitung und Darstellung eines Familiensystems auf theologischer, emotionaler und rechtlicher Ebene* möchte dazu beitragen, den Prozess der Konventionalisierung grundlegender kulturkreisbezogener, familiärer Werte und Ideale sichtbar zu machen. Der methodische Ansatz der Arbeit nutzt die Annahme einer chiffrierten, gegengespiegelten Artikulation positiven, familiären Zusammenlebens, wie sie in zahlreichen Patchworkbeschreibungen der römisch-griechischen (Spät-)Antike greifbar sind. Die Nennung verschiedener fehlgegangener Prozesse im Alltag zweiter Ehen durch einen heidnischen oder christlichen Autor setzt dessen Bewusstsein für die entgegengesetzte Art eines gelungenen Familienlebens voraus. So kann nach religions-, kultur- und zeitspezifischen Formen eines jeweiligen Ideals familiären Zusammenlebens gefragt werden.

Der Untersuchungsgegenstand des Patchworks – hier verstanden als zweite Ehe von geschiedenen oder verwitweten Vätern und Müttern – vereint für sich den Vorteil, einen breiten Kanon an Reibungspunkten menschlichen Miteinanders in sich zu tragen. So verkörpert eine Patchworkfamilie ebenso die Verbindung zweier ehemals in sich geschlossener emotionaler Gebilde wie die Verschmelzung ökonomischer und rechtlicher Systeme. Die Konfliktträchtigkeit einer solchen Stieffamilie erstreckt sich demnach in gleichem Maße auf die Konsequenzen mangelnder, gestörter oder fehlgeleiteter Affekte wie auf das Problem dysfunktionaler Alimentation, Vermögensverwaltung, Vererbung oder auch Sorgerechtsverteilung.

Neben dem methodischen Ansatz der Aufgreifung gegengespiegelter familiärer Ideale im patchworkfamiliären Bereich ist auch die Stieffamilie an sich thematisierungswürdig. Vor dem Hintergrund niedriger Lebenserwartung, medizinischer Unterversorgung, kriegs- oder seuchenverschuldeter Verwitwung und mitunter scheidungsliberaler oder -fördernder „Familienpolitik" muss das Phänomen „Patchwork" die demographische Landschaft der römischen Antike entscheidend mitgeprägt haben. Dass im Rahmen dieser Arbeit ausschließlich jene Familienmodelle untersucht werden, in denen einer Neuverheiratung nicht die Adoption der Partnerkinder folgte, schmälert die Relevanz des Themenkomplexes keineswegs. Eine Miteinbeziehung des klassisch-rechtlichen bzw. spätantiken Adoptionsvorganges in die Untersuchung hätte den Rahmen der Arbeit gesprengt. Es sei verziehen, dass dieser Aspekt des neudeutschen Begriffs „Patchwork" nicht Teil des Buches ist. Ebenso wenig kann auf Formen des modernen Patchworks eingegangen werden, in denen beispielsweise pflegebedürftige Verwandte Aufnahme im Hausverbund finden.

Die Herausarbeitung kulturkreisabhängiger Konventionalisierungsprozesse familienmoralischer Ideale im „europäischen" Raum lokalisiert den Gegenstand der Untersuchung beinahe zwangsläufig in die spätantiken Jahrhunderte. Mit ihren christlichen, heidnisch-römischen und germanischen Prägungen repräsentiert die Spätantike einen idealen *melting pot* zur Sichtbarmachung kultur- und religionspolitischer Wechselwirkungen. Der spätantiken Untersuchung vorgelagert, sollen zunächst Entstehungslinien der frühchristlichen Ehe-, Scheidungs- und Wiederverheiratungsmoral auf ihre Korrelation zu jüdisch-talmudischen und römisch-kaiserzeitlichen Verhältnissen und Entwicklungen hin überprüft werden. Ein gefestigtes Verständnis der im Wesentlichen heute noch gültigen, christlich-katholischen

Werte verlangt nach der Einbettung und Begründung ihrer Entstehung. Welche Änderungen in der jüdischen Wiederverheiratungslehre und -systematik sind gegen Ende der Zeit des zweiten jüdischen Tempels auf ökonomischem und rechtlichem Gebiet greifbar und erklären möglicherweise – als konkreter Erfahrungshorizont der ersten Christen – die Ausbildung einer abweichenden, christlichen Familienmoral? Erfolgte diese Abgrenzung rein theologisch oder vor dem Hintergrund konkreter sozialer Argumentationen? Welche (negative) tatsächliche und gefühlte Wirklichkeit prägte zudem das Zusammenleben von Mitgliedern römisch-heidnischer Patchworkfamilien der Kaiserzeit, so dass die „frühe Kirche" hoffen mochte, einen heidnischen Adressatenkreis zur Befolgung neuartiger scheidungs- und wiederverheiratungsfeindlicher Gebote zu missionieren? Korrespondieren jene negativen kaiserzeitlichen Klischees wie das der todbringenden, neidischen und erbfixierten Stiefmutter mit den tatsächlichen, rechtlich-ökonomisch und demographisch herleitbaren Lebensumständen einer Stieffamilie? Letzteres ließe ihnen zugleich die Qualität der Brandmarkung wie jene der historischen Skizzierung realer Bedingungen zuschreiben.

In einer weitaus umfangreicheren Untersuchung soll es um die theoretische und fallbeispielhafte Darstellung christlicher und heidnischer Patchworkfamilien in den spätantiken Jahrhunderten gehen. Welchen konkreten Gefahren und Konflikten sahen kirchliche Vertreter ihnen bekannte Stieffamilien ausgesetzt und mit welchen Argumenten und Lösungsansätzen begegneten sie betroffenen Familien vor Ort? Inwieweit beurteilten Kleriker die Werte christlicher Familienmoral im patchworkfamiliären Zusammenleben als mangelhaft repräsentiert? Insofern deren Beschreibungen historische oder gar objektive Qualität zugesprochen werden könnte, böten kirchliche Anprangerungen neben der bloßen Herausarbeitung eines herrschenden Wertekanons auch die Möglichkeit konkreter Rekonstruktionen familiären und defizitären Miteinanders.

Insbesondere muss es zudem darum gehen, die Frage nach der Rezipierbarkeit und Verankerung christlicher Eheideale im mentalen und greifbar-sozialen Alltag zu bewerten. In welcher Form und in welchem Grade wurden Forderungen nach Versöhnung, Einehe oder ewigem Witwendasein durchgesetzt? Waren christlich gezeichnete Schreckensszenarien familiärer Disharmonie lediglich dergestalt irreal und intendiert, kanonisch manifestierte Strafen dergestalt überzogen, als dass ihnen Strahlungs- und Gestaltungskraft in christlichen Gemeinden innegewohnt hätte? Oder haftete verfehlenden Gemeindemitgliedern tatsächlich ein Stigma an, da sie sich merklich von den Konventionen ihrer Umwelt abgesetzt hatten? Führte die Furcht vor Stigmatisierung gar zu einem *demographic change* im Laufe der Spätantike?

Auch der schwer zugängliche Bereich spätantik-heidnischer Familienkonflikte muss in diesem Zusammenhang angesprochen werden. Eine Abkehr vom klassisch-dramatischen Motivrepertoire – Erbe, Gift und Gier –

und ein Wandel der Bewertungskultur zur betonten Artikulation gestörter emotionaler Harmonie – wie sie das Christentum tätigt – könnte das fortschreitende Vorhandensein christlicher Reflexe in heidnischen Bereichen indizieren. Zudem können realhistorische Patchworkzeugnisse Aufschluss geben über mögliche Änderungen in der demographischen Zusammensetzung, der ökonomischen oder rechtlichen Situation einer Stieffamilie im Vergleich zu kaiserzeitlichen Verhältnissen. Auch hier stellt sich die Frage, inwieweit derartige Befunde und Entwicklungen durch die spätantike Familiengesetzgebung verifizierbar sind. Zeichnen jene Patchworkbelege gelebtes Recht und folgt der spätantik-juristische Entwicklungsprozess seinerseits einer Art Masterplan, der nicht zuletzt auf christliche Prägung hinweist? Korrelieren z. B. spätantike Reformen in der Sorgerechtsverteilung mit christlichem Wertegut zur Verwaisungssituation? Dies deutete – repräsentativ – auf die weltliche Obrigkeit als Unterstützer kirchlicher Familienmoral. Die Bewertung des Konventionalisierungsprozesses christlich-katholischer Eheideale müsste dann für den Zeitraum der spätantiken Jahrhunderte betont dominant ausfallen.

Als unmittelbarer zeitlicher und örtlicher Anknüpfungspunkt zur Spätantike darf die Darstellung eventueller Konstanten weltlicher und kirchlicher Normen im frühmittelalterlichen germanischen Raum nicht außen vor bleiben. Die Analyse dortiger Wiederverheiratungspraktiken trägt dazu bei, die Charakterisierung spätantiker Jahrhunderte als Übergangsepoche einerseits oder Endpunkt andererseits vorzunehmen. Je nach Grad der Rezeption römischen, christlichen oder römisch-christlichen Ideengehalts in westgotischen, burgundischen oder fränkischen „Stammesgebieten" darf nicht nur von einer Transportierung spätantiker Werte ausgegangen, sondern auch auf die Intensität der Umsetzung weltlich-rechtlicher oder kanonischer Vorstellungen in der Spätantike selbst rückgeschlossen werden. Nur im Ansatz aber kann und soll dieses letzte ausblickende Kapitel der Arbeit die erschöpfende Herausarbeitung genuin germanischer oder westgotischer Familienkultur leisten.

Die umfangreiche Fragestellung der Dissertation bezüglich des Gegenstands der Untersuchung wie der Lokalisierung in Zeit und Raum macht den Rückgriff auf ein breites Quellenmaterial nötig.

Eine vergleichende Untersuchung des christlichen und jüdischen Familienbilds – fokussiert auf die Bereiche Scheidung und Wiederverheiratung – muss einerseits vom Neuen und Alten Testament und kulturkreisgleichen Quellen ausgehen. Im christlichen Bereich sind darüber hinaus zahlreiche Bibelkommentare, seelsorgerische Briefe, Predigten der Kirchenväter und „familientheoretische" Schriften von Belang. Hinzu kommen die Akten diverser Synodal- und Konzilsbeschlüsse ab dem vierten nachchristlichen Jahrhundert. Für den Bereich des jüdischen Gedankengutes im ersten nachchristlichen Jahrhundert spielt das in Mischna und Talmud festgehaltene jüdische Familienrecht eine wesentliche Rolle. Zwar begann deren Kodifikation erst gegen Ende des ersten Jahrhunderts bzw. in späteren Jahrhunderten, doch geht die Forschung, wie zu zeigen sein wird, davon aus, in Mischna und Talmud chronologisch vorgelagerte Lehr- und Interpretationstendenzen vorzufinden.

Weite Teile der Dissertation stützen sich auf die Auswertung juristischer und rechtstheoretischer Quellen. Für die römische Rechtspraxis steht neben einigen Familienprozessbeschreibungen das gesamte *Corpus iuris civilis* (*Digesta*, *Institutiones*, *Codex Iustinianus* und *Novellae*) zur Verfügung. Als Anknüpfungspunkt zu Rechtsverhältnissen in Teilen der germanischen Welt muss zudem auch der *Codex Theodosianus* Berücksichtigung finden. Anhand diverser *leges* einzelner germanischer Stämme erfolgt des Weiteren die Untersuchung nach dem Grad der Adaption christlich-römischen Scheidungs- und Stieffamilienrechts. Die Auswertung einzelner Deklamationen zu patchworkfamilienrechtlichen Thematiken darf – trotz des in der Forschung umstrittenen Werts deren Historizität – nicht außen vor bleiben. Weniger die Fallbeispiele an sich, sondern vielmehr die daran aufzeigbaren juristischen Denkmodelle und Erfahrungshorizonte zur Patchworkproblematik sollen hier herausgearbeitet werden.

In ähnlicher Weise bieten belletristisch-literarische, dramatische und lyrische Quellen die Möglichkeit, verschiedene familienbezogene Topoi in der Gesellschaft aufzuzeigen. Eine diachronische Betrachtung dieser Quellengattung gibt auf diese Art ansatzweise Auskunft darüber, inwieweit z.B. das Motiv der bösartigen Stiefmutter zu einer jeweiligen Zeit und in einem jeweiligen „Kulturkreis“ (Christen/Heiden) zur literarischen Vorstellungswelt der Gesellschaft gehörte. Die zeit- und kulturübergreifende Herausarbeitung von Klischees und Topoi nennt in einem Atemzug zudem auch Konstanten bzw. Brüche im stigmatisierenden Geflecht negativer Konnotation.

Zur Herausarbeitung realhistorischer Patchworkzeugnisse darf zuletzt die Heranziehung christlicher und heidnischer Briefkorrespondenz (Libanius, Sidonius, Hieronymus, Augustinus etc.) sowie historiographischer und chronistischer Darstellungen nicht vernachlässigt werden.

In der Forschung steht eine umfassende und vor allem interdisziplinarische Beschäftigung mit theologischen, rechtlichen und demographischen Aspekten zur Patchworkproblematik noch aus. Das verwundert, muss doch, wie aufgezeigt, die römische Gesellschaft aus nicht wenigen Gründen eine Vielzahl an patchworkfamiliären Formen des Zusammenlebens gekannt haben.

Lediglich inhäriert die Forschungslandschaft in einigen Bereichen isolierte Studien zu Einzelaspekten. Zwar sind mit unter anderem Instone-Brewer (Divorce and Remarriage in the Bible, 2002), Falk (Introduction to Jewish law of the Second Commonwealth, 1978), oder Baltensweiler (Die Ehe im

Neuen Testament, 1967) die Forschungen zum jüdischen oder christlichen Ehescheidungsrecht zahlreich, gehen dabei aber selten über einen theologischen Ansatz hinaus oder unternehmen den Versuch der Rekonstruktion sozialer Gegebenheiten. Zwar vermögen Kaser (Das römische Privatrecht I/II, 1971/1975) Honsell (Römisches Recht, 2010) oder Liebs (Die Jurisprudenz im spätantiken Italien, 1987) römisches Rechtsgut detailreich darzustellen, beantworten dabei aber keine Fragen zu den Konsequenzen veränderter Rechtstheorie im tatsächlichen Zusammenleben einer Patchworkfamilie. Watson (*Ancient Stepmothers*, 1995) widmet sich zwar der römischen und griechischen Stiefmutter intensiver, verlässt in ihrer Publikation aber selten den Rahmen der Erforschung des „böse-Stiefmutter-Motivs". Sie stellt keine Beobachtungen über konkrete Lebensumstände, rechtlich und emotional begründete Schwierigkeiten etc. von Stieffamilien an. Zudem stehen im Wesentlichen Stiefmütter der Aristokratie und des Kaiserhauses im Zentrum der Untersuchung, das gemeine Volk findet keine Berücksichtigung. Chronologisch geht Watson nicht über die frühe Kaiserzeit hinaus.

Noy (*Wicked Stepmothers in Roman Society and Imagination*, 1991) und Gray-Fow (*The wicked stepmother in Roman literature and history*, 1988) wählen in ihren Aufsätzen den methodischen Ansatz, das Bild der Stiefmutter in der römischen Gesellschaft auf die herrschende vermögensrechtliche Situation in Stieffamilien zurückzuführen. Ihre kurzen Untersuchungen sind nicht erschöpfend, vor allem, da sie den chronologischen Rahmen der frühen Kaiserzeit nicht verlassen und somit die Auswirkungen des Christentums auf das Stieffamilienbild nicht miteinbeziehen. Ebenso wenig bildet Bradley (*Dislocation in the Roman family*, 1991) die Verhältnisse während der spätantiken Jahrhunderte ab. Die bisher umfangreichste Studie von Humbert zum Patchwork an sich (*Le Remariage À Rome*, 1972) stützt sich zwar auf eine breite christliche sowie römisch-rechtliche Quellenbasis, wenn sie das Problem der Wiederverheiratung – auch für die spätantiken Jahrhunderte – behandelt, vernachlässigt aber bisweilen realhistorische Patchworkzeugnisse und fragt wenig nach dem Grad der Verinnerlichung christlicher Familienmoral in der gemeinen Christenheit. Einen zeitlich übergreifenden und thematisch quasi vorgelagerten Ausgangspunkt zur Patchworkthematik dieser Dissertation liefert Krause, der sich in seiner Habilitationsschrift (Witwen und Waisen im Römischen Reich I-IV, 1994/1995) ausführlich mit Witwen und Waisen befasst.

Die Begründung, Konventionalisierung und Weitertragung familiärer Werte im Verlaufe der spätantiken Jahrhunderte, deren Einbettung in theologische, rechtliche und demographische Gegebenheiten und nicht zuletzt deren Wirkungsgrad und -weise auf die tatsächlichen Lebensumstände betroffener Patchworkfamilien sind jedoch in ihrem Zusammenspiel bisher nicht Gegenstand der Forschung geworden.

Ohne Zweifel birgt die Wahl des Titels „*Patchworkfamilien in der Spätantike*“ gewisse Risiken. Von Familienratgebern und populärwissenschaftlichen Erziehungsdokumentationen allzu sehr vorverurteilt und aufgeladen mit Klischees scheint die Beschäftigung mit „*Patchwork*“ nur sehr schwierig in unvoreingenommener und objektiver Weise vonstattengehen zu können. So ist man versucht, bekannte und zur Genüge dargelegte Problemfelder einer zusammengewürfelten Familienkonstellation der Jetztzeit in antiken Befunden zu Stieffamilien bestätigt finden zu wollen. Damit unterstellte man jedoch den Autoren antiker Zeugnisse beinahe eine Art sozialtheoretischen Bewusstseins für das Modell „*Patchwork*“, welches dem heutiger Soziologen entspräche. Vergessen würde dabei, dass die antike Sichtweise auf und Artikulation von Lebensszenarien in Stieffamilien nicht dergestalt kategorisiert und psychologisierend stattfanden. Auch wenn, wie das demographische Kapitel dieser Arbeit aufzeigen wird, ein Großteil der römischen Bevölkerung in Patchworkfamilien gelebt haben wird, ist nicht davon auszugehen, dass sich die Mitglieder einer solchen Familienkonstellation bzw. jene, die diese zum Thema machten, einer von Konnotationen belegten Irregularität der Gemeinschaftsform bewusst waren. Dass derlei Konnotationen dennoch bestanden, wird aufzuzeigen sein; selten aber sprechen antike Quellen quasi auf einer Metaebene von übergeordneten Vorstellungen, die etwa mit einem Lebenskonzept der Wiederverheiratung verbunden seien.

Entsprechend rein und untendenziös soll die analytische Beschäftigung mit den Konsequenzen einer antiken Neuverheiratung auch im Rahmen dieser Arbeit stattfinden. Die Terminologie „*Patchwork*“ in den Titel der Dissertation aufzunehmen darf vor dem Hintergrund der Begriffsgeschichte des Terminus dabei nicht als Provokation verstanden werden. So bezeichnet er doch ursprünglich nichts weiter als die – übrigens keineswegs minderwertig – zusammengewebte Form verschiedener Textilien zu einem Gesamtstück. Die Adaption der Begrifflichkeit auf die Familienform der Stiefverwandtschaft fand erst 1990 durch die Übersetzerin Margaret Minkler statt, als sie Anne Bernsteins Familienratgeber „*Yours, mine and ours*“ ins Deutsche übertrug. (Gesellschaft für deutsche Sprache, Der Sprachendienst 4 (2005), S. 134 f.)

Dass die wertneutrale *Patchworkfamilie*, gemeint als Produkt der Zusammenwebung von Familienmitgliedern verschiedener genetischer Herkunft, in unserer Wahrnehmung nun – unter Beibehaltung der Terminologie – zur negativ eingefärbten *Stieffamilie* generiert ist, soll nicht daran hindern, im Rahmen dieser Arbeit objektiv auf Konsequenzen einer solchen Zusammenwebung hinzuweisen.

Juden, Christen, Heiden –
Die Situation der Patchworkfamilie bis zum Ausgang der klassischen Zeit aus kulturhistorischer, rechtlicher und demographischer Perspektive

I. Erläuterung und kulturhistorische Einordnung alttestamentlicher Familienstrukturen als frühchristlicher Erfahrungshorizont

Das folgende Kapitel strebt die Darstellung grundlegender Familienstrukturen des jüdischen Kulturkreises an, wie sie im Alten Testament greifbar sind und für die Zeit des zweiten jüdischen Tempels (516 v. – 70 n. Chr.) angenommen werden können. Ein besonderer Fokus soll auf der Darstellung der familiären Situation zur Zeit Jesu und der ersten Christen liegen. Eine umfassende Kenntnis der alttestamentarischen Familienkultur ist unerlässlich, wenn im weiteren Verlauf der Arbeit Fragen nach dem *Wie* und *Warum* der Abkehr von diesen Familienvorstellungen im Christentum gestellt werden sollen. Darüber hinaus hat, wie näher zu erwähnen sein wird, auch das Judentum selbst im Rahmen von Mischnah und Talmud verschiedene alttestamentarische Regularien relativiert bzw. umkommentiert. Dies hebt die Notwendigkeit gesicherter Kenntnisse über die Familie der biblischen Zeit zusätzlich hervor.

Eine umfassende Darstellung der Entwicklung des vorchristlichen alttestamentlichen Familienrechts kann und soll im Rahmen dieses Kapitels nicht geleistet werden. Vielmehr muss es darum gehen, die Atmosphäre der jüdischen Patchworkfamilie zum Zeitpunkt der *Geburt des Christentums* zu rekonstruieren, um jene Familienstrukturen und -werte zu kennen, mit denen sich die ersten Christen auseinandersetzten. Insbesondere kann es hilfreich sein, Trends und Reformen des jüdischen Familienrechts im ersten nachchristlichen Jahrhundert herauszuarbeiten, um die Möglichkeit einer akuten christlichen Reaktion auf diese Entwicklungen zu thematisieren. Dies trägt dazu bei, die beginnende Ausbildung einer eigenständigen, christlichen Familien-, Ehe- und Scheidungsdefinition als nachvollziehbaren Reflex dieser Zeit erklärbarer zu machen.

Entsprechend der thematischen Ausrichtung der Dissertation werden jene Phänomene des familiären Zusammenlebens im Mittelpunkt stehen, die unter dem Schlagwort *Patchwork* zusammengefasst werden können: Dies sind im Besonderen die Themen *Scheidung, Verwitwung* und *Wiederverheiratung* sowie die damit verbundenen Fragen des Erb- und des Sorgerechts. Nur am Rande lässt es die Quellenlage zu, auch emotionale Konsequenzen der Patchworksituation im familiären Zusammenleben zu nennen.

Der einleitende Charakter dieses Kapitels soll es vornehmlich erlauben, jene Themenbereiche anzusprechen, die während des ersten nachchristlichen Jahrhunderts als im Wandel angesehen werden dürfen und somit zu einem Umbruch im jüdischen Familiengefüge geführt haben könnten. Ein Umbruch, der zum konkreten Erfahrungshorizont der frühen Christen zu zählen ist.

1. Überlegungen zum alttestamentlichen und frührabbinischen Scheidungsrecht

a) Alttestamentliche Scheidungsgründe

Das jüdische Scheidungs- und Wiederverheiratungsgebaren der alttestamentarischen Zeit erinnert im Vergleich etwa mit christlich-katholischen Vorstellungen zu dieser Thematik auf den ersten Blick ein wenig an ein *Bäumchen wechsle Dich!*.[1] Denn zumindest, was die Initiation der Scheidung durch den Mann betraf, wartete die Tora zunächst keineswegs mit üppigen Beschränkungen auf. Das fünfte Buch Mose weist einen Ehemann an, wenn er keine Lust mehr auf seine Frau habe, so solle er sie doch freigeben und gehen lassen, wohin sie wolle.[2] Als Abraham gewahr wurde, dass Sara ihm keine Kinder gebären konnte, nahm er sich deren Magd Hagar zur zweiten Frau.[3] Es war ihm später ein Leichtes, sich wieder von ihr zu trennen.[4]

Die zentrale Aussage des Alten Testaments zum Scheidungsrecht – insofern der Terminus *Recht* nicht allzu sehr das Vorhandensein eines ausdifferenzierten Rechtssystems impliziert – findet sich im fünften Buch Mose: „*Wenn jemand eine Frau zur Ehe nimmt und sie nicht Gnade findet vor seinen Augen, weil er etwas Schändliches an ihr gefunden hat, und ihr einen Scheidebrief schreibt und ihr in die Hand gibt und sie aus seinem Hause entlässt* […].“[5]

---

1 Der Terminus *Bäumchen wechsle Dich* bezeichnet ein bekanntes Kinderspiel im Wald, im Rahmen dessen die teilnehmenden Kinder auf Kommando ihren eigenen Baum verlassen und sich einen neuen, frei gewordenen Baum suchen müssen. Die Wendung *Bäumchen wechsel Dich* hat sich zudem als Bezeichnung für ein unstetes Liebesleben mit häufigen Partnerwechseln eingebürgert.

2 Deut. 21,14.

3 Gen. 16,3.

4 Auf Wunsch Saras, wie das erste Buch Mose berichtet, stand Abraham „*früh am Morgen auf und nahm Brot und einen Schlauch mit Wasser und legte es Hagar auf ihre Schulter, dazu den Knaben und schickte sie fort.*“ (Gen. 21,9f.; Übersetzung nach Martin Luther, Die Bibel. Oder die Heilige Schrift des Alten und des Neuen Testaments, 1979.).

5 Deut. 24,1; Sehr richtig beschreibt David *Amram* diese Leichtigkeit der Verstoßung als lo-

Zu differenzieren ist zwischen zwei verschiedenen Scheidungsmodi und deren jeweiligen Konsequenzen. Denn bereits die Tora unterschied bei genauem Hinsehen zwischen unbegründeter und begründeter Scheidung. Deut. 24,1 spricht vom Mann, der *„etwas Schändliches an ihr gefunden hat“* und deshalb einen Scheidebrief schreibt. Hier wird somit ein Scheidungsgrund erwähnt, der eine sanktionsfreie Verstoßung der Frau ermöglichte. Er soll im späteren Verlauf dieses Kapitels genauer untersucht werden. Demhingegen spricht Deut. 24,3 lediglich von der Situation, ein Mann sei seiner Ehefrau überdrüssig und händige ihr deshalb einen Scheidebrief aus. Die Forschung sieht hierin den Tatbestand der unbegründeten Scheidung, die zwar rechtens, aber mit Sanktionen für den Ehemann verbunden gewesen sei.

Vergleiche, die Instone-Brewer und Westbrook zwischen alttestamentarischen Scheidungspassagen und weiteren nahöstlichen Rechtskodizes angestellt haben, legen die Vermutung nahe, eine grundlose Verstoßung der Ehefrau habe für den Ehemann finanzielle Einbußen zur Folge gehabt.[6]

Die Tora selbst schweigt über konkrete Konsequenzen bezüglich einer unbegründeten Scheidung. Dennoch macht Instone-Brewers Rekonstruktion einer Mitgifts-Rückerstattung Sinn, denn zahlreich sind die Stellen im Alten Testament, die den Vertragscharakter der jüdischen Ehe mit den klar geregelten Preiskomponenten Mitgift und Brautpreis untermauern. So zahlt z. B. Abrahams Knecht Rebekkas Familie einen Brautpreis, als Rebekka als Verlobte für Abrahams Sohn Isaak auserkoren wurde.[7]

---

gische Konsequenz einer patriarchalisch ausgerichteten Gesellschaft, in der das männliche Familienoberhaupt das Bestimmungsrecht über familiäre Handlungsweisen, Vermögensverteilungen sowie den personellen Status von Frauen, Kindern und Sklaven innehatte. In derlei Gesellschaftsformen sei das Scheidungsrecht des Mannes absolut uneingeschränkt gewesen. (*Amram*, Divorce, 2009, S. 24.).

6 Vgl. *Instone-Brewer*, Divorce and Remarriage, 2002, S. 7.; *Westbrook*, Marriage in Deuteronomy, 1986, S. 396.; Als für die Herausbildung alttestamentarischer Gesellschaftsnormen mitprägende Komponente muss der Codex Hammurapi angesehen werden, in dessen unmittelbaren Geltungsbereich die Juden im Zeitraum der babylonischen Gefangenschaft gelangten. (*Strenge*, Codex Hammurapi, 2006, S. 11.); Der Rechtskodex nennt in §137 und §138 Bestimmungen für die grundlose Verstoßung einer Frau, wonach der Ehemann der Verstoßenen die ehemals vom Brautvater zur Verfügung gestellte Mitgift der Ehefrau zurückerstatten müsse. Ein gleiches Prinzip nehmen *Instone-Brewer* und *Westbrook* auch für die israelitische Gesellschaft an.

7 Gen. 24,53: In diesem Fall sind der Bruder und die Mutter Rebekkas die Empfänger, da Rebekkas Vater bereits verstorben ist.; An anderer Stelle steht: *„Wenn jemand eine Jungfrau beredet, die noch nicht verlobt ist, und ihr beiwohnt, so soll er den Brautpreis für sie geben und sie zur Frau nehmen.“* (Exod. 22,15); Demhingegen zahlt Jacob in Gen. 29,18 keine materielle Mitgift, sondern stellt sich Rahels Vater sieben Jahre lang als Arbeitskraft zur Verfügung, um Rahel zur Frau zu bekommen.

Den wohl größeren Betrag musste der Brautvater als Mitgift mit in die Ehe geben.[8] So stattet Kaleb seine Tochter Achsa anlässlich deren Ehe mit Land und Quellen aus[9] und von Saras Vater Raguel wird berichtet, er habe seiner Tochter, als sie Tobias heiratete, die Hälfte seines Vermögens mit in die Ehe gegeben.[10]

Angesichts solch hoher Mitgiftsbeträge ist es durchaus relevant, im Rahmen dieser Arbeit die Differenzierung zwischen grundloser und begründeter Scheidung, wie sie die Tora vornimmt, herauszuarbeiten, denn *„if the husband divorced his wife without cause, he usually returned the dowry* […]*“*[11]

Natürlich steht die Frage nach der Leichtigkeit oder Häufigkeit von Scheidungen in unmittelbarem Zusammenhang mit der Frage nach der Häufigkeit von Wiederverheiratungen und letztendlich Patchworkfamilien.[12]

Ganz eklatant stellt sich die Frage nach der Leichtigkeit von Scheidungen zudem auch bezüglich der Wiederverheiratungsmöglichkeiten von Frauen. Denn nur einer rechtmäßig geschiedenen Frau war es erlaubt eine neue Ehe einzugehen.[13] Polygyne Strukturen kannte die jüdische Gesellschaft nicht.

---

8 Vgl. *Instone-Brewer*, Divorce and Remarriage, 2002, S. 5.

9 Ri. 1,15.

10 Tob. 8,21.

11 *Instone-Brewer*, Divorce and Remarriage, 2002, S. 6.

12 Dass Ehemänner aufgrund etablierter Scheidungsbeschränkungen mitunter versuchten halblegale Auswege aus der bestehenden Ehe zu finden, zeigt eine Anekdote aus der Tora, in der ein Ehemann, der den Wunsch nach Scheidung von seiner Frau hegte, diese wider besseren Wissens des vorehelichen Verkehrs beschuldigte. Er griff zu diesem Mittel, da er keinen rechtmäßigen Scheidungsgrund an ihr finden konnte, der ihm eine sanktionsfreie Scheidung ermöglicht hätte. Das Gesetz sah in einem solchen Fall die Überprüfung der Anschuldigung durch die Ältesten der Stadt vor. Als sich die Anschuldigung sodann als Lüge erwies, winkten dem Ehemann eine Geldbuße und die Pflicht zur lebenslangen Ehe mit der Rehabilitierten. (Deut. 22,13–19); Neben derartigen Betrügereien bot sich einem Mann als Alternative zur Scheidung die Möglichkeit der Polygamie, indem er zusätzlich zur ungeliebten Ehefrau, mit der er dann weiterhin zusammenlebte, eine weitere Frau heiratete. (*Richter*, Ehe und Familie, 1978, S. 84 f..). Doch hatte er somit auch gegenüber beiden Ehefrauen einen finanziell belastenden Versorgungsanspruch. (Ex. 21,10) Aufgrund dieser finanziellen Doppelbelastung, zu der die Auszahlung eines Brautpreises ja noch hinzuzufügen ist, muss mit *Instone-Brewer* davon ausgegangen werden, dass die Eheform der Polygamie aus wirtschaftlichen Gründen keine Alternative für die breite Bevölkerung darstellte und die meisten Männer nur eine Frau (gleichzeitig) ehelichten. (*Instone-Brewer*, Divorce and Remarriage, 2002, S. 22.) *Instone-Brewer* widerspricht der These Louis *Epsteins*, Polygamie sei eine weit verbreitete Eheform unter den Israeliten gewesen. Epstein hatte Zensusangaben aus Num. 2–3 zur Grundlage seiner These gemacht. (*Epstein*, Marriage laws, 1942, S. 5.).

13 Vgl. *Richter*, Ehe und Familie, 1978, S. 81.; Bereits der außereheliche sexuelle Verkehr mit einer verheirateten Frau endete für sie selbst und ihren Liebhaber mit dem Tod. (Deut. 22,22).

Somit war ein rechtmäßig ausgestellter Scheidebrief des Ehemannes unerlässliche Voraussetzung zur erneuten Heirat einer Frau.

Die Frage nach der Leichtigkeit einer Wiederheirat, deren Relevanz bereits angedeutet wurde, führt zurück auf bereits erwähnte alttestamentarische Bestimmungen der rechtmäßigen Scheidung. Wollte ein Ehemann die finanziell belastende Rückerstattung der Mitgift umgehen, musste er einen anerkannten Scheidungsgrund nennen. In oben bereits erwähnter Regelung nach Deut 24,1–4, der *„einzigen, die wir im Alten Testament über die Eheauflösung überhaupt finden“*,[14] wird als anerkannter Scheidungsgrund genannt, dass der Mann *etwas Schändliches* an seiner Frau gefunden habe. Es ist bemerkenswert, dass die Interpretation genau dieser Torastelle später nicht nur zum Zankapfel der Schulen der Rabbiner Hillel und Schammai werden sollte,[15] sondern auch wegweisend für die Ausbildung einer christlichen Scheidungsmoral.

Die Rekonstruktion der ursprünglichen Bedeutung des *Schändlichen* scheitert aber an der Tatsache, dass außerhalb des Pentateuchs kein vergleichbarer Begriff im Kontext eines anderen nahöstlichen Rechtskodex zu finden ist. *„A stipulation about cleanliness in Deuteronomy 24,1 does not have any parallel in the ancient near east.“*[16] Der Versuch einer seriösen Definition des ursprünglichen Schändlichkeitsbegriffs ginge über den thematischen Rahmen dieser Arbeit hinaus.[17]

---

14 *Richter*, Ehe und Familie, 1978, S. 80.

15 bGit. 90a.

16 *Instone-Brewer*, Divorce and Remarriage, 2002, S. 10.

17 Dass die Ursprungsbedeutung dieses Schändlichen in sexueller Untreue bestanden habe, wie es in der Forschung mehrfach diskutiert (*Richter*, Ehe und Familie, 1978, S. 81.; *Nembach*, Ehescheidung, 1970, S. 161–172.; *Instone-Brewer*, Divorce and Remarriage, 2002, S. 10) und in der Tat später um Christi Geburt von der Rabbinerschule der Schammaiten interpretiert wurde (bGit. 57a), schließt sich allein aus logischen Gründen aus. Auf sexuelle Untreue einer Verheirateten stand die Todesstrafe. Da jedoch Deut. 24,1–4 die Situation schildert, eine Ehefrau heirate nach rechtmäßig erfolgter Scheidung erneut, kann das ihr zur Last gelegte schändliche Verbrechen wohl kaum im Ehebruch bestanden haben. Eine weitere Möglichkeit der Interpretation des Schändlichen ergibt sich aus der parallelen Betrachtung der Torastelle mit Deut. 23,15. Hier wird ein Soldat angehalten, das Kriegslager stets rein zu halten und seine Notdurft außerhalb zu verrichten. Nichts Schändliches solle im Lager selbst sein. Zwar wird hier der Begriff der Schändlichkeit im unmittelbaren Zusammenhang der Hygiene gebraucht, ein Teil der älteren aber auch neuen Forschung sieht das eigentliche Vergehen hier hingegen eher in der Verstoßung gegen die geltenden Sitten, gegen den guten Geschmack. (*Driver*, Deuteronomy, 1902, S. 270; *Deasley*, Marriage and Divorce, 2000, S. 51.) In Analogie dazu ließe sich in Deut. 24,1 also ein Verstoß der Ehefrau gegen allgemein akzeptierte Verhaltensvorschriften als Scheidungsgrund herauslesen. (*Richter*, Ehe und Familie. Ergänzungsband, 1978, E120.); Demgegenüber bleibt Heinrich *Baltensweiler* im Bereich der Hygiene, wenn er das Schändliche als ekelerregende Krankheit der Frau interpretiert, die den Mann berechtige, sich von ihr zu trennen. (*Baltensweiler*, Ehe, 1967, S. 33.); Als eine letzte durchaus plausible Lesart des Schändli-

b) Frührabbinische Ausdeutungen

Von eminenterer Wichtigkeit als die ursprüngliche Bedeutung von Deut. 24,1–4 ist für den Themenbereich der Dissertation ohnehin die Frage nach der gesetzlichen Situation zur Zeit der Geburt des Christentums. Dies insbesondere, da im Falle veränderter, frührabbinischer Ausdeutungen pentateuchischer Scheidungsgründe der Erfahrungshorizont des frühen Christentums als Atmosphäre des familiendefinitorischen Wandels angesehen werden könnte.

Die Frage nach der Situation dieser Zeit führt zurück auf den bereits erwähnten Streit der beiden Schulen von Rabbi Hillel und Rabbi Schammai. Diese beiden bedeutendsten Schulen Palästinas verfochten im letzten Jahrhundert vor der Tempelzerstörung vehement ihre Ansichten von der rechten Ehescheidung.[18] Im babylonischen Talmud[19] wird dieser Streit um die rechte Auslegung pentateuchischer Ansichten offenbar: Während die Schule Hillels die Ansicht vertrat, es liege bereits ein rechtmäßiger Scheidungsgrund vor, wenn die Frau die Suppe versalzen habe, und damit quasi auf eine Scheidungsmöglichkeit aus jedem erdenklichen Grund pochte, beharrte die Schule Schammais auf der Exklusivität des Ehebruches als Scheidungsgrund.[20]

---

chen soll die Aussage des Schriftstellers Philo angeführt werden. Unter Thematisierung des eigentlich geltenden Verbots, unfruchtbare Frauen zu begatten, spricht Philo denjenigen Männern die Erlaubnis der Ehefortführung aus, die erst erhebliche Zeit nach der Eheschließung Kenntnis von der Unfruchtbarkeit der Frau erlangt hätten. Sie hätten nunmehr bereits ein „Band altgewohnter Liebe“ (Philo, Spec. Leg III, 35) mit ihrer Ehefrau geschlossen und dürften somit, trotz deren Unfruchtbarkeit, die Ehe fortsetzen. Gegen den Strich spricht Philo hier also eine gängige Praxis der Scheidung wegen ehefrauscher Unfruchtbarkeit an. Zu Erwägen ist aber auch hier, dass es sich dabei nicht zwangsläufig um die Ursprungsdefinition des Scheidungsgrundes nach Deut. 24,1–4 handeln muss. Der Scheidungsusus der Zeit Philos könnte durchaus von den in der Tora beschriebenen und in der nachexilischen Zeit kanonisierten Gesetzesmäßigkeiten abgewichen sein. (*Hahn*, Theologie des Neuen Testaments, 2005, S. 41.) Und in der Tat deutet die an anderer Stelle von Philo getätigte Aussage „wenn aber eine Frau, nachdem sie aus irgendeinem Grunde von ihrem Manne geschieden wurde“ (Philo, Spec. Leg III, 30) darauf hin, dass zu Philos Zeiten bereits mehrere Scheidungsgründe etabliert waren.

18 Vgl. *Amram*, Divorce, 2009, S. 32; auch: *Blau*, Ehescheidung, 1911, S. 2.

19 bGit. 90a.

20 Siehe auch Mischna Git. 9,10; Zwar nennt die Stelle nicht eindeutig den Ehebruch als den von Schammai favorisierten Scheidungsgrund, doch ergibt sich diese Tatsache z. B. in Zusammenhang mit Gittin 57a. Die dort geschilderte Anekdote beschreibt den Versuch eines Mannes, einen Ehebruch seiner Frau vorzutäuschen, um sich rechtmäßig von ihr scheiden und gleichzeitig deren hohe Mitgift einbehalten zu können. Er veranstaltet zu diesem Zweck ein nächtliches Gelage mit seiner Frau und Freunden und „befleckt“ seine angetrunken auf dem Bett liegende Ehefrau mit Eiweiß. Von Zeugen will er sich dann den Ehebruch der Frau bestätigen lassen. Das schammaitische Gericht entlarvt jedoch den vorgetäuschten Samen als Täu-

Das Christentum wurde demnach in eine Zeit geboren, in der zwei Scheidungsgesetze und -gerichte miteinander konkurrierten, die unterschiedlicher nicht sein konnten. Neben Untreue erkannten schammaitische Gesetze lediglich krasse Formen der Vernachlässigung sowie Unfruchtbarkeit als Scheidungsgründe an.[21] Demgegenüber konnte ein Scheidungswilliger bei einem hillelitischen Gericht eine Scheidung aus jeglichem erdenklichen Grund bewirken. In ersterem Fall lag also eine gewisse Beweislast beim Scheidungswilligen. Beweise, die der Ehemann in einem Prozess darbringen musste. Deshalb geht Instone-Brewer davon aus, Scheidungen nach schammaitischem Recht seien nur selten angestrebt worden, da die Beteiligten sich und die Familie dadurch schnell ins Gerede der Leute brachten, was laut Talmud eine Zumutung für die Ehefrau bedeutete.[22] Auf der anderen Seite bestand in einer schammaitischen Scheidung die einzige Möglichkeit für den Ehemann, die Mitgift der Ehefrau einzubehalten.[23]

Neben der versuchten Vermeidung negativen Tratschs kam erschwerend hinzu, dass ein erfolgreicher Ausgang des Scheidungsprozesses keineswegs garantiert war. Zwei gravierende Gründe, die schammaitische Scheidungsgerichte nicht gerade attraktiv machten und im Gegensatz dazu hillelitischen einen höher frequentierten Zulauf beschert haben werden.[24]

Diese kurze Beschreibung des talmudisch verankerten hillelitischen und schammaitischen Scheidungsrechts – repräsentativ zu verstehen für die Auslegung alttestamentarischer Familienvorstellungen zu Zeit Jesu – zeigt, dass die jüdische Gemeinschaft Scheidungen keineswegs unbeachtet ließ. Zu beachten bleibt aber auch, dass zum frühchristlichen Erfahrungshorizont keineswegs ein Rechtsempfinden gehörte, das Scheidungen generell insofern verbot, als dass zur Verstoßung bestimmte familiäre Voraussetzungen erfüllt sein mussten. *„Selbst die scheidungsfeindlichste Schule sprach der willkürlichen Verstoßung die ehebeendende Wirkung nicht ab.“*[25] Weniger moralische

---

schungsprodukt und verklagt den Ehemann zur Herausgabe der Mitgift. Die Anekdote zeigt, dass nach schammaitischer Ansicht eine Scheidung rechtmäßig war, wenn sich die Frau des Ehebruches schuldig gemacht hatte.

21 Vgl. *Instone-Brewer*, Divorce and Remarriage, 2002, S. 114.

22 bKetub. 97b; *Instone-Brewer* lässt diese Aussage des Rabbi Johanan (gest. 279 in Tiberias) auch für frühere Verhältnisse gelten.

23 Vgl. *Instone-Brewer*, Divorce and Remarriage, 2002, S. 114.

24 So berichtet der Jerusalemer Talmud von einem Mann, der in der Tat nicht in der Lage war, die hohe Mitgift auszuzahlen. Doch anstatt einen Scheidungsversuch vor einem schammaitischen Gericht zu wagen, ließ er sich von einem Freund finanziell unterstützen, um den fälligen Betrag der Mitgift zusammenzusparen. (yKetub. 11,3: *„I'll give you what you need to pay off her marriage settlement, so you can divorce her.“*) (Übersetzung nach: *Neusner*, The Talmud of the Land of Israel, Vol. 22, 1985.)

25 *Saar*, Ehe, 2002, S. 4.

Ansichten als vielmehr ökonomische Aspekte bedingten das jüdische Scheidungsprozedere der frühchristlichen Zeit.

So zeigt schließlich das hillelitische Scheidungsrecht, dass das Auseinanderfallen einer Familie mitunter bereits mit dem Versalzen einer Suppe gerechtfertigt war, doch zeugt es ebenso von einem in der Gesellschaft verankerten Wert der finanziellen Absicherung der Familienmitglieder, insbesondere der Frau und – wie sich im nächsten Kapitel zeigen wird – der vorhandenen Kinder. Eine Familie sollte nur unter den Umständen einer finanziellen Schadlosigkeit der Verstoßenen auseinanderbrechen. Die das Scheidungsgebaren quasi regulierende Wirkung der Mitgiftsrückerstattung nach hillelitischem Recht offenbart somit die starke Koppelung der Scheidungsmoral an den finanziellen Aspekt,[26] die aber bisweilen eine emotional-moralische Ausrichtung vermissen lässt.

So ließ sich Flavius Josephus von seiner Ehefrau scheiden, weil er mit ihrem Lebenswandel nicht zufrieden war.[27] Die finanzielle Entschädigung der Zurückgelassenen dürfte den aus gutem Hause stammenden Josephus dabei vor keine größeren Probleme gestellt haben. Dass Josephus mit der Scheidung nicht nur seine Frau, sondern auch seinen Sohn Hyrcanus im Kindesalter verließ, schien nach hillelitischem Recht keine gravierenden moralischen Hürden dargestellt zu haben.[28]

Im Gegensatz zum hillelitischen Recht lässt das schammaitische Rechtssystem insbesondere drei Werte erkennen, die das Gebilde *Familie* repräsentierte, denn die als Scheidungsgründe akzeptierten Aspekte repräsentieren gegen den Strich gelesen einen kleinen Kanon an Vorstellungen der intakten Familie. Neben der schon erwähnten Untreue gelten Unfruchtbarkeit sowie Formen der materiellen oder sexuellen Vernachlässigung als Scheidungsgründe. Der Tatbestand der sexuellen Vernachlässigung korreliert hierbei mit dem jüdischen Gebot von Vermehrung und Fruchtbarkeit, wie es die Mischna oft erwähnt.[29] [30]

---

26 M. *Mielziner* argumentiert in Stützung auf die ältere Forschung, die großen formalen Hürden einer Scheidung – Verfassen des Scheidebriefes und Aushändigung – seien quasi als retardierendes Moment ins Gesetz geflochten worden und sollten einen Zeitraum der Versöhnung und somit die Aufrechterhaltung der Familienbindung hervorheben. (Vgl. *Mielziner*, Jewish law, 1987, S. 117.).

27 Ios., vita 76.

28 Zum Zeitpunkt der Scheidung muss Hyrcanus noch jünger als 6 Jahre alt gewesen sein. Josephus erwähnt, Hyrcanus sei im vierten Regierungsjahr Vespasians, also 73 n. Chr., geboren. (Ios., vita 1) Josephus Scheidung und anschließende Heirat einer reichen Jüdin vollzogen sich dann vor der Regierungsübernahme durch Titus im Jahr 79 n. Chr.. (Ios. vita 76).

29 Mischna Git. 4,5; In ihrer Begründung, „*wurde nicht die Welt geschaffen zur Fruchtbarkeit und Vermehrung*“, stützt sich die schammaitische Schule auf Gen. 1,28.

30 Dieses auf Vermehrung ausgerichtete Familienbild geht nachweislich über den Status eines nur theoretischen Gebotes hinaus, wenn Philo nur unter ganz besonderen Umständen ein

Interessant ist dies vor dem Hintergrund der Tatsache, dass das Christentum in weiten Phasen seiner Konsolidierung eine derartig familienbezogene Schriftauslegung nicht praktizierte. Hier stand vielmehr der Bund zwischen Mann und Frau im Vordergrund. Diese im Christentum andersartige, weniger fokussierte Bewertung von *Familie und Nachwuchs* hatte in der Konsequenz auch deutliche Auswirkungen auf die unterschiedliche Bewertung von zweiten Ehen und Patchworkstrukturen in Judentum und Christentum, wie zu zeigen sein wird.

Auch jene weiteren Scheidungsgründe, die die schammaitische Schule neben Unfruchtbarkeit und Untreue rechtlich anerkannte, verdeutlichen die Fokussierung auf konsolidierte Nachwuchssicherung. So konnte ein Ehepartner die Auflösung des Familienbundes initiieren oder – im Falle der Frau – beantragen, wenn ihm/ihr die geforderte materielle und sexuelle Zuneigung verwahrt blieb. Eine Frau hatte ein gewisses Grundrecht auf Versorgung durch ihren Ehemann.[31] Verwehrte Grundversorgung berechtigte eine Frau, unter Mitnahme ihrer Mitgift, die Familie zu verlassen.[32]

Doch auch ein Ehemann konnte von seiner Frau entsprechende eheliche Pflichten einfordern, deren Missachtung ihn zur sanktionsfreien Scheidung berechtige. Es handelte sich dabei um die komplette Haushaltsgestaltung – mahlen, backen, waschen, kochen – und um die Pflicht, die gemeinsamen

---

kinderloses Eheband bestehen lassen will oder Flavius Josephus den einzigen Zweck der jüdischen Ehe in der Kinderzeugung sieht und Verhütungsmittel grundsätzlich ablehnt. (Ios., c. Ap. 2,199; Ios., c. Ap. 2,202) Unfruchtbarkeit war mitunter nicht nur „lediglich" ein Scheidungsgrund, sondern konnte dazu führen, dass kinderlose Paare von der Gesellschaft regelrecht zur Trennung gedrängt wurden, um in einer neuen Ehe Kinder zu zeugen. (*Instone-Brewer*, Divorce and Remarriage, 2002, S. 92.).

31 Nach Ex. 21,10 musste ein Ehemann seine Frau mit Kleidung und Nahrung, also mit Gütern des täglichen Bedarfs, versorgen. Tat er dies nicht, hatte sie das Recht, zu gehen. Bibelfeste Kritiker werden anmerken, es handle sich in Ex. 21,10 um den Fall einer versklavten Ehefrau, die im Falle einer fehlenden Grundversorgung durch ihren Herrn und Ehemann das Recht auf unendgeldliche Freilassung hatte. Doch weist der Toraforscher Instone-Brewer glaubhaft nach, dass Ex. 21,10 in frührabbinischen Debatten durchaus auf den Fall einer unversorgten freien Ehefrau ausgelegt wurde. Die Auslegungstechnik des *minor to major* führte in frührabbinischen Schulen zu der Annahme, Rechte, die in der Tora einer Sklavin zugestanden würden, könne man einer freien Frau nicht vorenthalten. (*Instone-Brewer*, Techniques and assumptions, 1993, S. 17.) Dieses Auslegungsprinzip könne als schon lange vor der rabbinischen Zeit existent erachtet werden. (*Instone-Brewer*, Divorce and Remarriage, 2002, S. 99–106.).

32 In ihrer Auslegung von Ex. 21,10 regelt die Mischna die einer Frau zustehenden Beträge, Kleidungsstücke und Speisen dabei bis ins Detail. (Mischna Ket. 5,8: Es handelt sich um verschiedene Einheiten an Weizen und Gerste, Hülsenfrüchten und Feigen sowie Öl. Außerdem stehen der Frau eine entsprechende Bettstatt und Zuwendungen in Form von Kleidungsstücken, Schuhen und Gürteln zu jährlich fixierten Beträgen zu.).

Kinder zu säugen.[33] Auch hier findet sich neben dem Motiv der konsolidierten Haushaltsführung[34] der Aspekt der gesicherten Fortpflanzung wieder.[35]

Als entscheidende Komponente des frühchristlichen Erfahrungshorizonts muss nachweislich eine weitgehende jüdische Scheidungsliberalität festgehalten werden, die sich vor dem Hintergrund erwünschter Prokreation und geforderter Fürsorge für Familie und Nachwuchs rechtfertigte.

Als wesentlicher Aspekt, der das Phänomen Eheauflösung und Wiederverheiratung in frührabbinischer Zeit akut mitbestimmte, darf zudem die Scheidungskompetenz der Frau nicht außer Acht gelassen werden. Wurde diese in Teilen der älteren Forschung nicht ausführlich thematisiert[36] bzw. als nicht existent abgestempelt,[37] gibt es zu Recht Stimmen,[38] die nachweisbar Rechte einer Frau zur Beendigung der Ehe konstatieren. Die unterschiedlichen Meinungen in der Forschungslandschaft begründen sich nicht zuletzt in der Komplexität des Sachverhaltes. Denn *scheiden lassen* in Form der Ausstellung eines Scheidebriefes konnte sich eine Ehefrau nach jüdischem Recht zu keiner Zeit.[39] Dies hätte dem patriarchalisch ausgerichteten jüdischen Rechtsdenken widersprochen. Jedoch gab es, wie Passagen aus Talmud und Mischna schließen lassen, gerichtliche Anlaufstellen, die eine Frau kon-

---

33 Mischna Ket. 5,5.

34 Interessant ist, dass die rabbinische Auslegung neben der erfolgreichen Haushaltsführung an sich die physische und psychische Verfassung der Ehefrau als besonders wahrenswert einstuft. Denn selbst wenn eine Frau die zu erledigenden Haushaltspflichten von Mägden besorgen lässt, weist die Mischna den Ehemann an, die Frau zur Arbeit zu zwingen. Denn Untätigkeit führe zum Wahnsinn. Bevor die Frau nichts arbeite, solle er sie – trotz mangelnder Arbeitsnotwendigkeit – lieber unter Herausgabe der Mitgift entlassen.

35 Zudem sahen die Schulen von Schammai und Hillel die regelmäßige sexuelle Vereinigung als unumgängliche Komponente einer intakten Eheführung an. Detailliert listet die Mischna auf, wie lange sich – je nach Berufssparte – ein Ehemann der Beiwohnung seiner Frau entziehen dürfe (Mischna Ket. 5,6); Für die Ehefrau wurde ein generelles Verbot der Entsagung ausgesprochen. Geahndet wurde die Enthaltsamkeit der Frau mit Mitgiftskürzungen, die der Ehemann für sich einbehalten konnte, bzw. bei Enthaltung des Mannes mit der Erhöhung des der Frau im Scheidungs- oder Verwitwungsfalle zustehenden Mitgiftsbetrages. (Mischna Ket. 5,7).

36 Hans-Friedemann *Richter* spricht dem Alten Testament und dem Talmud eine Scheidungskompetenz der Frau ab, erwähnt aber ohne weitere Ausführungen ein Trennungsrecht der Frau, das es nach Papyri der jüdischen Militärkolonie Elephantine gegeben haben müsse. (Vgl. *Richter*, Ehe und Familie, 1978, S. 83.).

37 Ludwig *Blau* argumentiert mit dem apokryphischen Buch Sirach (23,22), ein Verlassen des Mannes durch die Frau sei rechtswidrig. Er versäumt es dann in seinen Ausführungen zum Talmud auf Passagen einzugehen, die eindeutig die Scheidungsinitiation durch die Frau thematisieren. (Vgl. *Blau*, Ehescheidung, 1911, S. 29 f.).

38 Vgl. *Amram*, Divorce, 2009, S. 54 f.; *Instone-Brewer*, Divorce and Remarriage, 2002, S. 85 f..

39 Ausgenommen sind hier die Papyri der Militärkolonie von Elephantine.

taktieren konnte, wenn ihr Ehemann gegen seine Versorgungspflichten verstieß und sie sich aufgrund dessen scheiden lassen wollte. Das Gericht ging dann mitunter nicht zimperlich[40] mit dem Angeklagten zu Werke, um ihn zur Ausstellung eines Scheidebriefes zu bewegen.[41] [42] Trotz des nur spärlichen Quellenmaterials zu Scheidungen, die von Frauen initiiert und durchgeführt wurden, erachtet Margaret Williams jene Zeugnisse zumindest in Ansätzen als Repräsentanten eines Trends, der nicht zuletzt in der jüdischen Konfrontation mit dem römischen Scheidungsusus dieser Zeit begründet liegen könnte.[43] Dies ist ein Liberalisierungstrend, der demnach auch als mitbestimmende Komponente des frühchristlichen Erfahrungshorizonts angesehen werden müsste.

c) Fazit

Zusammenfassend lässt sich sagen, dass zur *Geburtsstunde des Christentums* im frühen ersten Jahrhundert zwei konkurrierende Scheidungsrechte existierten. Geht man mit Instone-Brewer davon aus,[44] das liberalere Hillelitische sei das Akzeptiertere und in der Gesellschaft stärker Verankerte von beiden gewesen, so muss bilanziert werden, dass das Lösen des Familienbun-

40 So interpretiert David *Amram* (Divorce, 2009, S. 57.) die in der Mischna (Arak. 5,6) genannten Zwangsmethoden eines jüdischen Gerichts als Peitschenhiebe, die dem Ehemann die generelle Bereitschaft entlocken sollten, einen Scheidebrief auszustellen. Die Ausstellung an sich musste dann allerdings ungezwungen und in Abwesenheit des Gerichts erfolgen – der Ehemann sollte hier ja seinen freien Willen walten lassen. Mit diesem juristischen Schachzug konnten althergebrachte Gesellschaftsformen mit der Notwendigkeit des Schutzes der Frau vor eheinterner Vernachlässigung vereinbart werden.

41 Letztendlich musste aber nach außen hin der freie Entschluss des Mannes gewahrt bleiben (Mischna Yeb. 16,1).

42 Neben diesem indirekten, aber rechtlich abgesegneten Weg der Scheidungsinitiierung kennt die Forschung zudem papyrologische und literarisch-historiographische Beispiele tatsächlich vollzogener, eigenmächtiger Scheidungen durch Frauen, deren Durchführung allerdings nicht als rechtsrepräsentativ anzusehen ist. Die Trennung von Eleazar durch Shelamzion (134/135 n. Chr.) (Cotton/Quimron, ‚XHev/Se. ar. 13 of 134 or 135, 1998, S. 108 ff.; *Williams*, Family, 2005, S. 175 ff.) und die deren Namensvetterin von Cimber (128 n. Chr.) (*Williams*, Family, 2005, S. 175 ff.; *Wasserstein*, Marriage Contract, 1989, S. 105 ff.) bezeugen die Möglichkeit einer erfolgreichen Ausstellung eines Scheidebriefes durch die Frau unter Festlegung personen- und finanzrechtlicher Statuten. Eine emanzipierte Vorgehensweise, die allerdings ohne Zweifel gegen genuin jüdisches Recht und Rechtsempfinden verstoßen musste, wie es gut 150 Jahre früher noch von Josephus artikuliert wurde, als er die Vorkommnisse in der herodianischen Dynastie beschrieb. Dort trennten sich bekanntermaßen Salome Mariamme und Berenice eigenmächtig von ihren Ehemännern. (Ios., Ant. 15,259; Ios., Ant. 20,147; Ios., Ant. 20,146).

43 Vgl. *Williams*, Family, 2005, S. 175 ff..

44 Vgl. *Instone-Brewer*, Divorce and Remarriage, 2002, S. 113 f..

des jedem gestattet war, der die finanzielle Versorgung des Verstoßenen durch Mitgiftsrückerstattung ermöglichte. Dieses Scheidungsrecht offenbart ein sehr stark auf den finanziellen Aspekt reduziertes Ideal der intakten Familie. Dies bestätigen auch die im schammaitischen Scheidungsrecht akzeptierten Gründe zur Eheauflösung, die sich neben der mangelhaften Haushaltsführung durch die Frau auf fehlende finanzielle und materielle Versorgung durch den Ehemann erstreckten. Unfruchtbarkeit als Stigmatisierung und gesellschaftlich artikulierter Scheidungszwang sowie die gebotene Häufigkeit der sexuellen Vereinigung komplettieren den Kriterienkanon der intakten jüdischen Ehe. Von einer Negativbewertung der Scheidung und Stigmatisierung der Verstoßenen kann zu diesem Zeitpunkt – ganz im Gegensatz zur christlichen Wertung – nicht ausgegangen werden.[45][46]

Es wird im folgenden Kapitel interessant sein, welche Bewertungskriterien sich für die nach einer Trennung oder Verwitwung entstehenden Patchworkfamilien anhand der jüdischen Rechtsauffassung ablesen lassen. Man müsste erwarten, dass eine Gesellschaft, die Eheauflösungen und Neuverheiratungen keinen gravierenden Riegel vorschiebt, ja sie sogar unter gewissen Umständen fordert, rechtlich eine klare Sprache spricht, welche potentiell zu erwartenden finanziellen und emotionalen Problemsituationen in Patchworkfamilien klar entgegenwirkt.

---

45 Vgl. *Amram*, Divorce, 2009, S. 104.; Im Gegensatz dazu sieht Pierre Grelot den Prozess der Institutionalisierung der jüdischen Ehe als geschlossenes Gebilde schon mehrere Jahrhunderte vor Christi Geburt als abgeschlossen an. Bereits für das dritte Jahrhundert vor Christus konstatiert er eine Scheidungs- und Wiederverheiratungsmüdigkeit in der Praxis und generelle Abneigung gegen Scheidung, die sich aber nicht im Gesetz dieser Zeit niedergeschlagen hätten. Er begründet dies mit Anekdoten und Aussprüchen aus den Prophetenbüchern des Tarnach und aus apokryphen Schriften. So finde sich in Mal. 2,14–16 der Ausspruch Jahwes *„ich hasse Scheidung"* anlässlich der Verstoßung der Jugendliebe durch den Ehemann. Darüber hinaus repräsentiere Judith, die als Witwe ihrem verstorbenen Ehemann die Treue halte (Jdt. 8, 2f.), das Ideal der Einehe. (Vgl. *Grelot*, Die Entwicklung der Ehe als Institution im Alten Testament, 1970, S. 324.) Grelot versäumt es, in seiner Abhandlung zu erklären, warum sich dieses angeblich früh existierende Ideal der Ehe nicht in den früheren talmudischen Scheidungsgesetzen niedergeschlagen hat. Seiner Auffassung, ein lockeres Scheidungsrecht müsse nicht zwangsläufig eine Scheidungshäufigkeit in der Praxis zur Folge haben, ist hingegen beizupflichten. Eine Scheidung und Wiederverheiratung kam wohl nur für diejenigen in Frage, die es sich aufgrund ihrer wirtschaftlichen Situation leisten konnten.

46 Natürlich kennt und nennt auch das Alte Testament Beispiele gelungener Einehen und verhehlt nicht deren positiven Charakter: Im Buch Sirach (26,19) wird angemahnt, die Jugendliebe zu ehelichen und sich keiner Fremden hinzugeben. Tobias wünscht sich bei seiner Hochzeit mit Sara, er möge mit ihr in Liebe alt werden, wie Adam und Eva (Tob. 8,7).

2. Wiederverheiratung und Patchwork

Ganz zwangsläufig drängen sich bei den Begriffen Wiederheirat und Patchwork verschiedene Fragestellungen auf: Wo wuchsen Kinder nach der Scheidung oder der Verwitwung ihrer Eltern auf? Wer sorgte für die Kinder aus erster Ehe finanziell? Welche Rechte und Pflichten kommen dem zweiten Ehepartner bezüglich seiner Stiefkinder zu? Welche Konsequenzen ergeben sich daraus für das familiäre Zusammenleben in einer Patchworkfamilie? Beugen Gesetze jenen Schwierigkeiten vor, die sich im alltäglichen, patchworkartigen Miteinander ergeben könnten, wenn es um Vermögen und Vererben geht?

Auch in diesem Kapitel soll es nicht darum gehen, die Entwicklung des jüdischen Rechtes im Patchworkbereich komplett nachzuzeichnen, sondern lediglich eine Momentaufnahme der Situation zu rekonstruieren, die das Christentum in seiner Geburtsstunde vorfand.

a) Sorgerechtsfragen

Wer von einer scheidungsliberalen Gesellschaft, die noch dazu die Institution der Polygynie gestattet, einen breiten Katalog rechtlicher Regelungen zum Patchwork erwartet, der wird beim Blick in die Tora enttäuscht sein. Dort finden sich keine ausformulierten Ratschläge, wie sich Mitglieder einer Patchworkfamilie in bestimmten Situationen zu verhalten hätten. Lediglich Hinweise auf verschiedene Problembereiche bieten Hilfestellungen.[47]

Über das Verhältnis von Gesetz und Emotionalität im Rahmen familiären Zusammenlebens kann Deut. 21,15 f. Auskunft geben. Hier wird angemahnt, ein Mann mit zwei Ehefrauen solle sich bei der Verteilung des Erbes an die Söhne nicht davon leiten lassen, welche der Mütter er mehr liebe, und dem

47 So schickt Abraham seine Frau Hagar fort, als er sich von ihr scheiden lässt, und gibt ihr dabei den gemeinsamen Sohn Ismael mit. Eine weitere vage Information über die Lebenssituation in der Patchworkfamilie bietet die Tatsache, dass Abraham sich nicht auf eigenen Wunsch von Hagar scheiden ließ. Vielmehr war es Sara, seine andere Frau, gewesen, die ihn zur Scheidung drängte: Sie wollte nicht, dass neben ihrem eigenen Sohn Isaak ein weiterer Erbe Abrahams unter dessen väterlicher Gewalt lebte. (Gen. 21,9 f.) Dies zeigt, dass in polygamen Verhältnissen alle gewaltunterworfenen Söhne erbberechtigt waren, was Anlass zu gegenseitiger Missgunst geben konnte. Auch zwischen den Ehefrauen konnte es Probleme geben. Hanna leidet unter der Situation, selbst keine Kinder bekommen zu können, während ihre Nebenbuhlerin Pennina hingegen mit Kindern gesegnet ist. (1. Sam. 1,6 f.) Rahel und Lea haben Streit, weil sie die Zuneigung – auch die sexuelle Zuneigung – ihres Mannes Jakob miteinander teilen müssen. (Gen. 30,14 f.).

Sohn der Geliebteren mehr zukommen lassen als dem der weniger Geliebten. Vielmehr solle der Erstgeborene das Zweifache des Zweitgeborenen erben, auch wenn der Vater die Mutter des Erstgeborenen weniger liebe. Dieses Beispiel aus der Polygamie könnte bedeuten, dass in Fällen, in denen ein Witwer erneut heiratete und eine Patchworkfamilie gründete, ebenso das Recht der Primogenitur den emotionalen Umständen entgegenwirkte. Ein Vater hätte somit nicht, von seiner zweiten Ehefrau umschmeichelt, den größeren Erbteil an die Kinder aus zweiter Ehe vermachen können. Allein, die Tora schweigt zur Möglichkeit dieser Rechtsanalogie zwischen Polygynen- und Patchworkfamilien. Auch bezüglich des Vererbungs- und Versorgungsprinzips in jenen Patchworkfamilien, in denen ein Familienoberhaupt mit leiblichen und Stiefkindern zusammenlebte, also eine Mutter zweimal verheiratet war, finden sich im Pentateuch nur wenige Hinweise.[48]

Zumindest aber Fragen des Sorgerechts bzw. der Wohnsituation nach einer Wiederverheiratung lassen sich anhand des Pentateuchs selbst beantworten. Im Levitikus wurden ausführlich Verbote des sexuellen Verkehrs zwischen verschiedenen Verwandtengruppen ausgesprochen. Diese Verbote repräsentieren folglich Wohnsituationen oder Wohngemeinschaften, die den sexuellen Verkehr zwischen verschiedenen Familienmitgliedern überhaupt erst ermöglichen.

So verbot der Levitikus den sexuellen Verkehr mit der Stiefmutter[49] ebenso wie jenen zwischen Halbgeschwistern, wobei im letzteren Falle Halbgeschwister über eine gemeinsame Mutter und Halbgeschwister über einen gemeinsamen Vater gleichermaßen inbegriffen waren.[50] Die obige Frage nach

---

48 Die Forschung begründet dies mit der Tatsache, der Pentateuch befasse sich lediglich oder hauptsächlich mit jenen Phänomenen des gesellschaftlichen Zusammenlebens, die von kontemporären Rechtsregelungen des nahöstlichen Kontexts abwichen. Nicht regelungsbedürftig seien demnach Fragen des Versorgungs- und Vererbungsprinzips in Patchworkfamilien, da die jüdische Gemeinschaft aufgrund ihrer Vergleichbarkeit mit anderen nahöstlichen Gesellschaften diese Prinzipien ohnehin kenne und verfolge. (*Instone-Brewer*, Divorce and Remarriage, 2002, S. 23 f.).

49 Lev. 18,8.

50 Lev. 18,9; Die Passage hebt außerdem hervor, es mache keinen Unterschied, ob das halbverwandte Familienmitglied einer rechtmäßigen Ehe entsprungen sei oder unehelich geboren. Ephraim *Neufeld* weist auf die Schwierigkeit der exakten Interpretation dieser Stelle hin. Die Forschung schwanke zwischen zwei Interpretationsvarianten. Die traditionelle Interpretation lege die Stelle dahingehend aus, es handle sich um den Verkehr mit Halbgeschwistern, die, in einer vorhergehenden Ehe oder außerehelich geboren, mit in die Ehe gebracht wurden. Demgegenüber vertrete z. B. der Scholastiker Samuel *Driver* die Auffassung, es handle sich hier um das Verbot des Verkehrs mit der Vollschwester sowie mit der Halbschwester aus einer vorangegangenen gültigen Ehe. (Vgl. *Neufeld*, Ancient, 1944, S. 196 f..); Nach Lev. 20,17 wurde der sexuelle Verkehr zwischen Halbgeschwistern mit der Todesstrafe für beide Beteiligten geahndet.
Interessanterweise wird das Verbot des sexuellen Umgangs mit einer Halbschwester, die sich

Familienstrukturen bzw. Sorgerechtsregelungen, wie sie sich anhand jener Verbote rekonstruieren lassen, scheint zunächst sehr allgemein zu beantworten. Die Thematisierung des sexuellen Umgangs mit der Stiefmutter weist auf ein Sorgerecht des Vaters – der Sohn lebte im Haushalt des Vaters, wo auch dessen zweite Frau wohnte. Das Phänomen des sexuellen Verkehrs zwischen Halbgeschwistern, die sich über Vater oder Mutter definieren, zeigt, dass unter bestimmten Umständen eine Mutter nach Auflösung der Ehe das Sorgerecht über ihre Kinder behielt und diese mit in die neue Ehe brachte.

Allein wäre es falsch, daraus eine Gleichberechtigung zwischen Mann und Frau abzuleiten, was das Sorgerecht für Kinder betraf. Dies wäre mit einer patriarchalisch ausgerichteten Gesellschaft wie der Jüdischen wohl kaum vereinbar gewesen. Es muss davon ausgegangen werden, dass sich Sorgerechtskompetenzen der Mutter auf den Fall der Verwitwung beschränkten. In Scheidungsfällen hingegen wird der Familienvater das Sorgerecht über gemeinsame Kinder behalten haben.[51] Diese Thesen decken sich im Wesentlichen mit Patchworkstrukturen, wie sie aus kontemporären Rechtstexten rekonstruiert werden können.[52]

Bezüglich Scheidungen wird im Codex Hammurapi der Fall geschildert, ein Ehemann sei kriegsbedingt längere Zeit von seiner Frau getrennt. Sollte die Frau in diesem Zeitraum kein ausreichendes Auskommen haben, dürfe sie erneut heiraten, um versorgt zu sein. Wenn der erste Ehemann wider Erwarten heimkehre, müsse die Frau zu ihm zurück. Kinder, die eventuell aus der zweiten Ehe entsprungen seien, blieben beim zweiten Ehemann.[53] Geschiedene Mutter und Kinder leben somit getrennt.

über den gemeinsamen Vater definiert, zwei Paragraphen später noch einmal wiederholt. (Lev. 18,11) In der Forschung wird als einzig plausible Erklärung angesehen, es handle sich in Wahrheit um eine Stiefschwester. Diese sei von der Frau in einer vorangegangenen Ehe geboren worden. Als der bereits bekinderte Vater die bekinderte Witwe heiratete, habe er sich zur Adoption deren Tochter entschlossen. (Vgl. *Milgrom*, Leviticus 17–22, 2000, S. 1523 u. 1541 f.; *Neufeld*, Ancient, 1944, S. 199 f.) Die Kinder sind somit biologisch gesehen Stiefgeschwister, rechtlich gesehen hingegen Bruder und Schwester.

51 David *Amram* konstatiert, dass Abraham, als er seine Ehefrau Hagar verstieß und ihr den gemeinsamen Sohn Ismael mitgab, entgegen dem Usus handelte. Kinder gehörten in den unmittelbaren Bereich der väterlichen Gewalt. Ohne weiteres hätte Abraham somit das Sorgerecht über Ismael weiter ausüben können. Dass er darauf verzichtete, sei dem Drängen Saras geschuldet gewesen. (Vgl. *Amram*, Divorce, 2009, S. 127.).

52 Im Verwitwungsfalle regelt der schon erwähnte Codex Hammurapi, die Mutter dürfe ihre minderjährigen Kinder mit in die neue Ehe nehmen. Sie und der Stiefvater verpflichteten sich urkundlich, dass sie *„die ganz kleinen Kinder großziehen.“* (§177; Übersetzung nach *Borger*, Texte aus der Umwelt des Alten Testaments I, 1982.) Es muss nicht erwähnt werden, dass ebenso einem verwitweten Vater das Sorgerecht über seine Kinder zukam – auch im Falle der erneuten Heirat. Die Halbgeschwister wuchsen dann gemeinsam auf. (§167).

53 §135.

Ein Blick auf die Situation im jüdischen Recht zur Zeit des zweiten jüdischen Tempels fordert hingegen eine wesentliche Ergänzung. Wie schon im letzten Kapitel aufgezeigt, definiert sich die intakte jüdische Familie durch die zwei Oberpunkte *finanzielle Sicherheit der Familienmitglieder* und *Betonung des Fortpflanzungsauftrages*. Das Sorgerecht im Scheidungs- und Wiederverheiratungsfalle trägt diesen Gedanken deutlich weiter, dann nämlich, wenn es um das Wohlbefinden von Säuglingen geht. Die schon erwähnten Schulen der Rabbiner Hillel und Schammai debattieren darüber, ob eine Geschiedene zum Stillen ihres Säuglings gezwungen werden könne. Während die Anhänger Schammais dies verneinen, fordern die Hilleliten einen Stillzwang. Dies aber auch nur in dem Falle, da das Kind keine Milchamme annehme. Der Exmann habe dann seine geschiedene Frau für den mütterlichen Service zu entlohnen.[54] Daraus geht hervor, dass vom klassischen Sorgerechtsprinzip zum Wohle des Nachwuchses abgewichen wurde. Das Kind wuchs für einen nicht näher definierten Zeitraum bei der Mutter auf, bis es abgestillt war und vom Vater großgezogen werden konnte. Wirtschaftlich ist es weiterhin durch die Zahlungen des Erzeugers gut versorgt.

Die hier getätigte penible Betrachtungsweise ist nicht allein dem Streben nach genauer Darstellung alttestamentlicher Patchworkstrukturen geschuldet. Gerade der Kohärenz zwischen Wiederheirat und Sorgerecht kommt vor dem Hintergrund einer eventuell andersartigen christlichen Einstellung im Rahmen dieser Arbeit besondere Bedeutung zu, wie später zu zeigen sein wird. Im Judentum hingegen bestand keine Koppelung des Sorgerechts an den Verzicht auf eine Wiederheirat. Was hier festgestellt werden konnte, ist ein auf das Familienoberhaupt hin ausgerichtetes Sorgerechtsprinzip, das im Scheidungsfalle das Aufwachsen der Kinder beim generell wirtschaftlich besser gestellten Vater garantiert. Eine geschiedene Mutter dürfte – ausgestattet lediglich mit ihrer Mitgift – die Versorgung ihrer Kinder vor Probleme gestellt haben. Im Status der *sui iuris* konnte sie nicht auf die Versorgung durch ihren eigenen Vater zählen, insofern dieser überhaupt noch am Leben war.[55] Nicht zuletzt war es neben dem Gebot des Kindergebärens auch die wirtschaftlich unsichere Situation einer Geschiedenen und Witwe, die das jüdische Recht eine erneute Heirat fördern ließ. Dies tat es in Form eines verminderten Brautpreises, der für eine Geschiedene oder Witwe bezahlt werden musste.[56]

In diesem Zusammenhang sei darauf hingewiesen, dass das Judentum ganz anders als das spätere Christentum in seinem familienrechtlichen Denken kein Versöhnungsprinzip verankerte. Die Vorstellung eines unlösbaren Bandes zwischen (erstem) Mann und (erster) Frau, wie sie das Christentum

54 bKet. 59b.

55 Vgl. *Amram*, Divorce, 2009, S. 101 f..

56 Vgl. *Instone-Brewer*, Divorce and Remarriage, 2002, S. 123.

betont, ist dem jüdischen Familienrecht fremd. Nach Deut. 24,4 ist die erneute Ehe mit dem ersten Ehemann nach einer Zwischenehe mit einem Anderen sogar verboten.[57] Das Prinzip der offiziellen Aushändigung eines Scheidebriefes, der die Erlaubnis der sofortigen erneuten Heirat artikulierte, weist deutlich auf ein System der endgültigen Trennung;[58] ein System jedoch, welches insofern im Ergebnis zu Ende gedacht wirkt, als dass es für die beteiligten Familienmitglieder einer zerbrochenen Ehe Lösungsmöglichkeiten – verminderter Brautpreis und Sorgerecht durch den wirtschaftlich besser gestellten Vater – für aufkeimende Probleme bereithielt.

Den Stempel der Versorgungs- und Vermehrungsinstitution trägt auch die Leviratsehe, jene besondere Form der Patchworkfamilie, die das jüdische Recht Witwen unter speziellen Umständen angedeihen ließ. Denn einer Witwe, die ihrem verstorbenen Mann keinen Erben[59] geboren hatte, standen abgesehen von ihrer Mitgift keinerlei Versorgungsmöglichkeiten zur Verfügung.[60] So war in diesem speziellen Fall einer der männlichen Verwandten des Verstorbenen, vorrangig einer dessen Brüder, verpflichtet, die Witwe zu ehelichen und mit ihr einen Erben zu zeugen.[61] Der erste Nachwuchs galt als Erbe des verstorbenen Bruders und sicherte über seinen Erbteil auch die Versorgung der Mutter. So kommentiert Ephraim Neufeld ganz korrekt, wenn er feststellt: „*The levirate marriage was the only means by which a childless widow could take a life interest in her deceased husband's property.*"[62] Zusätzlich hatte dies den positiven Nebeneffekt der Nachkommenszeugung und verhinderte somit das Aussterben einer männlichen Linie.[63] Es

---

57 Siehe zur Begründung dieses Verbots der erneuten Ehe mit dem ersten Ehemann: *Westbrook*, Marriage in Deuteronomy, 1986, S. 387–405.

58 Vgl. *Instone-Brewer*, Deuteronomy 24: 1–4, 1998, S. 230 ff..

59 Die Leviratspflicht der Witwe korrelierte mit dem jüdischen Erbsystem. So war eine Witwe, die „nur" eine Tochter geboren hatte, nach ursprünglichem alttestamentlichen Recht zur Leviratsehe verpflichtet, da die Tochter nicht vom verstorbenen Vater erben und dessen Namen weiter tragen konnte. Zudem hatte die Tochter damit keine Möglichkeit, ihre verwitwete Mutter mitzuversorgen. Als das Erbsystem sich dahingehend änderte, dass auch Töchter erben konnten, entband die Geburt einer Tochter eine Witwe von der Leviratspflicht. Bereits nach mosaischem Recht konnte eine Tochter erben (Num. 27,8–11); vgl. *Richter*, Ehe und Familie, 1978, S. 87.; auch: *Neufeld*, Ancient, 1944, S. 45.

60 Vgl. *Neufeld*, Ancient, 1944, S. 29 f..

61 Deut. 25,5 f.; *Richter*, Ehe und Familie, 1978, S. 87.

62 *Neufeld*, Ancient, 1944, S. 30.

63 Deut. 25,5 f.; Die Verpflichtung der männlichen Verwandten des Verstorbenen zum Levirat konnte verschiedene Formen an Patchworkstrukturen hervorbringen. Zwar nennt der Pentateuch als favorisierten Zweitehemann einen Schwager der Witwe, doch waren auch Alternativen erlaubt. Dann nämlich, wenn der Verstorbene keinen Bruder hatte oder dieser sich dem Levirat verweigerte. So kamen auch der Schwiegervater der Witwe (Gen. 38,13) oder andere Verwandte des Verstorbenen infrage. (*Neufeld*, Ancient, 1944, S. 30 f..) Dass vor dem Schwiegervater als Aushilfsehemann zur Not nicht haltgemacht wurde, zeigt, dass auch bekin-

muss nicht weiter erwähnt werden, dass derartige endogame Wiederverheiratungspflichten, wie sie im Alten Testament verankert sind, bei (spät-) christlichen Klerikern auf große Ablehnung stießen. Neben dem Gebot der Einehe verstieß die Leviratsehe doch ganz eklatant gegen christliche Inzestvorstellungen. Im weiteren Verlauf der Arbeit wird darauf zurückzukommen sein.

Zwangsläufig fördert das System des Levirats Fragen nach der Versorgungssituation innerhalb der entstandenen Patchworkfamilie. Zwar wird der erste Sohn seines Erbteils des vorverstorbenen Vaters – dessen Sohn er ja offiziell ist – teilhaftig und soll sich und seine verwitwete Mutter damit versorgen. Doch schließlich ist die Witwe nun zum zweiten Mal verheiratet und Mutter der eventuell aus der zweiten Ehe entspringenden Kinder. Damit stünden ihr eigentlich Versorgungsleistungen durch den zweiten Ehemann zu. Neben den Rollen als bekinderte Witwe und bekinderte Ehefrau schlüpft sie eventuell zudem in die der Stiefmutter. Dann nämlich, wenn ihr zweiter Ehemann aus einer vorhergehenden Ehe Kinder hat oder gar noch verheiratet ist.

Die Rekonstruktion der tatsächlichen Fürsorge- und Erziehungssituation im Levirat-Patchwork gestaltet sich schwieriger als für „normale" Patchworkfamilien, die durch eine Wiederheirat nach Scheidung oder bekinderter Verwitwung zustande gekommen waren. Bezüglich der Leviratsehe wird in der Forschung generell diskutiert, inwieweit sie tatsächlich mit einer dauerhaften eheartigen Gemeinschaft zwischen Mann und Frau verglichen werden kann oder ob sie nicht vielmehr eine terminierte Periode darstellt, die mit der erfolgreichen Zeugung des Nachwuchses abgeschlossen wurde.[64] Eryl

---

derte Verwandte, die bereits eine eigene Familie gehabt hatten oder noch hatten, in die Pflicht genommen wurden. Rut, 4,1 f.: So erzählt das Buch Rut, ein Verwandter des verstorbenen Machlon wolle dessen Erbteil erwerben. Als er aber erfährt, er müsse unter diesen Umständen auch dessen Witwe Rut ehelichen, lässt er davon ab. In der Version des Flavius Josephus wird als Begründung zu dieser Heiratsverweigerung angegeben, der auserkorene Levir habe bereits selbst Frau und Kind gehabt und traute sich deshalb die Versorgung einer zweiten Familie nicht zu (Ios., Ant. 5,334). Harold *Rowley* (Servant, 1965, S. 187.) schließt ebenso nicht aus, der Grund für diese Weigerung läge in der Tatsache, dass dieser Verwandte bereits seinerseits eine Familie oder zumindest eine Ehefrau zu ernähren habe. Die Begründung des Verwandten interpretiert Rowley als Furcht, die Versorgung zweier Ehefrauen/Familien würde seine finanziellen Möglichkeiten übersteigen. Eine weitere plausible Erklärung für manche Weigerung, der Leviratspflicht nachzukommen, bietet Eryl *Davies* (Inheritance Rights II, 1981, S. 258.). Durch die Heirat der Schwägerin und Zeugung eines posthumen Erben des Bruders brachte sich der Levir um einen Erbanteil, der ihm selbst als bis dato nächstem Verwandten des Verstorbenen zugestanden hätte. Der Bruder zeugte also einen Erbkonkurrenten.

64 Vgl. *Davies*, Inheritance Rights I, 1981, S. 140 f.; Die von *Davies* zitierte ältere Forschung ging davon aus, es habe sich beim Levirat in keiner Weise um eine geschlossene Ehe gehandelt,

Davies kommt in seiner Forschungsdiskussion zu dem Ergebnis, die Leviratsehe stelle an den Alternativehemann die gleichen Anforderungen wie eine regulär geschlossene Ehe. Während der Sohn als Erbe des verstorbenen ersten Ehemannes abgesichert sei, habe die Witwe als offizielle Ehefrau Anspruch auf Versorgung durch den zweiten Ehemann, mit dem sie zusammenlebte.[65]

Die fortgeführte Leviratsehe garantierte in ihrer Konzeption zudem den Verbleib des familiären Besitzes in der Ursprungsfamilie, denn solange die Ehe bestand, verwaltete der Levir das Vermögen bis der Erbsohn ausgewachsen war.[66]

Im Zuge dieses Kapitels konnte aufgezeigt werden, dass die Neustrukturierung einer zerbrochenen Familie in der jüdischen Gesellschaft klaren Regeln folgte und diese Regeln dem Prinzip der bestmöglichen wirtschaftlichen Ver-

---

sondern vielmehr um die Verpflichtung eines Verwandten des Verstorbenen zum Beischlaf mit der Witwe.

65 Vgl. *Davies*, Inheritance Rights I, 1981, S. 144. Als eine auf Dauer angelegte Gemeinschaft interpretiert auch der schon mehrfach zitierte Flavius Josephus die Leviratsehe. Er weist deutlich auf die Fürsorgepflicht des Bruders des Verstorbenen gegenüber seiner neuen Ehefrau und dem gemeinsamen Sohn hin. Das „Leviratsgeschäft" war also nicht mit der erfolgreichen Zeugung abgeschlossen, sondern die Witwe lebte in der Familie des neuen Ehemannes. Mit ihm zusammen verwaltete sie das Erbe des verstorbenen ersten Gatten und zog den Sohn groß, bis er dessen Erbe antreten konnte. (Ios., Ant. 4,254 f.) Auf dem Wege der fortgesetzten Ehegemeinschaft – so Josephus – umgehe man das Risiko, dass das Familienerbe verlustig gehe. Josephus weist hier wohl auf die Gefahr hin, die Witwe könne erneut heiraten, sollte die Leviratsehe mit der Zeugung des Erben bereits beendet sein. Damit würde sie dann mit dem Sohn und mitsamt dessen Erbanteil in eine neue Familie übersiedeln. Das Sohnesvermögen würde vom neuen Ehemann verwaltet und wäre somit der Kontrolle der Ursprungsfamilie entzogen. Eine davon abweichende Interpretation des Leviratssystems bietet Harold *Rowley* (Servant, 1965, S. 185.). Er meint, zum Verlust des Familienvermögens komme es vor allem dann, wenn sich kein Verwandter des Verstorbenen zum Vollzug der Leviratsehe bereit erkläre. Dann nämlich falle der Besitz des Verstorbenen direkt an die kinderlose Witwe. Heirate diese erneut, gehe die Mannesfamilie dieser Vermögenskomponente verlustig. Dem widerspricht Eryl *Davies* (Inheritance Rights II, 1981, S. 263.), der zu Recht auf die fehlende Nachweisbarkeit eines Witwenerbrechtes hinweist.

66 Eryl *Davies* diskutiert die Konzeption der Sicherung des familiären Erbes vor dem Hintergrund von Deut. 25,5–10, wo die Verpflichtung zum Levirat nur für jene Brüder ausgesprochen wird, die zusammen wohnen. Denn nur in dieser speziellen Wohnsituation mache die Sicherung eines als Ganzes bestehenden Familienerbes Sinn. In den Fällen, in denen die Brüder ohnehin das väterliche (Land-)Erbe aufgeteilt hätten und getrennt voneinander wohnten, sei der Bruder des Verstorbenen von der Leviratspflicht befreit. Daraus schließt Davies, es sei kinderlosen Witwen nur in der Minderzahl der Fälle die Möglichkeit gegeben, die Versorgung durch den Schwager in Anspruch zu nehmen, da in den meisten Fällen eine Landaufteilung unter den Brüdern stattfand und keine gemeinsame Bewirtschaftung vorlag. (Inheritance Rights II, 1981, S. 265.).

sorgung benachteiligter Familienmitglieder untergeordnet waren. Gut zu sehen war dies an der Witwenheirat. So finden sich nicht etwa, wie in späteren christlichen Ansichten, Stigmatisierungstendenzen gegenüber der erneut heiratenden Witwe. Auch war die Sorgerechtskompetenz einer Witwe keineswegs an die Bedingung der Einehe geknüpft. Im Gegenteil wurde deren erneute Heirat durch verminderte Brautpreise gefördert, damit Witwe und Waise ausreichend(er) versorgt waren. Die Unterordnung des Sorgerechts sowie des Wiederverheiratungsrechts unter das Prinzip der bestmöglichen Versorgung brachte in der jüdischen Gesellschaft eine Vielzahl an Patchworkstrukturen hervor.

Kann als wesentlicher Unterschied zur christlichen Gemeinschaft die Häufigkeit des Patchworks an sich hier bereits vorweggenommen werden – in christlichen Kreisen spielte das Versöhnungs- bzw. Eineheideal eine wesentlich größere Rolle – so muss im Vergleich zur klassischen, römischen Familienkultur die häufigere Existenz des Stiefvaters als divergierend genannt werden. Denn anders als im Judentum wird die sorgerechtliche Mutter-Kind-Bindung nach klassisch-römischem Recht durch Verwitwung getrennt. Die Waisen verblieben dort in der Vaterfamilie. Im Falle der erneuten Heirat der Witwe stand der zweite Ehemann also zumindest bezüglich der Wohnsituation nicht in der Rolle des Stiefvaters.

Ungeachtet vermögensbezogener Fragen und Probleme, die im nächsten Kapitel angerissen werden sollen, finden sich in jüdischen Quellen auch Aspekte thematisiert, die sich durch die personelle Zusammensetzung der Patchworkfamilie an sich ergaben. So wurde als ein wesentlicher, problematischer Aspekt, der sich durch die Jahrhunderte ziehen wird, das Phänomen inzestuöser Verbindungen zwischen einzelnen Familienmitgliedern genannt. Das betraf nicht nur sexuelle Kontakte zwischen Stiefgeschwistern,[67] die im Haushalt zusammenlebten, sondern vor allem Liebesaffären zwischen Stiefsohn und Mutter.[68]

Ein Blick auf das gewöhnliche Heiratsalter von Mitgliedern der jüdischen Gemeinschaft zeigt, dass die sexuellen Verlockungen zwischen Stiefsohn und -mutter keineswegs zu unterschätzen gewesen sein werden. Rein rechtlich gesehen hatte ein männlicher Jude bereits mit Eintritt in das 14. Lebensjahr die Möglichkeit, eine Frau zu ehelichen,[69] Mischna[70] und Talmud[71] empfeh-

---

67 Lev. 1,11.

68 Lev. 1,8; Interessanterweise werden für den „Inzest" unter Stiefgeschwistern keine Strafen ausgesprochen, wohl deshalb, da es sich nicht im direkten Sinne um Blutschande handelte. (*Milgrom*, Leviticus 17–22, 2000, S. 1523 u. 1541 f. u. 1753 f..) Demhingegen steht nach Lev. 20,11 f. auf Beischlaf zwischen Halbgeschwistern oder zwischen Stiefsohn und -mutter die Todesstrafe.

69 Vgl. *Homolka*, Eherecht, 2009, S. 40 f..

70 Mischna Abot 5,21 spricht von 18 Jahren als geeignetem Heiratsalter.

len jedoch ein höheres Heiratsalter um die zwanzig Jahre. Demgegenüber durften Mädchen schon ab dem 13. Lebensjahr verheiratet werden.[72] Rechtliche Möglichkeit und Usus werden nicht wesentlich differiert haben, zumindest gibt es keinen Grund, anzunehmen, Väter hätten nicht frühzeitig von der Möglichkeit der Verheiratung der Tochter gebrauch gemacht. Schließlich fiel so die Versorgungspflicht in die Hände des Ehemannes. Eher belegen Stellen aus dem Talmud, dass es notwendig war, die ansteigende Tendenz zur Verheiratung Minderjähriger zu stoppen.[73] Der bereits bei der Erstheirat zu veranschlagende Altersunterschied zwischen Mann und Frau summierte sich bei einer Zweitheirat des Mannes eventuell um ein Vielfaches. Heiratete ein Witwer mit ausgewachsenen Kindern erneut, so war die zweite Ehefrau nicht nur wesentlich jünger als er, sondern zudem wohl eher im Alter seiner Söhne. Ganz natürlicherweise konnte somit auch zwischen Stiefmutter und Stiefsohn eine sexuelle Anziehungskraft bestehen. Dieses Phänomen der sexuellen Abenteuer zwischen Stiefverwandten wird einen wesentlichen Bestandteil von Fiktion und Realität römisch-heidnischer und christlicher Patchworkfamilien darstellen.

Die Quellenlage zur jüdischen (Patchwork-)Familie zur Zeit des zweiten jüdischen Tempels erlaubt es beinahe nicht, Aussagen zu emotionalen Verhältnissen zu tätigen. Selbstredend berichtet niemand explizit über seine Erfahrungen zum Leben in einer neustrukturierten Familie. Und anders als bezüglich versorgungs- und erbtechnischen Problemen bieten vortalmudische Quellenbelege keine Hilfestellungen etwa zum richtigen emotionalen Miteinander, aus denen Problemfelder herausgelesen werden könnten.

Vor dem Hintergrund dieser Quellenlage kann eine Rekonstruktion des Lebensgefühls einer Waise, die nach dem Tod der Mutter mit Stiefmutter und vielleicht Halbgeschwistern zusammenleben musste, oder das Empfinden einer Geschiedenen, die als Stiefmutter den Weg in eine neue Familie ging, nicht mehr als ein vages Unterfangen bedeuten. Von einem Stigma „Patchwork“, das ein Negativgefühl durch die Gesellschaft in die Zweitfamilie getragen hätte, ist nicht auszugehen, wie anhand der liberalen Scheidungsauffassung und deutlichen Erwartungshaltung gegenüber Wiederheirat zu Jesu Geburt aufgezeigt werden konnte.

Wenn schon nicht eine Stigmatisierung von Außen, so finden sich zumindest Stellen im Talmud, die eine verminderte Wertschätzung der zweiten Ehefrau im Vergleich zur Ersten in den Augen des Ehemanns vermuten las-

71 bKid. 30a: Hier werden mehrere Zeitspannen angegeben, die sich um das zwanzigste Lebensjahr bewegen.

72 Vgl. *Homolka*, Eherecht, 2009, S. 41.

73 bKid. 41a legt fest *„es sei verboten, seine Tochter minderjährig anzutrauen, sondern erst, wenn sie erwachsen ist und sagt, jenen wolle sie haben.“*

sen: In Sanhedrin 22a kommentiert Rabbi Eliezer vor dem Hintergrund von Maleachi 2,13,[74] die Scheidung, insbesondere die von der ersten Frau, oder deren Tod seien ein sehr emotionales und schmerzhaftes Erlebnis. Dem könnte entnommen werden, dass die Verlusterfahrung bei Beendigung der zweiten Ehe als weniger schmerzhaft angesehen wurde.

Bedeutungsschwangerer sind Regeln zur Wahl des Hochzeitstages, wie sie in Mischna[75] und Talmud zu finden sind. Hier wird klar festgelegt, die Ehelichung einer Witwe müsse an einem Donnerstag[76] stattfinden, der Beischlaf dann am darauffolgenden Freitag, *„weil der Ehemann, wenn man sagen würde, sie sei am Donnerstag zu beschlafen, am folgenden Morgen aufstehen und seinem Berufe nachgehen würde. Die Weisen haben daher eine Vorsorge für die Töchter Israels getroffen, dass* [sic] *er sich mit seiner Frau drei Tage der Wonne hingebe, Donnerstag, Freitag und Sabbath.“*[77] Anscheinend bestand eine gewisse Notwendigkeit, den Bräutigam einer Verwitweten dazu zu bewegen, seiner frisch Angetrauten in den ersten Tagen nach der Eheschließung die gebotene Aufmerksamkeit zu schenken. Wenigstens ein langes Wochenende sollte er sich ganz seiner Braut widmen und am Brückentag – Freitag – nicht zur Arbeit gehen.[78] Es scheint hier tatsächlich darum gegangen zu sein, den Ehemann zum familiären Miteinander zu bewegen. Diese Minderstellung der Witwe im Vergleich zur Jungfrau drückt sich bereits in der veranschlagten Dauer der Hochzeitszeremonie aus. Denn während drei Tage für die Hochzeit mit einer Witwe als vollkommen ausreichend erachtet wurden, dauerte das Zeremoniell bei einer Jungfrauenhochzeit ganze sieben Tage.[79] Der Start in das neue Familienleben mit dem zweiten Ehemann stand für eine Witwe so gesehen zumindest unter einem getrübten Stern. Insgesamt könnte somit für das emotionale Miteinander in Patchworkfamilien, abseits von Erkenntnissen, die sich aus vermögensrechtlichen Fragestellungen ableiten lassen, eine, wenn nicht schlechte, so doch getrübte Qualität

---

74 Mal. 2,13 f.

75 Mischna Ket. 1,1.

76 Demgegenüber fand die Hochzeit mit einer Jungfrau an einem Mittwoch statt. Das hatte den einfachen Grund, dass die jüdischen Gerichte nur montags und donnerstags tagten. Sollte also der Bräutigam in der Hochzeitsnacht feststellen, dass seine Braut wider Erwarten keine Jungfrau mehr war, so konnte er gleich am darauffolgenden Tag die Sache vor Gericht bringen. (Vgl. *Homolka*, Eherecht, 2009, S. 74.) Eine zu große Zeitspanne zwischen Beischlaf und Prozesstag barg in sich das Risiko, der Bräutigam würde sich in der Zwischenzeit beruhigen und das Vergehen nicht anklagen. (bKet. 5a).

77 bKet. 5a.

78 Dass die Rabbiner bei dieser Auslegung ausnahmsweise nicht die verbesserte Möglichkeit zur Kinderzeugung ins Auge fassten, belegt die Tatsache, dass sie ja die Variante, den Beischlaf am Donnerstag stattfinden zu lassen, ablehnen.

79 Vgl. *Goldschmidt*, Der babylonische Talmud, Band V, 1996, S. 11 (Kommentar).

konstatiert werden. Diese Bilanz bestätigt sich nicht zuletzt in der Tatsache, dass Witwen oftmals als „billige“ Zweitfrauen in polygamen Strukturen lebten.[80]

b) Versorgung und Vererbung

Neben Fragen nach Sorgerecht und Wohnsituation patchworkartiger Familienstrukturen muss sich dem Aspekt der finanziellen Regelungen gewidmet werden. Wer besaß wem gegenüber ein Erbrecht oder einen Versorgungsanspruch? Wer verwaltete Vermögenskomponenten, die aus der ersten in die zweite Ehe gewechselt waren? Waren diese Verwaltungskompetenzen beschränkt und ein Missbrauch des Verwalters ausgeschlossen? Wer war in finanzieller Hinsicht Leidtragender, wer Bevorteilter einer Patchworkfamilie? Diese Fragen zu klären, hilft, auf eventuelle Ängste und Rivalitäten innerhalb einer Patchworkfamilie hinzuweisen. Dem hingegen spräche ein gut durchdachtes – gerechtes – Erb- und Versorgungssystem für ein konsequentes jüdisches Rechtsempfinden, das von Scheidungsliberalität über Wiederverheiratungsförderung bis hin zum Leben in der Patchworkfamilie quasi einen rechtlichen Begleitschutz bereithielt.

Entsprechend der übergeordneten Fragestellung dieses Kapitels sollen insbesondere jene Aspekte angesprochen werden, die sich im Erfahrungshorizont des frühen Christentums im Wandel befanden. Ohne dabei das System der Trennung familiendefinierter Vermögenswerte im Verwaltungsakt einer jüdischen Patchworkfamilie außer Acht zu lassen, muss der Darstellung der sich ausweitenden ehemannschen Position im Erbrecht großes Gewicht verliehen werden.

Speziell was die Verwaltung einzelner Vermögensanteile in Patchworkfamilien betrifft, bieten die Bücher des Alten Testaments zu wenig konkrete Informationen, als dass mit ihnen solch spezielle Rechtssituationen hinterfragt werden könnten.[81] Um dennoch Anhaltspunkte über die tatsächlichen finanzrechtlichen Umstände der Patchworkfamilie zur Zeit Jesu zu gewinnen, sollen einschlägige Stellen aus dem nahöstlichem Kontext des Alten Testaments mit einer Mischna- bzw. Talmudstelle verglichen werden. Insofern sich die grundlegenden Aussagen dieser vor- und nachchristlichen Belege gleichen, kann dies als Anhaltspunkt für eine kontinuierliche Rechtssyste-

---

80 Vgl. *Instone-Brewer*, Divorce and Remarriage, 2002, S. 124.

81 Der Mangel an Rechtsregelungen im Pentateuch, die sich auf die Verteilung, Vererbung und Nutzung einzelner Vermögenskomponenten bezögen, erklärt sich aus der Tatsache, dass das ursprüngliche hebräische Erbrecht ohnehin von der Maxime der Nicht-Verfremdung von Familien-/Stammesvermögen ausgeht. Diesem Axiom ordneten sich übrige Vermögenstransaktionen unter. (*Zeitlin*, Succession, 1967, S. 574–581.).

matik gesehen werden und würde somit auch die jüdischen Verhältnisse zur Zeit des frühen Christentums beschreiben. Als nahöstlicher Kontext des Alten Testaments soll erneut der Codex Hammurapi bemüht werden.

Generell lässt sich in der Mischna, deren Kodifikationszeit in den Zeitraum zwischen 20 v. Chr. – 200 n. Chr. fällt,[82] eine Trennung der Haushaltstöpfe nach erst- und zweitehelichen Familienmitgliedern ablesen. Diese Trennung repräsentiert sich im Fehlen einer Versorgungspflicht eines Stiefvaters gegenüber seinen Stiefkindern, sollte deren väterlich ererbtes Vermögen nicht ausreichen. Nur unter bestimmten Umständen durfte ein Stiefvater und somit das Vermögen der Zweitfamilie zur finanziellen Unterstützung des erstehelichen Kindes der Frau belastet werden. In der Mischna wird von einer Stipulationsklausel in Eheverträgen berichtet, die eine bestimmte Form erfüllen müsse: Ein Mann sei nur dann zur Versorgung seiner Stiefkinder verpflichtet, wenn dies vertraglich durch eine Vereinbarungsurkunde[83] festgesetzt wurde.[84] Bloße mündliche Vereinbarungen zwischen den Ehepartnern seien ohne eine solche von Zeugen unterschriebene Urkunde rechtlich bedeutungslos. Aus dieser Formalitätsfestsetzung ist zu schließen, dass es definitiv keine generelle, gesetzliche Pflicht zur Versorgung der Stiefkinder gab, da doch schon mündliche Abmachungen nicht genügten. Diese Formvorschrift zeigt aber eben auch, dass es durchaus Ehemänner gab, die sich freiwillig zur Versorgung der Stieftöchter[85] bereit erklärten, ansonsten bestünde hier kein Regelungsbedarf bezüglich der dafür notwendigen Dokumente. Nicht zuletzt lässt aber die Notwendigkeit von Formvorschriften auch darauf schließen, dass es mit der Kontinuität der stiefväterlichen Versorgungsbereitschaft durchaus Probleme gegeben haben muss. Denn nur, wenn die Abmachung durch eine Vereinbarungsurkunde rechtskräftig besiegelt war, konnte sich der Stiefvater für den vereinbarten Zeitraum nicht mehr vor der Versorgungsleistung drücken.

Abgesehen von einer bereits im Pentateuch stark nachweisbaren Fürsorge- und Vertretungspflicht väterlicher Verwandter und gemeindeöffentlicher Institutionen für Waisen, die einen stiefväterlichen Zugriff auf das Waisenvermögen nahezu unterbanden, finden sich schon im nahöstlichen Kontext des

---

82 Vgl. *Correns*, Mischna, 2004, S. XIVf..

83 bKet. 102.

84 Mischna Ket. 12,1.

85 Die Vereinbarungsurkunde bezieht sich nur auf die Versorgung von Stieftöchtern. Dies erklärt sich aus einer rechtlichen Entwicklung heraus. So spiegelt die Betonung der Tochterversorgung den generellen, in der nachchristlichen jüdischen Gesellschaft einsetzenden Fürsorgeauftrag gegenüber verwaisten Töchtern wider, der dann zum Tragen kam, wenn das väterliche Vermögen zu gering war, um Töchter zu versorgen und Söhnen später ein Erbe zukommen zu lassen. Dies geschah zu Ungunsten ihrer männlichen Geschwister, die leer ausgingen oder gar betteln gehen mussten, um versorgt zu sein. (*Loewenberg*, From charity to social justice, 2001, S. 150.).

Pentateuch Hinweise auf eine strikte Trennung familiendefinierter Vermögenswerte. Neben dem Waisenvermögen wird dort auch nach Besitzarten bezüglich der Ehegabe und Mitgift einer Witwe differenziert.[86] Die im Codex festzustellende penible Definitionsweise von Besitztümern nach Herkunft (Ursprungsfamilie) und Besitzart (Besitzen oder Nutznießen) sowie die nach Mischna und Talmud nicht fehlende Fürsorgepflicht eines Stiefvaters gegenüber Stiefkindern lassen nicht darauf schließen, es sei im komplexen Fall der Patchworkfamilie zu einer rechtlich verankerten Vermischung der Haushaltskasse gekommen.

Die angeführten Quellenstellen aus Codex Hammurapi und Mischna bzw. Talmud lassen somit nicht davon ausgehen, dass sich Halbgeschwister und Stiefverwandte gegenseitig aus Angst vor absichtlichen oder unabsichtlichen Vermögenseinbußen, die in einem gemeinsamen Verwaltungsakt begründet lägen, beargwöhnten.[87]

Als ein wesentlicher Aspekt der jüdischen Patchworkfamilie sollen in diesem Kapitel nun die im Recht angelegten Vererbungsmechanismen auf ihre Konfliktträchtigkeit hin überprüft werden. Es geht darum, festzustellen, ob Vererbung als ein konfliktförderndes Phänomen einer Patchworkfamilie zu vermuten ist, da Benachteiligungen und Ungerechtigkeiten Dissonanzen zwischen den einzelnen Familienmitgliedern hervorrufen könnten. Oder ob – ganz im Gegenteil – Sorge getragen wurde für „gerechtes Vererben“ und

86 Paragraph 171b des Kodex Hammurapi regelt, eine Witwe, die mit den Kindern im Hause des verstorbenen Ehemannes verbleibe, solle sich und ihre Kinder aus ihrer Mitgift und der Ehegabe des Mannes versorgen. Zudem stehe ihr die Nutznießung des ehemannschen Vermögens und Hauses zu. Aus §172 ergibt sich, dass das Nutznießungsrecht der Witwe in dem Moment erlosch, in dem sie das Haus des Ehemannes verließ und erneut heiratete. Dann hatte sie – rein rechtlich – nur noch Anspruch auf ihre Mitgift. Haus und Nutznießung gehörten also ihren Kindern. Für den Fall, dass die Witwe nach der erneuten Heirat ihre Kinder mit in die neue Ehe nahm, blieb die Splittung der Vermögenskomponenten bestehen. Die Witwe fungierte zwar mit ihrem zweiten Ehemann als Verwalterin des Erbes, bis diese ausgewachsen waren, der Besitz an sich blieb hingegen komplett den Kindern verhaftet. (§177) Diese Vermögenssplittung bestätigt sich z.B. auch in §13 der Neubabylonischen Gesetze: Nur Mitgift und Ehegeschenke des ersten Ehemannes werden als der Witwe gehörig definiert, wenn sie das Haus des Verstorbenen verlässt und zu einem anderen Ehemann zieht.

87 Dementgegen sieht Eryl *Davies* in der Leviratspatchworkfamilie auch in finanzrechtlicher Hinsicht eine Einheit, was die Versorgungsmethodik betraf. Ein Levir profitierte von der Hochzeit seiner Schwägerin nur dann, wenn auf den gemeinsam gezeugten Erbsohn ein großes Erbe wartete. Dieses nämlich verwaltete der Levir selbst, bis der Sohn ausgewachsen war. Aus der gelungenen Bewirtschaftung des Erblandes zog er die finanziellen Möglichkeiten zur Versorgung der Zweitfrau und deren Sohn. Überschüsse flossen darüber hinaus in sein eigenes Vermögen mit ein und wirkten sich somit auch positiv auf die Vermögensanteile und den Lebensstandard seiner Erstfamilie aus. Misswirtschaft am Vermögen des Erbsohnes musste der Levir wohl hingegen gerechtigkeitshalber aus eigenem Vermögen ausgleichen. (*Davies*, Inheritance Rights II, 1981, S. 259f..).

damit der Angst vor Vermögenseinbußen vorgebeugt. Entsprechend dem Kapitel zum frührabbinischen Scheidungsrecht, soll ein besonderer Fokus auf der Herausarbeitung potentieller Reformen und Änderungen des Erbrechts liegen, die als akut prägend für die Zeit des frühen Christentums genannt werden könnten.

Als zu behandelnde Vermögenswerte stehen ehedefinierte Komponenten wie die mütterliche Mitgift und die ehemannsche Ehegabe einerseits sowie alle weiteren ehemannschen/väterlichen Besitzungen andererseits im Mittelpunkt.

Es verstand sich nach jüdischem Recht der biblischen Zeit von selbst, dass die Mitgift[88] einer bekinderten Witwe sowie deren ersteheliche Ehegabe des Ehemannes vater- und mutterdefiniert weitergegeben wurden, auch wenn die Witwe erneut geheiratet hatte. Denn wenn eine *„Frau, wo sie eingezogen ist, ihrem späteren Ehemann Kinder gebiert und wenn nachher diese Frau stirbt, so sollen die früheren und die späteren Kinder ihre Mitgift teilen."*[89] Demhingegen stand die ersteheliche Ehegabe nur den Kindern aus erster Ehe zu.[90] Das Prinzip wurde gleichermaßen angewandt, wenn die bekinderte Frau zuerst starb, und der Witwer eine zweite Frau heiratete und erneut Kinder bekam. Die Ehegabe wurde unter allen Kindern aufgeteilt, während die ersteheliche Mitgift nur den erstehelichen Kindern ausgezahlt wurde.[91] Diese direkte Vererbungslinie *Mutter-Kinder* deutet sich neben den nahöstlichen Rechtstexten auch im Alten Testament selbst an. Rahel und Lea klagen darüber, dass ihr Vater Laban die gesamte Ehegabe verzehrt habe, die ihm nach ihrer Hochzeit mit Jakob zur Verwaltung übergeben worden war. Sie betonen, dieses Vermögen sei rein rechtlich für sie und ihre Kinder bestimmt.[92] Vermögen, das in diesem Fall individuell-brautbezogen in eine Ehe eingebracht wurde, blieb den Kindern dieser Braut verhaftet.

---

88 §174; Raymond *Westbrook* (Property, 1991, S. 156.) findet dies auch für die Mittelassyrische Gesetzeslage bestätigt und verweist auf MAL §29. Hier hingegen findet sich sowohl nach der Übersetzung von *Borger* (Texte aus der Umwelt des Alten Testaments, Band I, 1982.) als auch nach der Übersetzung von *Meek* (*Pritchard*, Ancient near eastern texts, 1969.) die Möglichkeit, dass ein zweiter Ehegatte in den Besitz der erstehelichen Mitgift gelangt und ihn an seine Söhne weitergibt.

89 §173; dies findet sich auch im Neubabylonischen Recht bestätigt, wo es in §13 heißt: *„Wenn sie ihrem Gatten Söhne gebiert, haben nach ihrem Tode die späteren Söhne und die früheren Söhne an ihrer Ehegabe gleichen Anteil."*

90 §172.

91 §162 und §167.

92 Gen. 31,14 f.; Aus dieser kurzen Passage einen generellen Erbausschluss jeglicher anderer Verwandter herauszulesen, wie es Raymond *Westbrook* tut, ist zwar gewagt, bestätigt jedoch oben erwähnte Regelungen aus dem nahöstlichen Kontext. (*Westbrook*, Property, 1991, S. 156.).

Um akute Reformen dieses Vererbungsprinzips zur Zeit des frühen Christentums zu verdeutlichen, sind zunächst einige Angaben zur terminologischen und formalen Entwicklung des Vermögensverwaltungsprinzips seit biblischer Zeit zu tätigen. Denn bestand in mosaischer Zeit noch eine strikte Trennung zwischen den Vermögenskomponenten der ehemannschen Ehegabe – sie wurde vom Brautvater aufbewahrt – und der Mitgift, die vom Brautvater in die Ehe investiert wurde, so vermengte sich die Verwaltung von Mitgift und Ehegabe bis zur Zeit Jesu zusehends.[93] Rabbi Simeon ben Sheta (um 80–50 v. Chr.) bestimmte letztendlich, dass die *ketubah* – der Terminus umfasste bereits Mitgift und festgesetzte Ehegabe als Ganzes – während der Ehe im Hause des Ehemannes verwaltet und nach Beendigung der Ehe der Frau und ihren Kindern ausgezahlt bzw. ausgehändigt werden sollten.[94] Ein Ehemann stellte somit nicht von Beginn an eine Ehegabe, sondern es wurde ein Betrag festgesetzt und sein Vermögen hypothekarisch belastet, um der Witwe bzw. den gemeinsamen Kindern bei seinem Tod die Auszahlung der entsprechenden Vermögensanteile zu garantieren.[95]

Bedauerlich ist obige Entwicklung für den Themenbereich der Dissertation, da das talmudische Recht terminologisch nicht mehr bzw. selten zwischen den Vermögenskomponenten *Mitgift* und *Ehegabe* unterscheidet. Spielt dies für die Betrachtung von Erbvorgängen in „normalen" Familien eine untergeordnete Rolle, so erschwert es bezüglich Patchworkfamilien die Rekonstruktion einer eventuellen Verhaftung von Vermögenskomponenten an alle Kinder einer Mutter (Mitgift) und die eines bestimmten Ehemannes (Ehegabe). So spricht das Gesetz bKet. 52b, welches Louis Epstein[96] in die frühe tannaitische Periode datiert, schon nicht mehr differenziert von *Mitgift* und *Ehega-*

93 Es ist nicht möglich, im Rahmen dieser Arbeit detailliert auf die Entwicklung der *ketubah* einzugehen. Markham *Geller* (Sources, 1978, S. 227–245.) nennt und analysiert eine Vielzahl von neueren Papyrusfunden, die auf die Existenz eines vermögenssichernden Ehevertrages in mehreren nahöstlichen Kulturen (Mesopotamien, Ägypten) schließen lassen und diese Praxis im nahöstlichen Raum ab dem neunten vorchristlichen Jahrhundert bis zum oben erwähnten Wirken von Rabbi Simeon ben Sheta (um 80–50 v.Chr.) belegen. Hier findet sich z. B. auch die Haftung eines Ehemannes für die Mitgift der Frau, die nach deren Tod für ihre Söhne bestimmt ist. (*Geller*, Sources, 1978, S. 238.).

94 Vgl. *Instone-Brewer*, Divorce and Remarriage, 2002, S. 82 f..

95 bKet. 82b; Vor dem Hintergrund einer talmudischen Diskussion um den Ursprung und das Alter des jüdischen Ehevertrages vermutet die Forschung die Etablierung der ketubah als vermögens- und versorgungsgarantierende Institution bereits in biblischer Zeit. (*Elon*, Jewish law II, 1994, S. 559 f..) Obige Bestimmungen aus nahöstlichen Rechtstexten werden also bereits früh ihre individuelle Manifestierung in jüdischen Eheverträgen gefunden haben, welche die vom Ehemann zu verwaltenden und bewahrenden Komponenten wie Mitgift und Ehegabe auflisteten und im Gegenzug dessen Nutznießungsrecht garantierten.

96 Vgl. *Epstein*, Marriage contract, 2004, S. 130.

be, welche Kinder beim Tode der Mutter erbten, sondern undifferenziert von *ketubah*. Diese *ketubah* bezeichnete laut Epstein[97] neben der Mitgift der Mutter auch deren festgesetzte Ehegabe und weitere Ehegeschenke. Trotz der pauschalen Terminologie lassen sich einige Grundaussagen für das Szenario der Patchworkfamilie tätigen. Denn die in der *ketubah* verzeichneten Vermögenskomponenten waren nach bKet. 52b Mutter-Sohn-determiniert. Somit erbten, wenn ein Witwer aus einer zweiten oder Zweitehe ebenfalls Söhne hatte, diese nichts von den *ketubah*-Anteilen der ersten Frau. Diese waren für die Söhne aus erster Ehe reserviert. Zudem war der Witwer verpflichtet, im Rahmen seiner zweiten Ehe einen separaten Ehevertrag aufzusetzen, der eine separierte Ehegabe ausschließlich für die Familienmitglieder dieser zweiten Ehe garantierte.[98]

Im Vergleich zum biblischen und nahöstlichen Vererbungsrecht kann für die Position eines jüdischen Ehemannes in der Zeit des frühchristlichen Erfahrungshorizontes trotz dieser Trennung der „Haushaltstöpfe" eine Aufwertung konstatiert werden. Diese manifestierte sich zunächst in seiner erblichen Vorrangstellung vor den erstehelichen Töchtern seiner Frau. Denn wurde die ersteheliche *ketubah* nach biblisch-nahöstlichem Recht sowohl Söhnen als auch Töchtern der entsprechenden Ehe bewahrt, so erbte nach mischnaischem Recht der zweite Ehemann die erstehelichen *ketubah*-Bestandteile, wenn die Frau in erster Ehe keine Söhne geboren hatte.

Louis Epstein erachtet diese Entwicklung als Bestandteil eines generellen Trends der Aufwertung der ehemannschen Position im Erbrecht nach der Frau, wie er für die Zeit der Mischnakodifizierung greifbar ist.[99] Demnach verbesserte sich die Situation des zweiten Ehemannes zu Ungunsten erstehelicher Kinder sogar dahingehend, dass er bald zum Primärerben nach der Ehefrau aufstieg, auch wenn sie in erster Ehe Söhne oder Töchter hervorgebracht hatte.

Dies hatte zur Folge, dass theoretisch nach seinem Ableben – mit Einschränkungen – erst- und zweiteheliche Söhne eines Vaters ohne Unterschied an den *ketubah*-Anteilen dessen erster Ehefrau hätten partizipieren können, ohne dass doch jene zweitehelichen Familienmitglieder ein sittliches Anrecht auf diese Vermögenswerte genossen. So wird nach bKet. 91a eine Ausschüttung des väterlichen Erbes zu gleichen Teilen an erst- und zweiteheliche Söhne nicht ausgeschlossen, obwohl sich dieses Erbe aus unterschiedlich großen *ketubah*-Anteilen der ersten und zweiten Ehefrau zusammensetzte.[100]

---

97 Ebd., S. 128 f.; *Epstein* interpretiert dieses Gesetz als beeinflusst durch oben erwähnten Hammurapi-Paragraphen 167.

98 bKet. 90a; *Epstein*, Marriage contract, 2004, S. 128.

99 Vgl. *Epstein*, Marriage contract, 2004, S. 131 f..

100 Zwar zeugen zahlreiche mischnaische und talmudische Diskussionen von der Ansicht,

Als Fazit zu den mütterlichen Vermögenswerten der Ehegabe und der Mitgift muss festgehalten werden, dass das Risiko, sie könnten in Patchworkfamilien zum Zankapfel zwischen Halbgeschwistern werden, durch die erbrechtlichen Entwicklungen gegen Ende des zweiten jüdischen Tempels durchaus gestiegen ist. Zwar bewirkte die Aufwertung der ehemannschen Position in der Erbfolge nach der Frau und damit die sukzessive Unterminierung der Mutter-Kind-Terminierung nicht direkt ein ungerechtes Vererbungssystem, doch können daraus resultierende Unklarheiten und Ungenauigkeiten in der Verteilung mütterlicher Vermögenswerte das Konfliktpotential in Patchworkfamilien gefördert haben. Dies muss zum unmittelbaren Erfahrungshorizont des frühen Christentums gehört haben.

Eine ähnliche Aufwertung ehemannscher Kompetenzen vollzog sich auch bezüglich dessen eigener Vermögenswerte. Auch hier müssen generelle Aussagen zum Erbrecht der biblischen Zeit sowie zu Reformen gegen Ende des *second commonwealth* genügen.

Vererbung kann, wenn sie willentlich und per Testament geschieht, der Beginn familiärer Konflikte sein. Denn wo ein Mensch Entscheidungen trifft, spielen neben Vernunft oft auch emotionale Stimmungen oder Überzeugungen und Einflüsse eines Mitmenschen eine Rolle. Demgegenüber ist willensunabhängiges Vererben nach festgesetzten Regeln – so z. B. vor dem Hintergrund eines Intestaterbrechts – von situations- und emotionsbedingten Faktoren eines Erblassers unabhängig. Das jüdische Erbrecht der Zeit des zweiten Tempels kannte diese unterschiedlichen Arten des Vererbens nicht, zumindest nicht, wenn es um Vermögensweitergabe nach dem Tod eines Elternteils ging. Die im Pentateuch festgeschriebenen und in weiteren nahöstlichen Rechtstexten auffindbaren Vererbungsregularien traten der Ausübung eines individuellen testamentarischen Vererbungswunsches entgegen. Lediglich der Ehemann konnte für seine Besitzungen persönliche Bestimmungen geltend machen, insofern sie nur für die Zeit seines Lebens galten. Weitergehende Anordnungen für die Zeit nach seinem Tode hatten keine Gültigkeit. Was die Mitgift einer verstorbenen Mutter betraf, so fiel – wie gesehen – die

dass trotz dieser beginnenden de jure-Aufhebung einer generellen Verhaftung erstehelicher Vermögenswerte an ersteheliche Kinder das Verteilungsprinzip de facto nach dem Tod des Zweimalverheirateten aufrechterhalten bleiben sollte. So sollten ersteheliche Kinder nach Möglichkeit nach wie vor mit der ersten ketubah, zweiteheliche mit der zweiten ketubah bedacht werden. Doch beweisen derlei Gelehrtendiskussionen auch den Risikofaktor ungerechter Verteilung, insbesondere, wenn z. B. durch Misswirtschaft oder Veräußerungen des Vaters erst- oder zweiteheliche ketubah-Anteile verlorengegangen waren und sich die Frage stellte, inwieweit jene Vermögenseinbußen auf die posthume Erbausschüttung unter erst- und zweitehelichen Kindern umgerechnet werden sollte. (bKet. 90b; bKet. 52b; *Epstein*, Marriage contract, 2004, S. 134 f.).

Entscheidung über die Art der Vererbung zu keiner Zeit in ihre eigene Kompetenz oder die des ersten oder zweiten Ehemannes. Die Portionierung und Auswahl begünstigter Personen folgte festgesetzten Regeln, die eine willentliche Bevorzugung oder Benachteiligung einzelner Familienmitglieder unmöglich machten.

Nach Numeri 27,1 f. beerbten einen Mann zunächst dessen Söhne, bei deren Ermangelung dessen Töchter, darauf seine Brüder, die Onkel väterlicherseits und dann andere verbleibende Blutsverwandte.[101] Das hier zugrunde gelegte Prinzip verfolgte klar das Bestreben, Familienerbe familienimmanent zu bewahren und keinen Grundbesitz an einen Fremden zu verlieren. Dies war dem ursprünglichen Gliederungsprinzip der jüdischen Gesellschaft in grundbesitzgebundene Stämme geschuldet.[102] Aus diesem Prinzip heraus rührte auch die „Wahl" des Erstgeborenen als neues Familienoberhaupt, die sich in dessen doppeltem Erbrecht ausdrückte. So war es einem Vater nach pentateuchischem Recht strikt untersagt, die Vererbung seines Vermögens nach emotionalen Gesichtspunkten vonstatten gehen zu lassen und geliebtere Söhne vor weniger geliebten zu bevorzugen.[103] Das Recht der Primogenitur schuf somit unter den Geschwistern – auch unter Halbgeschwistern – von vornherein klare Verhältnisse. Denn jeder wusste um seinen zu erwartenden Erbteil. Sein Verhalten innerhalb der Familie auf Gunststeigerung vor dem Vater hin auszurichten, war zwecklos.[104]

Es muss nicht weiter erwähnt werden, dass ein derart eingeschränktes und lediglich an eine agrarisch ausgerichtete, in Stämme unterteilte Gesellschaftsstruktur angepasstes Erbrecht in keiner Weise als flexibel und den sich verändernden Bedingungen der Zeit nach dem babylonischen Exil gewachsen

---

101 Num. 27,8–11.

102 Vgl. *Zeitlin*, Succession, 1967, S. 574.; Die Bindung von Familie und Grundbesitz ging soweit, dass verkauftes Land nur bis zu einem gewissen Zeitpunkt im Besitz des Käufers bleiben durfte. Zu Beginn des sogenannten Jubeljahres fiel das Grundstück wieder an den ursprünglichen Besitzer zurück. (Lev. 25,25 f.).

103 Deut. 21,15f.

104 Die Tatsache, dass im Deuteronomium auch die Möglichkeit der Enterbung eines ungehobelten Erstgeborenen angesprochen wird (Deut. 21,18 f.), sollte nicht zu hoch bewertet werden. Hieraus eventuell von statten gegangene, gegenseitige Verleumdungen und Misskreditierungen unter Halbgeschwistern gegenüber dem erblassenden Vater zu schließen, wäre überinterpretiert. Die im Pentateuch genannte Steinigung als theoretische Strafe für solch einen missratenen Sohn lässt auf schlimmere und vor allem nachgewiesene Vergehen eines Kindes schließen, die nicht durch die Verleumdung eines Halbgeschwisters hätten vorgetäuscht werden können. Im Falle Rubens war es dessen widerrechtlicher Beischlaf mit Bilha, der Magd Rahels und Nebenfrau Jakobs, der zur Enterbung führte. (Gen. 49,3 f.) Derlei Vergehen müssen es gewesen sein, die das Prinzip der Primogenitur auszuhebeln vermochten.

angesehen werden kann.[105] Man denke nur an ökonomische Umstrukturierungen der in die griechische Handelswelt miteinbezogenen jüdischen Siedlungsgebiete,[106] an Palästina als ökonomischen Distrikt unter ptolemäischer Verwaltung[107] oder an Expansion und wachsenden Wohlstand während der Zeit der hasmonäischen Herrschaft.[108] So sind Abweichungen vom archaischen hebräischen Erbprinzip, das die individuelle, ökonomische Entfaltung einzelner Familien und vor allem zweitgeborener Söhne hemmen musste, für den Familienalltag der Zeit des zweiten jüdischen Tempels mehr als anzunehmen. Doch welcher Art konnten diese Neuerungen sein und welche Konsequenzen ergaben sich daraus für die Vermögensverteilung unter Halbgeschwistern?

Die Forschung schwankt in ihrer Einschätzung, ob die in Talmud und Mischna kodifizierten Ergänzungen zum pentateuchischen Erbrecht bereits jene ausgelebten alltäglichen Rechtsprinzipien der vorchristlichen jüdischen Gesellschaft repräsentierten.[109]

Ohnehin schrieben Mischna und Talmud einem Familienvater zunächst keineswegs bahnbrechende Kompetenzen im testamentarischen Vererben zu. Vielmehr bemühten sich diese Neuerungen um einen Spagat zwischen traditionellem Schutz des Familienvermögens und der Möglichkeit, auf aktuelle ökonomische Herausforderungen mit Vermögenstransaktionen zu reagieren. So war es einem Vater nunmehr möglich, Vermögen an Personen außerhalb der Familie per Schenkung zu vererben; eine diesbezügliche Verschreibung war aber nur dann gültig, wenn dabei mindestens ein (1) Grundstück zurückbehalten wurde.[110] Das Gebot der Einbehaltung eines Landteiles bezog sich allerdings nur auf den besonderen Fall, dass der Schenkende sich im Endstadium einer tödlichen Krankheit[111] wähnte.[112]

105 Vgl. *Zeitlin*, Succession, 1967, S. 576.

106 Vgl. *Schwartz*, Imperialism, 2001, S. 24.

107 Ebd., S. 28.

108 Vgl. *Bringmann*, Juden, 2005, S. 126 f.; *Schwartz*, Imperialism, 2001, S40 f..

109 Zu den Befürwortern dieser Ansicht gehören neben einigen älteren Forschungsbeiträgen aber vor allem Vertreter der neueren Forschung ab 1950, sodass sich hier jener Betrachtung angeschlossen werden soll. (*Büchler*, Studies, 1956, XVff.; *Falk*, Jewish law II, 1978, S. 340 f.; *Zeitlin*, Succession, 1967, S. 574–581.; *Epstein*, Marriage contract, 2004 (Neuauflage nach 1927), S. 124.).

110 Mischna B.B. 9,6.

111 Die Gründe, warum gerade ein Todkranker verpflichtet war, einen Grundstücksteil einzubehalten, werden nicht genannt. Eventuell sollte damit garantiert werden, dass der Mann noch die nötigen Früchte ziehen konnte, um seine Versorgung und Behandlung zu bezahlen. In bB.B. 146b wird als Begründung genannt, ein Sterbender sei nicht mehr gewahr bzw. könne nicht mehr herausfinden, ob ein Sohn, der z. B. in ein fernes Land gereist sei, noch am Leben sei. Hätte er aber gewusst, dass er noch einen lebenden Sohn habe, hätte er bestimmt ein Stückchen Land zurückbehalten.

112 Wilhelm *Falk* (Jewish law II, 1978, S. 340 f.) ist der gegenteiligen Ansicht, eine Schen-

Eine vollkommene Veräußerung des Vermögens und damit die Enterbung aller Söhne war ebenso möglich, zwar wiederum nicht per Testament von Todes wegen, sondern per Schenkung zu Lebzeiten.[113]

Das Prinzip, mit Schenkungen die im Pentateuch festgesetzten Vererbungsregeln zu umgehen, war nicht nur zur Enterbung aller Söhne, sondern vor allem auch zur Erb(-um-)verteilung innerhalb der Familie gültig. Dies allerdings unter veränderten Bedingungen. „*Verteilt einer seinen Besitz mündlich unter seine Söhne so, dass er dem einen mehr und dem anderen weniger gibt, oder den Erstgeborenen den anderen gleichstellt, sind seine Worte bindend. Aber wenn er sagt: ‚Von Erbschafts wegen', sagt er damit nichts.*“[114] Testamentarisch konnte ein Vater also keine Bevorzugungen oder Benachteiligungen innerhalb der Familie vornehmen, die gegen die Satzungen des Pentateuch verstießen; dies konnte nur per Schenkung zu Lebzeiten oder – quasi durch einen juristischen Schachzug – durch einen als Schenkung bezeichneten Willen im Testament geschehen. Auch scheint es, dass durch Schenkungen nicht ein Sohn als Einzelerbe auserwählt werden durfte, während dessen Geschwister vollkommen leer ausgingen. Es ist ja nur die Rede von „*dem einen mehr und dem anderen weniger*“ geben.

Gegenüber diesen flexibleren Möglichkeiten der Schenkung – Umverteilung innerhalb der Familie oder Übergehung aller Familienmitglieder – blieben, was die Vererbungsregeln per Testament betraf, die pentateuchischen Vorstellungen zunächst bestehen: Ein Fremder konnte nicht testamentarisch begünstigt werden, solange Kinder vorhanden waren, und eine Tochter konnte vom väterlichen Erbe nichts bekommen, wenn sie Brüder hatte.[115] Sichtlich handelt es sich bei diesem Doppelsystem des Schenkungs- und Vererbungsrechts um eine Farce, die das Bemühen jüdischer Gelehrter um Traditionswahrung ausdrückt bei gleichzeitiger Reaktion auf die Anforderungen flexibler Ökonomie. So ermöglichen Schenkungen zu Lebzeiten das unmittelbare Wirtschaften eines befähigten Sohnes. Hier konnte ein Vater unter seinen Söhnen – egal ob aus erster oder zweiter Ehe – den Kompetentesten mit den größten finanziellen Mitteln ausstatten. Dass ein Vater allerdings per Testament zunächst nicht diese Selektion vornehmen durfte, sondern den juristischen Winkelzug der *Schenkung im Testament* vollführen musste, zeigt die Traditionsgebundenheit einiger jüdischer Gelehrter in ihrem ganzen Ausmaß.[116]

---

kungsurkunde sei in jedem Falle ungültig, wenn sie das Land komplett an einen Fremden veräußere.

113 So regelt die Mischna: „*Wer seinen Besitz anderen verschreibt und seine Söhne übergeht, dessen Tat gilt als getan, aber der Geist der Gelehrten ist nicht erfreut über ihn.*“ (Mischna B.B. 8,5).

114 Mischna B.B. 8,5.

115 Mischna B.B. 8,5.

116 Eine Situation, die ohnehin insofern als ein rein theoretisches Konzept anzusehen ist,

Der Spagat zwischen Schenkung und testamentarischer Vererbung war zudem viel Lärm um nichts, denn das Vererben per Testament wurde - laut Mischna - spätestens während des zweiten nachchristlichen Jahrhunderts ohnehin flexibler geregelt bzw. die herrschende Flexibilisierung in dieser Zeit kodifiziert: In Baba Bathra 8.5 wird erwähnt, dass Rabbi Johanan ben Beroka jene testamentarischen Verfügungen nun als zulässig erachtet, welche den Regeln des Pentateuch widersprächen.[117] Dies heißt im Klartext nichts anderes, als dass spätestens mit Rabbi Johanan ben Beroka im frühen zweiten Jahrhundert viele Arten von Begünstigungen und Enterbungen einzelner Kinder nun auch per Testament gültig waren. Jeder potentielle Intestaterbe konnte zum Nachteil seiner Geschwister testamentarisch zum Alleinerben bestimmt werden.[118]

Somit blieben ab dem frühen zweiten Jahrhundert „nur" noch die pentateuchischen Axiome *Söhne erben vor Töchtern* und *Familienmitglieder erben vor Fremden* bestehen. Dies ist die konsequente Ergänzung zu jener Entwicklung, die bereits Jahrhunderte zuvor im Schenkungsrecht vonstatten gegangen war: Flexible Verteilung per Schenkung wird ergänzt durch die Möglichkeit der testamentarischen Bestimmung eines Alleinerben unter Brüdern / einer Alleinerbin unter Schwestern.

Die finanzrechtliche Situation als eine das Zusammenleben in einer Patchworkfamilie mitbestimmende Komponente muss somit, was die Vererbungskompetenzen des Familienvaters anging, als im Wandel angesehen werden. Ein Wandel, der sich in der Zeit des zweiten jüdischen Tempels vollzog. Es ist mit Sicherheit davon auszugehen, dass sich vermögensbegründete Konflikte und Formen der Benachteiligung mit der Möglichkeit der Umgehung mosaischer Erbprinzipien durch Schenkungen häuften. Das mosaische Regularium schuf einst klare Voraussetzungen und musste von vornherein Erwartungshaltungen zweitgeborener Söhne gegenüber ihrem Vater mindern

---

als dass althergebrachte Institutionen wie die des Jobeljahres, welches verschenkte und verpfändete Ländereien „regelmäßig" an den ursprünglichen Eigentümer rückführte, zu keiner Zeit für die Praxis nachweisbar sind. Spätestens der Babylonische (bArach. 32b) und Jerusalemer Talmud zeugen von einer Nichtbeachtung dieser Schenkungsregel. (*Berner*, Jubiläen, 2006, S. 14.).

117 Voraussetzung sei aber, dass nur solche Personen begünstigt würden, die ohnehin ein Intestaterbrecht besäßen, d. h. unter bestimmten Umständen potentielle Erben seien.

118 Was dies genau bedeutet, geht aus der entsprechenden Kommentierung im Talmud hervor, wo es heißt: „*Wenn einer verfügt hat, dass jemand* [ein Fremder] *ihn beerbe, während eine Tochter vorhanden ist, oder dass seine Tochter ihn beerbe, während ein Sohn vorhanden ist, so sind seine Worte nichtig; wenn aber eine Tochter unter den Töchtern oder ein Sohn unter den Söhnen, so sind, wenn er verfügt hat, dass diese sein ganzes Vermögen erben sollen, seine Worte gültig, denn R. Johanan sagt, wenn jemand dies von einem sagt, der Anwartschaft hat, ihn zu beerben, seien seine Worte gültig.*" (bB.B.130a-131).

und Neid gegenüber einem erstgeborenen Halbbruder zu einer systemfremden Größe machen – zumindest in Relation zu späteren Verhältnissen. Auch Angst vor massiver Benachteiligung oder gar Enterbung war im traditionellen Erbrecht nicht vorgesehen und entspannte auf diese Weise das familiäre Zusammenleben. Zwar war die Enterbung einzelner Söhne auch dann zunächst im „Schenkungsrecht" ausgeschlossen, doch mussten jene talmudischen Gesetze, welche die Forschung spätestens für das erste nachchristliche Jahrhundert als repräsentativ sieht, Benachteiligungen und Konflikte durch nun willkürliche Besitzüberschreibungen fördern. Der mächtige emotionale Einfluss der Frau auf Entscheidungen des Ehemannes wurde bereits am Beispiel Saras angesprochen. Diese drängte Abraham, seine Zweitfrau Hagar und seinen Sohn Ismael – einen potentiellen Erbkonkurrenten zum eigenen Sohn Isaak – zu verstoßen.[119] Gerade wenn in einer Patchworkfamilie die erste Frau verstorben war, hatte die zweite Frau ein offenes Feld für Überredungskünste zu Ungunsten ihrer Stiefkinder. Ein offenes Schenkungsrecht schafft gänzlich andere Voraussetzungen des Zusammenlebens. Auch das Verhalten der Kinder gegenüber dem Vater könnte durch die neu geschaffenen Möglichkeiten und Erwartungen mitunter eine Art aktiven Positionierens bewirkt haben. Mit der weiteren Liberalisierung nun auch des Vererbungsrechts spätestens im frühen zweiten Jahrhundert gesellt sich zur Angst vor Benachteiligung wohl nun endgültig auch die Angst vor potentieller Enterbung hinzu.

Wie sich später zeigen wird, sind dies genau jene Problemfelder, welche die römisch-heidnische Gesellschaft kennt und Vertreter der christlichen Kirche anprangern. Die für die jüdische Gesellschaft vermuteten konfliktträchtigen Punkte entbehren also keineswegs ihrer Grundlage.

3. Fazit

Die übergeordnete Fragestellung dieses Kapitels zielte auf die Darstellung von Familienstrukturen, wie sie im Rahmen des Alten Testaments greifbar sind und für die späte Zeit des zweiten jüdischen Tempels (516 v. – 70 n. Chr.) angenommen werden können. Diese Fragestellung trug dem Bestreben Rechnung, insbesondere die familiäre Situation des ersten nachchristlichen Jahrhunderts näher zu betrachten und herrschende „Familienideale" der jüdischen Gesellschaft als konkreten Erfahrungshorizont des frühen Christentums zu nennen. Die Rekonstruktion der Erkenntnisse fand unter Verwendung alttestamentlicher Texte, Rechtskodifikationen des kontemporären nahöstlichen Umfelds und früher mischnaischer bzw. talmudischer Gebote

119 Gen. 21,9 f.

statt. Miteinbezogen in die Analyse wurden daneben auch Kommentare zum Pentateuch und Ansichten zu Familie und Scheidung, wie sie von Philo und Flavius Josephus im frühen bzw. mittleren ersten nachchristlichen Jahrhundert getätigt wurden.

Diese diachronische Betrachtungsweise über einen Zeitraum von fast sechs Jahrhunderten ermöglicht auf der einen Seite eine Momentaufnahme der familiären Verhältnisse und der Familiengesetzgebung der Zeit der ersten Christen, zeigt aber auch Tendenzen und Änderungsprozesse auf, die ihren Anfang in eben dieser Zeit nehmen. So kann im nachfolgenden Verlauf der Arbeit konkret auf die Frage eingegangen werden, welche Familienstrukturen und -vorstellungen das frühe Christentum in der jüdischen Gesellschaft vorfand und auf welche Prozesse es in seiner Ausformulierung einer eigenen Ehelehre Bezug nahm. Eine Ausformulierung, die dann im Verlauf der Spätantike wiederum Konkretisierungen aber auch Justierungen erlebte. Um ein vollständiges Bild jener Komponenten im Familienverständnis geben zu können, die als potentiell prägend für oder als zu negierend durch ein christliches Familienverständnis angesehen werden können, ist in einem zweiten Schritt zudem die Miteinbeziehung römisch-heidnischer Familienmodelle vorzunehmen.

Was das jüdische Familienideal bzw. seine Auswirkungen auf das Leben im Patchwork anbelangt, so wurden die Aspekte des Nachwuchses sowie der gefestigten und intakten Haushaltsstruktur herausgearbeitet, die nicht zuletzt ein positives Umfeld zur „Aufzucht" der männlichen Erben schaffen sollte. Als weiteres Axiom war die finanzielle und versorgungstechnische Absicherung aller Familienmitglieder zu nennen. Die Missachtung dieser Prinzipien in Form von z. B. Mangelleistungen in der Versorgung, Verweigerung des Beischlafes oder der Säuglingsfürsorge ermöglichten dem oder der Betroffenen, die Scheidung sanktionsfrei zu vollziehen bzw. einzufordern. Generell konnte ein Mann jederzeit auch ohne Angabe von Gründen die Scheidung vornehmen, dann aber unter Auszahlung der Mitgift an seine Exfrau. Dies ermöglichte der Geschiedenen zumindest eine Grundversorgung und sicherte sie zunächst ab, wenn sie nicht ins Haus des Vaters zurückkehren konnte. Scheidungen waren im jüdischen Denken somit keineswegs verpönt, sondern stellten unter gewissen Umständen eine Möglichkeit dar, die Erfüllung versorgungs- bzw. nachwuchsbezogener Ideale durch die Gründung einer zweiten, „intakteren" Familie zu gewährleisten. Konnte dieser Wertekanon als gültig für das schammaitische Scheidungsverständnis herausgearbeitet werden, zeigt sich hingegen in der hillelitischen Schule, die mit der Forschung als dominierend für das erste nachchristliche Jahrhundert angenommen wurde, ein Prozess der Liberalisierung und Entwertung des Familienverbundes. Scheidungen konnten nach Ansicht der Anhänger Hillels aus jedem erdenklichen Grund initiiert werden – wenn auch unter Auszahlung der in der *ketubah* festgesetzten Beträge. Zudem dürfte durch die erwähnte

Aufwertung der ehefrauschen Scheidungskompetenz – sei es indirekt durch gerichtliche Unterstützung oder direkt durch die eigenständige Ausstellung eines Scheidebriefes – die Frequenz an Ehetrennungen zugenommen haben, was nicht zuletzt in der Beeinflussung durch römische Ehepraktiken begründet liegen könnte. Somit könnten die ersten Christen Zeugen einer vermehrten Scheidungsaktivität gewesen sein.

Diese Scheidungsliberalität fand ihre Fortsetzung und Antwort in der Förderung von zweiten Ehen, die unter nicht wenigen Umständen Patchworkstrukturen zur Konsequenz hatten. Verminderte Brautpreise für Witwen und Geschiedene sowie die Leviratspflicht des Bruders eines kinderlos Verstorbenen wurden als fördernde Maßnahmen thematisiert; Maßnahmen die dem jüdischen Gebot der Vermehrung Rechnung trugen.

Jene indirekten „Aufforderungen“ zur Wiederheirat bzw. Heirat einer Geschiedenen oder Witwe ließen den Schluss zu, gesellschaftliche Stigmatisierungen gegenüber Patchworkfamilien – wie sie im späteren Christentum zu verzeichnen sind – im Judentum als nicht oder kaum existent anzunehmen.

Neben gesellschaftlicher Stigmatisierung und verminderter emotionaler Wertschätzung wurde die Frage nach der Erb- und Versorgungssituation als potentiell belastender Faktor im Zusammenleben einer Patchworkfamilie gestellt. Dies konnte insofern verneint werden, als dass ein Stiefvater nicht generell finanzielle Pflichten gegenüber den Kindern seiner Frau hatte, außer wenn diese explizit im Ehevertrag festgeschrieben waren.

Diese klare Trennung von Vermögenskomponenten einer Erst- und Zweitfamilie bezog sich ebenso auf die Mitgift der Mutter, die nach ihrem Tode nur ihren Kindern aus erster und zweiter Ehe zukam, Stiefkindern hingegen verwehrt blieb. Ob diese Vermögensverhaftung auch für die Ehegabe des ersten Mannes galt, diese also lediglich an Kinder aus erster Ehe weitergegeben wurde, nicht aber an deren Halbgeschwister, konnte für das Judentum des ersten nachchristlichen Jahrhunderts nicht zweifelsfrei festgestellt werden. Der vereinheitlichende Terminus *ketubah* im frührabbinischen jüdischen Recht macht eine Differenzierung zwischen Mitgift und Ehegabe schwierig. Was mütterliche Vermögenswerte betraf, blieb das jüdische Recht insofern konsequent, als dass es gewährleistete, dass diese nicht zum Zankapfel in Patchworkfamilien wurden. Eine juristisch durchdachte Antwort auf das – zur Not – patchworkfördernde Eheideal des Judentums. Die Mutter-Kind-Determinierung familiendefinierten Vermögens (Ehegabe und Mitgift) als konfliktlinderndes Institut musste jedoch insofern als im Wandel angesehen werden, als dass sich die erbrechtliche Position eines Witwers bis zur Zeit der Mischnakodifizierung verbesserte. Bereits in der Mischna und somit auch im Erfahrungshorizont des Christentums ist ein Witwer als Primärerbe der ehefrauschen *ketubah* vermerkt. Eine Situation, die z. B. unter den Umständen ökonomischer Misswirtschaft zu Konflikten unter vaterdefinierten Halbgeschwistern führen kann, wenn das übriggebliebene Vermögen des

Vaters nicht ausreichte, um die jeweiligen *ketubah*-Beträge ihrer verschiedenen Mütter auszuzahlen.

Im letzten Unterkapitel wurden zudem weitere Vererbungskompetenzen eines Familienoberhauptes herausgearbeitet. Hier konnte nachgewiesen werden, dass das mosaische Recht zunächst klare Vererbungsregeln bereithielt, die jeglichen emotional gesteuerten Bevorzugungen und Benachteiligungen vorbeugten. Das Prinzip der Primogenitur stand dem emotionalen Empfinden entgegen, welches ansonsten die Wahl des Haupterben nicht auf den Erstgeborenen, sondern eventuell auf den Sohn der mehr geliebten Ehefrau hätte fallen lassen können, wie es der Pentateuch für den Fall der Polygamie durchexerziert.[120] Hätten jene Regularien den Familienfrieden unter Halbgeschwistern einer Patchworkfamilie wohl weitgehend gewahrt, muss diese Harmonie als im Laufe des *second commonwealth* als schwindend angenommen werden. Zwar blieb das Erbrecht zunächst in seiner ursprünglichen Art bestehen, doch Schenkungskompetenzen gestalteten Vermögensverteilungen in Patchworkfamilien flexibler und machten die Skala von Enterbung bis Erbeinsetzung eines Kindes vom ausschließlichen Willen des Vaters abhängig. Das jüdische Recht ließ somit davon ab, seine traditionellen Vererbungsmechanismen zu bewahren, welche einer eigens geförderten Landschaft komplexer Familienstrukturen in der jüdischen Gesellschaft einst passende, im Ergebnis konfliktlindernde Vererbungsprinzipien entgegengestellt hatten. Dies muss einen nicht unwesentlichen Umschwung im Zusammenleben einer Patchworkfamilie mit all seinen emotionalen Belastungen bedeutet haben. Ein Prozess, der dann durch die Flexibilisierung des Erbrechts selbst im zweiten nachchristlichen Jahrhundert noch verstärkt wurde.

Betrachtet man diese Momentaufnahme familiärer Strukturen im ersten nachchristlichen Jahrhundert, so muss konstatiert werden, dass die ersten Christen Rezipienten und Reaktionäre gegenüber einer sich im Wandlungsprozess befindlichen Religionsgemeinschaft waren – natürlich nicht nur bezüglich der Strukturierung im familiären Bereich. Es ist nicht vermessen, Wandel familiärer Strukturen als Indikator für eine generell sich wandelnde jüdische Glaubensgemeinschaft zu verstehen. Wie erwähnt, spiegelt die Umgehung der alttestamentlichen Vererbungsregeln durch das Schenkungsprinzip – gefolgt von der generellen Flexibilisierung und Liberalisierung des Erbrechts – einen Prozess der „Aufweichung“ und Neukommentierung pentateuchischer Gebote wider. Und letztendlich indiziert dies eine sich ändernde Sichtweise des jüdischen Volkes oder zumindest deren religiösen Vertreter auf die Bewahrungswürdigkeit und das Muss des unabdingbaren Festhaltens traditioneller Religionskomponenten. Die Umgangsweise mit

120 Deut. 21,15f..

traditionellem Religionsgut und die Art dessen Interpretation schienen im Wandel.

Die politischen und religions-politischen Rahmenbedingungen des jüdischen Volkes des ersten nachchristlichen Jahrhunderts waren alles andere als ruhig. Seit dem Tod Herodes' I. befand sich Palästina im Schwebezustand zwischen faktischer Souveränität und Fremdherrschaft, zwischen Eigenstaatlichkeit und Eingliederung in das römische Provinzsystem. Die Herrschaftsaufteilung unter Herodes' Söhnen mit wechselnden Verwaltern – waren diese nun römisch (Publius Sulpicius Quirinius), römisch angepasst (Herodes Antipas) oder jüdisch (Herodes Agrippa I.) – schuf ein Klima der politischen Unruhe und Orientierungslosigkeit.[121]

Welch dynamische, religions-politische Energie das jüdische Volk in Reaktion auf veränderte politische Rahmenbedingungen und Fremdherrschaft zu entwickeln im Stande war, zeigte sich bereits in den ersten Jahren nach dem Tode Herodes' I. (4 v. Chr.). Biblisch begründete, messianische Naherwartungsvorstellungen und Endzeitvisionen keimten in weiten Teilen Palästinas auf und ließen nicht Wenige sich selbst zum König und ersehnten Retter vor römischer Besatzung ausrufen; Verselbstständigungen innerhalb der Glaubensgemeinschaft, denen auch die jüdische Obrigkeit nichts entgegenzusetzen wusste.[122] Flavius Josephus begründet derlei Volksbewegungen mit dem Mangel eines einenden Königs, der Vorbild und Lenker zugleich hätte sein können.[123] Nicht wenig später werden Judas von Gamala und der Pharisäer Zadok in Reaktion auf die herrschende römische Steuerpolitik radikale Aufstandsbewegungen ins Leben rufen. Auch sie begründeten ihren Aktionismus vor dem Hintergrund einer äußerst traditionellen, wörtlichen Auslegung alttestamentlicher Schriften, welche Zählung und Besteuerung des Volkes allein der Macht Gottes angedeihen lassen.[124] Als mehr denn nur eine Aufstandsbewegung bezeichnet Flavius Josephus die Anhänger um Judas und dessen Kompagnon Zadok, wenn er sie als vierte sich abspaltende philosophische Sekte tituliert, die sich als Zeloten zu den bestehenden Gruppen der Sadduzäer, Pharisäer und Essener hinzugesellte.[125]

Die hier beispielhaft genannten Strukturentwicklungen innerhalb der jüdischen Glaubensgemeinschaft wollen nicht mehr, als darauf hinweisen, dass es sich beim *Judentum* des (frühen) ersten nachchristlichen Jahrhunderts eben nicht um eine homogene Gruppe mit stets gleichlautenden Toraauslegungen handelte, sondern dass – auch bedingt durch die römische Fremd-

---

121 Vgl. *Evans*, Messianic claimants, 1995, S. 81 ff.; *Frey*, Christus, 2003, S. 55 ff.; *Theißen*, Jesus, 2001, S. 467; *Clauss*, Israel, 2008, S. 111 f..

122 Vgl. *Bringmann*, Juden, 2005, S. 200 f..

123 Ios., Ant. 7,277.

124 Vgl. *Bringmann*, Juden, 2005, S. 209.

125 Ios., Bell. Iud. 2,118 f..

herrschaft – verschiedene Gruppierungen und mit ihnen verschiedene Sichtweisen auf das gemeinsame alttestamentliche Erbe entstanden und in Koexistenz mit bestehenden wirkten. Dass ein gewisser Jesus von Nazareth angeklagt und hingerichtet wurde, da er als weiterer Emporkömmling oben erwähnter messianischer Königserhebungen eingestuft wurde, kam nicht von ungefähr. Jüdische Religionsseparatisten, die einen Unruheherd darstellen konnten, mussten der jüdischen Obrigkeit ein Dorn im Auge sein. Nicht zuletzt gab es zu all dem auch unter den bereits etablierten Strömungen gemäßigte und traditionelle Flügel, wie am oft bemühten Beispiel der pharisäischen Schulen des Hillel und des Schammai gezeigt werden konnte. Das Judentum befand sich zwischen den Fronten innerjüdischer Volksbewegungen und römischer Besatzungsmacht und war alles andere als konsolidiert.[126]

Diese kurze Bestandsaufnahme der jüdischen Glaubenslehre zeigt zwar eine gewisse Heterogenität, begründet allerdings noch nicht, warum es gerade die „liberalere" und reformorientierte Gruppe der Pharisäer war, die aus dem ausgehenden ersten Jahrhundert als dominante Größe hervorging und ab dann Art und Weise der zukünftigen Religionsausübung bestimmte. Die Attraktivität dieser Schriftgelehrten bei der Bevölkerung ist bereits für das beginnende erste Jahrhundert unumstritten. Denn mussten sie sich zwar die „Macht" im Sanhedrin mit den dort dominierenden Sadduzäern teilen, förderte ihre kommentierte und – im Gegensatz zu den Sadduzäern – eben nicht streng wörtliche Auslegung pentateuchischer Gebote doch die Sympathiewerte beim Volk. *Needless to say, according to the Pharisaic outlook not only the written Torah was binding, but also the exegesis and supplementation, known as the 'oral Torah', provided by the scribes,*[127] wie Schürer korrekt konstatiert. In einer Zeit religions-politischer Wirren, in der es galt, möglichst viele Anhänger hinter seiner Position zu versammeln, werden die Pharisäer nicht den Fehler der schriftgebundenen Traditionalisierung begangen haben, sondern bemüht gewesen sein, ihren reformatorischen Standpunkt deutlich zu artikulieren. Flavius Josephus teilt mit, die Pharisäer hätten dem Volk gewisse Regeln auferlegt, die von den vorherigen Generationen entwickelt, in den mosaischen Gesetzen aber nicht „kodifiziert" vorzufinden seien.[128] Demgegenüber hielten die Sadduzäer streng an der mosaischen Exklusivität und deren Verbindlichkeit fest.[129] Josephus weiß, die Sadduzäer erachteten nur solche Regeln als gültig, die mosaisch-schriftlich auf sie gekommen seien.[130] Dass sich im Endeffekt mit den Pharisäern auch deren Sichtweise der Dominanz der Kommentierung gegenüber

126 Vgl. *Bringmann*, Juden, 2005, S. 212.
127 *Schürer*, Jewish people, 1979, S. 390.
128 Ios., Ant. 13,297.
129 Vgl. *Schürer*, Jewish people, 1979, S. 407 f..
130 Ios., Ant. 13,297.

der traditionellen Torabindung durchsetzte, verwundert nicht. So sieht die Mischna später ein Vergehen gegen die Sichtweise der Schriftgelehrten als ahndungswürdiger an, als ein solches, das allein gegen die Tora verstieß, denn „*erschwerender ist* [Verfehlung] *bei den Worten der Schriftgelehrten, als bei den Worten der Tora.*“[131]

Die pharisäische Rechnung ging auf, und Religionspolitik konnte bald nicht mehr ohne die Pharisäer gemacht werden. Dies zeigte sich spätestens mit dem Gebaren des von den Römern als jüdischer König eingesetzten Herodes Agrippa. „*Er begünstigte die Pharisäer, unterwarf sich auf demonstrative Weise den Weisungen des Religionsgesetzes und schritt gegen die zum Ärgernis gewordene judenchristliche Sektenbildung ein.*“[132] Und indem er sich „*nach dem Lebensideal des pharisäischen Judentums richtete*“, erntete er „*den Beifall und die Anhänglichkeit des Volkes*“ und trug damit dazu bei, „*dass sich die Lage in Palästina beruhigte.*“[133] Mit der Zerstörung des zweiten Tempels 70 n. Chr. war der Siegeszug des pharisäischen Judentums unfreiwillig auf seinem Höhepunkt angelangt. Denn die Pharisäer, nicht mehr die Sadduzäer, saßen nun dem Sanhedrin bzw. einem diesem gleichwertigen Gremium vor und prägten die Reformierung der jüdischen Glaubenslehre;[134] eine Glaubenslehre, die, auch was familiäre Angelegenheiten betraf, nicht mehr ausschließlich die Statuten der Tora als wortwörtlich gültig betrachteten, und somit – im Hinblick auf Patchworkfamilien – wie aufgezeigt konfliktlindernde und -verhindernde Rechtspraktiken aufgab. Dies war ein Prozess, der zum Erfahrungshorizont des frühen Christentums gehörte.

---

131 Mischna Sanh. 11,3.

132 *Bringmann*, Juden, 2005, S. 228.

133 Ebd., S. 229.

134 Ebd., S. 264 f..

II. Erläuterung und kulturhistorische Einordnung neutestamentlicher und frühchristlicher Familienstrukturen als theoretische Grundlage christlich-spätantiker Kommentierung

Als eine weitere große Säule des Vergleichs antiker Familienkulturen des Römischen Reiches soll entsprechend der thematischen Ausrichtung dieser Dissertation das christliche Familienbild im Fokus stehen. Das vorangegangene Kapitel zum Judentum zielte auf die Darstellung familienrechtlicher, gesellschaftlicher und emotionsbezogener Sichtweisen auf das Gebilde „*Familie*" im Moment ihres Auseinanderbrechens und Neuformierens. Die zeitliche Verankerung der Analyse bemühte sich, das Phänomen „*Patchworkfamilie*" zum Zeitpunkt eines angenommenen Liberalisierungsprozesses im ersten nachchristlichen Jahrhundert zu beleuchten.

Im Rahmen des vorliegenden Kapitels soll nun die Frage nach christlichen Familienvorstellungen und Thesen zu Scheidung und Wiederverheiratung gestellt werden. Neben einer generellen Darstellung der neutestamentlichen Ehelehre besteht zudem die Relevanz der Herausarbeitung von Unterschieden zu und Abgrenzungstendenzen von jüdischen Familienwerten. Dies soll helfen, die schwierige Frage nach genuin christlichen Familienbildern zu beantworten, die insbesondere im Hinblick auf jene Diffusion der im Formierungs- und Konsolidierungsprozess befindlichen Religionsgemeinschaft Komplexität erhält.

Entsprechend dem methodischen Ansatz des Kapitels über das Judentum repräsentiert die Darstellung der Reaktion auf dysfunktional verlaufende familiäre Prozesse (Scheidung/Wiederverheiratung) eine gegen den Strich gelesene Artikulation des christlichen Verständnisses von Intaktheit im familiären Bereich.

Neben den Büchern des Neuen Testaments dienen die Schriften der apostolischen Väter bzw. der Apologetiker und Kirchenväter des zweiten und dritten nachchristlichen Jahrhunderts als Quellen. Die Untergliederung des Kapitels folgt im Wesentlichen dieser Unterteilung.

1. Scheidung und Neuverheiratung im Neuen Testament – Abgrenzung von jüdischen Vorstellungen

Blickt man zurück auf die im Kapitel zur jüdischen Familie herausgearbeiteten Thesen, so muten die jüdischen und christlichen Ideale familiären Zusammenlebens weit weniger verwandt an, als es die Verwandtschaft dieser beiden großen Religionen erwarten lassen würde. Das jüdische Familienverständnis war nachweislich fokussiert auf die Nachkommenszeugung und Vermehrung des jüdischen Volkes und bettete Aspekte des Sorgerechts, der Versorgungspflicht oder Scheidung und Wiederheirat in dieses Oberprinzip ein. Zu erinnern sei nur an die sanktionsfreie Möglichkeit der Eheauflösung in Fällen, in denen die Ehe aufgrund natürlicher (Unfruchtbarkeit) oder vorsätzlicher (Verweigerung des Beischlafes) Bedingungen kinderlos blieb. Stehen nun im Vergleich dazu neutestamentlich-christliche Aussagen zum Thema Scheidung und Wiederheirat zur Untersuchung, so muss zunächst deutlich auf den Unterschied dieser Quellen hingewiesen werden, was den Grad der Verbindlichkeit für die jeweilige Gesellschaft anbelangt. Während die Quellen des Alten Testaments, der Mischna und des Talmuds als chiffrierte Gesetze das Rechtssystem der jeweiligen Zeit repräsentieren, handelt es sich bei den Evangelien und apostolischen Schriften des neuen Testaments lediglich um moralische Anschauungen, Beschreibungen und Charakterisierungen, ohne dass diese eine rechtsverbindliche Gesetzeslage artikulieren würden. Denn während vor jüdischen Gerichten Zuwiderhandlungen geahndet werden konnten, stellte fehlerhaftes oder nach frühchristlichem Maßstab – insofern ein solcher angenommen werden kann – unmoralisches Verhalten zunächst nicht mehr als eine Belastungsprobe für das Gewissen des „Sünders" dar. Eine umfangreich ahndende christliche Gerichtsbarkeit,[1] die eine strukturierte Gemeindeorganisation ebenso zur Voraussetzung gehabt hätte wie eine einheitliche Lehre, existierte im Urchristentum in diesem Sinne nicht.[2] Dies ohnehin nicht auf der Ebene jenseits geistlicher Sanktionen,[3] wie es für das spätantike Christentum verzeichnet werden kann. Nun ist zu beachten, dass der Mangel an Verbindlichkeit einer jeweiligen Aussage, Meinung, Vorstellung oder moralischen Zielvorgabe seinerseits zurückwirkt auf den Grad der Vehemenz, der dem Inhalt des artikulierten Ideals zugrunde liegt. Wer aus dem schützenden Raum der religions-politischen Opposition

---

1 Vgl. *Schnabel*, Mission, 2002, S. 499.

2 Vgl. *Torjesen*, Clergy, 2008, S. 399 ff..

3 *Meeks* Thesen zur Leitung früher christlicher Gemeinden bzw. Sanktionierung fehlerhaften Verhaltens, die allein durch die charismatische Wirkung eines Briefe schreibenden Missionars vonstattengehen konnten – so z. B. Paulus' Ahndung eines inzestuösen Verhältnisses – dürften kaum *pars pro toto* gelten. (*Meeks*, Urchristentum, 1993, S. 264 ff..).

und Reaktion eine Meinung vertritt, kann im Wissen um die Unverbindlichkeit seiner Ansicht und mit der Gewissheit, zunächst nicht mit praktischen Konsequenzen der Umsetzung konfrontiert zu werden, radikale Forderungen stellen, ohne überhaupt von deren Verwirklichbarkeit überzeugt zu sein. Die Wechselwirkungen zwischen religiösen Vorstellungen und dem sozialen Alltag einer religiösen Gruppierung – insbesondere, wenn diese noch in den Kinderschuhen steckt – sind hierbei nicht eindeutig aufzusplittern. So konstatiert der Religionssoziologe Gerd Theißen: *„Wenn nun religiöse Vorstellungen ihre Plausibilitätsbasis in sozialen Veränderungen haben, so kann niemand genau abwägen, inwieweit religiöse Vorstellungen Ausdruck oder Motor solcher Veränderungen sind, inwiefern sie von ihnen bedingt sind und inwiefern sie auf sie einwirken.“*[4] Was das frühe oder gar Urchristentum betrifft, so muss eine weitgehende Theorielastigkeit neutestamentlicher Familienidealvorstellungen konstatiert werden, die insbesondere besteht, setzt man sie in Relation zu jenen jüdisch-alttestamentlichen Regularien, die ihre Praxisnähe in den Kommentierungen jüdischer Rechtsgelehrter fanden.

Nichtsdestotrotz soll der Mangel an Tauglichkeit für alltags- und realitätsbezogene Rekonstruktionen, wie er den Aussagen des Neuen Testamentes zu unterstellen ist, keineswegs die Miteinbeziehung dieser Quellen hemmen. Vielmehr muss es in diesem Kapitel darum gehen, eine urchristliche Familientheorie herauszuarbeiten, die im weiteren Verlauf der Arbeit die Basis spätantiker Kommentierungen und Auseinandersetzungen sowie Bewertungen des tatsächlichen Alltags repräsentieren soll.

a) Das Wesen der urchristlichen Ehe als theoretische Basis späterer Scheidungs- und Wiederverheiratungsauffassung

Das urchristliche Eheideal könnte unterschiedlicher nicht sein, vergleicht man es mit den auf Nachwuchs ausgerichteten Familienvorstellungen des Judentums. Wer die wohl ursprünglichen „Satzungen“ zu Scheidung und Wiederheirat einordnen will, muss dies vor dem Hintergrund der Vorstellung einer urchristlichen Gemeinschaft tun, die gänzlich auf das Phänomen der Naherwartung hin orientiert war. So artikuliert Jesus nach Lukas als ein Kriterium der Jüngerschaft, es brauche niemand zu ihm kommen, der *„nicht Vater und Mutter, Frau und Kinder, Brüder und Schwestern, ja sogar sein Leben gering achte,“*[5] denn der könne nicht sein Jünger sein. Die Eigenschaft des Freiseins von irdischen Dingen qualifiziere darüber hinaus nicht nur zur

---

4 *Theissen*, Christologie, 1989, S. 318.

5 Lk. 14,26: „Εἴ τις ἔρχεται πρός με καὶ οὐ μισεῖ τὸν πατέρα ἑαυτοῦ καὶ τὴν μητέρα καὶ τὴν γυναῖκα καὶ τὰ τέκνα καὶ τοὺς ἀδελφοὺς καὶ τὰς ἀδελφάς, ἔτι τε καὶ τὴν ψυχὴν ἑαυτοῦ, οὐ δύναται εἶναί μου μαθητής.“; In abgeschwächter Form formuliert Mat-

Jüngerschaft Jesu, sondern auch zur Teilhabung am kommenden Reich Gottes.[6] So steht die Ehe- und Familienlosigkeit in engem Zusammenhang mit der Zugehörigkeit zur Gemeinschaft der Urchristen. Und die in den Evangelien vertretene Lehre Jesu ordnete dem alles bestimmenden Phänomen der Naherwartung nachweislich nicht nur die Ehelosigkeit unter, sondern zielte darüber hinaus sogar auf die Zwietracht als jenes, die Familienbande lösende Instrument.[7] Zudem erlange jeder Entschädigung, der sich der verfolgten Gemeinschaft der Christen anschließe, denn hundertfältig warteten in diesem Kreise *„Brüder und Schwestern und Mütter und Kinder."*[8]

Es ist dies die ehe- und familienfeindliche Theorie einer Religionsgemeinschaft, die unter den widrigen Umständen jüdischer und römischer Verfolgung und Missbilligung und in der Hoffnung auf das baldige Ende irdischer Leiden stand. Der seinerseits auf Behauptung seiner Autorität und Ausschließlichkeit bedachte jüdische hohe Rat (Sanhedrin) einerseits sowie der mit Dominanz auftretende römische Staat andererseits schufen ein schwieriges und riskantes Umfeld christlicher Selbstfindung und Missionierung. Dies insbesondere, denkt man an einen Missionar wie Stephanus, der mit seinen undiplomatischen Äußerungen gegen mosaisch-jüdische Rechts- und Religionstraditionen wetterte und die Autorität des jüdischen Tempels in „seiner Religion" nicht anerkannt wissen wollte.[9] *„Eine solche Predigt musste in der Tat von Juden als Angriff auf das von Mose ererbte Gesetz empfunden werden."*[10] Die ungünstigen und turbulenten sozialhistorischen Rahmenbedingungen für die im Entstehen begriffene Gemeinschaft der Christen, wie sie für das letzte Drittel des ersten nachchristlichen Jahrhunderts – gleichzeitig verstanden als Zeitraum der Verschriftlichung der Evangelien – bereits im Kapitel zum Judentum angerissen wurden, sollten in ihrer Prägekraft nicht unterschätzt werden, wenn Gründe für die in der christlichen Lehre auffindbare Abkehr vom Weltlichen gesucht werden. Die Kriterien der Nichteingehung irdischer Bindungen bzw. die Befreiung von diesen als Voraussetzung zur Zugehörigkeit zum zukünftigen Reich Gottes charakterisierten Ehe und Familie dabei weniger als etwas qualitativ Schlechtes, sondern vielmehr als etwas Unnötiges und Hinderndes, das es hinter sich zu lassen galt. Herbert Preisker interpretiert den von Jesus geforderten und selbst gelebten Verzicht auf Ehe und Familie korrekt als Indikator der Anspruchslosigkeit und Opfer-

---

thäus die Worte Jesu, wenn er fordert, ihm – Jesus – solle man größere Liebe zu Teil werden lassen als Vater, Mutter, Sohn oder Tochter. (Mt. 10,37).

6 Lk. 20,34f..

7 Lk. 12,52.

8 Mk. 10,30: Jeder Christ empfange dort „[…] ἀδελφοὺς καὶ ἀδελφὰς καὶ μητέρας καὶ τέκνα […]."

9 Apg. 6,13.

10 *Lohse*, Urchristentum, 2008, S. 88.

bejahung, die Christen an den Tag legen sollten, wollten sie später Zugang zum Reich Gottes bekommen.[11]

Das Wesen der idealen urchristlichen Ehe ist somit insofern schwierig zu charakterisieren, als dass das eigentliche Ideal im Nichtbestehen dieser Gemeinschaftsform lag. Ohne Zweifel mutet eine derartige Eheauffassung seltsam an, möchte man in ihr die Basis der heutigen strengen katholischen Scheidungslehre sehen. So verwundert es nicht, in den Schriften des Neuen Testamentes auf eine durch Jesus artikulierte Ehe-Differenzierung zu stoßen, welche zwischen mehr und weniger bewahrenswürdigen Ehen unterschied. Dabei differenzierte er weniger nach der Qualität der jeweiligen Ehe, sondern insbesondere nach den Gründen, die zur Trennung des jeweiligen Bundes angeführt wurden. Scheidungsgrund und Ehequalität standen nach Jesu Auffassung in einem reziproken Verhältnis zueinander. Denn als keineswegs verachtenswert oder scheidbar sah er Eheformen an, in denen Mann und Frau in solider Gemeinschaft und gegenseitiger Unterstützung miteinander lebten.[12]

So kann jene in Ernsthaftigkeit und auf Dauer angelegte Lebensgemeinschaft als urchristliche Idealform der Ehe angesehen werden, ohne dabei deren generelle Hintanstellung hinter dem Ideal der Ehelosigkeit außer Acht zu lassen.[13]

---

11 Vgl. *Preisker*, Christentum, 1979, S. 106.

12 So wird in Mt. 18,25 das Gleichnis über einen Knecht berichtet, der seinem Herren Geld schuldete. Zur Bezahlung der Schulden wurde er angewiesen, Frau und Kind zu verkaufen. Doch auf das Jammern des Knechtes reagierte sein Herr mit Mitleid und erließ ihm seine Schulden. Herbert Preisker sieht in diesem Gleichnis die schützenswerte ländliche Ehegemeinschaft repräsentiert, die – im Gegensatz zu manch städtischer Ehe – keine leichtfertigen Scheidungen kannte. Das Abhängigkeitsverhältnis der miteinander wirtschaftenden Bauernfamilie oder Tagelöhner-Ehe schaffe eine geschlossene, ja engere Form des Zusammenlebens. (*Preisker*, Christentum, 1979, S. 107.).

13 Dass in der Gleichzeitigkeit des Ehelosigkeitsideals und dem Gebot der Lösung der Familienbindung auf der einen Seite und dem Ideal der auf Dauer angelegten Ehegemeinschaft auf der anderen Seite nicht generell ein Widerspruch angelegt ist, zeigt sich in der Begründung, die Jesu Aufforderung zur Trennung zugrunde liegt. Denn die Weisung zur Trennung und damit Befreiung von irdischen Lasten – zu denen auch die Ehe gehörte – geschah ausschließlich im Zusammenhang der Orientierung auf das kommende Gottesreich hin. (Mt. 19,12).

b) Die Artikulation weltlicher Gründe zur Ehescheidung in den einzelnen Evangelien

Vor dem Hintergrund dieses Ausschließlichkeitscharakters, der die Lösung irdischer Bande nur im Rahmen des Dienstes am und der Vorbereitung auf das Reich Gottes gestattet, müssen Jesu Einschätzungen zur Ehetrennung aus irdischen Gründen verstanden werden.

Es sind dies die bekannten Passagen von der Einfleisch-Lehre, die bis heute die christlichen Moralvorstellungen von der intakten Ehe prägen und im Laufe der späteren nachchristlichen Jahrhunderte die Bewertung unintakter Familienverhältnisse wie Patchworkfamilien eingefärbt haben. Interessant wird hierbei aufzuzeigen sein, dass eine intensive christliche Auseinandersetzung mit Scheidung und Wiederverheiratung, die über eine theologisch-theoretische Einschätzung hinausging, beinahe erst in den spätantiken Jahrhunderten einsetzte. Mit einer zunehmenden Etablierung christlicher Gemeinden und Strukturen und dem schwindenden Glauben an die baldige Erfüllung der Naherwartung entstanden Notwendigkeiten und Projektionsflächen, Ehe und Familie im irdischen Alltag näher zu bewerten. Die Erkenntnis, das Reich Gottes stünde nicht unmittelbar bevor, ließ die theologisch-theoretischen Aussagen der Evangelien auf die alltäglichen Realitäten adaptieren. So standen zunehmend nicht nur Scheidungsverbote, sondern auch die realen Konsequenzen deren Nichtbeachtung im Fokus.[14] Dies zeigt sich spätestens auch dann, wenn in fortschreitender Zeit zunehmend Kinder in der Bewertung der christlichen Ehegemeinschaft mitthematisiert werden.

Es lohnt sich somit, in aller Kürze die Ursprünge jener Scheidungs- und Wiederverheiratungslehre näher zu betrachten, die bis heute die Basis katholisch-christlicher Ehemoral bedeuten.

Gänzlich unjüdisch muten dabei Jesu Worte von der Ehescheidung an, die der Lösung des Ehebandes einen generellen Riegel vorschieben. Dass jene Worte Jesu in den einzelnen Evangelien jeweils inhaltlich verschieden überliefert wurden, ist hierbei zum Fokus der Forschung geworden. Denn Markus lässt Jesus auf die Frage der Pharisäer, ob eine Ehescheidung erlaubt sei, antworten, Moses hätte dies den Juden nur aufgrund ihrer Hartherzigkeit zugestanden.[15] Seinen Jüngern erläutert er dezidiert, „*wer seine Frau aus der Ehe entlässt und eine andere heiratet, begeht ihr gegenüber Ehebruch. Auch eine Frau begeht Ehebruch, wenn sie ihren Mann aus der Ehe entlässt und einen anderen heiratet.*“[16] Nach Heinrich Baltensweiler repräsentiert Markus

14 Vgl. *Preisker*, Christentum, 1979, S. 111 ff..

15 Mk. 10,5.

16 Mk. 10,11 f.: „Ὃς ἂν ἀπολύσῃ τὴν γυναῖκα αὐτοῦ καὶ γαμήσῃ ἄλλην μοιχᾶται ἐπ’ αὐτήν, καὶ ἐὰν αὐτὴ ἀπολύσασα τὸν ἄνδρα αὐτῆς γαμήσῃ ἄλλον μοιχᾶται.“

mit dieser Version eben jenen Kulturkreis, in den dieser selbst wohl bei der Verschriftlichung des Evangeliums eingebettet war. Denn anders als die jüdische Ehelehre kennt das römische Familienrecht nur die Monogamie als Eheform und zeichnet sich durch eine Gleichberechtigung von Mann und Frau in Scheidungsfragen aus.[17]

Demgegenüber muss die parallele Stelle im Lukasevangelium eher in Reaktion auf jüdische Ehevorstellungen verfasst worden sein. Auch hier wird die Scheidung in Kombination mit einer anschließenden Wiederheirat als Ehebruch an der verstoßenen Frau verstanden.[18] Doch anders als im Markusevangelium wird die Scheidung durch die Frau nicht thematisiert – nach jüdischem Recht konnte sich eine Frau nicht scheiden lassen, lediglich den Mann gerichtlich zu einer Scheidung bewegen.[19]

Ruft man sich das im ersten Kapitel dieser Arbeit erläuterte Prinzip der jüdischen Ehescheidung ins Gedächtnis, das mit dem penibel geregelten Institut des Scheidebriefes gerade explizit eine Erlaubnis zur erneuten und schadlosen Wiederheirat der Frau aussprach, so treten die Unterschiede zwischen jüdischen und christlichen Ehe- und Familienvorstellungen klar zu Tage.

Sowohl das Lukasevangelium als auch das Markusevangelium lassen Jesus die Wiederverheiratung als Rechtsbruch beurteilen, insofern sie nach einer Scheidung vom vormaligen Ehepartner stattgefunden hatte. Mit der Unmöglichkeit der Ehetrennung stellt nach christlichem Verständnis eine Patchworkfamilie somit eine bemakelte soziale Einheit dar.

Demgegenüber ist das Matthäus-Evangelium in seiner Wiedergabe der Jesus-Lehre der große Exot unter den neutestamentlichen Schriften. *„Ich sage euch: Wer seine Frau entlässt, obwohl kein Fall von Unzucht vorliegt, und eine andere heiratet, der begeht Ehebruch.“*, lauten Jesu Worte in der Matthäusversion.[20] Deutlich fällt als Unterschied zu den anderen Fassungen der Einschub „μὴ ἐπὶ πορνείᾳ“ ins Auge. Demnach war es einem Mann aus der matthäischen Gemeinde in dem einen besonderen Falle der (ehefrau-

---

17 *Baltensweiler*, Ehe, 1967, S. 66.

18 Lk. 16,18.

19 Siehe hierzu das Kapitel I.1.: *Überlegungen zum alttestamentlichen und frührabbinischen Scheidungsrecht*; Darüber hinaus weist der Zusatz, auch die Heirat einer verstoßenen Frau stelle einen Ehebruch dar, auf das Institut der Polygamie. Denn diese ergänzende Weisung macht nur insofern Sinn, als dass es dem Mann nach christlichem Verständnis verboten war, als Zweitfrau – nicht verstanden als zweite Frau – eine Verstoßene in den nunmehr polygamen Haushalt einzuführen (*Baltensweiler*, Ehe, 1967, S. 63.) Damit wurde nicht die Polygamie an sich „verboten“, sondern darauf hingewiesen, dass lediglich eine verstoßene Frau nicht als Zweitfrau infrage kam, da die Bindung zu ihrem ersten Ehemann trotz Scheidung weiterbestand.

20 Mt. 19,9: „λέγω δὲ ὑμῖν ὅτι ὃς ἂν ἀπολύσῃ τὴν γυναῖκα αὐτοῦ μὴ ἐπὶ πορνείᾳ καὶ γαμήσῃ ἄλλην μοιχᾶται.“

schen) Unzucht erlaubt, sie zu verstoßen. Eine Wiederverheiratung seinerseits erfüllte dann nicht den Tatbestand des Ehebruches.[21]

Es ist jene Ausnahmeregelung der πορνεία-begründeten Scheidung, welche die Rekonstruktionsversuche der frühchristlichen Ehescheidungsmoral in der Forschung bis heute mitbestimmt. Diese Forschungsdiskussion nachzuzeichnen, würde den Rahmen dieser Arbeit sprengen, behandeln die dabei fokussierten Aspekte doch nicht nur Fragen nach der zeitlichen und örtlichen Lokalisierung des Matthäusevangeliums, sondern rätseln auch über die genuine Bedeutung des πορνεία-Begriffs.[22] Bis heute ist zweifelhaft, ob Matthäus mit seiner Ausnahmeklausel näher als Lukas oder Markus die originäre Jesus-Auffassung beschrieb, ob jene etwas weggelassen oder dieser etwas hinzugefügt hat. Und löste man dieses Rätsel, so bliebe immer noch die Frage, ob „πορνεία" tatsächlich Unzucht oder nicht eher Inzest bezeichnete.

Dass das Matthäus-Evangelium generell an Judenchristen gerichtet war, ist unbestritten, doch kommt die Forschung bezüglich Zielgruppe und Kulturkreis speziell der πορνεία-Ausnahmeregelung auf keinen grünen Zweig. Baltensweiler verneint, dass hier eine originäre Bezugnahme Jesu auf den bereits thematisierten Schulenstreit zwischen Schammai und Hillel zur mosaischen Scheidungsauffassung (Dtn. 24.1) vorliege. Damit schließt er aus, Jesus habe mit seiner Lehre der strengeren Ansicht der Schammaiten entsprochen, die im Gegensatz zu den liberalen Hilleliten nur im ehefrauschen Ehebruch einen rechtmäßigen Scheidungsgrund sahen.[23] Auch eine nachträgliche Ausnahmeregelung durch Matthäus, die vor dem Hintergrund des einstigen Schulenstreits erfolgt gewesen sein könnte, schließt er aus. Jene Auseinandersetzung sei zu Zeiten des Wirkens Matthäus' längst aus dem gesellschaftlichen Bewusstsein verschwunden gewesen. Warum also hätte Matthäus mit der πορνεία-Passage bewusst auf diesen Gelehrtenstreit hindeuten sollen? Die Ausnahmeregelung sei also nicht in Zusammenhang mit jüdischer Scheidungsliberalität zu sehen. Vielmehr müsse die eigentliche Bedeutung des Begriffes *„πορνεία"* im Fokus der Interpretation stehen. Baltensweiler bemüht sich hierbei, nachzuweisen, dass Matthäus unter diesem Begriff keineswegs *„Ehebruch"*, sondern vielmehr Inzest verstand.[24] Matthäus habe also

---

21 Dies bestätigt sich auch in Mt. 5,32, wo betont darauf hingewiesen wird, dass ein Mann auch dann verantwortlich für Ehebruch zeichne, wenn nicht er, sondern seine Frau nach der Scheidung erneut heirate: Er habe sie durch seine Verstoßung schließlich erst zu diesem Schritt bewogen. Schuldlos an der ganzen Misere sei er hingegen dann, wenn die Scheidung aufgrund von Unzucht initiiert worden sei.

22 Siehe zunächst den Forschungsaufriss bei *Baltensweiler*, Ehe, 1967, S. 87 ff. sowie bei *Baltensweiler*, Ehebruchsklauseln, 1959, S. 340–356. Daneben ausführlich bei *Schneider*, Ehescheidung, 1992, S. 187–210; *Strecker*, Die Bergpredigt, 1985, S. 75 f..

23 Zu *Baltensweilers* genauer Argumentation siehe: *Baltensweiler*, Ehebruchsklauseln, 1959, S. 340–356.

24 Als Vergleich zieht er Passagen aus dem Aposteldekret (Apg. 15,20 ff.; Apg. 21,25) he-

mit seiner Ausnahmeregelung eine Möglichkeit geschaffen, Ehen, die innerhalb verbotener Verwandtschaftsgrade geschlossen worden waren, straffrei aufzulösen.[25] Dies könnte nicht zuletzt vor dem Hintergrund proselytischer Ehepraxis stattgefunden haben, da die in der matthäischen Gemeinde vermehrt vermuteten Proselyten den Usus der Verwandtenehe pflegten.[26]

Demhingegen sieht Georg Strecker in Matthäus einen Mediator zwischen der urchristlichen, strengen Eheauffassung Jesu und der liberaler angelegten Scheidungsmentalität seiner juden-christlichen Gemeinde. „*Anders als das Gesetz Moses, jedoch in Übereinstimmung mit der urchristlichen Tradition geht der erste Evangelist von der grundsätzlichen Eheauflösung aus. Nur eine Ausnahme ist zugestanden, indem analog zur Regel des Rabbi Schammai Dtn. 24,1.3 verhältnismäßig eng ausgelegt wird.*“[27] Matthäus habe das Gegebene mit dem Möglichen, die Praktikabilität im Alltag mit einer angestrebten Thoraverschärfung verbunden.[28] Eine Interpretation, die bei Baltensweiler noch auf Ablehnung stieß.[29]

---

ran, wo „πορνεία“ zusammen mit drei weiteren Vergehen genannt wird (Götzenopfer, Blutgenuss, Verzehr nicht-rituell geschlachteten Fleisches). Diese insgesamt also 4 explizit genannten Vergehen entsprächen, so Baltensweiler, jenen mosaischen Verboten, wie sie in Lev. 17 und 18 festgehalten seien. Dort finde sich neben dem Verbot des Götzenopfers, des Blutgenusses und des Verzehrs nicht-rituell geschlachteten Fleisches ebenfalls das Tabu sexueller Unzucht. Allerdings nicht im Sinne des Ehebruches, sondern vielmehr im Sinne des Inzests unter nahen Verwandten. So sei auch im Aposteldekret und letztlich bei Matthäus der „πορνεία“-Begriff unter der Bedeutung des Inzests verwendet. Matthäus schuf mit seiner Ausnahmeregel demnach keine Scheidungsmöglichkeit im Falle des ehefrauschen Seitensprungs, sondern legalisierte die Trennung des Ehebandes zwischen nahen Verwandten. Die Möglichkeit der Ehescheidung in diesem ganz bestimmten Fall habe Matthäus, so *Baltensweiler*, schaffen müssen, da sich in seiner Gemeinde neben Juden auch viele Heiden befunden hätten, denen das Verbot der blutschänderischen Ehe anders als den jüdischen Mitbürgern, fremd gewesen sei. (Ehebruchsklauseln, 1959, S. 346 ff..).

25 Dass der Begriff „πορνεία“ tatsächlich dem Kontext des Inzests entnommen sein könnte, lässt auch eine Stelle aus dem 1. Korintherbrief des Paulus vermuten. Hier klagt er an, unter den Korinthern herrsche Unzucht und zwar in jener Hinsicht, als dass ein Mann mit seiner Stiefmutter zusammenlebe. Diese Form des Inzests wird als πορνεία bezeichnet. (1. Kor. 5,1).

26 *Baltensweiler* (Ehebruchsklauseln, 1959, S. 353 ff..) betont, diese Praxis sei bereits den jüdischen Gelehrten ein Dorn im Auge gewesen. Da Proselyten nach ihrem Übertritt zum Judentum als verwandtschaftslos galten – ein Nicht-Israelit konnte keinen Vater haben – stand der Aufrechterhaltung deren Ehe mit Blutsverwandten rein rechtlich nichts mehr im Wege.

27 *Strecker*, Die Bergpredigt, 1985, S. 79.

28 Ebd., S. 80.

29 Vgl. *Baltensweiler*, Ehebruchsklauseln, 1959, S. 345; Ähnlich wie Strecker hingegen vertritt auch Gerhard Schneider die These, Matthäus habe mit seiner Ausnahmeregelung quasi eine Synthese geschaffen aus dem Gedankengut des Schulenstreits einerseits und der Ansicht Jesu, Moses habe einst die Ehescheidung nur aufgrund jüdischer Hartherzigkeit zugelassen, andererseits. (*Schneider*, Ehescheidung, 1992, S. 189 f..).

Als generellen Aspekt, der bei der matthäischen Aufweichung des ursprünglich ausnahmslosen Scheidungsverbots Jesu miteinbezogen werden müsse, erwähnt Schneider aber, *„dass mit der Tatsache der ‚Parusieverzögerung' die ethische Forderung Jesu eine Umformung und eine Entschärfung erfahren haben kann."*[30] Damit bestätigt er die oben angestellte Vermutung, mit der schwindenden Naherwartung und der Erkenntnis, das irdische Leben würde nicht in unmittelbarer Zukunft vom Reich Gottes erlöst, seien Notwendigkeiten aufgetreten, die christliche Lehre mehr an die Realitäten des Alltags anzupassen. Was hier also bereits mit dem Axiom der Untrennbarkeit geschah, fand seine (logische) Fortsetzung in der dann nach und nach einsetzenden Thematisierung alltagsbezogener Probleme der Wiederverheiratung, wie sie innerhalb der Patchworkfamilie auftraten.

Was die zeitliche Verortung der πορνείᾳ-Ausnahmeregelung angeht, so wird mit der Mehrheit der Forschung wohl eine matthäische Verfasserschaft angenommen werden dürfen. Die Annahme einer urchristlichen bzw. „jesuitischen" konservativen Scheidungsunmöglichkeit scheint plausibel. Die Beweggründe einer matthäischen Regelaufweichung hingegen bleiben weiterhin spekulationenumrankt. Sowohl die Zurückführung auf den Schulenstreit als auch eine generelle Reaktion auf die von Matthäus vorgefundene judenchristliche Realität scheinen begreiflich. Insbesondere muss im Rahmen dieser Arbeit als plausibel angenommen werden, jene Regelaufweichung als eingebettet in den größeren Zusammenhang einer generellen Anpassung christlicher Lehre an irdisch-alltägliche Realitäten zu verstehen.

2. Die (fehlende) Ausbildung einer Scheidungs- und Wiederverheiratungslehre bis zur Spätantike

Analog zum mangelnden Praxisbezug frühchristlicher Scheidungsansichten müssen auch Erwartungen an alltagsbezogene Patchworkbeschreibungen und -bewertungen enttäuscht werden. Die Anzahl verwertbarer Quellenstellen, die Problemsituationen in zweiten Ehen thematisieren, tendiert gegen Null. Dies bezieht sich nicht nur auf jene Familien, die nach vorangegangener Scheidung eines Ehegatten entstanden waren, sondern auch auf jene nach Verwitwung des Mannes oder der Frau.

30 *Schneider*, Ehescheidung, 1992, S. 190.

a) Griechischsprachige Kirchenlehrer

Wenn Paulus in seinem 1. Korintherbrief das Zusammenleben zwischen einer Stiefmutter und deren Stiefsohn als verabscheuungswürdige Unzucht anklagt,[31] so wird ihm weniger der Aspekt des Patchworks als vielmehr der des Inzests ein Dorn im Auge gewesen sein.[32] Immerhin bestätigt sich in Paulus' Anprangerung einmal mehr die Vermutung, die unterschiedlichen Heiratsalter zwischen Mann und Frau hätten in Patchworkfamilien die Möglichkeit der Affäre zwischen Stiefsohn und -mutter zur Folge gehabt.[33]

Neben dieser paulinischen Ausnahme schweigen sich die Quellen der ersten drei nachchristlichen Jahrhunderte weitestgehend aus über das Leben in Patchworkfamilien. Die meisten Aussagen zu diesem Themenkomplex gehen über theoretisch-theologische Begründungen zur Einehe und Scheidungsunmoral nicht hinaus, repräsentieren jedoch damit eine Art theologischen Findungsprozess, was die Ausbildung einer einheitlichen Ehemoral betrifft.

Denn wie Matthäus eine Ausnahme von der strengen Ehelehre Jesu artikuliert, so finden sich unter den Lehrmeinungen der Apologeten und Kirchenväter der zweiten und dritten Generation durchaus abweichende Annahmen, was die Ehetrennung durch Scheidung oder Verwitwung anging. Bereits Paulus lässt von der streng-christlichen Ansicht ab, die (Wieder)Heirat stelle im Hinblick auf das kommende Reich Gottes ein absolut hinderliches Laster dar. Zwar sei die Zeit kurz und vergehe bald die Gestalt dieser Welt. Es entbehre deshalb jegliche Sorge um das Irdische ihrer Relevanz.[34] Zwar könne sich die Unverheiratete eher um die Sache des Herrn kümmern als die Verheiratete, denn „*die Verheiratete sorgt sich um die Dinge der Welt; sie will ihrem Mann gefallen.*"[35] Doch sieht Paulus bezüglich Jungfrauen und Witwen ein, „*wenn sie aber nicht enthaltsam leben können, sollen sie heiraten.*"[36] Ausdrücklich spricht er aus, eine Witwe sei nicht mehr an ihren verstorbenen Mann gebunden. Der Tod habe das Eheband gelöst.[37] Sie könne

---

31 1. Kor. 5,1.

32 Dies muss schon allein deshalb in Erwägung gezogen werden, da gar nicht ersichtlich wird, ob es sich bei dieser Untat gleichzeitig um einen Ehebruch zu Lebzeiten des Vaters/Ehemannes, ein Techtelmechtel zweier Ungebundener oder tatsächlich um eine Ehe zwischen Stiefsohn und -mutter handelte.

33 Zum Heiratsalter in der „hellenistischen Gesellschaft" siehe *Schmitz*, Haus, 2007, S. 59 f..

34 1. Kor. 7,29 ff..

35 1. Kor. 7,34: „ἡ δὲ γαμήσασα μεριμνᾷ τὰ τοῦ κόσμου, πῶς ἀρέσῃ τῷ ἀνδρί."

36 1. Kor. 7,9: „εἰ δὲ οὐκ ἐγκρατεύονται γαμησάτωσαν, κρεῖττον γάρ ἐστιν γαμῆσαι ἢ πυροῦσθαι."

37 Röm. 7,1.

also ohne „rechts-theologische" Bedenken eine neue Ehe eingehen, solange sie einen Christen heirate.[38]

Ähnlich liberal vertritt im zweiten nachchristlichen Jahrhundert Theophilus von Antiochien die christliche Ehelehre. Bei der Frage, ob eine Ehe geschieden werden dürfe, stützt er sich explizit auf Matthäus.[39] Dass Verwitwung oder unzuchtsbedingte Scheidung aber eine zweite Ehe ermöglichten, davon will Theophilus nichts wissen, denn bei den Christen werde *„die Enthaltsamkeit geübt, die Monogamie beobachtet, die Keuschheit bewahrt* [...]."[40] Doch weder dürften Theophilus' antithetisch gezeichnete Musterchristen, die ihr Leben in Analogie zu den Evangelien lebten, generell als reale Personen in Fleisch und Blut existiert haben, noch muss davon ausgegangen werden, derlei strenge und rein theoretische Schriftexegesen hätten auf heidnische Adressaten großen Eindruck gemacht. Insbesondere auch, da bisweilen noch konservativere und realitätsfernere Ansichten vertreten wurden.

Denn jene (halb-)liberalen Ausdeutungen, was Scheidung oder gar Wiederheirat betraf, waren nicht selbstverständlich. So möchte der frühchristliche Kirchenvater Athenagoras von Athen in seiner an Aurelius und Commodus gesandten *Legatio pro christianis* die christliche Ehe als Institution verstanden wissen, die einzig dem Zwecke der Kinderzeugung diene und eine strikte Form der Monogamie – verstanden als einmaliges Band – darstelle.[41] Es ist gerade jene christliche Abgrenzung von der heidnischen Unsitte der mehrmaligen Ehe, die Athenagoras deutlich machen möchte.[42]

Deutlich zu bilanzieren ist, dass die griechischsprachige, frühchristliche Lehre der ersten drei Jahrhunderte weder eine einheitliche noch eine an Alltagsrealitäten angepasste Scheidungs- und Wiederverheiratungsmoral artikulierte. Obige Uneinheitlichkeit setzt sich fort, vergleicht man nur die An-

38 1. Kor. 7,39.

39 Theophil., ad autolyc. 3,13.

40 Theophil., ad autolyc. 3,15: „ἐγκράτεια ἀσκεῖται, μονογαμία τηρεῖται, ἁγνεία φυλάσσεται [...]."; Eine wahrhaft optimistische und selbstverständlich intendierte Ansicht, bedenkt man, dass es sich bei Autolycus um einen Freund des Theophilus handelte, der, glaubt man Theophilus' einführender Beschreibung, ein Klischeeheide mit allen erdenklich schlechten Eigenschaften war.

41 Athenag., suppl. 33.

42 Vgl. *Löbmann*, Zweite Ehe, 1980, S. 49 f.; Eine vergleichbare Interpretation tätigt Benno Löbmann ebenso für Justinus, welcher sich in seiner an Antoninus Pius gerichteten Apologie (150 n. Chr.) der zweiten Ehe widmet. (Iust. Mart., apol. 1,15) Löbmann sieht dieses Verbot der zweiten Heirat bei Justinus als gleichermaßen für Ehen nach dem Tod eines Ehegatten wie nach Scheidung geltend an. (*Löbmann*, Zweite Ehe, 1980, S. 52 f..) In Anbetracht der Tatsache, dass Justinus mit seiner streng-konservativen Auslegung des matthäischen Ehebruchbegriffes – Ehebruch beginnt nach Mt. 5,28 bereits mit dem Begehren einer fremden Frau – zu den frühchristlichen Hardlinern zu zählen ist, wird Löbmanns Vermutung, Justinus habe die Ehe als über den Tod hinaus bestehend gesehen, nicht von der Hand zu weisen sein.

schauungen eines Hermas und eines Clemens von Alexandrien auf der einen Seite mit denen eines Origines auf der anderen. Während Erstere Wiederverheiratungen nach Scheidung ablehnten,[43] nach Verwitwung hingegen zuließen,[44] sah Letzterer in zweimaligen Ehen generell eine Sünde, die auch kirchenrechtliche Konsequenzen nach sich zog. Nicht nur, dass jene zweimal Verheirateten im irdischen Kirchenleben von allen Ämtern und Würden ausgeschlossen würden, betont Origenes zudem, jene Sünder gehörten nicht zum Kreise der Makellosen und würden konsequenterweise keinen Anteil am Reiche Gottes haben.[45] Origenes bestätigt mit seiner von Hermas und Clemens abweichenden Ansicht einerseits zwar oben erwähnte Variabilität der christlichen Lehre, spricht andererseits aber neben der Vermutung der Nichtteilhaftigkeit am Gottesreich erstmals konkrete Sanktionen aus dem (Kleriker-)Alltag für mehrmals Verheiratete an. Die Thematisierung sozialer oder kirchenrechtlicher Konsequenzen für die zweite Ehe eines Laien hingegen findet auch bei Origenes nicht Einzug und repräsentiert den angesprochenen Mangel alltagsbezogener Moralbegründungen in der frühchristlichen Schriftauslegung.

Dieser Mangel bestätigt sich nicht zuletzt darin, dass die formulierten Grundsätze weitestgehend lediglich die Verbindung zwischen Mann und Frau thematisieren, nicht aber auf „Resultate" solcher Verbindungen – nämlich Kinder – eingehen. Als ob nach dem Motto *„weil nicht sein kann, was nicht sein darf"* mit der ausgesprochenen Lebensregel, nicht erneut zu heiraten, keine Kinder aus Scheidungs- oder Waisenfamilien existierten, wird diese alltägliche Problematik ausgeblendet. Dieses Versäumnis ist insofern auffällig, da Kinder im Rahmen von christlichen Beschreibungen intakter Familienverhältnisse durchaus miteinbezogen werden.

b) Lateinischsprachige Kirchenlehrer

Ebendiese Aspekte gelten auch für „römische" Exegeten, deren Wirken freilich erst ab dem späten zweiten Jahrhundert beschrieben werden kann. Insgesamt lässt sich bei ihnen aber die Tendenz einer weniger konservativen

---

43 Nach Hermas solle vielmehr die Versöhnung mit der ersten Frau angestrebt werden, eine nach jüdischem Recht undenkbare Vorstellung. (Herm., mand. 2,4,1); Clemens von Alexandrien vertritt die klassisch neutestamentliche Lehre des Ehebruches durch Wiederheirat zu Lebzeiten des Gatten. (Clem. Al., strom. 2,23,146).

44 Herm., mand. 2,4,4; Clemens von Alexandrien schließt sich der paulinischen Lehre an, die Ehe nach dem Tod des Ehegatten sei jenen erlaubt, die dem Zustande der ewigen Witwenschaft nicht gewachsen seien. (Clem. Al., strom. 3,1,2).

45 Origen., in Lk. 17.

Scheidungslehre erkennen, verbunden mit einer nachsichtigeren Einstellung zur Wiederverheiratung.

So vertritt Novatian, römischer Bischof zu Zeiten der decischen Christenverfolgung, insofern eine liberale Einstellung, als dass er nach matthäischem Vorbild eine Scheidung aufgrund des ehefrauschen Ehebruches zulässt. Wiederverheiratungen schließt dieser aber aus, da Mann und Frau nach wie vor miteinander verbunden blieben. Vielmehr solle eine Versöhnung angestrebt werden, damit nicht eine „*separatio sine reditu*" eintrete. Nach der Einfleischeslehre gehörten Mann und Frau untrennbar zusammen.[46]

Demgegenüber sieht der frühe Tertullian neben der zweiten Ehe nach Verwitwung auch jene nach der Scheidung als kirchenrechtlich gültig an, gesetzt dass die Scheidung aufgrund der matthäischen Ehebruchsklausel erfolgt sei.[47] Dass es Tertullian ungeachtet der kirchenrechtlichen Freiheit zur Wiederheirat dennoch lieber sehen würde, wenn Geschiedene oder Verwitwete unverheiratet blieben, ergibt sich nicht zuletzt aus der Vorschrift an seine eigene Frau, nach seinem Tode enthaltsam zu leben.[48] Dass Tertullian unter dem Einfluss der montanistischen Lehre später eine strikte Kehrtwende begehen und jegliche zweite Ehe – ob nach Verwitwung oder Scheidung – als Sünde und Ehebruch verdammen wird, verdeutlicht einerseits einmal mehr die Uneinheitlichkeit frühkirchlicher Lehrmeinungen, weist aber auch auf die deutliche Wirkung philosophisch-theologischer Inhalte auf die Ausbildung eines Eheverständnisses hin: Die Verdammung von irdischen Lasten im Montanismus, wie sie (zweite) Ehefrauen darstellen, begründet sich nicht zuletzt durch die betonte Ausrichtung dieser Bewegung auf die Naherwartung hin.[49] So kommt es nicht von ungefähr, dass Tertullian selbst generell die Andersartigkeit des christlichen und jüdischen Familienverständnisses analog zur Andersartigkeit der jeweils theologisch begründeten Weltsicht er-

---

46 Novat., bon. pud. 5,5; Darüber hinaus interpretiert *Löbmann* Novatians Eheverständnis paulinisch, wonach eine untrennbare Verbindung zwischen Mann und Frau nur bis zum Tode des Ehepartners bestehen bleibe: Eine Wiederverheiratung war also nach Verwitwung möglich. (*Löbmann*, Zweite Ehe, 1980, S. 81.); Nach dem gleichen Muster verbalisiert auch Cyprian von Karthago, wie Novatian Leidtragender der decischen und valerianischen Verfolgungen, das christliche Eheverständnis. Unter Zitierung des ersten Korintherbriefes stuft er nach der paulinischen Lehre nur Wiederverheiratungen nach Verwitwung als sündenfrei ein. Solche zu Lebzeiten des (ehemaligen) Ehepartners hingegen galten als Sünde. Zwar spricht Cyprian nicht explizit die Erlaubnis zur Wiederverheiratung nach Verwitwung aus, doch kann eine generelle Adaption paulinischer Ansichten aufgrund Cyprians Berufung auf Paulus' 1. Korintherbrief angenommen werden. (Cypr., testim. 3,90).

47 Tert., de pat. 12.

48 Tert., ad uxor. 1,1; Nicht zuletzt zeigten doch die für kirchliche Würdenträger geltenden Vorschriften eine moralische Minderwertung zweimal Verheirateter an, denen der Zugang zu kirchlichen Diensten verwehrt bliebe. (Tert., ad uxor. 1,7).

49 Vgl. *Trevett*, Montanism, 1996, S. 100 f..

läutert: Denn das „*Wachset und mehret euch*“ habe „*in den letzten Zeiten seine Geltung verloren*“ und sei Paulus’ Ankündigung gewichen:[50] „*Denn ich sage euch, Brüder: Die Zeit ist kurz. Daher soll, wer eine Frau hat, sich in Zukunft so verhalten, als habe er keine* [...].“[51]

3. Fazit

Deutlich konnte die Variabilität frühchristlicher Anschauungen zu Scheidung/Verwitwung und Wiederverheiratung aufgezeigt werden: Die Duldung einer zweiten Ehe nach matthäisch begründeter Scheidung ließ sich nur für den frühen Tertullian nachweisen, ansonsten wird diese von Apologeten und Kirchenvätern der ersten drei Jahrhunderte durch die Bank abgelehnt. Bei dem Themenkomplex der verwitwungsbegründeten Wiederheirat hingegen ergibt sich eine größere Streuung: So wird eine zweite Ehe nach dem Tod des ersten Ehepartners sowohl unter griechischsprachigen wie unter lateinischsprachigen Vertretern teilweise geduldet, teilweise aber rigoros abgelehnt.

Die fehlende Einbettung der jeweiligen sakral begründeten Einstellung zur zweiten Ehe in alltagsbezogene Argumentationen, die nicht nur die Amtsführung geistiger Würdenträger, sondern auch das Leben des einfachen Laien miteinbezögen, lässt Fragen nach sozialhistorischen oder religionspolitischen Gründen der einzelnen Lehrausrichtung zur Spekulation werden. Denn wie Paulus, der noch im Sog der ersten Naherwartung wirkte, eine zweite Ehe duldete, so wird ja der montanistische Tertullian das irdische Laster der Wiederheirat ablehnen. Und wie Origines als Opfer und Zeitzeuge christlicher Verfolgung und Unterdrückung den verwitweten Christen keine zweite Ehe zugestand, so werden die unter Decius und Valerian leidenden Novatian und Cyprian zweite Ehen als gültig anerkennen.

Dies alles lässt nicht auf eine starke Korrelation zwischen der Formierung einer christlichen Lehrmeinung und der religionspolitischen und irdischen Situation der jeweiligen Christengemeinde schließen. Vielmehr scheinen sich religiöse Ansichten losgelöst und unabhängig von den realen Bedürfnissen und Gegebenheiten der christlichen Anhängerschaft entwickelt zu haben und konkrete Ableitungen daraus nur für den Kreis der Kleriker und Kirchendiener getätigt worden zu sein. Sanktionen für eine Wiederheirat wer-

50 Tert., de monog. 7: „*At ubi et crescite et redundate evacuavit extremitas temporum, inducente apostolo: superest ut et qui habent uxores sic sint ac si non habeant, quia tempus in collectum est* [...].“

51 1. Kor. 7,29: „τοῦτο δέ φημι, ἀδελφοί, ὁ καιρὸς συνεσταλμένος ἐστίν· τὸ λοιπὸν ἵνα καὶ οἱ ἔχοντες γυναῖκας ὡς μὴ ἔχοντες ὦσιν [...].“

den nur bezüglich Würdenträgern und Witwen im Dienste der Kirche ausgesprochen. Die inhaltliche Ausrichtung der Kindererziehung wird hauptsächlich in Bezug auf den ambitionierten Geistlichen thematisiert. So formuliert Paulus in seinem ersten Brief an Timotheus, ein Bischof *„soll ein guter Familienvater sein und seine Kinder zu Gehorsam und allem Anstand erziehen,“*[52] auf dass die Kinder fromm seien und nicht etwa vergnügungssüchtig.[53] Zwar wird jenen Statuten ohne Zweifel Allgemeingültigkeit unterstellt werden können, doch fehlt eben die eindeutige Bezugnahme auf die gemeine Anhängerschaft.

Allgemein zeigt sich die Abkopplung christlicher Lehre von der laienchristlichen Realität insbesondere beim Thema Kinder, welches im besten Fall theoretisch angerissen wird. Ansichten zu familiären Schicksalsschlägen, so zum Beispiel zum Verhalten im Verwitwungs- oder Scheidungsfall oder zum rechten Umgang mit der Situation des Kindstods, bleiben floskelhaft und ohne Bezug zur realen Situation des Betroffenen: Commodianus meint, der Tod eines Kindes zöge zwar den Herzschmerz der Eltern nach sich, dennoch sei es nicht Sitte, ihn allzu heftig zu betrauern. Vielmehr solle die Klage im Herzen und nicht nach außen gekehrt stattfinden.[54] Dieses Statement mag zwar ein gut gemeinter Ratschlag sein, in der Praxis dem Betroffenen aber nicht sehr weitergeholfen haben, trotz der tröstenden Feststellung, *„ein Gottgeweihter beeile sich, zu sterben.“*[55] Auch hier und da aufgezeigte Lebensalternativen, welche Kleriker der ersten drei nachchristlichen Jahrhunderte für verwitwete Frauen artikulieren, entbehren auf den zweiten Blick oftmals ihres Realitätsbezugs: Tertullian mahnt an, eine Geschiedene oder Witwe solle nicht erneut heiraten, sondern vielmehr einen Lebensentwurf gemäß dem Gebot *„Du sollst Vater und Mutter ehren“* wählen. Konkret bedeutet dies: Als unbekinderte Witwe solle sie sich von ihrem Vater versorgen lassen. Habe sie aber Kinder, so solle sie nicht den Vater, sondern vielmehr den Sohn als Ernährer auserkiesen, damit dieser in den Genuss der Gebotsbefolgung kommen könne.[56] Die von Tertullian beschriebene Familienkonstellation geht von einer Witwe mittleren Alters aus, deren Sohn im erwerbsfähigen Alter und deren Vater ebenfalls noch am Leben war. Schätzt man aufgrund der angenommenen Heiratspraxis das Alter der Witwe auf um die 37 Jahre – der Sohn könnte dann in einem Alter von ca. zwanzig Jahren sein – so ergäbe sich für den Vater der Mutter ein angenommenes Alter von um die 67 Jahre. Nach Lasletts *livetable* ergibt sich für eine Witwe im Alter um

52 1. Tim. 3,4: „τοῦ ἰδίου οἴκου καλῶς προϊστάμενον, τέκνα ἔχοντα ἐν ὑποταγῇ μετὰ πάσης σεμνότητος“.

53 Tit. 1,6.

54 Commodian., instruct., 2,28.

55 Commodian., instruct., 2,28: *„deo devotus festinanter funus agebat.“*

56 Tert., de monog. 7.

die vierzig Jahre eine Wahrscheinlichkeit von ca. 85%, dass deren Vater bereits verstorben war.[57] Tertullians Versuch einer lebensnahen Bibelexegese für die Witwen/Geschiedenen seiner Zeit dürfte also lediglich für eine Zielgruppe von 15% interessant gewesen sein. Dass der Sohn einer geschiedenen Frau – wie sie Tertullain gleichermaßen anspricht – zudem nicht unbedingt emanzipiert und somit erwerbsunfähig war und deshalb in vielen Fällen gar nicht in der Lage, die eigene Mutter in einen eigenen Hausstand aufzunehmen und zu alimentieren, sei hier nur am Rande erwähnt.

Diese kurzen Anmerkungen zum Aspekt der laienchristlichen Familiensituation sollen nicht mehr als die Erkenntnis repräsentieren, dass selbst jene wenigen frühchristlichen Passagen,[58] die in ihrer Bewertung der Wiederverheiratung über den Bereich der theologischen Argumentation hinausgehen, keine aus dem Leben gegriffenen und für das Leben adaptierbaren Komponenten beinhalten.

Konnte zumindest der Zusammenhang zwischen religiösen Inhalten – Naherwartung – und einer Ausbildung familiärer Werte mehr oder weniger nachgewiesen werden, so muss die Frage nach sozialhistorischen Korrelationen unbeantwortet bleiben, dies zumindest unter Interpretation einer mangelnden Thematisierung emotionaler, patchworkbedingter Missstände als Beleg einer Nichteinbeziehung dieser Thematik in die vonstattengehende Formung eines christlichen Familienverständnisses.

Fand die Modellierung frühchristlicher familiärer Werte tatsächlich völlig losgelöst von den alltäglichen Realitäten der gemeinen Anhängerschaft statt? Das sicher nicht.

Immerhin muss angemerkt werden, dass die zweite Ehe – auch die nach Verwitwung – generell nicht gern gesehen wurde, auch wenn sie nicht bei allen christlichen Vertretern als Sünde galt. Diese christliche Ablehnung harmoniert mit all jenen im weiteren Verlauf noch zu beschreibenden und real existierenden klischeehaft zelebrierten Problemsituationen einer Patchworkfamilie. Dass diese dunkle Seite des Familienlebens zum Erfahrungshorizont und dem Bewusstsein der frühen Christen, Apologeten und Kirchenväter gehörte, darf angenommen werden. Tertullian wusste um die Wiederverheiratungsfreudigkeit der römischen Gesellschaft, die dazu führte, dass „*nunc in feminis prae auro nullum leve est membrum.*“[59] Ohne Zweifel waren ihm und seinen christlichen Zeitgenossen auch die daraus potentiell resultierenden Finanz- und Erbstreitereien, damit verbundene Risiken und andere sitt-

57 Vgl. *Laslett*, La parenté, 1988, S. 13.

58 Bis ins vierte Jahrhundert hinein stellten Kinder kein eigenes Thema im christlichen Formierungsprozess dar. (*Gärtner*, Familienerziehung, 1985, S. 8.).

59 Tert., apol. 6: „*heutzutage bei den Frauen kein Fingerglied mehr frei von Goldschmuck sei.*“

liche Abgründe der Patchworkfamilie bekannt. Schließlich geht Tertullian an anderer Stelle auf die weltlichen Güter als Dreh- und Angelpunkt einer (zweiten) Heirat ein, versprachen doch in der Ehe Vermögen, Kleiderpracht, Schmuck und oftmals ein gut ausgestatteter landwirtschaftlicher Betrieb ein Leben in Sorglosigkeit.[60] Wie im ersten Kapitel herausgearbeitet, könnten ähnliche Problemkonstellationen auch für die jüdische Gesellschaft ab der im ersten nachchristlichen Jahrhundert einsetzenden Flexibilisierung des Erbrechts und Aufwertung der weiblichen Scheidungskompetenz etc. angenommen werden. Dass die kirchlichen Vertreter der ersten drei Jahrhunderte auf diese Konflikte nicht eingingen, sondern ihren Thesen nicht mehr als theologische Herleitungen zu Scheidung und Wiederheirat zugrunde legten, dürfte schwerlich als Rückschluss die Nichtexistenz dieser Patchworkproblematik bedeuten. Einerseits dürfte das Fehlen der Patchworkthematik der generell oben aufgezeigten Theorielastigkeit und mangelnden Miteinbeziehung irdisch-laienchristlicher Alltagsthematiken in kirchliche Lehrmeinungen angelastet werden. Die im Findungs- und Strukturierungsprozess befindliche, von Etablierung noch entfernte und punktueller Verfolgung ausgesetzte, christliche Religionsgemeinschaft vernachlässigte die Thematisierung profaner Gegebenheiten des tagtäglichen, familiären Miteinanders seiner Anhänger. Daneben dürfte die schon angesprochene, partielle Ausrichtung der christlichen Lehre auf das kommende Reich Gottes, welches die Relevanz des Irdischen ohnehin schmälerte,[61] als ein weiterer Begründungsansatz angesprochen werden. Den Mangel ökonomisch geprägter Argumentationsstrukturen gegen Wiederverheiratung – die Patchworkfamilie als Risiko finanzieller Ungerechtigkeit etc. – in der Zielgruppe der frühen Missionierung begründet zu sehen, hielte nicht stand, bedenkt man, dass die Forschung vom einseitigen Bild der Unterschichtenreligion[62] mittlerweile abgerückt ist, auch wenn nach wie vor die dürftige Quellenlage der ersten beiden Jahrhunderte lediglich Tendenzaussagen[63] zum sozialen Hintergrund der frühchristlichen Bewegung zulässt.[64] Die Annahme einer frühchristlichen Mittelschicht aus Handwerkern und Händlern[65] aber korreliert keineswegs mit der Ausklammerung von Themen wie „finanzieller Gerechtigkeit", „Erbvertei-

60 Tert., ad uxor. 1,4.

61 Zum angenommenen Zusammenhang zwischen Apokalypse und der Ausrichtung des irdischen Lebens eines bestimmten sozialen Milieus siehe: *Körnter*, Weltangst, 1988, S. 58.

62 Siehe zur Situation des mittleren ersten Jahrhunderts: *Theißen*, Nachfolge, 1989, S. 135 f.; *Meeks*, Urchristentum, 1993, S. 112 f.; *Malherbe*, Early Christianity, 1977, S. 31.; *Eck*, Eindringen, 1971, S. 381.

63 Generell zum Versuch der Beschreibung frühchristlicher Sozialstrukturen: *Schöllgen*, Ecclesia sordida, 1985.

64 Vgl. *Winkelmann*, Geschichte, 2007, S. 23 ff..

65 Vgl. *Grant*, Early Christianity, S. 1 ff., 1977.; *Christ*, Kaiserzeit, 2005, S. 362.

lung und -verlust“ oder „ökonomisch begründetem Konkurrenzdenken“. Das Phänomen der ums Geld streitenden Mitglieder einer Patchworkfamilie hätte bereits die frühen Anhänger der (ur-)christlichen Lehre tangieren und als attraktiver Themenkomplex in die Begründungen der christlichen Scheidungs- und Wiederverheiratungsmoral einfließen dürfen. Dass aber trotz einer noch zunehmenden Partizipierung auch vermögenderer Gesellschaftsteile an der noch präkonstantinischen christlichen Anhängerschaft in keiner Weise die dort zu vermutenden vermögensbezogenen Konflikte in die Argumentationen der frühen Kirchenväter gegen Wiederheirat eingegangen sind, verwundert. Es lässt beinahe vermuten, die Vertreter der christlichen Lehre hätten den Topos der unheilbringenden Patchworkfamilie als von weltlichen Dichtern, Rhetorikern und Juristen erschöpfend besetzt vorgefunden und die aus Fiktion wie Realität herrührende Stigmatisierung betroffener Familienmitglieder als ausreichend argumentativ angesehen. Beides darf im weiteren Verlauf der Arbeit noch deutlicher zur Sprache kommen.

Es wird sich zeigen, dass mit der Einhergehung spätantiker erb- und vermögensrechtlicher Verbesserungen im Vergleich zur klassischen Zeit die Kirche dann zudem eigene alltagsbezogene Argumente nannte, die eine Stigmatisierung der Patchworkfamilie jenseits finanzbezogener Themen zu finden hofften.

III. Die römisch-heidnische Patchworkfamilie der Kaiserzeit als mentalitätsprägende Basis spätantiker Reaktion

Die letzten Kapitel zeigten anhand einer Momentaufnahme jüdischer Patchworkstrukturen und deren Tendenzen im ersten nachchristlichen Jahrhundert den religions-politischen und auch sozialrealen Hintergrund auf, in den die ersten Christen eingebettet waren und aus dem heraus sie eine eigene „Familienlehre" artikulierten. Die Art, Ausprägung und Vielfalt dieser christlichen Reaktion in den ersten drei nachchristlichen Jahrhunderten wurden ausführlich dargestellt.

Ein Gleiches soll nun im Hinblick auf den römisch-rechtlichen und heidnisch-gesellschaftlichen Background des frühen Christentums geschehen. Dabei grenzt die auf Grund ihres vereinheitlichenden Charakters gewagt anmutende Überschrift *Die römisch-heidnische Patchworkfamilie der Kaiserzeit* keineswegs an Vermessenheit. Stünde eine pointierte Reduktion anstelle dieser Überschrift, so umschrieben ohne Zweifel die Termini *sex and crime* den Kern der Sache annähernd umfassend.

Sex and crime sind in erster Linie bekannt als unabdingbare Komponenten der Unterhaltungs- und vor allem der Filmindustrie. Sie fungieren als Publikumsmagnet, der ins Kino oder vor den Fernseher lockt. Und in der Tat zeichnet derjenige, der mit den Begriffen *sex and crime* die Patchworkfamilie der ersten drei nachchristlichen Jahrhunderte beschreibt, ein Bild, das sich hauptsächlich aus der Auswertung antiker „Unterhaltungsliteratur" ergibt. Dass mit ihnen dennoch ein gängiger klassisch-antiker Blickwinkel auf die Thematik *Patchwork* charakterisiert wird, ergibt sich aus der Tatsache, dass klassische Rhetoriker ebenso jene Topoi aus der Unterhaltungsliteratur übernahmen wie z. B. Verfasser juristischer Fallsammlungen. Damit ist der größte Teil auffindbarer Quellen von dieser Einheitsdarstellung geprägt.

Rechtfertigung findet eine solche reduziert-pointierte Umschreibung der klassischen römisch-heidnischen Patchworkfamilie darin, dass das klassische römische Recht jene mit Patchwork in Zusammenhang stehenden Sachverhalte wie *Vererbungskompetenzen im Wiederverheiratungsfall* oder *Verhaftung von Mitgift oder Ehegabe* nicht oder nur äußerst am Rande thematisiert, vergleicht man es mit der jüdischen Rechtslage der entsprechenden Zeit. Dass zwischen einem Mangel an regulierenden Paragraphen und einer Stigmatisierung und Klischeebildung à la *sex and crime* ein Zusammenhang bestehen könnte, wurde bereits im Rahmen der Beschreibung der jüdischen Rechtssituation vermutet, konnte hingegen aufgrund der dünnen Quellenlage keine Bestätigung finden. Wurde dort angenommen, ein Negativstigma *Patchworkfamilie* sei nur in begrenztem Maße zu erwarten, da das jüdische Recht den Lebensabschnitt von der Scheidung über die Wiederverheiratung bis hin zum Vererben in der Patchworkfamilie quasi justierend begleitete, so fällt der Umkehrschluss bezüglich der römischen Situation nicht schwer: Aufgrund der Tatsache einer Negativklischeebildung muss angenommen werden, das römische Recht habe auf die Herausforderungen patchworkartiger Strukturen mangelhaft bis gar nicht reagiert und somit Ungerechtigkeiten und Streitereien einen fruchtbaren Boden bereitet.

Inwieweit diese Einschätzung für die ersten drei nachchristlichen Jahrhunderte verifiziert werden kann, soll im Folgenden dargestellt werden. Neben der schon erwähnten ergänzenden Beleuchtung des familienpolitischen Umfeldes, aus dem heraus das Christentum seine Ehelehre artikulierte, trägt dieses Unterfangen auch der späteren Abgleichung mit spätantiken Verhältnissen Rechnung.

Im Gegensatz zur Darstellung der jüdischen Verhältnisse erfolgt die Aufzäumung des Pferdes von hinten. Einer quellenbasierten Analyse der gängigen Patchworktopoi folgt die Aufarbeitung der in diesem Zusammenhang genannten juristischen Problemstellungen.

1. Rückschlüsse auf das Leben in Patchworkfamilien der Kaiserzeit

Trotz der weitgehenden thematischen Einheitlichkeit der Problemfelder einer Patchworkfamilie, wie sie aus den Quellen der klassischen Zeit herausgelesen werden kann, soll eine selektive Auswahl der Quellenbelege die Repräsentation aller drei Jahrhunderte bis zur spätantiken Tetrarchie gewährleisten. Die chronologisch angelegte Darstellung untergliedert sich zudem in die Motivbezogenheit aus fiktionalem und realem Kontext.

a) Es war einmal …

… eine rachsüchtige Stiefmutter. So hätte wohl der Beginn der Phaedraerzählung gelautet, wäre sie in Form eines Märchens in Grimms bekannte Sammlung eingegangen. Der durch Euripides' Tragödie *Hippolytos* verschriftlichte Mythos der Theseus-Gattin Phaedra, die sich unsterblich in ihren Stiefsohn Hippolytos verliebte,[1] nach dessen Zurückweisung Selbstmord beging[2] und – aus Rachsucht – Hippolytos Ermordung durch dessen eigenen

1 Eur., Hipp. 317f..

2 Eur., Hipp. 768f..

Vater inszenierte,[3] stellt wohl die Urform des Negativtopos einer Stiefmutter dar.[4] Ein brisanter Stoff, der seiner Publikumswirksamkeit verdankt, dass er über die Jahrtausende hinweg Einschlag in literarischen Verarbeitungen[5] und Oper[6] gefunden hat.

Dass der Stoff sich bereits in der römischen (literarischen) Welt des frühen ersten Jahrhunderts einer gewissen Bekanntheit erfreute, zeigen u. a. Ovids *Heroides*, die einen fiktiven Liebesbrief Phaedras an Hippolytos enthalten. Interessant an diesem Brief ist, dass Ovid die Kenntnis der Phaedra-Thematik beim Leser voraussetzt. Er lässt Phaedra lediglich ihre unerträgliche Liebe zu Hippolytos thematisieren, verliert aber kein Wort über den schicksalhaften Kontext und tödlichen Ausgang dieser Liebelei, woraus doch erst die Brisanz und Dramatik der ganzen Tragödie erwächst. Ovid wusste um den Bekanntheitsgrad des von ihm behandelten Stoffes. In einigen Passagen[7] charakterisiert er eine bemitleidenswerte, unerhört flehende, verliebte Phaidra, doch der gebildete Leser ordnet das Gelesene richtig ein, wenn er diese rührselige Skizzierung in eine Antithese zum finalen Racheakt Phaedras setzen kann.

Dass für Ovid trotz einer solchen Reduktion die Komponenten *Mord* und *Stiefmutter* quasi synonymisch zu verstehen sind, beweist eine kurze Passage aus seinen Metamorphosen, wo er als Indiz für den Sittenverfall der Menschheit klagt: *„Lurida terribiles miscent aconita novercae."*[8] Im Gegensatz zum traditionellen Phaedra-Stoff richtet sich in diesem Fall die Mordabsicht nicht auf den Stiefsohn, sondern auf den Gatten: Diesen gilt es, mit Eisenhut zu vergiften, damit er der sexuellen Affäre zwischen Stiefsohn und Stiefmutter nicht mehr im Wege steht.[9] Die gleiche Tonart schlug im Übrigen bereits Catull an, als er klagte, Väter wünschten sich bisweilen den Tod ihrer jugendlich-mannhaften Söhne, die allzuoft zum Liebesobjekt ihrer zweiten Gattin würden.[10] Die phaedraschen Motive der Lustgesteuertheit und Rachsucht finden sich selbstredend auch in der Version des jüngeren Seneca wie-

---

3 In Euripides' Version hinterlässt Phaedra einen Abschiedsbrief, in dem sie Hippolytos bezichtigt, ihr nachgestellt zu haben. Ihr Gatte und Hippolytos Vater Theseus fleht daraufhin Poseidon an, seinen Sohn zu ermorden. (Eur., Hipp. 885 f.).

4 Vgl. von *Hunger*, Mythologie, 1988, S. 416.

5 Man denke an D'Annunzios Tragödie *Fedra* (1909) oder die Verarbeitung des Stoffes in Racines *Phèdre* (1677), welche Schiller ins Deutsche übersetzte.

6 Von Jean-Philippe Rameau, *Hippolyte et Aricie* (1733), bis Henze, *Phaedra* (2007), kennt die Musikwelt zahlreiche Vertonungen des Stoffes.

7 Ov., epist. 4,153 (flehende, niederkniende Phaedra); Ov., epist. 4,175 (weinende Phaedra).

8 Ov., Met. 1,147: *„Schreckliche Stiefmütter mischen todbringenden Eisenhut."*

9 Ov., Met. 1,148 (Auch der Sohn sehnt aus diesem Grund den Tod seines Vaters herbei).

10 Catull. 64,401.

der, auch wenn Seneca es nicht versäumt, sein Drama in der Katharsis der Phaedra enden zu lassen.[11]

Eine Bewertung dieser Topoi im Hinblick auf die zur Zeit des frühen Christentums herrschenden Patchwork-Klischees kann in diesem Fall sogar unter Nennung einer jüdisch-christlichen Parallele erfolgen. Ohne Zweifel müssen die Begebenheiten zwischen Phaedra und Hippolytos den bibelfesten Leser an die alttestamentliche Geschichte über eine Ehefrau des Pharaos erinnern, die sich in den Diener Joseph verliebte. Als dieser ihrem mehrmaligen Drängen, mit ihr zu schlafen, nicht nachgab, verleumdete die Ehefrau Joseph bei ihrem Mann. Der Diener habe ihr nachgestellt und wollte sie zum Ehebruch bewegen, so ihre Version. Der Pharao steckt Joseph darauf in den Kerker.[12] Das Alte Testament vermittelt hier eine gewisse Risikobehaftung, die mit der Unterwanderung familiären Lebens durch fremde Personen verbunden war. Die Torastelle legt besonderen Wert auf den Umstand, dass mit Joseph nicht irgendein Sklave im Hause lebte, sondern ein Mann, der das vollste Vertrauen des Pharaos genoss und als Verwalter jegliche erdenkliche Kompetenz innehatte.[13] Eine Vergleichbarkeit mit der Position eines Sohnes wie im Falle des Hippolytos ist also durchaus gegeben.

Die Motivik der Unstetigkeit, die blitzartig einen emotionalen Wandel von Lust in List und Rachsucht bewirkte, klebte am Image der Stiefmutter wie Schweinsbraten und Bier an den Bayern. Noch gegen Ende des zweiten nachchristlichen Jahrhunderts verfasste Apuleius mit seinem *Goldenen Esel* einen Krimiplot, der an Spannung kaum zu überbieten war. Wieder einmal verliebte sich eine Frau unsterblich in ihren Stiefsohn. *„Oh diese Deine Augen, nachdem sie durch meine Augen hindurch tief in den innersten Brustraum hineingedrungen sind, entzünden in meinem Innern heftigstes Feuer,“*[14] hauchte die Stiefmutter auf dem Krankenbett – sie ist gar aus Liebe krank geworden – ihrem Angebeteten entgegen. Auch hier erlag der Stiefsohn den Avancen nicht und wies die Frau seines Vaters zurück. Sofort verwandelte sich die Verschmähte in eine Furie und beauftragte einen Sklaven, Gift zu besorgen, um den einst Geliebten umzubringen.[15]

---

11 Im Gegensatz zur Handlung bei Euripides wählt Phaedra nicht den Freitod durch Erhängen und verleumdet Hippolytos durch einen vorher verfassten Abschiedsbrief, sondern wartet bei Seneca die Ermordung des von ihr Verleumdeten ab, um sich dann unter den Augen ihres Gatten Theseus und Beteuerung ihrer eigenen verräterischen Schuld mit dem Schwert selbst zu richten und zu reinigen. (Sen., Phaedr. 1197).

12 Gen. 39.

13 Gen. 39,4.

14 Apul., met. 10,3,5: *„isti enim tui oculi per meos oculos ad intima delapsi praecordia meis medullis acerrimum commovent incendium.“*

15 Apul., met. 10,4,6; Als dann versehentlich ihr eigener Sohn das Gift trank, beschuldigte die Stiefmutter in ihrer List den Stiefsohn des Mordes an seinem Halbbruder. Es sei die Rache gewesen für seine, des Stiefsohns, unerwiderte Liebe, mit der er die Stiefmutter angeblich be-

Vergleichsweise unspektakulär trug sich die Geschichte bei Philostratos zu, dem griechischen Sophisten des dritten nachchristlichen Jahrhunderts. Dessen Protagonist Timasion wurde zwar von seiner Stiefmutter zunächst bedrängt und dann beim Vater in Misskredit gebracht, bevor es allerdings zu dramatischen Begebenheiten kam, suchte Timasion das Weite und verließ seine Heimatstadt Naukratis.[16]

Auch wenn es im Falle von Phaedra und Hippolytos bei Apuleius, Philostratos oder weiteren Rezipienten des Phaedra-Stoffes[17] tatsächlich nie zu einer Affäre gekommen ist,[18] so bot das Zusammenwohnen einer Stiefmutter und deren Stiefsohn – jung und in der Blüte seiner Jahre – der römischen Gesellschaft Anlass zu Spekulationen. Der Beweis für ein solches Techtelmechtel war spätestens dann gegeben, wenn der Vater zwar bereits verstorben war, die Stiefmutter aber weiterhin beim Stiefsohn im Hause wohnen blieb. So zumindest schlussfolgern Martial und Juvenal.[19] Letzterer urteilt gar, es gehöre zu den typischen Eigenschaften eines römischen Klatschmauls, immer äußerst genau über die aktuellen Affären zwischen Stiefsöhnen und -müttern unterrichtet zu sein.

Die erwähnten Negativtopoi befinden sich in bester Gesellschaft, blickt man auf weitere Charakterisierungen aus der römischen Literatur. Juvenal weiß um die Schattenseiten einer Stiefmutter, wenn es um deren Einstellung zu den Kindern ihres Mannes ging: Satirisch überspitzt konstatiert er, es sei beinahe im Einklang mit moralischen Wertvorstellungen, den Stiefsohn zu ermorden.[20] Da Stiefmütter nun einmal ihre Kinder hassten,[21] würde niemand

---

drängt habe. (Apul., met. 10,5,4) In einem spannenden Finale, kurz vor der öffentlichen Hinrichtung des angeblichen Mörders, lässt Apuleius einen Arzt ins Geschehen eingreifen, der die Wahrheit ans Licht bringt. Nicht der Stiefsohn, sondern der Sklave der Stiefmutter habe bei ihm Gift gekauft. Er habe aber dessen böse Absichten durchschaut und ihm deshalb kein Gift, sondern nur einen Schlaftrunk verkauft. (Apul., met. 10,8,3 f.).

16 Dass Philostratos hier bewusst den altbekannten Mythos von *Phaedra und Hippolytos* verarbeitet, wird allein an der Tatsache deutlich, dass er Apollonios' Timasion bisweilen mit Hippolytos vergleicht. Auch spielt Philostratos auf die Verleumdungen der Phaedra an. Die Verarbeitung des Phaedra-Stoffes vollführt er auch im Rahmen seiner *Bilder* (Philostr., im. 2,4).

17 Siehe weitere Rezeptionen des Phaedra-Stoffes: Vergil erinnert an die Ränke der Phaedra (Aen. 7,765), ebenso Properz, der die betörenden Zauberkräfte bzw. Gifttränke Phaedras erwähnt (2,1,51; 4,5,9). Ovid weiß um die flammende Liebe Phaedras zu ihrem Stiefsohn (Ov., trist. 2,383).

18 Ganz im Gegensatz zu Anchemolos, dem Sohn des Rhitos, welcher mit seiner Stiefmutter Casperia Unzucht trieb. (Verg., Aen. 10,388).

19 Mart. 4,16; Iuv. 6,402.

20 Iuv. 6,628: „*iam iam privignum occidere fas est.*“

21 Iuv. 6,6627: „*oderunt natos de paelice.*“

eine solche Tat verbieten oder dagegen einschreiten. Insbesondere die Gier auf das Geld der Stiefkinder repräsentiere das gängige Mordmotiv einer Stiefmutter. Ein Umstand, der auch das Zusammenleben leiblicher Verwandter belaste: Juvenal mahnt Kinder mit großem Vermögen an, das Gebäck der eigenen Mutter nicht zu verzehren. Es glänze doch fettig vom Gift, welches die Mutter beigemengt habe.[22]

Aus Juvenals Darstellung geht die Unterstellung hervor, Stiefmütter trachteten nach jenen Vermögenskomponenten, die im Moment des Ablebens ihres Ehemannes vererbt würden. Mit der Beseitigung der Stiefkinder suchte die zweite Frau des Vaters somit Erbkonkurrenten ihrer selbst oder ihrer eigenen Kinder aus dem Wege zu räumen.

Inwieweit derartigen satirischen Anschuldigungen vor dem Hintergrund des geltenden Erb- und Familienrechts Realitätsnähe zugeschrieben werden kann, wird die spätere Betrachtung des römischen Rechtssystems zeigen. Juvenal ist mit seiner Einschätzung zumindest nicht allein. Bereits Ovid, der in seinen *Fasti* die mythologische Einbettung eines jeden Festes vornimmt, erinnert anlässlich des 22. März an die beinah todbringenden Machenschaften der Ino.[23] Diese hatte durch eine *„ruchlose stiefmütterliche List“*[24] das Land ihres Gatten, des Königs Athamas, in eine schwere Hungersnot gestürzt und behauptet,[25] nur durch die Opferung ihrer Stiefkinder Phrixus und Helles könne die Not abgewendet werden. Beinahe hätte die böse Stiefmutter damit ihr Ziel erreicht, nämlich die Erben ihres Mannes beseitigt und ihre eigenen Kinder zu dessen Alleinerben gemacht.

Ebenso wie Juvenal ruft auch Ovid sichtlich die erbfixierten Eigenschaften einer Stiefmutter ins Gedächtnis. Sehr amüsant geschieht dies zudem bei Catull. Dieser verspottet einen gewissen Furius, welcher so arm sei, dass ihm zu Hause durch die Stiefmutter keine Gefahr drohe. Seine Vergiftung würde sich für die Frau des Vaters oder andere Verwandte nicht lohnen, da Furius' Erbe dafür zu gering sei. Das Hungerleiden in der Familie sei sogar so groß, dass die Stiefmutter mittlerweile Kieselsteine mit ihren abgehärteten Zähnen zermalmen könne.[26]

---

22 Iuv. 6,31.

23 Ov., fast. 3,851 f..

24 Ov., fast. 3,853: *„sceleratae fraude novercae“*.

25 Als das delphische Orakel befragt worden war, wie das Land Böotien gerettet werden könne, bestach Ino die Boten, die den Orakelspruch überbrachten. Deren Aussage, das delphische Orakel fordere die Opferung Inos Stiefkinder, hätte beinahe zum Tod von Phrixus und Helles geführt. Doch der fliegende Widder Chrysomallos errettete sie rechtzeitig. Eigentlich sollte die Nachwelt den stiefmütterlichen Taten der Ino dankbar sein, zeichnet sie doch indirekt verantwortlich für die Entstehung des Hellespont (Helles war während des Rittes auf dem Widder ins Meer gestürzt), des Sternbilds Widder und des Mythos' des Goldenen Vlieses (das Fell des Widders wird zum Goldenen Vlies).

26 Catull. 23.

Nebenbei bieten nicht nur die unterstellten Mordabsichten an sich, sondern auch die Wahl der Waffen, wie sie Stiefmüttern von antiken Dichtern angedichtet wurde, Interpretationsansätze. Denn nachweislich bedient sich die Frau des Vaters ja beinahe ausschließlich des Giftes, um ungeliebte Familienmitglieder zu beseitigen, oder aber geht, wie Ino, den Umweg über einen langen listigen Mordplan. Niemals würde sich die Stiefmutter beim Morden selbst die Finger schmutzig machen. So bilden die Begriffe *Stiefmutter* und *Gift* beinahe schon einen Pleonasmus in der antiken Dichtung: Neben Ovid, Juvenal und Apuleius bestätigt das auch Vergil. Denn dieser weiß, die Pomeranze aus Medien gelte als Antiserum gegen giftige Tränke wütender Stiefmütter, einer Mixtur aus Kräutern und beigemengten bösen Sprüchen.[27] Arkadische Hirten berichten, so Vergil, Stiefmütter sammelten auf den Wiesen die *Hippomanes*, ein Vaginalsekret trächtiger Stuten, um daraus Gifttränke zu mischen.[28] Sozialhistorische Tragweite bekommt die unterstellte Kohärenz von *Stiefmutter* und *Giftmord* vor allem dahingehend, als dass diese tatsächlich als juristischer Gedankengang nachweisbar ist. Das giftgetränkte Negativimage einer Stiefmutter konnte ihr, wie zu sehen sein wird, im Falle eines unaufgeklärten Todesfalles innerhalb der Familie zum Verhängnis werden. Sie wurde dann schnell als Hauptverdächtige ausgemacht.

Der Aspekt einer fehlenden Nachweisbarkeit einer Vergiftung, mit Poethke[29] nachvollziehbar vor dem Hintergrund mangelnder medizinischer und diagnostischer Möglichkeiten, erklärt zudem, warum es gerade diese Art des Mordens war, die sich als Stereotyp durchgesetzt hatte. Zu erwähnen sei in diesem Zusammenhang nur Quintilians Äußerung „*Credite mihi, iudices, difficilius est venenum invenire quam inimicum.*“[30] Eine Einschätzung, die laut dem Humanmediziner Lanzerath auch heute noch Gültigkeit besitzt.[31]

Daneben bot ein Giftmord eine der wenigen Möglichkeiten, wie eine Frau dem kräftemäßig überlegenen männlichen Geschlecht den Garaus machen konnte, wenn dafür kein männlicher Komplize zu gewinnen war. Das Phänomen des typisch weiblichen Giftmordes wird im Übrigen von Inge Weiler als prägende Komponente der literarischen wie kriminologischen Vorstellungswelt seit dem 18. Jahrhundert nachgewiesen.[32]

Das Gift als Mordwaffe einer Frau entbehrt also keineswegs der Logik und lässt zudem eine interessante Personencharakterisierung zu. Es rückt die Stiefmutter in die Ecke der listigen, von langer Hand planenden, schauspielernden Mörderin, die ihre Mordabsichten zu verbergen weiß und aus dem

27 Verg., georg. 2,128.
28 Verg., georg. 3,282.
29 Vgl. *Poethke*, Gifttod, 1969, S. 391 ff..
30 Quint., decl.mai 13,6.
31 Vgl. *Lanzerath*, Giftmorde, 2009, S. 106.
32 Vgl. *Weiler*, Giftmordwissen, 1998.

schützenden Hintergrund heraus mordet, wenn sie den Kindern Wohlwollen vortäuschend das giftige Gebäck serviert.[33]

Nicht immer ließ die antike Literatur die rachsüchtige oder erbfixierte Frau des Vaters gleich zur Mörderin werden. Doch konnte sie im Alltag auch dann zur Plage werden:

Dass mit einer Stiefmutter nicht zu spaßen war, wenn es ums Geld ging, scheint ein bereits seit republikanischer Zeit etabliertes Statement. So vermittelt Plautus, man könne davon ausgehen, eine Stiefmutter bringe den Kindern ihres Mannes aus erster Ehe einen gewissen Geiz entgegen, wenn es um finanzielle Fragen ginge. Nicht anders zu verstehen ist die Aussage des Kupplers Ballio in Plautus' Komödie *Pseudolus*, der auf Kalidorus' Forderung nach einer Geldleihe erwidert, derlei Anfragen ihm gegenüber seien ebenso vergeblich, als wenn man eine Stiefmutter um Geld bitte.[34] Auch in finanziellen Alltagsangelegenheiten, fernab vom großen Erbe des Mannes/Vaters, glaubte man einen Konflikt zwischen Stiefmüttern und Kindern vermuten zu müssen. Ein gewisses Anliegen, die eventuell klamme Haushaltskasse nicht unbedingt zu Gunsten der Stiefkinder zu belasten, wird einer Stiefmutter nicht abzusprechen sein. Sichtlich deutet das auf einen dominanten Charakter an der Seite des Vaters hin. Eine penible Hausherrin, die die Besitzungen des Ehemannes kontrolliert.

Von derlei Phänomenen des stiefmütterlichen Regiments, der Missgunst und mangelnden Zuwendung[35] gegenüber Stiefkindern weiß auch Horaz zu berichten. Er nennt gleich zwei defizitäre Charaktereigenschaften der römischen Stiefmutter, wenn er sie in Vergleich zu den Nomadenvölkern der Skythen und Geten setzt. Denn bei diesen Völkern nehme die zweite Frau des Vaters gewissenhaft ihre Fürsorgepflichten gegenüber dessen Kindern aus erster Ehe wahr.[36] Doch die römische Stiefmutter, anstatt sie zu umsorgen, beherrsche den Vater der Kinder, wenn sie eine hohe Mitgift habe.[37] Es wird damit eine Einflussnahme der zweiten Ehefrau auf Entscheidungen des Ehemannes gemeint sein, die sich negativ auf die Lebensumstände dessen

33 Iuv. 6,31.

34 Plut., Pseud. 313 f.; Vergil lässt den Hirten Menalcas klagen, als dieser von Damoetas aufgefordert wird, ein Stück Vieh als Wetteinsatz einer gemeinsamen Wette darzubieten: Verg., ecl. 3,32: „*De grege non ausim quicquam deponere tecum: est mihi namque domi pater, est iniusta noverca;*"

35 Auch Properz charakterisiert die Stiefmutter als generell wenig fürsorglich: Als Alcides alias Herakles dürstend vor einem verschlossenen Quellenhain leidet, bittet er um Einlass mit der Begründung, nicht einmal seine Stiefmutter Iuno sei so grausam gewesen, ihn so dürsten zu lassen. Gegen den Strich ein Hinweis auf ansonsten eher wenig fürsorgliche Charakterzüge einer Stiefmutter. (Prop. 4,9,44); an anderer Stelle beschreibt Properz die Locken des Apoll als so schön, dass die sogar die Stiefmutter Hera bewundert habe. (Prop. 2,3,28).

36 Hor., carm. 3,24,17.

37 Hor., carm. 3,24,19.

ersteehelicher Kinder auswirkte. Oder, wie es Properz ausgedrückt hat: So wie ein Eisen immer vom Magneten angezogen werde, missbillige eine Stiefmutter immer die ersteehelichen Kinder des Mannes.[38]

Es muss nicht weiter erwähnt werden, dass das Stereotyp der drangsalierenden bis gefährlichen Stiefmutter ebenso durch die Jahrhunderte hindurch thematisiert und variiert wird, wie schon jenes der phaedraschen Lustgesteuertheit. Noch im zweiten Jh. wird unter der Verfasserschaft des Hyginus Mythographus von den Machenschaften des Thrakerkönigs Phineus berichtet, der auf Drängen seiner zweiten Ehefrau die Kinder aus erster Ehe blendete.[39] Und auch Apuleius begnügt sich nicht mit der Ausschlachtung des Lustmotives, sondern setzt in seinen Metamorphosen, im Rahmen seiner einschlägigen Charakterisierung einer Müllersfrau, der Stiefmutter ein besudeltes Denkmal: Der Müller hatte nämlich eine zweite Frau geheiratet, *„die sehr böse und mit Abstand vor allen anderen ein Schandweib war.* [...] *Diesem Weibsluder fehlte nämlich auch nicht ein Laster, sondern wirklich alle Sünden waren wie in einer Abwässergrube in ihrem Wesen zusammengeflossen: herrisch und närrisch, verhurt und versoffen, stur und starrköpfig, habgierig im schnöden Wegnehmen, hemmungslos im liederlichen Ausgeben, dem Anstand nicht freund, der Sittsamkeit feind.“*[40]

Der Reigen an derartigen bösen Stiefmutterdarstellungen ließe sich für die ersten beiden nachchristlichen Jahrhunderte beliebig fortsetzen.[41] Dass allein das dritte Jahrhundert keine nicht-christlichen Quellen dieser Thematik lie-

---

38 Prop. 4,5,10; Eine Einschätzung, die bei Ovid von Medea bejaht wird: Sie fleht ihren geliebten Jason an, nicht die Tochter König Kreons zu heiraten, denn schließlich müsse Jason doch an ihre gemeinsamen Kinder denken. In einer zweiten Ehe *„geht jenes grausame Weib* [Glauke] *doch auf die Stiefkinder los.“* (Ov., epist. 12,188: *„saeviet in partus dira noverca meos.“*).

39 Hyg., fab. 19.

40 Apul., met. 9,14,2; übersetzt nach *Brandt*, Apuleius, 1998.

41 Der Sage nach liebt Bacchus den Efeu, weil er einst von Nymphen damit bedeckt wurde, um vor der suchenden Stiefmutter Juno geschützt zu sein (Ov., fast. 3,769); Hyginus (Mythographus) ruft erneut das Schicksal des Hippolytos in Erinnerung, als er in seiner *Astronomie* die Wundertaten des Schlangenbezwingers Phorbas mit den Kräften des Asklepios vergleicht. Dieser soll einst sogar den von der Stiefmutter ermordeten Hippolytos von den Toten auferstehen haben lassen. (Hyg., astr. 2,14) Zur ungeklärten Frage, ob es sich bei der Astronomie des Hyginus um ein Werk aus der Zeit des Augustus handelt oder es ins zweite Jahrhundert datiert werden muss, siehe die bei Le *Bœuffle* aufgeführte Forschungsbibliographie (Hygin, L'astronomie, Paris 1983, S.vii); Silius Italicus versäumt nicht, in seiner *Punica* Junos Charakterzüge als Stiefmutter zu erwähnen (Sil. 2,477); Statius beschreibt in seinen *Silvae* den verstorbenen besten Freund (Liebhaber?) seines Patrons Atedius Melior als charakterlich so hochwertig und liebevoll, dass Schlangen ihr Zischen in seiner Gegenwart einstellten und er sogar grauenhafte Stiefmütter für sich einzunehmen wusste (Stat., silv. 2,1,48); die gleiche Motivik wählt Statius auch in Silv. 5,2,18 (*„Tibine illa nefanda pocula letalesque manu compnere sucos evaluit, qui voce potes praevertere morsus serpentum atque omnes vultu placare novercas?“*).

fert, ist wohl der generell schlechteren Quellenlage dieses Krisenzeitraumes geschuldet.

Hingegen genügt obiger Quellenbeleg bereits, generelle Aussagen über das alltägliche Leben der kaiserzeitlichen Patchworkfamilie tätigen zu können, wie sie uns ein prosaischer Blickwinkel näherbringt. Natürlich lastet all diesen Charakterisierungen der aus wissenschaftlicher Sicht störende Makel der Übertreibung an. Es handelt sich um Variationen etablierter Gemeinplätze, komponiert, zu unterhalten oder mahnend den Finger zu erheben und überspitzt auf etwaige Missstände im familiären Bereich hinzuweisen. Keine einzige Quelle thematisiert die gute, fürsorgliche Stiefmutter. Dies schien zu wenig publikumswirksam. Solange also im Rahmen der Untersuchung nicht als Gegenprobe nicht-belletristische Texte herangezogen wurden bzw. ein Blick auf die tatsächliche familienrechtliche Situation dieser Zeit erfolgte, kann über den Wahrheitsgehalt dieses Images wenig ausgesagt werden. Und gerade diesen gilt es ja zu überprüfen, wenn konkrete Informationen über den Alltag in Patchworkfamilien der Zeit des frühen Christentums gewonnen werden sollen. Sind obige Anschuldigungen nur Schall und Rauch und existieren unabhängig von der tatsächlichen Lebenswirklichkeit einer Patchworkfamilie, so sähen sich christliche Zeitgenossen keineswegs genötigt zu einer Kritik an diesen Strukturen bzw. einer Abkehr vom Familienmodell *Patchwork*. Ein Abgleich mit andersartigen Quellenbelegen sowie dem Familienrecht der Kaiserzeit ist also geboten.

Darüber hinaus liefern jene belletristischen Quellenbelege an sich noch einen weiteren Denkansatz, können sie doch neben tatsächlichen Lebensverhältnissen vor allem eine Art gefühlter Lebenswirklichkeit indizieren. Michael Gray-Fow beschreibt das Dasein einer Stiefmutter als ein Leben „*[…] under a general cloud of suspicion and mistrust, a cloud fostered and transmitted from one generation to the next by a literary tradition that saw all stepmothers as inevitably scheming and malicious. In effect, the writers had damned her in advance.*“[42] Eine Bewertung obiger Quellenstellen unter der Prämisse, sie beschrieben nicht so sehr eine reale Situation, als dass sie eine gefühlte schüfen, lässt die Täterin zum Opfer werden. So hätten sich Stiefmütter in einer undankbaren Lebenswelt wiedergefunden, in der die Nachbarschaft unter dem Blickwinkel eines gesellschaftlichen Stigmas jeden ihrer Schritte mit Argwohn beäugte. Ein Rückblick auf Juvenals obige Charakterisierung der tratschenden römischen Weibergesellschaft lässt ein solches Szenario nicht unplausibel erscheinen. Und dass die Imagekomposition *Stiefmutter als Opposition zur fürsorglichen Mutter* auch außerhalb der Belletristik eine fest etablierte Größe im Vokabular und in der gesellschaftlichen Kommunikation und Sichtweise darstellt, zeigt z. B. des Plinius Major

42 *Gray Fow*, Wicked stepmother, 1988, S. 743.

Bewertung des Schattenwurfs eines Baumes: Für eine naturkundliche Beschreibung wählt er die Antithese, ein Schatten wirke für alle Pflanzen entweder als Amme oder als Stiefmutter.[43] Die später im Rahmen dieser Arbeit angeführten juristischen und rechtstheoretischen Quellen zeugen zudem in der Tat ebenso von einem Bild des Argwohns gegenüber einer Stiefmutter. Dort geht ein solcher Nimbus für die betroffene Frau somit eventuell mit realen juristischen Konsequenzen einher, da ein Prozessurteil droht, von Voreingenommenheit eingefärbt zu sein. Nicht zuletzt wird später das Christentum in seinen kanonischen Vorschriften Mittel und Wege finden, eine eigene Art der nun kirchlichen Stigmatisierung zu kreieren, die den Entschluss eines(r) Geschiedenen/Verwitweten zur zweiten Ehe beeinflussen sollte, wohl wissend um den Wirkungsgrad eines solchen Stigmas.

Die Frage, wie sehr ein solches Image einen Schatten warf, der zum einen das eigene alltägliche Lebensgefühl trübte, als auch das Auftreten der Umwelt gegenüber dieser imagebehafteten Person beeinflusste, ist anhand althistorischer Quellen nicht mit Sicherheit zu beantworten. Dies würde eine Art autobiographische Bewertung der eigenen Lebenssituation aus Sicht einer Stiefmutter oder eines anderen Patchworkfamilienmitglieds voraussetzen. Zumindest in satirischer Verzerrung findet sich eine derartige Auseinandersetzung mit dem Phänomen der unheilvollen Wirkung gesellschaftlicher Klischees auf die eigene Lebenswirklichkeit: Lukian schildert im zweiten Jahrhundert das Schicksal eines Medizinstudenten, dessen Stiefmutter unheilbar krank war. Als der Vater ihn auffordert, seine zweite Ehefrau zu heilen, verweigert dieser die Behandlung. Hoffnungslos Erkrankte schicke es sich nicht zu behandeln, begründet er nach Hippokrates und bemüht sich damit, jeglichen falschen Schlussfolgerungen zuvorzukommen, er wolle die Stiefmutter etwa aus einer Antipathie heraus nicht heilen. Im Gegenteil schätze er die Frau seines Vaters als ehrenwerten Charakter. Am Ende helfen alle Beteuerungen nichts, der Sohn wurde aufgrund seiner Weigerung enterbt.[44] Ähn-

43 Plin., nat. 17,91: Plinius meint damit die positiven Auswirkungen eines Schattenwurfes, wenn er anderen Pflanzen durch die Temperaturregulierung eine Standortoptimierung bietet. Im Gegensatz dazu nähme der zu dichte Schatten einer Pinie den darin wachsenden Pflanzen die zum Leben nötige Sonneneinstrahlung. Auch an anderer Stelle wählt Plinius die Stiefmutter als die Inkarnation der mangelnden Fürsorge: In nat. 7,1 beschreibt er den ohne Fell und natürliche Waffen geborenen Menschen als das Produkt einer Solchen. („[…] *non ut sit satis aestimare, parens melior homini an tristior noverca fuerit.*"); Demhingegen zuerkennt Columella der Erde auch dann fürsorgliche Charakterzüge, wenn sie Stiefmutter sei. Zur Aufzucht in künstliche Beete ausgepflanzte Keimlinge sollten im Frühling wieder an ihren Ursprungsort verpflanzt werden, wo sie von Stiefmutter Erde schon sehnsüchtig erwartet würden, um großgezogen zu werden. Mutter Erde, die durch die Auspflanzung ihrer Kinder Stiefmutter geworden war, ist also weiterhin um das Wohlergehen ihrer (Stief-)Kinder bemüht. (Colum. 10,161) Dies ist eine der wenigen positiven Stiefmutterbeschreibungen.

44 Lukian., abdicatus 2,8.

lich problembewusst bilanziert auch Properz, wenn er aus der Perspektive einer verstorbenen Mutter die widrigen Umstände einer nachfolgenden zweiten Ehefrau des Witwers einschätzt und dabei das Verhältnis von Vorurteil und Wahrheit abwägt – eine Einschätzung, die objektiv anmutet: Cornelia, die eben verstorbene Frau des Lepidus, schätzt die Gefühle einer zweiten Ehefrau als misstrauisch ein ob der neuen Situation. Sie müsse sich in der Familie, die einst einer anderen gehörte, erst positionieren und zurechtfinden. Aber keinesfalls habe sie böse Absichten. Deren Fürsorge und Liebe könne gewonnen werden, wenn die Stiefkinder ihren Argwohn ablegten und sie annähmen. Zu diesen ersten Schritten des Aneinandergewöhnens gehöre es, der Frau des Vaters gegenüber niemals die eigene verstorbene Mutter zu sehr zu loben. Die Stiefmutter könne den Vergleich als Beleidigung auffassen.[45]

Zumindest was das Image der emotionalen Missgunst und des gegenseitigen Argwohns betrifft, beschreibt Properz in dieser Elegie einen dunklen Schatten, der auf allen Beteiligten einer neu entstandenen Patchworkfamilie lag. Und Institutionen wie die der Traumdeuter, wie sie mit Artemidor noch Jahrhunderte später am Werke waren – Artemidors Traumbuch wird noch in byzantinischer Zeit ein Klassiker sein[46] –, werden die Umgangsweise mit Stiefmüttern nicht unbedingt erleichtert haben, wenn sie dem Publikum[47] Träume folgendermaßen zu deuten wussten: „*Weder eine tote noch eine lebende Stiefmutter zu sehen, bringt Glück, und wenn sie dem Träumenden böse ist oder zürnt oder Schaden zufügt, steigert sie nur die Leiden. Benimmt sie sich aber anständig, so verursacht sie geringere Übel. Dagegen sagt sie trügerische Hoffnungen an, falls sie sich dem Träumenden in Wort und Tat liebenswürdig zeigt; denn eine Stiefmutter liebt wohl niemals das Stiefkind aufrichtig und von Herzen.*“[48]

Ein Blick auf das Leben in Patchworkfamilien mag unwissenschaftlich erscheinen, insofern er nur die Probleme im Zusammenleben mit der zweiten Frau des Vaters thematisiert. Allein dem muss entgegengehalten werden, dass die Belletristik der ersten drei nachchristlichen Jahrhunderte keine negativ oder positiv behafteten Stiefvaterdarstellungen beinhaltet.[49] Ein einzi-

45 Prop. 4,11,85.

46 Vgl. *Krauss* (Hrsg.), Artemidor, 1965, S. 16.

47 Ebd., S. 11.

48 Artem. 3,26: „Μητρυιὰν ἰδεῖν οὔτε ζῶσαν οὔτε τεθνεῶσαν ἀγαθόν. καὶ εἰ μὲν χαλεπαίνοι ἢ ὀργίζοιτο ἢ βλάπτοι τὸν ὁρῶντα τὸ ὄναρ, ἐπίτεινε τὰ δεινά εἰ δὲ μετρίως προσφέροιτο, ἧττονα ποιεῖ τὰ δεινά. Χαριζομένη δέ τι τῷ ἰδόντι καὶ λόγοις καὶ ἔργοις ψευδεῖς τὰς ἐλπίδας φησὶν εἶναι·οὐ γὰρ ἀπὸ γνώμης οὐδὲ κατὰ προαίρεσιν φιλήσειεν ἄν ποτε μητρυιὰ πρόγονον.“ (Übersetzung nach: *Krauss*, Artemidor, 1965.).

49 In der Schaffenswelt der Dichter erscheint der Stiefvater lediglich wertneutral, ohne bestimmte Charakterisierungen, Ausschmückungen oder Konnotationen. Ovid beschränkt sich auf die Nennung der stiefverwandtschaftlichen Personenkonstellation, wenn er berichtet, der

ges dürftiges Zeugnis für die Art und Weise des Zusammenlebens zwischen Stiefvater und Stiefkindern liefert Apuleius. Gewohnt gewitzt schildert er, Venus sei schier verzweifelt, da ihr Sohn Amor im Hause tue und lasse, was er wolle. Er ärgere, brüskiere und schlage sie sogar und umgarne ihre Feindinnen. Nicht einmal sein Stiefvater Mars könne diesem Verhalten Einhalt gebieten, da ihm Amor schlichtweg keinen Respekt zolle oder ihn als Autorität anerkenne. Im Gegenteil, er pflege ein gutes Verhältnis zu ihm und beschaffe ihm ab und an gewisse Damen.[50] Bei aller Ironie ließe sich aus dieser Anekdote gegen den Strich zumindest vorsichtig herauslesen, dass Stiefväter als Autoritätsperson im Haus normalerweise mehr als nur die Rolle des zweiten Mannes an Mutters Seite wahrnahmen. Inwieweit sich dieses Respektverhältnis jedoch von dem zwischen Sohn und biologischem Vater unterschied, ob Stiefkinder ihrem Stiefvater mit größerem Unbehagen begegneten als sie es einem leiblichen gegenüber täten, ist hier nicht zu bewerten. Venus' Ausspruch *„nec vitricum tuum [...] metuis"*[51] weist insofern nicht auf eine bewusst gewählte Komposition *Stiefvater – Furcht* hin, als dass Venus damit wohl auf die an sich äußerst stattliche Erscheinung des kräftigen und großen, kriegserfahrenen Mars hindeutet, jenen *„fortissimum illum maximumque bellatorem."* Nicht das Stiefvatertum ließ Mars furchteinflößend erscheinen, sondern sein generelles Naturell.

Zudem bietet obige Quellenstelle einen Ansatz zur Klärung versorgungsrechtlicher Fragestellungen in Patchworkfamilien: Venus droht, wenn Amor sein Verhalten nicht ändere, würde sie ihm all die Gerätschaften wie Flügel, Bogen und Pfeile abnehmen, die er in Gebrauch habe. Sie könne darüber verfügen, schließlich habe sie selbst all das Zeug besorgt und es handle sich dabei nicht etwa um *bona paterna* von Amors leiblichem Vater.[52] Wiederum in aller Vorsicht könnte hieraus eine praktizierte Vermögenstrennung zwischen mütterlichen und väterlichen Komponenten herausgelesen werden. Der Unterhalt des Stiefkindes erfolgte somit im Wesentlichen aus den väterlichen Vermögenswerten, ergänzt durch Besitzungen der Mutter. Bezüglich jener Besitzkomponenten, die ein Kind vom leiblichen Vater bekommen hat-

Schmiedegott Vulcanus schenke seinem Stiefsohn Cupido – einem Sohn der Venus – einen Triumphwagen. (Ov., am. 1,2,24); Auch im Hinblick auf Mars konstatiert er lediglich, dass dieser das Schalkhafte, Unbeständige im Wesen von seinem Stiefsohn Cupido übernommen habe. (Ov., am. 2,9,47) An einen positiven stiefväterlichen Charakterzug erinnert Ovid, als er in seinen Metamorphosen ins Gedächtnis ruft, Jupiter habe seiner Stief- und Schwiegertochter Iuventa – einer vaterlosen Tochter der Hera – Manneskraft zum Geschenk gemacht (Ov., met. 9,413).

50 Apul., met. 5,30,1 f..

51 „[...] *und du fürchtest nicht einmal deinen Stiefvater.*"

52 Apul., met. 5,29,5 f..

te, schien eine Mutter allerdings keinerlei Verfügungsgewalt innezuhaben. Dies alles muss auf dem Wege der Betrachtung rechtlicher Fragen später verifiziert werden.

Der Mangel an sonstigen Stiefvaterdarstellungen entspricht insofern der realen Situation auf dem römischen „Familienmarkt", als dass die Mitnahme der eigenen Kinder durch eine verwitwete oder gar geschiedene Ehefrau in eine neue Ehe nicht dem klassischen römischen Rechtsdenken entsprach, wie später noch dargelegt wird. So kennt die römische Gesellschaft nur bedingt die Situation, dass ein Stiefvater mit den Kindern seiner Frau aus erster Ehe zusammenlebte. Dies zeigt auch, dass einerseits für das Theater- oder Rezitationspublikum irrelevante Frage- und Problemstellungen keinen Eingang fanden in die Schaffenswelt der Autoren und dass somit andererseits in der Tat belletristisches Quellenmaterial als Indikator für reale Alltagsstrukturen und -bedingungen herhalten kann. Themen, mit denen sich das Publikum aufgrund seiner Irrelevanz oder mangelnden Plausibilität und Übertragbarkeit auf den eigenen Alltag nicht identifizieren konnte, entbehrten ihrer Attraktivität für den Autor.

b) Von den Fabeln zu den Fakten

Es muss nunmehr darum gehen, obige Erkenntnisse zum Leben in Patchworkfamilien anhand nicht-belletristischer Texte zu verifizieren oder zu verwerfen. Neben der grundsätzlichen Vermutung, der familiäre Alltag sei ab und an von sexuellen Affären zwischen Mutter und Stiefsohn geprägt gewesen und Geldgier hätte zu Streitereien und Verbrechen geführt, konnte ein weiteres Fazit bisher konstatiert werden: Allein das Image der unheilvollen Atmosphäre in Patchworkfamilien könnte wesentlich zur Verschlechterung des gemeinsamen Miteinanders beigetragen haben. Dem sollen im Folgenden Aussagen aus Texten beigefügt werden, deren Grundcharakter weniger vom Ziel der Unterhaltung und skandalbetonten Publikumswirksamkeit mitbestimmt ist; allen voran Rechtslehrbücher. Insofern sich deren Aussagen mit dem Tenor obiger komödiantischer, satirischer und moralischer Werke decken, erhöht dies zum einen die Plausibilität der gewonnenen Erkenntnisse, verleiht aber vor allem auch dem Denkansatz mehr Gewicht, der Nimbus des Unheils habe maßgeblich das Lebensgefühl in Patchworkfamilien verschlechtert. Denn vermitteln Fallsammlungen und Rechtsabhandlungen mehr noch als belletristische Literatur eine gewisse Grundwirklichkeit an (negativen) Vorkommnissen, so sind doch auch jene intakten Patchworkfamilien *mitgehangen mitgefangen*, wenn dort eventuell auftretende Ungereimtheiten zum Spielball übergeordneter Denk- und Interpretationsvorstellungen würden.

Erkenntnisse, wie sie anhand von Prozessreden, Fallsammlungen und weiteren nicht-belletristischen literarischen Texten gewonnen werden können, sollen hier in aller möglichen Kürze dargestellt werden.

Einen beinahe vollständigen Reigen patchworkbezogener Kuriositäten bietet bereits Cicero im ersten vorchristlichen Jahrhundert in seiner Prozessrede *Pro Cluentio*. Er beschäftigt sich darin mit mehreren Schicksalsschlägen des wohlhabenden Cluentius aus Larinum in der heutigen Provinz Molise. Dieser entstammte, wie Cicero recherchierte, aus einem über die Maßen aufs Erbe bedachten Familienclan, der keine Mittel und Wege unversucht ließ, Vermögen zu wahren und zu vergrößern. Die Mühlen, in die Cluentius aufgrund seiner Verwandtschaft geriet, lassen jeden Krimiautor erblassen: Sassia, die Mutter des Angeklagten, führten ihre Geldgier und Lustgesteuertheit in mehrere Ehen. Ihre zweite Ehe schloss sie mit dem Mann der eigenen Tochter. Nach dessen Tod eignete sie sich dessen Vermögen an und suchte sich umgehend einen älteren Herrn namens Oppianicus als dritten Ehemann. Bevor sie diesen heiratete, ließ sie sich aber – so Cicero – die Ermordung Oppianicus' Kinder, also ihrer Stiefkinder in spe, zusichern. Die dann folgende ominöse Vergiftung dieses dritten Ehemannes suchte Sassia sodann ihrem eigenen Sohn Cluentius anzuhängen, weswegen dieser nun vor Gericht stand.[53] Bei all der kriminellen Energie dieser Mutter und Stiefmutter fällt es kaum mehr ins Gewicht, dass im Rahmen des Prozesses zudem ein gescheiterter Giftanschlag des seinerseits kriminellen und der Sassia ergebenen Oppianicus auf seinen Stiefsohn Cluentius thematisiert wurde. Auch ist es beinahe irrelevant, ob Cicero, der die Unschuld seines Klienten Cluentius den Richtern gegenüber glaubhaft verkaufen konnte, mit diesem Prozesssieg die Wahrheit ans Licht gebracht hatte, oder ob nicht tatsächlich Cluentius der Mörder seines Stiefvaters war. Allein die Annahme derartiger Verbrechen und Charakterzüge scheint – eben auf Grund ihrer Plausibilität – als wesentliche Argumentationskomponente eines Indizienprozesses vor Gericht Bestand zu haben. Möchte man den ohne Zweifel inhaltlich überspannten, ausführlichen Ausführungen Ciceros Glauben schenken, so war das ganze Prozessgeschehen und dessen Vorlauf mit großem Interesse und Entrüstung von der Bevölkerung wahrgenommen worden. Die öffentliche Meinung habe mit größter Empörung reagiert. Der lasterhaften Sassia sei auf ihrer Reise von Lerinum nach Rom in keiner Stadt Aufenthalt gewährt worden. Orte, die sie angesteuert habe, glaubte man entsühnen zu müssen, dass nicht der Frevel dieser Mutter die gemeinsame Mutter Erde schände.[54]

Diese Schilderungen als lediglich schlichte Übertreibung ohne Wahrheitsgehalt abzutun, täte Cicero Unrecht. Zwar wird die Bevölkerung Roms oder gar die italische Bevölkerung das Prozessgeschehen nicht derart intensiv ver-

53 Cic., Cluent. 188.

54 Cic., Cluent. 193.

folgt haben, wie Cicero hier glauben machen will, doch könnte von einer gewissen Publikumswirksamkeit ausgegangen werden, die wiederum durch öffentliche Meinungsbildung subtil auch auf das Ansehen vielleicht harmloser Stiefmütter rückwirkte. Dies zuletzt deshalb, insofern das Gerichtsverfahren um Cluentius und Sassia nicht nur für sich allein, sondern als stellvertretend für eine Mehrzahl an Patchworkprozessen im römischen Gerichtsalltag zu betrachten ist. Dabei muss es nicht immer gleich um Mord gegangen sein. Im Rahmen des Prozesses gegen Cluentius versäumt es Cicero nicht, auch die schmutzige Wäsche dessen Stiefvaters Oppianicus zu waschen. Dessen Strafregister beinhaltet mehrere Testamentsfälschungen im Familienkreis. Darüber hinaus soll er seine einflussreiche Position genutzt haben, in Testamenten begünstigte Personen aus dem Wege zu schaffen, so z.B. durch deren Verkauf in die Sklaverei.[55]

Insbesondere werden es Testamentsanfechtungen gewesen sein, die einen Großteil der Streitereien in Patchworkfamilien ausgemacht haben. So bemühten sich übergangene oder benachteiligte Familienmitglieder darum, ein Testament als ungültig erklären zu lassen, wenn sie die vage Ahnung hatten, die Stiefmutter hätte den Vater dazu gedrängt, das Testament zu ihren Ungunsten abzuändern. „*Ein Testament pflichtwidrig nennen heißt vortragen, weshalb man nicht enterbt oder übergangen werden durfte. Das geschieht meistens, wenn Eltern, durch einen falschen Verdacht gereizt, ihre Kinder enterben oder übergehen,*“[56] weiß der Jurist des mittleren zweiten Jahrhunderts, Ulpius Marcellus, in seinen Digesten zu konstatieren. Dabei gelte es nachzuweisen, „*man sei ohne Schuld und daher unverdient übergangen oder durch Enterbung ausgeschlossen worden.*“[57]

Ohne weiter auf die Umstände einer solchen Klagemöglichkeit einzugehen – ein Versäumnis, welches später nachzuholen ist – muss klar festgestellt werden, dass Patchworkfamilien, abseits vom groß angelegten Giftmord, einen Hort der kriminellen Energie darstellen konnten. Nicht durch Beseitigung eines Familienmitglieds, als vielmehr durch dessen Misskreditierung beim Erblasser, wurden ursprüngliche Vererbungsabsichten verworfen und Testamente abgeändert. Die Möglichkeit einer solchen Beeinflussung des letzten Willens des Sterbenden schuf Raum für Intriganz, Umgarnung und Benachteiligung. Dass die *querela inofficiosi testamenti* eine zweischneidige Rechtsangelegenheit gewesen sein wird, versteht sich von selbst: Dem von Argwohn und Missgunst geprägten Klima einer Patchworkfamilie folgte

55 Cic., Cluent 125.

56 Dig. 5.2.3: „*Inofficiosum testamentum dicere hoc est allegare, quare exheredari vel praeteriri non debuerit: quod plerumque accidit, cum falso parentes instimulati liberos suos vel exheredant vel praetereunt.*“ (Übersetzung nach Behrends, Corpus II, 1995.).

57 Dig. 5.2.5: „*huius autem verbi ‚de inofficioso‘ vis illa ut dixi est docere immerentem se et ideo indigne praeteritum vel etiam exheredatione summotum.*“

nach dem Tod eines Familienmitglieds mit dieser Klagemöglichkeit das Waschen der schmutzigen Wäsche. Denn im Endeffekt galt es, vor dem Richterkollegium charakterliche Defizite des jeweils anderen Familienmitglieds – des Halbgeschwisters, der Stiefmutter oder des Stiefsohnes – glaubhaft nachzuweisen, um damit die Berechtigung oder eben den Irrtum der Enterbung durch den Erblasser zu begründen. Eine Beeinträchtigung des Lebensgefühls durch finanzielle Streitereien und Prozessierungen dürfte zumindest für vermögendere Patchworkfamilien festzuhalten sein. Rückblickend auf die Situation im mosaisch ausgerichteten Judentum soll daran erinnert werden, dass eben genau jene emotionalen Untiefen für dortige Verhältnisse als zunächst nicht existent vermutet wurden, da strikte Erbregeln und das Fehlen testamentarischer Kompetenzen dem Einhalt geboten. Erst durch die Aufwertung der ehemannschen Position im Erbrecht nach der Frau bzw. der Ausweitung dessen Schenkungs- und Vererbungkompetenzen bezüglich eigener Besitzungen werden auch vermehrt Benachteiligung und Benachteiligtfühlen Einzug gehalten haben in Patchworkfamilien.

Für die römische Gesellschaft stellt Ulpian fest, dass „*Klagen wegen pflichtwidrigen Testaments häufig*“[58] waren.

In seinem Brief an einen gewissen Romanus berichtet Plinius der Jüngere von einem derartigen Klagevorgang. Gewohnt selbstherrlich schildert er, wie er mit seinem glanzvollen Plädoyer Attia Viriola, eine hochgeborene Prätorianersgattin, vor der Enterbung durch ihren achtzigjährigen Vater bewahrte. Dieser hatte in seinem hohen Alter eine junge Frau geheiratet und nicht einmal elf Tage später die Enterbung seiner erstehelichen Kinder vorgenommen.[59] Attias neue Stiefmutter muss also ihre weiblichen Überredungskünste gekonnt eingesetzt haben. Plinius' Brief ist nicht nur ein Beleg für obig vermutete Enterbungsszenarien in Patchworkfamilien, sondern deutet auch die Art und Weise der Beweisführung und das schon bei Cicero vorgekommene Phänomen der gesellschaftlichen Partizipation an. Die Tatsache, dass Plinius' Mandantin nur in zwei von vier Gerichtskammern Recht bekam – was

58 Dig. 5.2.1: „*ciendum est frequentes esse inofficiosi querellas.*“

59 Die Vergleichbarkeit mit Vorkommnissen der heutigen Promiwelt ist verblüffend. Man denke nur an das Model Anna Nicole Smith, die 1994 als 26-Jährige den 89-jährigen Milliardär Howard Marshall heiratete, welcher ein Jahr später verstarb. Die Erbstreitereien mit dessen Sohn aus erster Ehe zogen sich bis zu Smiths Tod. (Zum gesamten Repertoire an ungeklärten Todesfällen und nicht endenden Erbstreitereien siehe: http://www.sueddeutsche.de/geld/die-grossen-erbfaelle-geld-macht-hass-liebe-und-milliarden-dollar-1.1001717; zuletzt aufgerufen am 20.09.2010); Auch das Erbe des Fernsehentertainers Rudi Carell sorgte für Ärger. Seine Kinder aus erster Ehe hatten Mühe, die dritte Ehefrau des Vaters, die er im Alter von 66 Jahren geheiratet hatte, aus dem ererbten Familienanwesen zu klagen. Die junge Frau, die bei der Heirat erst dreißig Jahre alt war, wollte dort wohnen bleiben, bis sie sich neu orientiert hatte. (http://www.focus.de/panorama/boulevard/rudi-carrell_aid_118846.html; zuletzt aufgerufen am 20.09.2010).

allerdings für den siegreichen Ausgang des Prozesses genügte – zeugt von der Indizien- und Argumentationslastigkeit einer solchen Klage. Weniger als um die Anführung konkreter Beweise muss es vielmehr darum gegangen sein, den Charakter der enterbten Klägerin als besonders erbwürdig und jenen der Begünstigen als erbunwürdig bzw. intrigant darzustellen. Eindeutige Beweise hätten wohl alle vier Gerichtskammern überzeugt, so hingegen konnte Plinius seine Thesen nur bei zwei von vier Kammern glaubhaft darbringen. Dass der Anwalt Attias Bruder, eines gewissen Suburbanus,[60] in der gleichen Rechtsangelegenheit wohl weniger Verkaufstalent besaß und seinen Klienten nicht vor der Enterbung bewahren und als erbwürdiger als die Stiefmutter charakterisieren konnte, verdeutlicht den Wert der gekonnten Argumentationsführung in einer solchen Testamentsanfechtung. Plinius selbst findet es bemerkenswert, wie unterschiedlich die Bewertung dieser Rechtsangelegenheit vor Gericht ausgefallen war, die sich doch auf ein und dieselbe Sache bezogen und *„vor denselben Richtern, denselben Anwälten, zur gleichen Zeit“*[61] stattgefunden habe.

Vergleichbar mit Ciceros Darstellung des öffentlichen Interesses am Prozessgeschehen um Sassia und Cluentius versäumt auch Plinius nicht zu erwähnen, die Gespanntheit der römischen Gesellschaft auf den Ausgang des Prozesses und seine Ausführungen habe den Gerichtssaal fast zum Überquellen gebracht. Nicht nur waren die Tribünen bis zum Obergeschoss gesteckt voll, die Sitzplätze reichten zudem bei Weitem nicht aus und viele Interessenten mussten sich mit Stehplätzen begnügen.[62] Ähnlich wie bei Cicero wird man auch bei Plinius einen Großteil der Dramatik als dessen Übertreibung geschuldet sehen müssen,[63] wohingegen sein Ausspruch *„magna expectatio patrum, magna filiarum, magna etiam novercarum“*[64] keiner Plausibilität entbehrt. Für eine Gesellschaft, die aufgrund relativ laxer Scheidungsgesetze und auf Wiederverheiratung hin ausgerichteter Familienvorstellungen ein beträchtliches Vorkommen an patchworkartigen Strukturen aufgewiesen haben wird, muss ein solcher Prozess über eine *querela inofficiosi testamenti* einen hohen Identifikationswert gehabt haben. Es werden nicht wenige im Publikum gewesen sein, die allein aus persönlicher Hinsicht ge-

---

60 Die Person des Suburbanus bereitet der Forschung Schwierigkeiten in Bezug auf ihre Einordnung in den historischen Kontext. Einige Ansätze hierzu finden sich bei *Syme*, People in Pliny, 1968, S. 138 f..

61 Plin., epist. 6,33,5: *„Notabilis prorsus et mira eadem in causa, isdem iudicibus, isdem advocatis, eodem tempore tanta diversitas.“*

62 Plin., epist. 6,33,3.

63 Es ist aber zu bemerken, dass Plinius auch auf die Seltenheit des Tatbestandes hinweist, welche ihren Beitrag zur großen Publikumswirksamkeit des Prozesses beigetragen haben wird. Schließlich kam es nicht alle Tage vor, dass ein Achtzigjähriger noch einmal heiratete.

64 Plin., epist. 6,33,4: *„Große Erwartung bei Vätern und Töchtern und auch bei den Stiefmüttern.“*

spannt das endgültige Urteil erwarteten, da sie sich selbst in einer ähnlichen Situation sahen oder in Zukunft zu sehen fürchteten. Und für alle übrigen, sensationshungrigen Zuhörer werden derlei Prozesse und die darin zur Sprache gekommenen Charakterdefizite von Stiefmutter und Stiefkindern nicht wenig Anlass für Gerede gegeben haben. Gerade das Prinzip der öffentlichen Partizipation einer Gerichtsverhandlung und die emotional-rhetorische Ausrichtung von Anklage und Verteidigung[65] werden verantwortlich dafür gezeichnet haben, dass der Ruf des Stiefverwandten – allen voran der Stiefmutter – Schaden nahm und betroffene Personen stigmatisiert wurden.

Möchte man einen Überblick über jene im rechtlichen oder rhetorischen Kontext abgehandelten Patchworkthematiken gewinnen, so lohnt ein Blick in Fallsammlungen wie die des Seneca Rhetor. Dessen *controversiae* stützen sich zum großen Teil auf aus der Erinnerung niedergeschriebene Passagen aus Streitreden bekannter Redner seiner Zeit, wie sie vor Gericht gehalten wurden. Allerdings muss warnend angemerkt werden, dass der sozialwissenschaftliche Nachteil solcher als Rhetoriklehrbuch zusammengestellten *controversiae* im mangelnden realpolitischen oder realgesellschaftlichen Hintergrund besteht, da mit dem Niedergang der Republik auch jene Hochform des politischen Redens Schaden nahm. Im Gegenteil spielten sie mitunter mit den Topoi der Komödie oder der mythischen Welt. *„Kein Wunder, dass bei solchen Themen der Bezug zur Wirklichkeit römischen Lebens oft verloren ging und mancher Redner, der sonst nur im Hörsaal sprach, vor Gericht versagte.“*[66] So sind Sentenzen, wie die der fingierten Drohung eines Vaters an seinen Sohn *„Si novercam haberes, iam abdicatus esses“*[67] nur mit Vorsicht zu interpretieren. Richtig ist aber auch, dass einige Kontroversen wiederum Rechtsfälle behandeln, die deutlich mit dem kontemporär geltenden Recht korrelierten.[68] Man wird also gut daran tun, die im Folgenden herausgearbeiteten Fallbeispiele patchworkbedingter Streitereien im Einzelfall auf ihre Plausibilität hin zu überprüfen, um zu verifizieren, dass jene Kontroversen tatsächlich die abgründigen Lebensumstände einer spätrepublikanischen/kaiserzeitlichen Patchworkfamilie beschreiben. Diese Überprüfung wird ein nachstehendes Kapitel zur Rechtssituation leisten.

Hingegen ungeprüft wird man Senecas *controversia* 2,4 als wirklichkeitsnah anerkennen. Die Rahmenhandlung dieses fingierten Rechtsfalles thematisiert finanziell begründeten Neid und Eifersucht, die ein Sohn erster Ehe an den Tag legte, als ihm der Vater einen Halbbruder ins Haus geholt hatte.

---

65 Vgl. *Vickers*, Mächtige Worte, 2008, S. 88 f..

66 *Schönberger*, Sentenzen, 2004, S. 10.

67 Sen., contr. 2,6,3: *„Wenn du eine Stiefmutter hättest, wärest du schon längst verstoßen worden.“*

68 Vgl. *Schönberger*, Sentenzen, 2004, S. 9 f..

Zwar handelte es sich bei diesem Halbbruder um ein adoptiertes Kind des Vaters, doch spielt dies rein rechtlich keine Rolle, denn das adoptierte Kind war ebenso ein Miterbe des Sohnes aus erster Ehe, wie es ein aus zweiter Ehe geborener Sohn/Halbbruder gewesen wäre. Und ebenso identisch scheinen jene Komplikationen zu sein, die sich zwischen den Halbgeschwistern ergaben. Denn natürlich war das familiäre Miteinander vom Bewusstsein des ersterhelichen Sohnes geprägt, dass jener Knabe nun sein direkter Konkurrent ums väterliche Erbe sei.[69] Doch damit nicht genug, jammert der Sohn zudem, sein Vater würde das neue Familienmitglied mit üppigen Geschenken ausstatten, deren Wert dessen eigentlichen Erbanteil sogar überstieg.[70] Kein Wunder also, dass der Sohn rechtlich alles daran setzte, die vom Vater vorgenommene Adoption des Kindes als irregulär und nichtig anzufechten.

In einer anderen *controversia* thematisiert Seneca ein stiefmütterliches Phänomen, das im Rahmen dieser Arbeit bisher noch nicht zur Sprache gekommen ist. Zwar fällt die Rahmenhandlung – eine verquere Piratengeschichte[71] – in oben erwähnte Komödientopik, doch dürften die darin vorkommenden Stiefmuttercharakterisierungen durchaus als lebensnah angesehen werden. So war ein Sohn vom Vater des versuchten Vatermordes beschuldigt worden und sollte nun durch die Hand seines Bruders den Tod finden. Dieser aber brachte den Mord nicht über sich und setzte den Bruder anstatt dessen in einem manövrierunfähigen Boot auf offener See aus.[72] In ihrer Debatte, wie das weigernde Verhalten dieses zweiten Sohnes bewertet werden solle, decken die Juristen auf, die – falsche – Anschuldigung des versuchten Vatermordes sei von der zweiten Frau des Vaters ausgegangen, die dann auf die am Stiefsohn zu vollziehende Todesstrafe insistiert habe.[73]

Während die Einschätzung, der versuchte Vatermord sei lediglich ein Gerücht der übelwollenden Stiefmutter gewesen, durchaus als ernstzunehmend und von der Realität inspiriert angesehen werden kann, so schießt folgende Vermutung wohl über das Ziel hinaus und entstammt dem Reigen dramatischer Stilmittel: Varius Geminus nämlich urteilt, die Frau des Vaters habe

---

69 Dass der ersteheliche Sohn diesen Argwohn abstreitet, versteht sich von selbst. Schließlich möchte er eine möglichst objektive Begründung abliefern, warum die Adoption des Knaben durch seinen Vater rechtsungültig und nur auf die Unzurechnungsfähigkeit des alten Mannes zurückzuführen sei. (Sen., contr. 2,4,5).

70 Sen., contr. 2,4,5.

71 Ein zum Tode verurteilter Sohn überlebt und wird Piratenanführer. Als er später seinen Vater gefangen nimmt, der ihn einst zum Tode verurteilt hatte, lässt er diesen frei und beweist damit, dass die ursprüngliche Anschuldigung des versuchten Vatermordes nur eine Lüge der Stiefmutter gewesen ist.

72 Sen., contr. 7,1,1–4.

73 Die Argumentation der Juristen lautet hier, der Vater hätte aus dem Wunsch heraus, den Sohn zu verschonen, dessen Bruder mit dem Mord beauftragt. Denn er wusste um dessen Milde und konnte sich so der Verschonung sicher sein. (Sen., contr. 7,1,22).

von Beginn an ein komplettes Drama geplant: Denn sie drängte den Ehemann darauf, dass er den Bruder des Beschuldigten zum Scharfrichter mache, und habe so ihren Hass auf die Stiefsöhne gleichermaßen verteilt: „*aliter alium adgressa est: alteri parricidium obicit, alteri mandat.*“[74]

Die Anschuldigung des *Parricidium* ist auch Gegenstand von *controversia* 7,5. Allerdings bleibt es hier nicht beim unterstellten Versuch, sondern ist das Verbrechen bereits ein Tatbestand. Doch wer ist der Mörder? Die Stiefmutter und ihr Liebhaber beschuldigen den Stiefsohn – schließlich hätte der Vater diesen vor kurzem aus dem Haus geworfen, nachdem ihm die ständigen Streitereien zwischen dem Sohn und der Stiefmutter auf den Geist gegangen waren. Der Vatermord stelle quasi die Rache für den Rausschmiss dar. Die Indizien sprächen also eine eindeutige Sprache. Der Sohn sieht das natürlich ganz anders: Hatte nicht die Stiefmutter eine Affäre mit dem gutaussehenden Hausverwalter? Sie oder er wird den Ehemann umgebracht haben, um ihrer Liebe eine Chance zu geben.

Unverkennbar haben hier neben der Vatermordbeschuldigung die drei gängigen Topoi des Dramas und der Satire Einzug in juristische Debatten gefunden: Streitereien zwischen Stiefmutter und Stiefkindern, Vereinnahmung des Vaters durch die Stiefmutter gegen dessen Kinder sowie Untreue und Lustgesteuertheit der Frau des Vaters. Dass es sich dabei natürlich lediglich um fingierte Personen- und Tatbestandskonstellationen handelt, anhand denen Roms angehende Rhetoriker und Juristen Gedankenstruktur und Argumentationsvermögen in der Aufklärung eines Mordfalles schulen sollen, täuscht aber nicht darüber hinweg, dass oben genannte Topoi in die Kreation eines Übungsfalles einbezogen wurden, eben weil sie plausibel waren und dem Pool an Eventualitäten des realen Lebens entnommen waren. Dies alles insbesondere, sieht man jene Patchworkbeschreibungen eben nicht als Tatsachen, sondern als juristische Denkmodelle, Vermutungen und Ahnungen. Nicht die sensationsschwangere Rahmenhandlung an sich, sondern jene beinahe in Nebensätzen auffindbaren subtilen Konnotationen bilden Sichtweisen ab, die sich in den Köpfen manifestiert haben.

Ein guter Vater sei der Tote gewesen, konstatiert sein Sohn. Denn bei all seinem Wunsch nach einer zweiten Frau habe er niemals gewollt, dass der Sohn eine Stiefmutter bekomme.[75] Derlei komponierte Aussagen sind kein plumpes Eindreschen auf die böse Stiefmutter mit dem Klischeehammer,[76]

---

74 Sen., contr. 7,1,23: „*Sie hat den Einen und den Anderen angegriffen: Den Einen hat sie des Vatermordes bezichtigt, den Anderen mit dem Mord beauftragt.*“

75 Sen., contr. 7,5,2: „*Habui patrem tam bonum, ut, cum uxorem habere vellet, tamen me novercam habere noluerit.*“

76 Mit Topik geizt die Kontroverse dennoch nicht: So z. B. das Argument des Sohnes, er könne gar nicht der Mörder sein, denn der Mörder habe dem Vater eine tiefe Wunde ins Herz gestochen. Wenn der Sohn zu einer solchen Verletzungsart im Stande wäre, hätte er sie der

sondern zeichnen doch vielmehr das reflektierte Bild, der Vater hätte im Glücksfall durchaus an eine gute zweite Ehefrau geraten können. Nicht alle zweiten Ehefrauen sind schlecht, aber wenn sie unter den widrigen Umständen einer Patchworkfamilie Schlechtes tun, nennt man sie Stiefmutter.[77] Auch das nebenbei erwähnte Argument des Juristen Vibius Gallus, die zweite Frau des Vaters habe in jedem Falle Ehebruch begangen, das hätten doch schon die Spatzen von den Dächern gepfiffen,[78] zeugt von einer durch das Umfeld der Stiefmutter determinierten Welt als Wille und Vorstellung. Mag also die Rahmenhandlung dieser *controversia* durchaus irreal sein, so entspricht die stillschweigend mitschwingende Deutung der Patchworkfamilie als Interpretationsplattform der Gesellschaft durchaus der Wirklichkeit.

Es muss nicht verwundern, dass *last but not least* auch der Giftmord an den Stiefkindern Eingang in jene durch Seneca überlieferten Juristendebatten gefunden hat. Auch hier ist das Verhältnis zwischen Faktum und Vermutung eines Verbrechens im gesellschaftlichen Denken abzulesen. Das Fallbeispiel der *controversia* 9,5 thematisiert die Entführung eines Enkels durch dessen Großvater aus dem Hause des Schwiegersohnes und der Stiefmutter. Bereits zwei Enkelkinder waren dort unter ungeklärten Umständen verstorben. Nun soll die Strafwürdigkeit des Großvaters beurteilt werden.[79]

Die einzelnen Ansätze zur Verteidigung des großväterlichen Handelns, wie sie von den Juristenschülern hier gewählt werden, repräsentieren im Endeffekt verschiedene Beurteilungen ein und desselben Tatbestandes, der den Großvater zur Entführung seines Enkelkindes motiviert hatte. Man könnte diesen Interpretationsansatz mit dem bekannten persönlichkeitsdiagnostischen *Rorschach-Verfahren* vergleichen, im Rahmen dessen die Persönlichkeit von Probanden anhand deren Deutung von Klecksbildern bewertet wird. Im Unterschied zu diesem Verfahren spiegeln die einzelnen Verteidigungsstrategien von Senecas Juristen jedoch nicht deren eigene, persönliche Deutungen wider. Vielmehr reflektieren sie jene Bewertungen des Tatherganges, mit denen die Juristen glaubten, vor Gericht Erfolg haben zu können; Bewertungen, die zur gesellschaftlichen Vorstellungswelt dieser Zeit gehören.

Stiefmutter, nicht dem Vater zugefügt. (Sen., contr. 7,5,4) Auch die Argumentation seiner Verteidiger folgt einer ähnlichen Linie: Niemand töte seinen Vater und verschone die Stiefmutter. Das sei doch eine vollkommen unzeitgemäße Einschätzung (7,5,3; 7,5,5).

77 Diese Unterscheidung im Denken und Terminieren findet sich auch in Senecas Kontroverse 9,6 wieder. Der Jurist Triarius führt an, von einer zweiten Frau des Vaters, die ihren Stiefsohn vergiftet hatte, müsse man ab dem Moment ihrer Verurteilung nicht mehr unter der Bezeichnung *Mutter*, sondern von einer *Stiefmutter* sprechen. (9,6,17).

78 Sen., contr. 7,5,3.

79 Sen., contr. 9,5.

Das Klecksbild zeigt lediglich den Tatbestand des ungeklärten Todesfalls zweier Kinder im Hause einer Patchworkfamilie. Doch die Deutungen dieses Bildes – war es Giftmord oder nicht? – fallen bei den Juristen unterschiedlich aus. Fulvius Sparsus geht in seiner Verteidigungsrede in die Offensive und stellt echauffiert fest, manch einer erkenne im Tode der Kinder fälschlicherweise weniger die Untat der Stiefmutter als eine schicksalhafte Begebenheit. Doch den Knaben zurück ins Elternhaus bringen, hieße, ihn seinem Scharfrichter vorführen.[80] Ein anderer Jurist hingegen beschuldigt den Großvater des Rufmordes. Mit der Entführung wolle dieser den Eindruck vermitteln, bei seinem Schwiegersohn und dessen zweiter Frau handle es sich um Giftmörder, denen man keine Kinder lassen dürfe. Auf diese Weise suche der Großvater das Sorgerecht für sein noch lebendes Enkelkind zu erklagen.[81]

Diese zwei verschiedenen, fingierten Deutungsmuster ein und desselben Tatbestandes, welche den Eltern die ganze Bandbreite an möglichen Profilen zuerkennen – von der Opferrolle bis hin zur Täterrolle – zeigen die Variabilität an Sichtweisen auf Geschehnisse in Patchworkfamilien und verdeutlichen ein weiteres Mal das Phänomen des durch die Öffentlichkeit determinierten oder zumindest geprägten Lebensgefühls beteiligter Familienmitglieder.[82] Sieht man diese Determinierung als Ergänzung zu den ohnehin schon widrigen und tatsächlichen innerfamiliären Umständen der Streiterei und des Konkurrenzdenkens, so kann das Dasein in einer Zweitfamilie der ersten nachchristlichen Jahrhunderte eine belastende Angelegenheit gewesen sein. So absurd die eine oder andere Rahmengeschichte auch anmuten mag, das Konzept der Schulung juristischen Denkens und rhetorischer Argumentation durch die Bearbeitung fiktiver Kriminalfälle gibt einen Hinweis auf bestehende Denkmuster und vermeintlich gerichtlich verwertbare Einschätzungen.

---

80 Sen., contr. 9,5,4; Ein noch drastischeres Bild von der Situation vermittelt Argentarius: Er rät fiktiv dem Großvater, vor Gericht darzustellen, sein Enkel habe ihn angefleht, ihn aus dem Hause zu befreien, da er sonst sterben müsse (9,5,12).

81 Sen., contr. 9,5,8.

82 Die Variabilität interpretatorischer Auseinandersetzungen mit Verbrechen innerhalb einer Patchworkfamilie ließe sich ebenso an *controversia* 9,6 ablesen. Hier wird eine Stiefmutter trotz fehlender Beweislage wegen Giftmordes an ihrem Stiefsohn verurteilt. Allerdings vertreten einige Juristen die Meinung, die Stiefmutter habe eine Komplizin gehabt, nicht zuletzt weil diese selbst unter Folter ihre eigene Tochter, die Halbschwester des Getöteten, der Mittäterschaft bezichtigte. Ähnlich wie in *controversia* 9,5 werden verschiedene mögliche Tathergänge durchdiskutiert. Zwar könne man die Schuld der Stiefmutter nicht beweisen, doch schließlich seien derartige, von Stiefmüttern verübte Verbrechen ja nichts Ungewöhnliches. (Sen., contr. 9,6,19) Vertreter der Ansicht, die Tochter sei die Komplizin der Mutter gewesen, stützen sich auf ein plausibles Motiv: *„Die Stiefmutter habe dem Stiefsohn deshalb das Gift gegeben, damit ihre Tochter Alleinerbin sei. Ihre Tochter sei Anlaß und Komplizin des Giftmordes gewesen."* (Sen., contr. 9,6,15).

Dies nicht zuletzt deshalb, da an den späteren, von Quintilian[83] gesammelten *declamationes* ein vergleichbar negatives Bild stiefmütterlichen Handelns ablesbar sein wird wie schon bei Seneca. Wohl gemerkt bezieht sich diese Einschätzung nicht auf jene unsinnigen Fallstellungen an sich, die Quintilian selbst wohl zurecht als Dinge bezeichnet, die eher selten Eingang in die reale Prozesswelt fänden,[84] sondern vielmehr auf die damit verbundenen konnotationsbehafteten Beweisführungen der Anwaltsanwärter und Rhetoriker. Es wäre müßig, all jene schrecklichen Verbrechen,[85] Listen[86] und Liebeleien[87] einer Stiefmutter nun aus „Quintilians Sicht" wiederzukauen. Der zu Beginn dieses Kapitels bemühte Slogan von *sex and crime* mag hier genügen. Erwähnenswerter ist in diesem Zusammenhang vielmehr Quintilians Einschätzung juristischer Schlussfolgerungen, wie er sie in Deklamationen oft anträfe: „*Von glaubhaften Vorgängen gibt es drei Arten: erstens der stärkste Grad der Glaubhaftigkeit, weil etwas fast immer gilt, z. B. dass die Kinder von ihren Eltern geliebt werden; zweitens das, was gewissermaßen stärker hinneigt zur Gewissheit, z. B. dass jemand, der heute bei guter Gesundheit ist, den morgigen Tag erleben werde; drittens das, was lediglich ohne Widerspruch gilt, z. B. dass ein Diebstahl im Haus von jemandem verübt worden sei, der im Haus war.*"[88] Wenn Quintilian kurz darauf die Fragestellung „*Ist Giftmord bei einer Stiefmutter* [...] *glaubhaft?*"[89] in seine Glaubwürdigkeitsskala einordnet, wird er konstatieren, es gehöre dies zu den Dingen, die „*nur meistens, nicht immer*"[90] gelten. Dass die Frau des Vaters für den ungeklärten Tod eines Stiefkindes verantwortlich zeichne, sei also nach Quintilian eine ebenso an Sicherheit grenzende Wahrscheinlichkeit, wie dass Eltern ihre Kinder lieben.

---

83 Auf die ungeklärte Autorschaft der *Declamationes maiores* und *Declamationes minores* kann im Rahmen dieser Arbeit nicht eingegangen werden. Auch sind Überlegungen über die tatsächliche Autorschaft für den Aussagewert der Quellen in diesem Zusammenhang nicht von Belang.

84 Quint., inst. 2,10,8.

85 (Gift-)Mord am Stiefsohn mit erbschleicherischer Absicht nachgewiesen in: Quint., decl.min. 246; Decl.min. 350; Decl.min 381 (Stiefmutter mordet gemeinsam mit ihrer leiblichen Tochter); Quint., decl.mai. 1; Decl.mai. 2.

86 Listiges Handeln der Stiefmutter mit erbschleicherischer Absicht nachgewiesen in: Quint., decl.min. 338.

87 Affäre zwischen Stiefsohn und -mutter nachgewiesen in: Quint., inst. 4,2,97.

88 Quint., inst. 5,10,16: „*Credibilium autem genera sunt tria: unum firmissimum, quia fere accidit, ut ›liberos a parentibus amari‹, alterum velut propensius, ‚eum, qui recte valeat, in crastinum perventurum', tertium tantum non repugnans, ‚in domo furtum factum ab eo, qui domui fuit'.*"

89 Quint., inst. 5,10,19: „*‚an credibile sit a filio patrem occisum, incestum cum filia commissum', et contra ‚veneficium in noverca, adulterium in luxurioso'.*"

90 Quint., inst. 5,10,19: „*plerumque tamen, non semper*".

Vor dem Hintergrund derartiger Einschätzungen, wohl gemerkt aus der Feder eines Kritikers lebensfremder Schulreden, erscheint der Sachverhalt von *declamatio* 327 zumindest nicht unrealistisch: Die zweite Frau eines Mannes, der schon drei Söhne aus erster Ehe hatte, sterilisierte sich mit einem Gifttrank selbst. Sie fürchtete, wenn sie dem Mann eigene Kinder gebäre, würde all ihr Handeln von der Gesellschaft als stiefmütterliche Benachteiligung der Stiefkinder und mütterliche Vorteilsnahme für die eigenen ausgelegt werden.

Es konnte nachgewiesen werden, dass die literarischen Stiefmutter-Topoi des Liebesverhältnisses, des (Gift-)Mordes und der listgetränkten finanziellen Benachteiligung der Stiefkinder – sei es zu Gunsten der eigenen Person oder der eigenen Kinder – durchaus Komponenten des realen Prozesslebens und des juristischen Denkens der römischen Gesellschaft repräsentieren. Überspitzte Plädoyers (Cicero) oder realitätsbezogene, natürlich großspurige Prozessberichte (Plinius Major) einerseits sowie anhand von Übungsreden ablesbare rhetorische und juristische Argumentationsstrukturen und Denkmuster andererseits zeugen von einer Etablierung des Negativen und des Argwohns im vermuteten und tatsächlichen Alltag einer Patchworkfamilie.

2. Die klassisch-rechtliche Situation der Patchworkfamilie als Ausgangspunkt spätantiker Korrekturen

In einem letzten Schritt soll nun die Frage aufgeworfen werden, inwieweit die Rechtssituation der ersten drei nachchristlichen Jahrhunderte Negativvorkommnissen in Patchworkfamilien Raum gewährte. Es kann unerwähnt bleiben, dass hierbei keinerlei Aspekte zum römisch-rechtlichen Umgang mit Verbrechen thematisiert werden, die den Rahmen des Legalen ganz offensichtlich überschritten, wie z.B. ein Giftmord. Denn dass das römische Recht die Ermordung eines Erbkonkurrenten in absolut keiner Weise legitimierte, versteht sich von selbst. Auch muss die Liaison zwischen Stiefmutter und Stiefsohn nicht weiter unter rechtlichen Gesichtspunkten betrachtet werden, insofern sie zu Lebzeiten des Vaters/Ehemannes stattfand: Ein Ehebruch der Frau war strafbar, auch wenn der Liebhaber kein Fremder, sondern der eigene Sohn des Betrogenen war.[91] Die Ahndung des Verbrechens konnte unter Umständen gar die Tötung der Liebenden miteinbeziehen.[92]

---

91 Nach der *lex Julia de adulteriis* machte sich ein Ehemann, der vom Ehebruch seiner Frau wusste und diese dennoch behielt, der Kupplerei schuldig. (Dig. 48.5.2.2); siehe genauere Angaben zur Ahndung auch in Dig. 48.5.24 (23)f..

92 Allerdings will im Falle des hauseigenen Ehebruches die Tötung des eigenen Sohnes gelernt sein: Der Jurist Marcianus berichtet, Hadrian habe einst einen Vater auf eine Insel ver-

Im Großen und Ganzen entsprechen die zu untersuchenden Punkte jenem Katalog an Fragen, wie er bereits dem Kapitel über die jüdische Rechtslage des ersten nachchristlichen Jahrhunderts zugrunde gelegt wurde. Sie zielen damit auf die Darstellung einer etwaigen juristischen Bezugnahme auf speziell patchworkbedingte Vermögenstransfers. Gewährleistete das klassische römische Recht, vergleichbar mit der ursprünglich-jüdischen Situation, eine Verhaftung mütterlicher oder väterlicher Vermögenswerte an die Kinder der entsprechenden Ehe? Oder liefen Halbwaisen tatsächlich Gefahr, der verwitwete Vater könnte die Mitgift der verstorbenen Mutter seiner zweiten Ehefrau schenken oder den Kindern dieser zweiten Ehe vermachen? Welche Rechte und Kompetenzen, aber auch Pflichten hatten erneut Heiratende gegenüber den eigenen Kindern und jenen des Partners? Wer war Erbkonkurrent in der Patchworkfamilie?

Die Beschäftigung mit der moralischen Bewertung zweiter Ehen durch das frühe und spätantike Christentum, wie sie im Anschluss daran aufgezeigt werden soll, gewinnt durch die vormalige Einbettung von *Familie* in den römisch-rechtlichen Raum weitere Plausibilität.

a) Mütterliche Vermögenswerte und die finanzrechtliche Mutter-Kind-Bindung in Patchworkfamilien

Zunächst sollen in einem ersten Teilkapitel die Verfügungsgewalt und das Besitzrecht an Vermögenskomponenten angesprochen werden, die sich ehemals über die Mutter/Ehegattin definierten, bevor die Ehe auseinanderbrach und der verwitwete oder geschiedene Ehemann erneut heiratete. Dies betrifft insbesondere die Mitgift und andere voreheliche Besitzungen der verstorbenen/geschiedenen Mutter sowie deren Erwerbungen aus der Zeit der Eheführung. Wem standen diese Vermögenswerte nach dem Tod der Mutter zu? Gab es eine Institution, die unemanzipierten Kindern die Besitzungen der Mutter bis zur Emanzipation sicherte, oder konnte der Vater – vielleicht unter Einfluss seiner neuen Ehefrau – darüber schalten und walten, wie es ihm beliebte?

Es versteht sich von selbst, dass sich die dem Mann zustehenden Anteile am Vermögen der Frau je nach Art der Eheauflösung und nach der Anzahl der aus der Ehe entsprungenen Kinder unterschieden. Eine unbegründete Scheidung durch den Ehemann hatte dessen Verlust der ehefrauschen Mitgift zur Folge und muss demnach im Rahmen dieses Kapitels nicht behan-

---

bannt, weil dieser seinen Sohn für dessen Ehebruch mit der Stiefmutter mit dem Tode bestrafte. Zwar sei die Tötung an sich rechtens gewesen, doch habe der Vater den Sohn im Rahmen einer Jagd beseitigt, was Hadrian zu dem Schluss kommen ließ, der Vater hätte eher aus Grausamkeit als aus väterlicher Affektion gehandelt. (Dig. 48.9.5).

delt werden.[93] Hatte hingegen die Ehe auf Initiation der Gattin oder deren Gewalthaber unbegründet ein Ende gefunden oder bot die Gattin ihrem Ehemann gar ein rechtlich verwertbares Argument zur Eheauflösung, fielen dem Geschiedenen/Scheidenden sehr wohl Vermögensanteile aus der *dos* der Frau zu. 1/6 der Mitgift konnte er pro gemeinsamen Kind einbehalten, wenn die Frau oder deren Gewalthaber die „Scheidung eingereicht" hatten, insgesamt aber nicht mehr als die Hälfte der Mitgift.[94] Interessant ist die deutlich ausgedrückte Korrelation zwischen der Anzahl der Kinder und der Höhe des Anteils – *singulorum liberorum nomine sextae retinentur ex dote* – die eine Verhaftung der Vermögenskomponente an das jeweilige Kind vermuten lässt. Der konkrete Verwendungszweck einbehaltener Mitgiftsanteile als für die Versorgung der Kinder vorgesehene Komponente geht auch aus Ciceros *Topica* hervor. Hier wird angemerkt, dass jene Anteile, die im Schuldfall der Frau vom Mann *pro liberis*,[95] also „für die Kinder", einbehalten hätten werden dürfen, bei der Frau verblieben, wenn der Mann die Scheidung verschuldet hatte. Die Stelle zeigt aber auch, dass das Sorgerecht – entgegen des Anspruches auf die Mitgift – nicht an die Schuldfrage gekoppelt war. Der schuldige Ehemann büßte zwar die *dos* ein, hielt aber weiterhin das Sorgerecht über die Kinder.

Zu all dem berechtigte ein ehefrauscher schwerer oder leichter Verstoß gegen die guten Sitten den Gatten zur Scheidung und brachte ihm, neben obigen Kindesanteilen, ein zusätzliches Sechstel bzw. Achtel der Mitgift ein.[96] Ähnlich wie für die jüdische Gesellschaft des ersten nachchristlichen Jahrhunderts dargelegt, lassen sich in diesem Zusammenhang auch für die römischen Bürger Betrügereien und Hinterlistigkeiten zur Einbehaltung der Mitgift vermuten. So findet sich in den Quaestiones des Juristen Scaevola aus dem späten zweiten Jahrhundert die in die Digesten übernommene Anmerkung, ein Ehemann könne selbstverständlich keinen Mitgiftsanteil einbehalten, wenn er den Ehebruch der Frau inszeniert oder sie gar zur Prostitution gezwungen habe.[97] Auch hatte ein Gatte keine Chance auf Einbehaltung der Mitgift, wenn seine ehebrecherische Frau bereits vor der Hochzeit ein über

---

93 Vgl. *Söllner*, Vorgeschichte, 1969, S. 114.

94 Ulp. (reg.) 6,10; zur Textgeschichte bzw. der Fortwirkung der *Ulpiani regulae* siehe: Mercogliano, Tituli, 1997, S. 13 ff.; *Avenarius*, Liber, 2005, S. 15 ff..

95 Cic., top. 4,19; in 4,20 kommt der Zusammenhang zwischen Mitgift und Kindesunterhalt noch deutlicher zum Ausdruck: Da die Kinder, die aus einer unrechtmäßigen Ehe entstammen, im „Scheidungsfalle" der Frau zustehen, darf der Ehemann nichts von der Mitgift einbehalten.

96 Ulp. (reg.) 6,12; Fehlt es an Konkretisierungen für die Bedeutung eines leichten Sittenverstoßes, sieht das römische Recht einen schweren Sittenverstoß klar durch den Tatbestand des Ehebruchs erfüllt.

97 Dig. 24,3,47.

die Maßen lustvolles Leben führte, er also deren untreuen Charakter vermuten hätte müssen.[98]

Gerichtlich anerkannte leichte Sittenverstöße, die dem Gatten 1/8 der Mitgift sichern konnten, sind nur unkonkret rekonstruierbar: Plinius Major erwähnt beiläufig, dass Wein einst ein so kostbares Getränk gewesen sei, dass Gnaeus Domitius Ahenobarbus als Konsul 194 v.Chr. festsetzte, dessen übermäßiger Genuss durch eine Frau dürfe mit dem Verlust der Mitgift bestraft werden, wenn er ohne Wissen des Ehemannes vonstatten gegangen sei.[99] Abgesehen von diesem konkreten Straftatbestand ist die Forschung gezwungen, mit dem schwammigen Begriff des leichten Verstoßes gegen die guten Sitten Vorlieb zu nehmen. Weder Berger in seinem erstmals 1953 veröffentlichten *Encyclopedic dictionary of Roman law* noch Saller,[100] Honsell,[101] Söllner,[102] Gardner[103] oder Avenarius[104] streben in ihrer Beschäftigung mit dem römischen Scheidungs- und Dotalrecht eine Konkretisierung der *mores leviores* an. Es bleibt zu vermuten, dass dieser Mangel letztendlich gar die Rechtssituation der klassischen Zeit treffend beschreibt, insofern sich die römische Gesellschaft selbst mit dem undefinierten Begriff des sittlichen Verstoßes zufrieden geben musste. Martin Avenarius verweist somit folgerichtig auf Justinians Abschaffung der meisten der ehemannschen Retentions-Rechte, eben weil diese Institution zu Missbrauch und Intriganz der Männer geführt habe, die sich die Mitgift ihrer Frauen durch fälschliche Anklagen erschleichen wollten.[105]

Festzuhalten bleibt, dass die *dos* oder Teile davon nur unter bestimmten Umständen in den Besitz des Ehemannes einging und die Höhe des Betrages – abgesehen vom Sechstel oder Achtel *propter mores* – in Abhängigkeit zur Kinderanzahl stand.

Einfacher gestaltete sich die Rechtsangelegenheit bei Vorversterben der Frau vor ihrem Mann, da in diesem Falle die Mitgift in der Regel dem Wit-

98 So berichtet Plutarch von einer solchen Begebenheit: Einer gewissen Fannia wurde ihre Mitgift gerichtlich zugesprochen, obwohl sie einen unmoralischen Lebenswandel hatte und der Ehemann sie des Ehebruchs bezichtigte: Es stellte sich während des Prozesses heraus, dass der Ehemann bereits von Fannias lüsterner Lebensart wusste, bevor er sie heiratete. Er konnte also nicht vor dem Hintergrund plötzlich eingetretener Liederlichkeiten – so wie er es darstellte – die Mitgift der Frau einbehalten. (Plut. Mar. 38); Valerius Maximus wird später gar davon ausgehen, der Ehemann habe bewusst eine verdorbene Ehefrau gewählt, um später leichter an ihre Mitgift kommen zu können. (Val. Max. 8,2,3).

99 Plin. nat. 14,90.

100 Roman Dowry and the Devolution of Property in the Principate, 1984.

101 Römisches Recht, 2010.

102 Zur Vorgeschichte und Funktion der actio rei uxoriae, 1969.

103 Women in Roman law and society, 1991.

104 Der pseudo-ulpianische liber singularis regularum, 2005.

105 Vgl. *Avenarius*, Liber, 2005, S. 255; Cod.iust. 5.13.5.

wer anheimfiel. Sollte die Ehefrau zum Zeitpunkt ihres Todes hingegen noch in der *potestas* ihres Gewalthabers gestanden haben, so stand diesem – in der Regel dem Vater der Verstorbenen – die *dos* abzüglich 1/5 für jedes Kind / jeden Enkel zu,[106] das der Witwer einbehielt.[107] Die im Rahmen dieser Arbeit noch zu tätigenden demographischen Aussagen zur römischen Gesellschaft geben Aufschluss über den Grad der Wahrscheinlichkeit gemeinsamer Lebensabschnitte zwischen Enkel und mütterlichem Großvater.

Es bleibt die Frage, inwieweit das römische Recht dafür garantierte, dass jene Vermögenswerte den Kindern der Mutter erhalten blieben, wenn der Vater erneut heiratete, und welche Art der Besitzausübung der Vater bezüglich der ehefrauschen Mitgift innehatte.

Wer in vorklassischen oder klassischen römischen Rechtsbestimmungen Hinweise auf Mitgiftsverhaftungen, Stipulationen oder hypothekarische Absicherungen mütterlicher Vermögenswerte sucht, wird selten fündig werden. Bestimmungen, wie sie für das jüdische Rechtsdenken herausgearbeitet werden konnten und die eine über Verwitwung, Scheidung und Wiederverheiratung hinausgehende Trennung von Haushaltstöpfen und Eigentumskompetenzen vermuten ließen, hielt das klassisch-römische Recht wenig bereit.

Zwar definierte sich die Höhe der vom Mann einbehaltenen *dos* nach der Anzahl der zu versorgenden Kinder und geschah diese Einbehaltung explizit *singulorum liberorum nomine* und *propter liberos*,[108] doch ließ das römische Rechtsdenken dieser theoretischen Korrelation keine konkreten Bestimmungen für den Alltag folgen. Und da die Mitgift nicht etwa vom Vater nur fideikommissarisch unter usufructuarischen Rechten verwaltet werden musste, sondern tatsächlich *apud maritum remanet*,[109] lag die Art der Verteilung und Aufbewahrung dieser mütterlichen/ehefrauschen Hinterlassenschaften in seinem Ermessen. Dies mag unter der Prämisse, der Witwer oder Geschiedene bleibe unverheiratet, den erstehelichen Kindern keine oder wenige Gefahren erwachsen haben lassen, wird doch der Vater später in der Regel seine Besitzungen den Kindern vererbt haben. Kam es jedoch zur erneuten Heirat des Vaters und gingen aus der neuen Ehe gar weitere Kinder hervor, mussten jene der ersten Ehe wohl um die Besitzungen der Mutter bangen. Andersherum sahen die Kinder der zweiten Ehe eventuell ihre Halbgeschwister von der Mitgift der eigenen Mutter profitieren, da der Vater berechtigt war, das von der Ehefrau mit in die Ehe Gebrachte für eheliche Ausgaben aufzu-

106 Anders als im Scheidungsfalle kann der Witwer die komplette *dos* erwerben. Dies in dem Fall, wenn er fünf oder mehr Kinder mit der Verstorbenen hatte. Dieses Prinzip erfüllt insofern eine gewisse Logik, da die Verstorbene, anders als im Scheidungsfalle, keiner Versorgung im Alter mehr bedarf.

107 Ulp. (reg.) 6,4.

108 Ulp. (reg.) 6,10.

109 Ulp. (reg.) 6,4.

wenden. Im durchschnittlichen Patchworkalltag wird es hier zu einer Vermögensvermischung mit all ihren potentiellen Ungerechtigkeiten gekommen sein. Denn dass die *dos* vom Ehemann und Familienvater nicht immer tadellos zum Zwecke der Unterhaltsleistungen für die entsprechende Frau genutzt wurde, lässt nicht zuletzt ein von Ulpian formuliertes Gesetz vermuten: Es gesteht dem Vormund oder den Verwandten einer unterversorgten oder gar kranken Frau zu, vor Gericht die Versorgung durch den Ehemann einzuklagen, auf dass er *„nihil praetermittere eorum, quae maritum uxori adferre decet secundum dotis quantitatem.“*[110] Das Versäumnis einer Vermögenstrennung eigentlich mitgiftsdefinierter Besitzkomponenten legte einen Schatten nicht nur auf das Zusammenleben während des Bestehens der Patchworkfamilie – da vor allem ersteheliche Kinder Habseligkeiten der Mutter in Benutzung halb- oder stiefverwandter Familienmitglieder sahen – sondern musste sich auch negativ auf den mit ungewissen Gefühlen erwarteten, späteren Erbvorgang auswirken. War es jener rechtliche Mangel an Vermögenssicherheit, der in der Belletristik das Bild der vaterumgarnenden, gehässigen und geldgierigen Stiefmutter mitprägte? Die Frage nach dem Zusammenleben und der gegenseitigen Einschätzung von halb- und stiefverwandten Familienmitgliedern innerhalb einer Patchworkfamilie muss nicht nur vor dem Hintergrund des *dos*-Verbleibes, sondern auch im Hinblick auf weitere *bona materna* der erstehelichen Mutter gestellt werden. Der Aspekt anderweitiger ehedefinierter Zuwendungen zwischen Ehefrau und Ehemann, wie sie z.B. Eheschenkungen darstellten, ist hierbei jedoch insofern vernachlässigbar, als dass derlei Vermögenstransfers nur in kleinen Beträgen und vor dem Hintergrund akuter Notwendigkeiten im Haushalt zulässig waren.[111] Eine vonstatten gegangene Bereicherung des Ehemannes durch Geschenke seiner Frau, die dann in der zweiten Ehe zum Zankapfel zwischen erst- und zweitehelichen Familienmitgliedern hätte werden können, war also aus rein rechtlicher Hinsicht nicht zu befürchten. Gerade die Verhinderung zu großer Vermögenstransfers zwischen der Familie der Frau und der des Mannes mit der Konsequenz der Bereicherung der einen Seite bei Verarmung der anderen nennt die Gesetzgebung als einen Grund des Eheschenkungsverbots.[112]

Bleibt die Frage nach anderweitigen Vermögenswerten der Frau, die in der zweiten Ehe des Mannes im Fokus von Streitereien stehen könnten. Da-

---

110 Dig. 24.3.22.8: *„nichts von all den Dingen versäumen solle, die es sich schicke, dass sie ein Mann entsprechend der Höhe der Mitgift seiner Frau entgegenbringe.“*

111 So behandelt Dig. 24.1.21 den Fall, ein Ehemann sei für die Reisekosten seiner Frau aufgekommen. Dies sei laut Gesetz eine zulässige Schenkung, insofern die Reise der Frau auch zu Gunsten des Ehemannes angetreten wurde, z.B. um ihn zu besuchen. Dig. 24.1.7.1 dreht sich um die Zulässigkeit eines ehemannschen Geldgeschenkes, von dem sich die Frau ein Parfum kaufen könne.

112 Dig. 24.1.3.

bei ist zunächst daran zu erinnern, dass ehefrausche Eigentümer, anders als die *dos*, in *manus*-freien Ehen nicht ohne Weiteres in den Vermögensbereich des Ehegatten gelangen konnten, da die Frau mit der Eheschließung nicht in die *potestas* des Ehemannes wechselte. *„Somit hat der Mann, wenn die Frau gewaltfrei ist, an ihrem Vermögen und, wenn sie unter ‚patria potestas' steht, an dem vom Hausvater ihr gewährten ‚peculium' keine Rechte."*[113] Ein Transfer der *bona materna* an Mitglieder der Mannesfamilie war somit nur per Vererbung möglich, insofern die theoretische Möglichkeit einer rechtswidrigen und eigennützigen Vermögensverwaltung durch einen von der Frau freiwillig zur Verwaltung beauftragten Ehemann außer Acht gelassen wird.[114]

Entsprechend der Frage nach Vermögenskomponenten als potentiellem Unruheherd in Patchworkfamilien muss der Fokus hinsichtlich vererbter *bona materna* auf jene Anteile gelegt werden, welche die verstorbene Mutter ihren Kindern angedeihen lassen wollte. Hinsichtlich des designierten Kindervermögens muss die Möglichkeit der missbräuchlichen Verwaltung durch den Kindsvater angesprochen werden.

Fragen nach einer (un-)sicheren Möglichkeit direkter, intestarischer Vererbungen zwischen Mutter und Kind, wie sie die *SC Orfitianum* und *Tertullianum* darboten, sollen aufgrund ihrer prognostizierten Weiterentwicklung erst im spätantiken Teil dieser Arbeit erörtert werden.[115]

Hier darf hingegen geklärt werden, welche Möglichkeiten eine Mutter besaß, gewaltunterworfenen Kindern auf testamentarischem Wege Vermögenswerte zukommen zu lassen, ohne dass der Kindsvater auf die Verwendung des Erbes Einfluss nehmen konnte. Denn generell war die Erbfähigkeit gewaltunterworfener Kinder dahingehend eingeschränkt, dass sie die Erb-

---

113 *Kaser*, Privatrecht I, 1971, S. 329.

114 Der Sonderfall, ein als Verwalter eingesetzter Ehemann bereichere sich an dem Vermögen seiner ersten Gattin und verschwende diese Besitzkomponenten dann in seiner zweiten Ehe zu Ungunsten seiner ersteehelichen Kinder, würde in seiner Ausführung den Rahmen dieser Arbeit sprengen. Schließlich nahm ein Ehemann als Verwalter ehefrauscher Vermögenswerte die gleiche Position ein, als ob ihm das Vermögen eines Fremden anvertraut worden wäre. (vgl. *Kaser*, Privatrecht I, 1971, S. 329.). Ein obiges Szenario durchzuexerzieren hieße also, auf Befugnisse, aber auch Haftungsrisiken eines Prokurators bzw. den Rechtsschutz des Auftraggebers hinzuweisen. Zu Veräußerungen ohne explizites Mandat war ein Prokurator ohnehin nicht befugt. (Dig. 3.3.63) Auch von ihm eigenmächtig getätigte Vermögensgeschäfte waren ungültig (Dig. 20.6.7.1). Letzteres jedoch nur, insofern damit nicht Gläubigerschulden beglichen wurden (Dig. 46.3.87). Darüber hinaus bezieht sich diese Sonderthematik lediglich auf jene Ehefrauen, die – von der *tutela mulieris* befreit – freiwillig das Vermögen dem Ehegatten zur Verwaltung anvertrauten. Frauen, die nicht vollends von der Redlichkeit ihres Mannes überzeugt waren, dürften, wenn überhaupt, einen externen Verwalter ihres Vertrauens beauftragt haben.

115 Siehe das Kapitel VII.2: *Vererben und Verwalten in spätantiken Patchworkfamilien.*

schaft ihrem Gewalthaber – in der Regel also ihrem Vater – erwarben.[116] So drohte das mütterliche Vermögen in einer Patchworkfamilie unsittlich verwendet zu werden, wenn der wiederverheiratete Vater den Umgarnungen seiner zweiten Ehefrau erlag.[117]

Zur Umgehung einer väterlichen Aneignung von *bona*, die eine Mutter ihrem gewaltunterworfenen Kind vererben wollte, blieb ihr nur die Möglichkeit einer stipulierten Vererbung. Zu Knüpfen war das Inkrafttreten des letzten mütterlichen Willens an die Bedingung der Freilassung des bedachten Kindes. Von den Risiken und Nebenwirkungen eines solchen Unterfangens zeugt ein Auszug aus den *Quaestiones* des Sextus Caecilius Africanus, überliefert in den Digesten. So wird die Rechtsproblematik geschildert, jemand wollte einen *filius familias* testamentarisch bedenken, aber unter der Bedingung, *„ne ad patrem eius ex ea hereditate quicquam perveniret."*[118] So schlug der begünstigte Sohn vor, dass der Erblasser *„sub condicione ‚si a patre emancipatus esset' heredem eum institueret."*[119] Ein dem Erblasser unbekannter Freund des Sohnes sollte als Übergangserbe bis zur Emanzipation herhalten. Africanus beurteilt derartige Abmachungen als riskant, da der Sohn im Zweifelsfalle keine rechtliche Handhabe gegen seinen als Erben eingesetzten Freund habe, wenn dieser sich weigere, das Erbe später auszuzahlen.[120] Anders verhalte es sich hingegen, wenn der Testator selbst derart eine Abmachung mit dem Erbenfreund getroffen habe, die dessen rein fideikommissarische Erbeinsetzung[121] nachweise. Dies sei aber nur zwischen dem begünstigten Sohn und dem Erben quasi auf Vertrauensbasis geschehen. Das

---

116 Paul. sent. 5.2.2; Gai. 2.87.

117 Die Entwicklung der Testierfähigkeit einer Mutter muss im Rahmen dieser Arbeit nicht ausführlich wiedergegeben werden. Als *terminus ante quem* dient hier Ciceros Topica (44. v. Chr. nach *Bayer*, Topica, 1993, S. 89.), wo er von Testamentserrichtungen durch Frauen berichtet. (Cic., top. 4,18) Gaius, der von einer bereits etablierten testamentarischen Vererbungskompetenz weiß, schildert, gewaltfreien Frauen würde das Testieren dann zugestanden, wenn sie eine so genannte *„testamenti faciendi gratia fiduciaria* [...] *coemptio"* geschlossen hätten. (Gai. 1.115) Dabei handelte es sich um eine treuhänderische Kaufehe, die lediglich zum Zwecke der Testamentserrichtung aufrechterhalten und sodann wieder gelöst wurde. (*Fayer*, La familia romana, 2005, S. 262; *Avenarius*, Liber, 2005, S. 394; *Volterra*, BIDR 48, 1941, S. 82 ff..) Gaius bezeugt darüber hinaus, unter Hadrian sei dieses komplizierte Unterfangen abgeschafft und Frauen im Status des *sui iuris*, die das zwölfte Lebensjahr vollendet hatten, Testierfreiheit unter Zustimmung des Tutors zugestanden worden. (Gai. 2.112; siehe auch Ulp. (reg.) 20.15).

118 Dig. 28.5.47 (46): *„dass nicht irgendetwas aus dieser Erbschaft dessen Vater zufiele."*

119 „[...] *ihn unter der Bedingung als Erbe einsetze, wenn er vom Vater emanzipiert sein würde"*.

120 *„Respondit, etiamsi manifestum sit scriptum heredem fidem suam interposuisse, non tamen aliter ab eo fideicommissum peti posse* [...]."

121 Zum komplexen Sachverhalt des Fideikommiss siehe insbesondere: *Voci*, Diritto II, 1963, S. 344 ff. sowie das nach wie vor prägende Werk von *Amelotti* (Testamento I, Firenze

hier angeführte Beispiel nennt gutgläubige Erbeinsetzungen in Vertrauensverhältnissen, die aufgrund versäumter, rechtlicher Absicherung nicht vor „Missbrauch“ gefeit waren; Vertrauensverhältnisse, wie sie vergleichbar auch für die Situation in Scheidungs- oder Patchworkfamilien angenommen werden können. Eine in gutem Glauben geschlossene Vereinbarung zwischen testierender Mutter und *pater familias*, die zwar auf die spätere Begünstigung des noch gewaltunterworfenen Kindes zielt, aber eben nicht rechtlich manifestiert wurde, muss ebensolchen Risiken ausgesetzt gewesen sein. Wollte eine Mutter sichergehen – und dies wird insbesondere im Falle einer Zweitehe des Mannes gegolten haben – musste sie den (Ex-)Ehemann unter Bemühung einer rechtlich einwandfreien Emanzipationsstipulation als Erben einsetzen.[122] Schien dadurch der letztendliche Vermögenstransfer zwischen Mutter und Kind gewährleistet zu sein, so zeugen Passagen aus den Digesten von Fragen nach den Verwaltungskompetenzen des Vaters und deren Grenzen, mit denen sich römische Gerichte auseinanderzusetzen hatten.[123]

Auch mit der Weitergabe des Vermögens an sich konnte es mitunter zu Problemen zwischen dem fideikommissarisch eingesetzten Familienoberhaupt und seinen emanzipierten Kindern kommen, wie ein Reskript des Severus Alexander zeigt. Anscheinend weigerte sich der ein oder andere Vater, die Stipulationsbedingungen auch tatsächlich zu erfüllen, weshalb der Kaiser ihn in diesem Falle unter Strafandrohung[124] zu Emanzipation und Vermögenstransfer drängen konnte.[125] Der Schutz des erbenden Kindes vor der starken Position des Vaters geht zudem bereits im Laufe der klassischen Zeit über obige Maßnahmen hinaus. So erachtet es Severus Alexander als not-

---

1966), welches auf die Umsetzung rechtstheoretischer Testamentsbestimmungen in der römischen Praxis eingeht und dabei auch Mechanismen in der Provinz erläutert.

122 Eine entsprechende Stipulation ist natürlich auch für andere bedachte Verwandte zulässig. So schildert Ulpian einen entsprechenden Fall für den Vermögenstransfer zwischen Großmutter und Enkel. Hier wurde der Vater – der Sohn der erblassenden Großmutter – unter der Bedingung der Emanzipation seiner Kinder als deren Miterbe eingesetzt. (Dig. 35.1.92); ähnlich wird es auch in Dig. 25.1.93 berichtet: Eine Mutter ernennt ihren Sohn und dessen Töchter zu gemeinsamen Erben. Der Sohn solle die Töchter emanzipieren, damit diese unter einem prätorisch bestellten Kurator ihr Erbe antreten können.

123 So weiß Scaevola von einem Fall zu berichten, in dem der Vater aus den Früchten des verwalteten Sohnesvermögens, die ihm selbst zustanden, Aufwendungen zu Gunsten des Sohnes getätigt hatte, allerdings ohne dessen Wissen. Als er im Rahmen der späteren Emanzipation seinem Sohn das Vermögen transferierte, davon aber den Betrag der von ihm getätigten Ausgaben einbehielt, wollte der Sohn auch diesen Rest noch einklagen. Das Gericht schlug sich aber auf die Seite des Vaters. (Dig. 5.3.58).

124 Dig. 30.114.8 verneint, dass ein Vater zur Emanzipation gezwungen werden konnte. Es weist lediglich auf die finanzielle Ahndung der väterlichen Weigerung hin. Die *potestas* eines Vaters sei *„inaestimabilis“* also *„unberechenbar“* im Sinne von „nicht mit Geld zu bestechen“.

125 Dig. 35.1.92.

wendig, den Vater eines Kindes, das im Rahmen seiner Emanzipation die Mutter testamentarisch beerbt hatte, von der anschließenden Amtsübernahme der *cura* auszuschließen.[126] Dies geschehe, damit nicht „*alia via id fiat quod testatrix fieri noluit. Et ita constitutum est a divo Severo.*“[127] Von den unlauteren Absichten eines Vaters, der seinen Sohn stipulationsbedingt emanzipiert hatte, schreibt bereits Plinius der Jüngere: Regulus hatte seinem Sohn durch die vonstatten gegangene Emanzipation zum beträchtlichen Erbe dessen Mutter verholfen. Danach bemühte er sich, die Gunst des Sohnes zu erhaschen, schließlich schwamm dieser ja jetzt im Reichtum.[128]

Aus jenen Bestimmungen wird das große Risiko väterlicher Unterschlagung mütterlichen Eigentums ersichtlich. Diese Risikofaktoren müssen über die „normale“ Familie hinaus insbesondere für schwierige oder zerrüttete Familienverhältnisse gegolten haben, wie sie in Scheidungs- und Patchworkfamilien anzunehmen sind. Kaiserliche Bestimmungen wie Androhung finanzieller Strafen oder eben das Verbot der *cura*-Übernahme bemühen sich, Missbräuchen vorzubeugen. Missbräuchen, von denen durchaus denkbar ist, dass – wie die belletristischen Quellen lehren – die zweite Frau des Vaters als Drahtzieherin entscheidend mitgewirkt hatte. „*Hostility and distrust between husband and wife increased the need for careful manipulation of legal instruments,*“[129] konstatiert Richard Saller ganz richtig. Die Emanzipationsstipulation bezeichnet er als „*the extreme case of the way in which separation of husband's and wife's property in Roman families could operate to undermine the monopoly of ‚potestas‘ granted to the ‚paterfamilias‘ in law.*“[130] Und Gesetzestexte der klassischen Zeit zeugen deutlich von mitunter bösen Absichten und Listenreichtum eines solchen *paterfamilias*, der auch im Falle einer Emanzipationsstipulation die Lücke im Gesetz zu finden hoffte. So zum Beispiel im Falle eines gewissen Brasidas, dem seine verstoßene Frau das Mandat gegeben hatte, die gemeinsamen Kinder mit dem mütterlichen Erbe auszustatten, wenn sie durch seinen Tod emanzipiert würden. Brasidas aber emanzipierte seine Söhne einfach zu Lebzeiten und steckte sich das Vermögen in die eigene Tasche. Schließlich galt die Abmachung ja nur für seinen Todesfall. Damit kam er aber nicht durch. Kaiser Marcus Aurelius bestimmte, er müsse das Vermögen an seine Söhne transferieren. Denn hätte Brasidas' verstorbene Frau nur im Traum damit gerechnet, er würde seine Kinder zu Lebzeiten emanzipieren, hätte sie diesen Fall in die Stipulation miteinbezogen.[131]

126 Dig. 26.5.21.1.

127 Dig. 26.5.21.1: „*auf einem anderen Wege genau das geschehe, was die Testiererin habe verhindern wollen.*“

128 Plin., epist. 4,2.

129 *Saller*, Patriarchy, 1994, S. 175.

130 Ebd., S. 176.

131 Dig. 36.1.23 (24).

Ein Blick auf die Patchworklandschaft – insbesondere unter Abzug der oben erwähnten severinischen Reskripten zur Kompetenzeneindämmung eines Vaters – lässt ein potentiell in Schatten gehülltes Bild des Miteinanders zwischen Vater und Kindern sowieso zwischen Stiefmutter und Stiefkindern erahnen.

Immerhin gab es für eine sterbende Mutter, welche die Risiken und Gefahren einer Amtsübernahme des Fideikommiss durch den Kindsvater bereits erahnte, die Möglichkeit, einen Vertrauten ihrer Wahl außerhalb der Mannesfamilie testamentarisch als Verwalter unter fideikommissarischer Auflage zu betrauen. Die Wahl des Zwischenerben fiel nicht selten auf einen Verwandten der testierenden Mutter selbst, war die Suche doch geprägt von Angst vor Vermögensverlusten und dem Wunsch nach einer vertrauenswürdigen Person. Allerdings konnten in gutem Glauben abgeschlossene Stipulations-Verträge mit Verwandten auch nach hinten losgehen, dann nämlich, wenn sie den Zwischenerben zu große Macht einräumten: Nach Scaevola hatte eine Frau ihren Vater als Zwischenerben eingesetzt. Letztendlich Bedachter sollte später einmal ihr Sohn sein. Der Vertrag zwischen der Frau und ihrem Vater trug allerdings die Klausel, er müsse niemandem gegenüber Sicherheiten bieten oder eine Kaution hinterlegen.[132] Dies wohl nicht zuletzt deshalb, um ihn z. B. vor Anklagen des Ehemannes zu bewahren. Dass die Frau nicht ohnehin ihren Ehemann als Zwischenerben einsetzte, könnte einiges über dessen lichtscheuen Charakter aussagen. Wie das Schicksal so spielt, verschwendete der großväterliche Zwischenerbe sein eigenes Vermögen, worauf der Vater des begünstigten Sohnes um die dem Großvater anvertrauten Vermögenswerte fürchtete. Eine rechtliche Handhabe gegen seinen Schwiegervater hatte er jedoch nicht – die Mutter hatte ja jegliche Sicherheitsforderungen untersagt.[133] Lediglich die Mitgift der Ehefrau konnte der Vater des begünstigten Sohnes einklagen, seinen Zugriff auf jegliche andere mütterliche Vermögenswerte hatte die Ehefrau zu verweigern gewusst.

Die hier genannten Beispiele zeigen das schwierige Verhältnis zwischen Ver- bzw. Misstrauen in römischen (Problem-)Familien und dem Wunsch, dem eigenen Nachwuchs sein Erbe zu hinterlassen. Selbst im Falle bestimmter fideikommissarischer Abmachungen hatte eine verstorbene oder verstoßene Mutter keine Garantie und vor allem wenig Kontrolle, dass ihr (letzter) Wille tatsächlich in Erfüllung ging.

Das vorliegende Kapitel beschäftigte sich mit der zu erwartenden konfliktschwangeren Situation finanzrechtlicher Bindungen zwischen Müttern und Kindern in Patchworkfamilien, die von verwitweten oder geschiedenen Vätern durch zweite Ehen initiiert wurden. Es wurde sich bemüht, anhand der

132 Dig. 36.3.18.

133 Dig. 36.3.18.

rechtlichen Situation der klassischen Zeit das in belletristischen Quellen auffindbare Bild des erbkonkurrenzgeprägten Miteinanders zwischen Halb- und Stiefverwandten zu überprüfen, mit dem Ergebnis, dass Mangelerscheinungen im Erbrecht dieses Bild durchaus plausibel erscheinen lassen. Zwar sprechen die wenigsten Rechtsquellen explizit das Beispiel der Scheidungs- oder Patchworkfamilie an, doch müssen obig rekonstruierte Problemstellungen gerade für die widrigen Umstände einer Stieffamilie vermehrt angenommen werden.

b) Väterliche Vermögenswerte und die finanzrechtliche Vater-Kind-Bindung in Patchworkfamilien

Entsprechend dem vorhergehenden Kapitel soll nun in aller Kürze auch nach potentiellen finanzrechtlichen Problemfeldern gefragt werden, die von väterlichen Vermögenswerten herrührten bzw. die in jenen Familien vermutet werden könnten, die ihren Patchworkcharakter der zweiten Heirat der Mutter verdankten.

Es kann bereits vorweggenommen werden, dass jenes aus belletristischen Quellen gewonnene Bild der verschwindend geringen Erwähnung stiefväterlicher Gefahren aufgrund von sorge- und erbrechtlichen Mechanismen der klassischen Zeit an Plausibilität gewinnt. So kann dieses Kapitel nicht mehr als eine kurze Verifizierung bereits getätigter Aussagen bedeuten. Konfliktsituationen, wie sie im vorhergehenden Kapitel genannt wurden, gründen sich in erster Linie auf das Zusammenleben sich beargwöhnender stiefverwandter Familienmitglieder. Eine Patchworkfamilie, in welcher der Ehemann den „stiefverwandten Part" übernahm, ist nach klassisch-römischem Recht nur in der Minderheit der Fälle zu vermuten. Entsprechend der stark patriarchalisch ausgerichteten römischen Gesellschaft korrelierte das Sorgerecht für ein Scheidungskind in erster Linie mit der *patria potestas* des *paterfamilias*. Im Extremfall sogar, wenn ein Kind zwar während der Ehe gezeugt, aber erst nach einer Scheidung geboren wurde. Auf seinen Antrag hin konnte der Gewalthaber das Kind zu sich nehmen, wie Ulpian berichtet.[134] Dem klassischen Recht war, anders als dem spätantiken, die Koppelung des Sorgerechts etwa an Scheidungsschuld und -unschuld eines Ehepartners fremd. Lediglich auf gerichtliche Anträge hin – und das auch erst seit einem Dekret von Antoninus Pius – konnte eine Mutter das Sorgerecht für ihre Kinder erstreiten, wenn nachzuweisen war, dass es sich beim Kindsvater um eine Person lasterhaften Charakters handelte.[135] Die *patria potestas* des *paterfamilias* mit all ihren Befugnissen und Pflichten wurde hingegen trotzdem weiterhin auf-

134 Dig. 25.4.1.1.

135 Der Tatbestand des ungeeigneten Charakters wird weder in Dig. 43.30.3.5 (siehe un-

rechterhalten.[136] So fiel auch in Fällen des mütterlichen Sorgerechts die hauptsächliche finanzielle Versorgung in den Aufgabenbereich des Kindsvaters, da „[…] *quantum tibi alimentorum nomine, quibus necessario filiam tuam exhibuisti, a patre eius praestari oporteat, iudices aestimabunt.*“[137] Die Haushaltskasse der Patchworkfamilie, in der das Scheidungskind eventuell mit Stiefvater und Halbgeschwistern aufwuchs, wurde somit nicht belastet, auch wenn beachtet werden muss, dass der Kindsvater nicht für alle Aufwendungen finanziell verantwortlich zeichnen musste, welche die Mutter in ihrer Tochterliebe getätigt hatte.[138] Reitunterricht, Musikschule und der eigene Laptop werden also nicht finanzierbar gewesen sein, wenn nicht der Stiefvater etwas beisteuerte.[139] Es bleibt jedoch im Wesentlichen für den Scheidungsfall festzuhalten, dass einem Kind durch eine eventuelle Zweitheirat der Mutter keine finanziellen oder erbbezogenen Nachteile erwuchsen, was väterliche Vermögenswerte betraf. Die *patria potestas* des Familienoberhauptes, welche die Vermögensverwaltung über das „Kindervermögen“ und dem Kind zugedachte Besitzungen inkludierte, blieb ja weiterhin bestehen. Ob allerdings die *bona materna*, wie im vorangehenden Kapitel bereits erwähnt, ihren Weg zu den Kindern erster Ehe fanden oder ob die erneut verheiratete Mutter vielleicht den Überzeugungskünsten ihres zweiten Ehemannes erlag und ihre Besitzungen den zweitehelichen Kindern (mit-) vermachte, wird von Fall zu Fall ein konfliktreicher Aspekt gewesen sein. Allerdings kann diese Frage, insofern ersteheliche Kinder regulär nicht im Hause ihrer geschiedenen Mutter lebten, auf Grund der Ermangelung einer gemeinsamen Lebensführung keine negativen Auswirkungen auf den Patchworkalltag gehabt haben. Und sollte auf der anderen Seite eine Mutter erfolgreich das Sorgerecht für ihr ersteheliches Kind erkämpft haben, ist vorzustellen, dass sie diesem Ausdruck der Mutterliebe eine spätere testamentarische Ernennung als Erbe folgen lässt. Auch dann wird also das Miteinander in der Patchworkfamilie nicht im Schatten finanzieller Benachteiligung ersteheliche Kinder vonstatten gegangen sein. Über emotionale Differenzen zwischen Stiefvätern und Stiefkindern schweigen die Quellen

---

ten) noch in Dig. 43.30.1.3 näher definiert, wenn nur von „*ex iustissima scilicet causa*“ als Grund gesprochen wird.

136 Dig. 43.30.3.5.

137 Dig. 25.3.5.14: „[…] *die Richter entscheiden werden, wie viel dir* [der Mutter] *im Rahmen der Alimentation, die du für die Nöte deiner Tochter aufgewendet hast, erstattet werden muss.*“

138 Dig. 25.3.5.14.

139 Eine Klage der Mutter auf Ausübung des Sorgerechts konnte aber auch nach hinten losgehen. Wenn die zuständigen Stellen bei der Überprüfung der Elternteile den Eindruck bekamen, in beiden Fällen seien charakterliche Defizite vorhanden, wurde das Kind bis zum Erwachsenenalter unter die Obhut eines Externen gestellt. (Dig. 43.30.3.4).

gänzlich, was auf den selteneren Umstand mütterlichen Sorgerechtes zurückzuführen sein dürfte.

Zu klären bleiben die Verhältnisse in Patchworkfamilien, die nach der Verwitwung einer Mutter entstanden waren. Im Falle des Versterbens des Kindsvaters hielt doch entweder nach wie vor der väterliche Großvater die *patria potestas* über seine Enkel, bestimmte damit dessen zukünftigen Aufenthaltsort und sorgte für die Verwaltung „dessen" Vermögenswerte oder aber die Waisen wurden *sui iuris*. Dann wird, im Falle einer minderjährigkeitsbedingten Vermögensunfähigkeit, ein Tutor bzw. Kurator die Vermögensverwaltung übernommen haben und nicht etwa die Mutter des Kindes, die zur Bestellung eines Tutors ja verpflichtet war. Noch in den Institutionen des Justinian findet sich die Bestimmung, eine Mutter verliere ihr intestarisches Erbrecht nach dem SC Tertullianum, wenn sie es versäume, ihren minderjährigen Kindern innerhalb eines Jahres einen geeigneten Tutor zu bestellen.[140] Zumindest nach klassischem Recht war eine Mutter von jeglicher eigenmächtiger Geschäftstätigkeit, die sie im Namen ihres Kindes tätigen wollte, ausgeschlossen.[141] Lediglich beratend konnte sie dem Geschäftsgebaren der Tutoren zur Seite stehen, nicht zuletzt wenn dies vom verstorbenen Ehemann und Familienvater so gewünscht worden war. Diese beratende Funktion befreite die Tutoren jedoch nicht von ihrer Verantwortung, denn letzten Endes mussten sie in Eigenverantwortlichkeit Entscheidungen über Art und Weise der Verwaltung des Mündelvermögens treffen.[142] Frauen, die verwaltungstechnische Entscheidungen der Tutoren beeinflussen wollten, indem sie unter Gewährung ihrer eigenen Vermögenswerte als Pfand die Tutoren von deren Eigenhaftung zu befreien suchten, genossen nicht die Schutzfunktion der *Senatusconsulti Velleiani*. Anders als bei sonstigen Geschäftsakten durch Frauen[143] hafteten also Mütter für Vermögensverluste ihrer Kinder, wenn der Schadensfall vor dem Hintergrund einer mütterlichen Einflussnahme auf die Tutoren entstanden war.[144]

Diese Fakten der Vermögensverwaltung sagen freilich noch nichts darüber aus, wo und mit wem die Halbwaisen wohnten und von wem sie erzogen wurden. Obige Quellen, die die Möglichkeit einer Sorgerechtskompetenz der Mutter im Scheidungsfalle thematisieren, sowie die im Laufe des zweiten nachchristlichen Jahrhunderts aufkommende und rechtlich artikulierte ge-

140 Inst. Iust 3.3.6.

141 Dig. 3.5.30.6.

142 Dig. 26.7.5.8.

143 Dig. 16.1.2.1 f..

144 Dig. 16.1.2.8; Cod Iust. 4.29.6.2; siehe dazu den Aufsatz von *Solazzi*, SC. Velleiani, 1953.; entscheidend ist auch, dass eine Mutter in keiner Weise für Schäden haftete, wenn die misswirtschaftenden Tutoren von Magistraten bestimmt worden waren. (Cod.Iust. 5.46.1).

genseitige Versorgungspflicht linearer Verwandter[145] – so auch z. B. zwischen einer Mutter und ihrem unehelich geborenen Kind[146] – lassen eine Mitnahme minderjähriger Kinder durch die Mutter in ihre neue Ehe vermuten. Dies spätestens dann, wenn kein adäquater Gewalthaber auf der Seite der Mannesfamilie mehr am Leben war. Ulpian indiziert in Dig. 25.3.5.2 eine Trendwende des zweiten Jahrhunderts, wenn er konstatiert, dass – entgegen des althergebrachten agnatischen Familiensystems – auch Blutsverwandte, die sich über die weibliche direkte Linie definierten, zur gegenseitigen Versorgung verpflichtet werden konnten.[147] Darüber hinaus bestand zudem die Möglichkeit, der verstorbene Vater habe testamentarisch als zukünftigen Wohnort seiner halbverwaisten Kinder den Aufenthaltsort der Mutter bestimmt bzw. den Wunsch der Mutter als ausschlaggebend definiert.[148] Obgleich dies lediglich als väterliches Ansinnen verstanden wurde, dem unter den Umständen tutorischer Einwände ein Prätor keineswegs Folge leisten musste, z. B. wenn der/die erwählte Erziehungsberechtigte den Tutoren nicht geeignet erschien und deshalb finanzielle Versorgungsleistungen eingestellt wurden. Diese prätorische Entscheidungsgewalt, die den letzten Willen des Vaters ausstach, gründete sich insbesondere auf die Annahme, es gäbe eine Widrigkeit, *„quod pater forte ignoravit in eis personis esse, apud quas morari iussit,“*[149] bezog sich somit z. B. auf eintretende schlechte äußere Umstände im Erziehungsumfeld des Kindes, die der Verstorbene nicht habe vorhersehen können. Zwar solle ein Prätor generell zunächst die Möglichkeit der Verpflichtung der nächsten Verwandten zur Aufzucht der Kinder in Betracht ziehen, wie Alexander Severus anweist, doch sollte immer darauf geachtet werden, dem Kind ein Umfeld zu wählen, das eine bestmögliche Erziehung gewährleiste.[150] Eine Person *„sine ulla maligna suspicione“*[151] solle ausersehen werden. Insofern darin auch eine unter dem Einfluss ihres dubiosen zweiten Mannes stehende Mutter inbegriffen war, muss wohl ein mütterlicher Verlust des Sorgerechts durchaus anzunehmen sein, wenn die Prätoren den Eindruck gewannen, dem Waisen widerfahre in der zweiten Ehe der Mutter Schaden. Dann konnten sie die testamentarische Anordnung des Verstorbenen übergehen.[152] Explizit erwähnt wird dieses auf Patchworkfamilien bezogene Szenario freilich erst in spätantiken Gesetzestexten, denn, wie Jens-Uwe Krause in seiner Habilitationsschrift korrekt feststellt, ist *„von*

---

145 Vgl. *Frier*, Casebook, 2004, S. 227.

146 Dig. 25.3.5.4.

147 Dig. 25.3.5.2.

148 Dig. 33.1.7.

149 Dig. 33.1.7; dieser Vorgang findet sich auch in Dig. 27.2.5 bestätigt.

150 Dig. 27.2.1.1.

151 Dig. 27.2.1.1: *„ohne jegliche Anzeichen eines bösartigen Charakters“.*

152 Dig. 33.1.7.

der Mutter als Erziehungsinstanz [...] *in dem einschlägigen Titutlus der Digesten überhaupt nicht die Rede.*«[153] Der in der Forschung unter anderem von Michel Humbert[154] und Giuliano Crifò[155] ausgetragene Streit zur (angeblich) als Erziehungsinstanz favorisierten Witwe und die damit verbundenen Interpolationsvermutungen sollen an anderer Stelle thematisiert werden.[156]

Die unkonkret artikulierte Koppelung des kindlichen Wohlergehens an die Wahl des Wohnortes könnte ausschlaggebend dafür sein, dass Quellen der klassischen Zeit emotionale und melancholiebelastete Problemstellungen zwischen Stiefvater und Stiefkind nicht thematisieren. Wo eine starke väterliche *patria potestas* die Gefahr des Sorgerechtsentzugs eines Witwers/Geschiedenen in widrigen Familienverhältnissen weitgehend kompensierte, verlor eine Witwe/Geschiedene ihre rechtlich weitaus schwächere Erziehungskompetenz, wenn der neue Mann an ihrer Seite dem Stiefkind Schaden zuzufügen drohte. Nicht zuletzt weisen aber Versuche verstorbener Familienväter, ihre Witwen von Wiederverheiratungen abzuhalten, indem sie Legate an die Bedingung des ewigen Witwenstandes knüpften, darauf hin, dass die Vorstellung, die eigenen minderjährigen Kinder könnten mit Stiefvätern aufwachsen müssen, nicht unbedingt zu den angenehmsten gehörte.[157]

3. Fazit

Im Rahmen des breit angelegten Kapitels *Die römisch-heidnische Patchworkfamilie der Kaiserzeit* wurden belletristische, juristisch-rhetorische, rechtliche und im Ansatz demographische Annahmen und Aussagen getätigt, um innere und äußere Lebensumstände einer kaiserzeitlichen Patchworkfamilie näher zu beleuchten. Dabei konnte ein facettenreiches Negativimage festgestellt werden, wie es in zahlreichen Gedichten, Satiren, Dramen, aber auch romanhaften Texten über die ersten drei nachchristlichen Jahrhunderte fortgetragen wurde. Als wesentliche Komponenten dieses Images etablierten sich Liebesgelüste der Stiefmutter gegenüber den Stiefsöhnen sowie stiefmütterliche Geldgier und Erbfixierung, die nicht selten im (Gift-)Mord an und Intrigen gegenüber den Kindern des Ehemannes gipfelten. Stereotypen, die hingegen Negativeigenschaften eines Stiefvaters beschrieben, konnten für die ersten drei Jahrhunderte nicht nachgewiesen werden.

---

153 *Krause*, Stellung von Waisen, 1995, S. 12.

154 *Humbert*, Remariage, 1972.

155 *Crifo*, Donna tutrice, 1964.

156 Siehe das Kapitel VII.1: *Wiederverheiratung und Sorgerecht in der Spätantike.*

157 Dig. 35.1.62.2.

Es stellte sich zunächst die Frage nach der Glaubwürdigkeit dieser unterhaltungsintendierten Quellen im Hinblick auf die Rekonstruktion patchworkfamiliären Lebens. Zudem wurde die Vermutung einer stigmatisierenden Kraft eines solchen Negativimages angestellt, welche das Leben einer Stiefmutter und anderer Familienmitglieder einer Patchworkfamilie konkret beeinträchtigt haben könnte. Letzteres konnte nicht zuletzt anhand juristisch-rhetorischer Übungsreden sowie Prozessbeschreibungen bejaht werden, da jene Texte deutlich auf ein in der Gesellschaft und vor Gericht fest verankertes Negativstereotyp der Stiefmutter hinweisen. Diese Voreingenommenheit konnte für eine Stiefmutter z. B. unter den Umständen eines Erbprozesses oder eines ungeklärten Todesfalles in der Familie juristische Nachteile, zumindest aber gesellschaftliche Beargwöhnung und Ächtung mit sich bringen. So muss davon ausgegangen werden, dass das Image der bösartigen Stiefmutter den inner- und außerfamiliären Alltag oft negativ einfärbte.

Die deutliche Korrelation zwischen negativen Stiefmutterdarstellungen und geld- oder erbbezogenen Problemsituationen, wie sie in belletristischen Quellen vorgefunden wurde, richtete den Fokus der Untersuchung auf die Analyse des kaiserzeitlichen Erbrechts.

Im offensichtlichen Mangel an rechtlich fixierten Schutzbestimmungen, die den Vermögensübergang vor allem zwischen Mutter und Kind garantiert hätten, auch wenn das Kind noch erwerbsunfähig war, konnte eine Begründung des Topos der bösen Stiefmutter vermutet werden. Das Erbe des gewaltunterworfenen Kindes erwarb der *paterfamilias*, der nicht automatisch verpflichtet war, später das Ererbte an das entsprechende Kind weiter zu transferieren. Unter dem Einfluss seiner zweiten Frau konnte das ersteheliche Kind seines Vermögens verlustig gehen. Eine garantierte Vermögensverhaftung war ebenso wenig zwischen mütterlicher *dos* und den Kindern der entsprechenden Ehe gegeben. Der Witwer oder schuldlos Geschiedene erwarb zwar die *dos* aufgrund der vorhandenen Kinder, und der *dos*-Anteil berechnete sich nach der Anzahl der Kinder. Doch lag der spätere Transfer der Vermögenswerte an die Kinder im Ermessen des Vaters. Darüber hinaus zeigen Berichte über versucht missbräuchliches Handeln eines Kindsvaters die kriminelle Energie eines fideikommissarisch Bedachten. Das Rechtsinstitut des Fideikommiss konnte unter den widrigen Umständen einer Patchworkfamilie zu Streit und Problemen führen. Dass sich im umgekehrten Fall kein Negativimage des Stiefvaters etablierte, welches auf Vererbungskomplikationen bei väterlichen Vermögenswerten zurückzuführen wäre, dürfte auf die rechtlich festgeschriebene mütterliche Inkompetenz zur Vermögensverwaltung zurückgeführt werden. Insofern Witwen nicht das väterliche Erbe der Kinder verwalteten, sondern familienexterne Tutoren dies taten, konnte nicht etwa der zweite Mann der Mutter durch seinen alltäglichen Einfluss Missbrauch initiieren. Zudem wurde darauf hingewiesen, dass aufgrund der

Sorgerechtsregelungen der Kaiserzeit eine weitaus geringere Zahl an Stiefvätern als an Stiefmüttern zu vermuten ist. Kinder verblieben unter normalen Umständen beim Vater. Das Sorgerecht musste sich eine Mutter im Rahmen begründeter Anschuldigungen gegen den Kindsvater erst gerichtlich erkämpfen.

IV. Demographische Überlegungen zur kaiserzeitlichen und spätantiken Patchworkfamilie

Das große Kapitel zur römischen Patchworkfamilie der Kaiserzeit soll seine Abrundung und Ergänzung in einigen demographischen Statements zum Thema finden. Die Eingliederung dieser Thematik hinter den Gliederungspunkt *Die klassisch-rechtliche Situation der Patchworkfamilie als Ausgangspunkt spätantiker Korrekturen* begründet sich mitunter in der Unumgänglichkeit demographischer Kenntnisse für die bewertende Einordnung der herausgearbeiteten familien- und erbbezogenen Rechtsregelungen. Zudem dürfen auch in diesem letzten Unterkapitel die Paragraphen insofern nicht gänzlich beiseite gelassen werden, als dass rechtslastige Fragen nach Heiratsbestimmungen und -grenzen angerissen werden müssen. Nicht zuletzt aufgrund der intensiven Forschungsaktivität auf dem Gebiet der Demographie (Bagnall, Frier, Saller, Scheidel etc.) soll dieses Kapitel nicht mehr bedeuten als eine Erläuterung einschlägiger Aspekte, bezogen jedoch explizit auf den Themenkomplex der Patchworkfamilie.

Gemeint sind dabei all jene Problemstellungen, die auf die Einschätzung der Häufigkeit bestimmter Familienkonstellationen zielen: Wie wahrscheinlich war es überhaupt, dass eine geschiedene Mutter ihrem Kind etwas vererbte, das noch unemanzipiert mit Vater und Stiefmutter zusammenlebte? Wäre dies aus demographischer Sicht unrealistisch, entbehrten Fragen nach der intestarischen Erbfähigkeit eines unemanzipierten Kindes, wie sie im Rahmen eines späteren Kapitels getätigt werden,[1] ihrer Relevanz. Dieses kleine Beispiel weist auf die Unumgänglichkeit demographischer Kenntnisse.

Als eines der dominierenden Motive patchworkbezogener Quellen wurde von Beginn an die Liebesaffäre zwischen Sohn und Stiefmutter genannt. Demgegenüber thematisieren die Quellen der Kaiserzeit in keiner Weise Amouren zwischen Stiefvater und Stieftochter. Die Annahme, dies repräsentiere eine demographisch bedingte Plausibilität der römischen Familie, lässt sich bestätigen. Nach Shaw[2] und Hopkins[3] lässt sich das Heiratsalter römischer Frauen/Mädchen in die späten Teenagerjahre datieren. Demgegenüber lag das Heiratsalter bei Männern nach Saller eher bei um die dreißig Jahre.[4]

---

1 Siehe das Kapitel VII.2: *Vererben und Verwalten in spätantiken Patchworkfamilien*.

2 Vgl. *Shaw*, Girls, 1987, S. 30 ff..

3 Vgl. *Hopkins*, Age, 1965, S. 309 ff..

4 Vgl. *Saller*, Men's Age, 1987, S. 21 ff..

Junge Mütter und bis zu zehn Jahre ältere Väter, das ist somit bereits die statistische Szenerie einer „Erstfamilie“. Diese anhand von Grabinschriften vorgenommene Rekonstruktion steht damit in einigem Widerspruch zu den Annahmen, die sich allein auf der Basis von Gesetzestexten gewinnen ließen. Denn das Kriterium der Ehefähigkeit war rein rechtlich bereits mit dem Eintritt in die Pubertät erfüllt, mit dem der „Mann“ ins mündige Alter kam[5] bzw. die „Frau“ als gebärfähig galt.[6] Somit konnte eine rechtsgültige Ehe bereits geschlossen werden, wenn die Braut das zwölfte Lebensjahr[7] und der Bräutigam das vierzehnte[8] vollendet hatten. Zwar waren Verheiratungen einer Tochter auch vor dem Erreichen des zwölften Lebensjahres gestattet, doch *„wird eine Unterzwölfjährige erst dann zur rechtmäßigen Ehefrau, wenn sie das entsprechende Alter während des Zusammenlebens mit dem Mann erreicht.“*[9]

Mag bereits für eine „Erstfamilie“ ein Altersunterschied zwischen Braut und Bräutigam von um die zehn Jahre angenommen werden, so addierte sich dieser, wenn der Mann nach einer Scheidung oder Verwitwung erneut heiratete. Schließlich ist nicht oder seltener anzunehmen, die Wahl des Mannes würde bei seiner Sekundärehe auf eine betagte zweite Ehefrau fallen. Vielmehr werden jüngere Bräute in die Zielgruppe des Witwers/Geschiedenen gefallen sein, welche die Kriterien der Gebärfähigkeit und Ansehnlichkeit erfüllten. So muss davon ausgegangen werden, dass der Altersunterschied zwischen der jungen Stiefmutter und ihrem Stiefsohn wohl oftmals deutlich geringer sein konnte als jener zwischen den Eheleuten selbst. Die Annahme, zwischen Stiefmutter und Stiefsohn könnte es zu sexuellen Intermezzi gekommen sein, lässt sich demnach demographisch stützen.

Demgegenüber war die Wahrscheinlichkeit für Affären zwischen Stiefvater und Stieftochter deutlich geringer. Im Wesentlichen sind es drei Faktoren, die hier verringernd einwirkten: Zum Einen minderte, wie oben erwähnt, eine patriarchalisch ausgerichtete Gesellschaft die Möglichkeiten einer verwitweten oder gar geschiedenen Mutter, ihre Kinder mit in eine neue Ehe zu nehmen. Der Faktor des Zusammenlebens zwischen Stiefvater und -tochter als überhaupt affärenbedingende Komponente fiel somit – anders als bei Stiefmutter und -sohn – in einer zweiten Ehe der Mutter oftmals weg.

---

5 Ulp. (reg.) 5.2.

6 Inst. Iust. 1.10.

7 Dig. 23.2.4.

8 Gai. 1.196; hier auch die Diskussion, ob die Mündigkeit aufgrund der Geschlechtsreife oder anhand fester Altersgrenzen bestimmt werden sollte.

9 Dig. 23.2.4: *„Minorem annis duodecim nuptam tunc legitimam uxorem fore, cum apud virum explesset duodecim annos.“*

Zum Zweiten wird der Altersunterschied zwischen Stieftochter und -vater deutlich größer gewesen sein, als es für Stiefmutter und -sohn angenommen werden muss. Selbst wenn ein junger Bräutigam eine „betagte“ Witwe auserwählte, die bereits um die dreißig Jahre zählte und eine Tochter im Teenageralter mit in die Ehe brachte, betrug der Altersunterschied um die zwanzig Jahre. Noch größer natürlich war dieser Altersunterschied, wenn die Braut erst soeben verwitwet war und ihre Kleinkinder mit in den ehemannschen Haushalt nahm. Zwar waren in all diesen Konstellationen zu späterer, gegebener Zeit Affären zwischen der heranwachsenden Stieftochter und ihrem Stiefvater möglich, aber eben deutlich unwahrscheinlicher, als es im Falle der Zweitheirat eines Witwers zwischen seiner Frau und seinem Sohn aus erster Ehe gewesen sein muss.

Zum Dritten kommt eine niedrigere Lebenserwartung des Mannes/Stiefvaters im Vergleich zur Stiefmutter im umgekehrten Falle hinzu. Waren die altersbedingten Voraussetzungen für eine sexuelle Affäre zwischen einer jungen Stiefmutter und ihrem heranwachsenden Stiefsohn wohl oft von Beginn der zweiten Ehe an gegeben, stellte sich dagegen die Frage nach einer Liebschaft zwischen einem Stiefvater und seiner Stieftochter wohl oft erst viele Jahre nach der Eheschließung mit der bekinderten Witwe. Die Zeit, die verging, bis die Stieftochter herangewachsen war, nagte schließlich auch am neuen Mann an der Seite der Mutter. Neben der ohne Zweifel geringeren sexuellen Anziehungskraft eines älteren Stiefvaters auf die Tochter im Vergleich zur jungen Stiefmutter auf den Sohn verringerte somit auch die statistisch nachweisbare, geringere Lebenserwartung des Mannes die Wahrscheinlichkeit eines Techtelmechtels zwischen Stiefvater und Stieftochter.

Diese Überlegungen lassen sich sehr gut durch jene statistischen Hochrechnungen belegen, die Peter Laslett in seinem 1988 erschienenen Aufsatz *„La parenté en chiffres“* erhoben hat. Nimmt man an, ein Mann im durchschnittlichen Heiratsalter von um die dreißig Jahre wählte sich als Braut eine junge Witwe mit einer Tochter im Kleinkindalter, so können für die Wahrscheinlichkeit des Zusammenlebens zwischen Tochter und Stiefvater zu einem bestimmten Zeitpunkt X ungefähr die gleichen Werte herangezogen werden, wie für das Zusammenleben zwischen Vater und leiblicher Tochter. Der Altersunterschied zwischen Stiefvater und Stieftochter mag etwas geringer veranschlagt werden. Peter Laslett konstatiert in seiner tabellarischen Übersicht, die Wahrscheinlichkeit, ein 22-jähriges Kind habe seinen Vater bereits verloren, liege bei 68%.[10] Bezieht man den etwas geringeren Altersunterschied zwischen Stiefvater und -tochter mit ein und setzt den Beginn der Affäre etwas früher als ins 22. Lebensjahr, so kann immer noch mit sehr gro-

10 Vgl. *Laslett*, La parenté, 1988, S. 13.

ßer Wahrscheinlichkeit angenommen werden, der Stiefvater habe den Beginn der Liebschaft in vielen Fällen gar nicht mehr erlebt. Selbst wenn von einer fifty-fifty Chance ausgegangen würde, dass eine Teenagerin noch einen Stiefvater hatte, bedeutete das, dass allein in der Hälfte derartiger Patchworkfamilien eine Liebelei zwischen Stieftochter und Stiefvater rein demographisch gar nicht möglich war. Hinzu kommt natürlich die Tatsache, dass Töchter – im Gegensatz zu Söhnen – frühzeitig verheiratet wurden und somit bald das stiefväterliche Haus verließen. Demgegenüber lebte aufgrund des gering zu veranschlagenden Altersunterschieds eine Stiefmutter mit viel größerer Wahrscheinlichkeit noch mit ihrem heranwachsenden Stiefsohn unter einem Dach, wenn er das Alter sexueller Ausstrahlungskraft erreichte. In diesem Zusammenhang sollten allerdings die Gefahren des Todes im Kindbett, dem die junge Stiefmutter nach der Heirat mit dem Vater ausgesetzt war, nicht unerwähnt bleiben.

Trotz all jener Faktoren, die einen deutlichen Unterschied in der Quantität „inzestuöser" Affären bedingt haben werden, wird auch die Heirat zwischen Stieftochter und Stiefvater nicht ausgenommen, wenn Gaius ehehindernde Verwandtschaftsgrade aufzählt. *„Denn ebenso wenig ist es erlaubt, die väterliche oder mütterliche Schwester* [(Tante)] *zu heiraten wie jene, die mir einst Schwiegermutter oder Schwiegertochter, Stiefmutter oder Stieftochter gewesen ist.*"[11] Wenn Paulus ein solches Heiratsverbot sogar auch auf Ehen zwischen Stiefurgroßeltern und deren Stiefenkel ausgeweitet wissen will,[12] zeigt dies den teilweise rein theoretischen Charakter der Gesetze. Allein daraus eine quantitative Übereinstimmung abzuleiten, was das Vorkommen besagter Affären betraf, ginge zu weit.

Immerhin wird sich der Ehe zwischen Stiefmutter und Stiefsohn in ausführlichem Maße gewidmet: Das Eheverbot zwischen der Frau an der Seite des Vaters und dessen Sohn aus erster Ehe galt bereits, wenn die Braut vorher im eigentlichen Sinne niemals rechtmäßig dem Vater verheiratet worden war, da die Eheschließung seinerzeit nicht über den Status der Verlobung hinausgekommen war. Und generell galt: Wenn eine Stiefmutter bereits eine Mitgift für die Hochzeit mit ihrem Stiefsohn gestellt hatte, die Hochzeit dann aber aus obigen Verbotsgründen nicht zustande kommen konnte, hatte sie

11 Gai. 1.63: *„Item amitam et materteram uxore ducere non licet, item eam, quae mihi quondam socrus aut nurus aut privigna aut noverca fuit."*; Dass hier ausschließlich auf eine Familiensituation hingewiesen wird, in der jemand „einst" Stieftochter oder -mutter war, erklärt sich aus der Tatsache heraus, dass die Heirat einer aktuellen Stiefverwandten rechtlich erst recht nicht erlaubt war: Die Stiefverwandtschaft zu einer Person definierte sich durch eine bestehende, eheliche Verbindung mit einer anderen Person: Ein Stiefvater ist nur Stiefvater seiner Stieftochter, weil er aktuell mit deren Mutter verheiratet ist. Heiratete er also seine aktuelle Stieftochter, implizierte das Bigamie.

12 Dig. 23.2.14.4.

noch nicht einmal einen Herausgabeanspruch gegenüber ihrem Stiefsohn, dem ehemaligen Verlobten.[13]

Nach obigem Muster statistischer Annahmen ließe sich ein jegliches Vererbungsszenario auf seine demographische Plausibilität hin untersuchen. Doch anders als beim (Erst-)Heiratsalter, das mit seinem ungefähren Durchschnittswert eine einigermaßen konstante X-Koordinate bietet und damit eine mehr oder weniger tragfähige statistische Funktion *„wenn X, dann wahrscheinlich Y“*[14] ermöglicht, muss für das Sterbe- und somit Vererbungsalter einer Person eine höhere Variabilität angenommen werden. Hier können somit nur punktuelle Szenarien demographisch durchexerziert, pauschale Aussagen zum Vererbungsverhalten hingegen nicht getätigt werden. Schließlich sagt ein Mittelwert der Lebenserwartung nichts über individuelle oder saisonal und regional bedingte Lebensumstände und Schicksalsschläge einer jeweiligen Person aus. Doch bei der Rekonstruktion des Vererbungsverhaltens macht es einen deutlichen Unterschied, ob eine geschiedene Frau im Alter von fünfzig Jahren eines natürlichen Todes starb und dabei ein dreißigjähriges Kind zurückließ – der Kindsvater dürfte in diesem Fall zu über 80% schon verstorben sein,[15] das Kind war also emanzipiert und eigenerwerbsfähig – oder ob die Mutter ein zweites Mal geheiratet hatte und dreißigjährig im Kindbett starb. Das Kind aus erster Ehe würde mit geschätzten zehn Jahren noch zu mehr als 66% unter der *patria potestas* seines Vaters stehen und somit „sein“ Erbe für den Vater antreten.[16] Im ersten Fall wird die Mutter somit ihr ersteheliches Kind direkt als Erbe eingesetzt haben, konnte sich sogar relativ sicher sein, dass das Kind auf intestarischem Wege erben würde. Im zweiten Fall musste die junge Mutter fideikommissarisch Vorsorge treffen, dass ja nicht der Kindsvater das Erbe an sich riss und dann vielleicht an seine Kinder aus zweiter Ehe weitergab, weil ihm dies seine zweite Frau eingeflüstert hatte.

Wie der Tod im Kindbett, so erschweren es auch andere punktuelle Faktoren, wie medizinische Unterversorgung, Versorgungsengpässe im Nahrungsangebot, Krankheiten und die zur Seuchenausbildung „günstige“ infrastrukturelle Situation des römischen Reiches,[17] Tendenzaussagen zum Sterbeverhalten und zu bedingten Vererbungsstrategien zu tätigen. Lediglich

13 Dig. 12.7.5.1.

14 Siehe zu diesem Gedanken *Friedrichs*, Methoden, 1990, S. 103 ff..

15 Schätzung nach der Tabelle von *Laslett* (La parenté, 1988, S. 13): Ein 22-jähriges Kind hatte zu 68% seinen Vater bereits verloren, ein 44-Jähriges zu 95%. Der Wert für ein Dreißigjähriges dürfte somit bei um die 80% liegen.

16 Schätzung nach der Tabelle von *Laslett* (La parenté, 1988, S. 13); sollte der Vater hingegen bereits verstorben sein, fiel der väterliche Großvater zu 98% als *potestas*-Halter weg.

17 Vgl. *Frier*, Demography, 1999, S. 89 f..

kann konstatiert werden, „*wer früher stirbt, ist länger tot*“[18] und eröffnet damit dem überlebenden Ehepartner größere Möglichkeiten, abseits von der Kontrolle durch den Verstorbenen auf die ererbten Vermögenswerte des Kindes einzuwirken – im Zweifelsfall eben auch missbräuchlich.

Doch nicht nur der Verbleib des eigenen Erbes hing aus demographischen Gründen stark vom Zeitpunkt des eigenen Ablebens ab. Auch die Frage nach dem Sorgerecht für die Kinder führte abhängig vom Sterbealter X zu unterschiedlichen möglichen Wohnsituationen Y. Verwitwete eine bekinderte Frau bereits in jungen Jahren, z. B. da der Ehemann einer Krankheit oder Seuche oder gewaltsamen/kriegerischen Auseinandersetzungen etc. zum Opfer fiel, so war die Wahrscheinlichkeit viel höher, dass der väterliche Großvater als Inhaber der *patria potestas* in der Frage des Sorgerechtes für seine Enkel maßgeblich sein Gewicht in die Waagschale warf. Sollte der Ehemann und Kindsvater im Alter von 55 Jahren eines natürlichen Todes gestorben sein, erübrigte sich hingegen die Frage nach den großväterlichen Kompetenzen: Lasletts tabellarische Übersicht prognostiziert für das Alter von 55 Jahren eine 99%ige Wahrscheinlichkeit, dass der Vater der betreffenden Person bereits verstorben war.[19] Ein potentieller Bruder des Kindsvaters war zudem bereits in um die 70% der Fälle nicht mehr am Leben.[20] Die Chancen für die Witwe, das Sorgerecht zugesprochen zu bekommen, standen also nicht schlecht. Allerdings war in diesen Fällen auch die Witwe nicht mehr die Jüngste, was ihre eigenen Chancen auf dem Heiratsmarkt gemindert haben dürfte. Ob die halbverwaisten Kinder in jenem gewählten Fall X jemals einem Stiefvater ausgesetzt sein werden, muss also offen bleiben. Zudem bleibt zu bedenken, dass Kinder im Falle, dass der Vater 55-jährig verstarb, in der Regel selbst ein Alter erreicht hatten, dass sie zur Führung und Gründung eines eigenen Hausstandes berechtigte.

Neben Liebesaffären zwischen Stiefmutter und Stiefsohn und aufs Erben ausgerichteten Verhaltensweisen spielte der innerfamiliäre Giftmord nachweislich eine große Rolle in belletristischen Patchworkdarstellungen. Was die Verbreitung dieses Tatbestandes bzw. dessen Reflexion in literarischen Werken betrifft, finden sich aus demographischem Blickwinkel Ansatzpunkte, die dem Giftmord eine tatsächliche bzw. spekulierte Realitätsnähe abgewinnen lassen. Die Zahl ungeklärter Todesfälle wird in einer Gesellschaft, die jener ausgefeilten Obduktionsmöglichkeiten heutiger Gerichtsmediziner entbehrte, weitaus höher gewesen sein als in unserer Zeit. Zu erinnern sei erneut an die Einschätzung des Humanmediziners Lanzerath, der speziell im Hinblick auf Giftmorde auch heute noch von einer nicht zufriedenstellenden

18 Anspielung auf den gleichnamigen, erfolgreichen Kinofilm von Marcus H. Rosenmüller aus dem Jahr 2006.

19 Vgl. *Laslett*, La parenté, 1988, S. 13.

20 Vgl. *Laslett*, La parenté, 1988, S. 16.

Aufklärungsrate ausgeht.[21] Das Mysterium des unerwarteten und unerklärbaren Versterbens einer Person dürfte gerade in antiken Gesellschaften unter den widrigen Umständen einer Patchworkfamilie vermehrt zu Argwohn und Spekulation geführt haben.

Aus demographischen Erhebungen explizit ablesbar ist zudem das häufige Phänomen der Kindersterblichkeit. Der Demograph Bruce W. Frier nutzte die vom Juristen Macer[22] bzw. Ulpian aufgelisteten Intervalle an Unterhaltszahlungen, die in Abhängigkeit vom Alter einer jeweiligen zu unterhaltenden Person erhoben worden waren, zur Erstellung einer sogenannten *life-expectancy-table*.[23] Hieraus lässt sich eine zunehmende mittlere Lebenserwartung für das Alter zwischen null und fünf Jahren ermitteln. Erst ab dem sechsten Lebensjahr nahm die mittlere Lebenserwartung kontinuierlich ab. Die Begründung für diesen zunächst ansteigenden Durchschnittswert – von zunächst 21 noch verbleibenden Lebensjahren im Alter Null auf 37 verbleibende im Alter von Fünf – liegt in der besonders hohen Sterblichkeitsrate bei Säuglingen und Kleinkindern. Mit dem Abnehmen der Sterblichkeit zwischen null und fünf Jahren stieg die Lebenserwartung. Mit jedem durchlebten Jahr verbesserte sich also die Chance der Kleinkinder, den Krankheitsrisiken ihres anfälligen Alters zu trotzen. Erst ab dem sechsten Lebensjahr nahm die zu veranschlagende mittlere Lebenserwartung dann kontinuierlich ab.[24]

Im Vergleich dazu liegt die Lebenserwartung eines Neugeborenen in Deutschland heute bei um die achtzig Jahre.[25] Eine Differenz der mittleren Lebenserwartungswerte von ca. sechzig Jahren – 21 Jahre im Römischen Reich, achtzig Jahre in der BRD – verdeutlicht die kommode Situation eines Säuglings der heutigen Zeit bzw. indiziert die fragilen Lebensumstände der Familiengründung und -führung im antiken Rom. Mit knapp 44 Jahren mittlerer Lebenserwartung eines männlichen Neugeborenen muten die Zustände im heutigen Simbabwe auf diesem Hintergrund beinahe positiv an.[26] Dort liegt die momentane Kindersterblichkeit als von der Unesco definierte

---

21 Vgl. *Lanzerath*, Giftmorde, 2009, S. 106.

22 Dig. 35.2.68.

23 Vgl. *Frier*, Expectancy, 1982, S. 245; sowie zur weiteren Erläuterung zudem *Parkin*, Demography, 1992, S. 144 f..

24 Ein Zehnjähriger lebte im Schnitt noch 34 Jahre, ein 15jähriger 31 Jahre etc..

25 Siehe die Homepage des *Statistischen Bundesamts Deutschland* unter: http://www.destatis.de/jetspeed/portal/cms/Sites/destatis/Internet/DE/Content/Statistiken/Bevoelkerung/GeburtenSterbefaelle/Tabellen/Content50/LebenserwartungDeutschland,templateId=renderPrint.psml; zuletzt aufgerufen am 29.04.2010.

26 Daten nach dem *Statistischen Bundesamt Deutschland* unter: http://www.destatis.de/jetspeed/portal/cms/Sites/destatis/Internet/DE/Content/Statistiken/Internationales/InternationaleStatistik/Thema/Tabellen/Basistabelle__Lebenserwartungm,templateId=renderPrint.psml; zuletzt aufgerufen am 08.09.2010.

Rate von Todesfällen bis zum fünften Lebensjahr bei 5,3%(m) / 4,8%(w).[27] Demgegenüber sieht Walter Scheidel die Mortalitätsrate von Kleinkindern im antiken Rom bei bis zu 30%.[28] Als aktueller Vergleich ist die Sterblichkeitsrate in der BRD mit 0,45%(m) / 0,36%(w) anzugeben.[29]

Eine Gesellschaft, die wie die römische eine derart hohe Rate aufwies, hatte ausreichend Gelegenheit, sich ihren eigenen Reim auf das plötzliche Versterben eines Kindes zu machen, das mit seiner Stiefmutter unter einem Dach lebte. Zu erinnern sei an Juvenals Satire, in der er Kinder ermahnt, das Gebäck ihrer Mutter nicht anzurühren. Es glänze so auffällig, dass es bestimmt vergiftet sei.[30] Darüber hinaus bot der „Alltag des Kindersterbens" auch eine Chance für die Stiefmutter: Wenn sie dem Tod ihres Stiefkindes ein wenig auf die Sprünge half, noch dazu wenn ohnehin die ganze Nachbarschaft momentan erkrankt war, Nahrungsengpass herrschte o. Ä., würde niemand Verdacht schöpfen. Und wenn doch – wer konnte ihr schon etwas nachweisen?

Demographische Erhebungen können – wie aus diesem Kapitel klar werden muss – gewiss niemals sichere Aussagen zutage fördern, sondern lediglich die Plausibilität von Annahmen stützen oder mindern. So sollen eben getätigte Anwendungsbeispiele nicht mehr als einen Anreiz bedeuten, die in dieser Arbeit mannigfach vorgenommenen Rekonstruktionen patchworkartigen Zusammenlebens aus demographischem Blickwinkel zu überdenken.

Bei aller Vorsicht und allen Risiken, demographisch begründete Generalaussagen über Patchworkfamilien zu treffen, müssen dennoch zwei Dinge als Fakt angenommen werden. Als Konsequenz einer generell niedrigen Lebenserwartung und unterstützt von einem großen Altersunterschied zwischen Mann und Frau sowie den erwähnten Faktoren der medizinischen Unterversorgung, der Seuchengefahr und saisonal bedingter Nahrungsengpässe muss die römische Familie als äußerst bedrohtes und fragiles Gebilde angenommen werden. Anders als z. B. im Deutschland der Jetztzeit, in der ein Mann im Heiratsalter von dreißig Jahren durchschnittlich mit fünfzig verbleibenden Lebensjahren rechnen kann,[31] seine Kinder also aufwachsen und selbst

27 Daten nach *IndexMundi* unter: http://www.indexmundi.com/de/simbabwe/kindersterblichkeit.html; zuletzt aufgerufen am 08.09.2010.

28 Vgl. *Scheidel*, Population, 2009, S. 136.

29 Daten nach *IndexMundi* unter: http://www.indexmundi.com/de/deutschland/kindersterblichkeit.html; zuletzt aufgerufen am 08.09.2010.

30 Iuv. 6,31.

31 Siehe die Homepage des *Statistischen Bundesamts Deutschland* unter: http://www.destatis.de/jetspeed/portal/cms/Sites/destatis/Internet/DE/Content/Statistiken/Bevoelkerung/GeburtenSterbefaelle/Tabellen/Content50/LebenserwartungDeutschland,templateId=renderPrint.psml; zuletzt aufgerufen am 29.04.2010.

Familien gründen sehen wird, war die Chance eines römischen Familienvaters, das Erwachsenenalter seiner Kinder zu erleben, deutlich geringer. Im Schnitt hatte er noch 23 Jahre zu leben.[32] Oder, um noch einmal Peter Laslett zu bemühen: Die Wahrscheinlichkeit, dass ein Zwanzigjähriger seinen Vater bereits verloren hatte, lag bei fast 70%.

Ein heute Zehnjähriger kann mit ziemlicher Sicherheit davon ausgehen, dass seine Mutter an seinem elften Geburtstag noch mit ihm feiern wird. Für einen römischen Jungen war das in über 1/3 der Fälle nicht zu erwarten. Diese Fakten sind mehr als Zahlenspiele.[33] Vielmehr lassen sie ein aus heutiger Sicht gemindertes Geborgen- und Sicherheitsgefühl bei römischen Familienmitgliedern vermuten. Anders als heute wird „*Familie*" nicht als Ort und Hort von Zusammenhalt und (emotionaler) Geschlossenheit wahrgenommen worden sein, sondern eher als ein Gebilde, aus dem ein Wegbrechen einzelner Komponenten mehr als angenommen wurde. Die Vorstellung von einer auf Dauer angelegten und vor allem gleichbleibenden Familienzusammensetzung wird einem Kind im römischen Reich deutlich fremder gewesen sein als einem heutigen Europäer. Doch nicht nur die Lebenserfahrung der Verwaisung und Verwitwung wird zum römischen Alltag und zur zumindest potentiellen Selbstverständlichkeit in der Erwartungshaltung gehört haben. Als Konsequenz daraus wird auch die Anzahl an neu zusammengewürfelten Patchworkfamilien weitaus höher gewesen sein als heute. Patchworkfamilien müssen in der römischen Antike das Erscheinungsbild der Gesellschaft entscheidend mitgeprägt haben.

Und gesellen sich zu jenen bedingenden Komponenten, die wie Nahrungsengpass oder medizinische Unterversorgung weitestgehend außerhalb menschlicher Einflussmöglichkeiten liegen, noch jene von Menschenhand gemachten Faktoren wie die augusteische Ehegesetzgebung[34] und politisch motivierte Wiederverheiratungsbestrebungen hinzu, so wird dem Historiker Bradley zumindest im Hinblick auf die römische Oberschicht Recht gegeben werden müssen, wenn er schreibt, „*that the offspring of upper-class parents would anticipate, whether in their early or more mature years, the appearance in their familial worlds of stepparents, half-siblings, and step-siblings.*"[35] Mit den *leges Iulia de maritandis ordinibus* bzw. *Papia Poppaea* und den damit verbundenen Privilegien für Verheiratete bzw. Sanktionen für Ledige[36] wurden unmissverständliche Anreize und Zwänge zur Wiederverheiratung ge-

---

32 Vgl. *Frier*, Expectancy, 1982, S. 245.

33 Zu weiteren Thesen familiärer Zusammensetzungen, die sich auf demographische Erhebungen stützen, siehe: *Scheidel*, Background, 2009, S. 1–9.

34 Siehe zur Vertiefung dieses Themenkomplexes: *Mette Dittmann*, Ehegesetze, 1991.

35 *Bradley*, Remarriage, 1991, S. 85.

36 Aus Gai. 2,286 geht hervor, dass es Unverheirateten nicht möglich war, Erbschaften und Vermächtnisse zu erwerben. Nach *Mette Dittman* bezog sich diese Erbinkompetenz aber nur

schaffen, die ihre Wirkung zumindest bei vermögenden Personen und denen des öffentlichen Lebens[37] nicht verfehlt haben dürften. Ohne auf die zahlreichen Arten erb- und personenrechtlicher[38] sowie politischer Privilegien oder alltäglicher Bevorzugungen[39] im Rahmen dieser Arbeit weiter eingehen zu können und zu müssen, dürfen die Auswirkungen der augusteischen Ehegesetzgebung auf die Quantität patchworkfamiliärer Verhältnisse nicht unterschätzt werden. Schließlich betraf die bei Ulpian nachzulesende augusteische (Wieder-)Heiratspflicht mit den Altersgrenzen von 25 und 60 (Männer) bzw. 20 und 50 (Frauen) Jahren einen Großteil der Bevölkerung.[40] Mit der *lex Papia Poppaea* drohten betroffenen Frauen, die sich nicht innerhalb von höchstens zwei Jahren wiederverheirateten (bzw. wieder heiraten ließen) entsprechende Sanktionen.[41] Quasi begleitend zu dieser Rechtsregelung wurde spätestens unter Caracalla auch die *patria potestas* des Brautvaters dahingehend eingeschränkt, als dass er nun mehr von Prokonsulen bzw. Provinzstatthaltern zur Verheiratung und Dotierung seiner Kinder gezwungen werden konnte.[42]

Die augusteische Ehegesetzgebung sowie politisch intendierte Heiratsstrategien der Oberschicht ergänzen und komplettieren somit die aufgrund naturgegebener Lebensumstände ohnehin fragile und instabile Situation auf dem römischen „Familienmarkt" und zwängen dem heutigen Betrachter das Bild einer Gesellschaft auf, in dem die soziale Einheit *Familie* keinen Ort geschlossener Emotionalität darstellte. Die Atmosphäre einer Familie war mitunter geprägt von permanenter Erwartung des Verlustes und dem von Un-

---

auf Vermögenswerte, die einem Unverheirateten von einem Erblasser außerhalb des engeren Verwandtschaftskreises zugekommen waren. (Ehegesetze, 1991, S. 153 f..).

37 Man denke an die von Gellius erwähnte Bevorzugung (wieder-)verheirateter Männer bei der Wahl zum Konsulat vor jenen, die – bei gleicher Kinderanzahl – geschieden oder verwitwet geblieben waren. (Gell. 2,15,5: *„Sed si par utrique numerus liberorum est, maritus aut qui in numero maritorum est, praefertur.*").

38 Das *ius trium liberorum* wird im Rahmen dieser Arbeit ausreichend thematisiert.; siehe das Kapitel VII.2: *Vererben und Verwalten in spätantiken Patchworkfamilien.*

39 Als im süditalienischen Pozzuoli einem Senator kein Sitzplatz im Theater gewährt wurde und dies Augustus zu Ohren kam, nahm dieser das – so Sueton – zum Anlass, generell die Sitzordnung bei öffentlichen Spielen zu reformieren. Dabei räumte er verheirateten Männern Ehrenplätze ein. (Suet., Aug. 44,2: *„Maritis e plebe proprios ordines assignavit* […]"); beachte auch den bei *Mette Dittmann* erwähnten Ausschluss Unverheirateter von öffentlichen Spielen, den sie aus CIL VI 32323 herausliest. (Ehegesetze, 1991, S. 149.).

40 Ulp. (reg.) 16,1.

41 Ulp. (reg.) 14: *„Feminis lex Iulia a morte viri anni tribuit vacationem, a divortio sex mensum, lex autem Papia a morte viri biennii, a repudio anni et sex mensum."*

42 Dig. 23.2.19: *„Capite trigesimo quinto legis Iuliae qui liberos quos habent in potestate iniuria prohibuerint ducere uxores vel nubere, vel qui dotem dare non volunt ex constitutione divorum Severi et Antonini, per proconsules praesidesque provinciarum coguntur in matrimonium collocare et dotare."*

wohlsein begleiteten Blick auf das, was nach Verwaisung oder Verwitwung kommen würde.

Mit all jenen in diesem Kapitel thematisierten finanz-, versorgungs-, erb- und emotionsbezogenen Widrigkeiten schwebte die Patchworkfamilie als ein im alltäglichen Umfeld erlebtes Faktum und als im Kopfe rumorende Erwartungshaltung über der römischen Familie.

Es erübrigt sich, zu erwähnen, dass der *demograpic habit*, der das Phänomen *Patchworkfamilie* umrankte, auch in den Jahrhunderten der (christlichen) Spätantike nicht wesentlich umschlug. Natürlich muss im späteren Verlauf dieser Arbeit dezidiert auf spätantike Änderungen in der weltlichen Scheidungs- und Ehegesetzgebung sowie auf christliche Moralvorstellungen zur Wiederheirat eingegangen werden, doch bleiben wesentliche deterministische Komponenten der Patchworksituation wie das Heiratsalter oder die medizinische und alimentarische Unterversorgung etc. bestehen.

Der christliche Wunsch, durch die Ehe die sexuellen Begierden zu bündeln und zu bändigen, wie er schon in Paulus' Brief an die Korinther,[43] in der Didaskalia[44] bzw. den Apostolischen Konstitutionen[45] oder bei christlichen Vertretern wie Chrysostomos[46] artikuliert wurde, wird seine praktische Verwirklichung dabei keineswegs in einer frühestmöglichen Verheiratung von Jungen und Mädchen gefunden haben. In der Didaskalia wird zwar gefordert: *„Darum seid eifrig darauf bedacht, ihnen zur Zeit Frauen zu nehmen, und sie zu verheiraten, dass sie nicht bei ihrer Jugend in überschäumender Kraft wie die Heiden huren* [...].*“*[47] Berichte aber wie z.B. über Melania die Jüngere, die im Alter von nur dreizehn Jahren an den 17-jährigen Pinian zwangsverheiratet wurde,[48] müssen wohl als seltene, musterchristliche Repräsentanten angesehen werden. Dies insbesondere, bedenkt man, dass Melanias Familie im Wirkungskreis des Hieronymus stand. Der „Entschluss“ zu einer solch frühen Heirat zeugt ebenso von christlichem Fanatismus wie der angebliche Umstand, Melania sei von einer schweren Krankheit und den Folgen zweier Fehlgeburten erst genesen, als Pinian ihr ein Eheleben in asketischer Keuschheit versprochen hatte.[49] Auch Augustinus, der sich im Alter von dreißig Jahren das baldige Jawort einer Zehnjährigen zusichern ließ, ist mit Sicherheit als Extrembeispiel anzusehen.[50] Die Rekonstruktion des jeweiligen Heiratsalters ergibt sich hierbei aus den chronologischen Eckdaten der

---

43 1. Kor. 7,2.

44 Didask. 22.

45 Apost. Konst. 4,11.

46 Joh. Chrys., educ. lib. 984.

47 Didask. 22; Übersetzung nach: *Achelis/Flemming*, Didaskalia, 1904, S. 115.

48 Vita Melaniae 1.

49 Vita Melaniae 5.

50 Aug., conf. 6,13,23.

Quelle. Da Augustinus erwähnt, er sei zum Zeitpunkt, als er um ein Mädchen warb, schon Professor in Mailand gewesen, musste er da mindestens das dreißigste Lebensjahr erreicht haben, denn er wurde 354 n. Chr. geboren und erst 384 n. Chr. Milanesischer Professor. Die Tatsache, das Mädchen käme erst in etwa zwei Jahren ins heiratsfähige Alter, wie Augustinus schreibt, lässt auf ein ungefähr zehnjähriges Mädchen schließen. Ein Altersunterschied von zwanzig Jahren dürfte bei einer Erstheirat außerordentlich gewesen sein.

Vielmehr bestätigt Carlo Carletti in einer Analyse christlicher Inschriften aus dem vierten Jahrhundert einen keineswegs erheblichen Unterschied im ersteehelichen Heiratsalter zwischen Braut und Bräutigam, vergleicht man ihn mit der heidnischen Situation. Für Männer christlichen Glaubens ergibt sich ein mittleres Heiratsalter von 27.42 Jahren, für christliche Mädchen ein mittleres Heiratsalter von 20.03 Jahren.[51] Leicht höher setzen Hopkins[52] und Aubin[53] den Altersunterschied an, wenn sie bei der Auswertung des ihnen vorliegenden Materials ein durchschnittliches Heiratsalter von 17 bzw. 26 Jahren errechnen.

Diese epigraphischen Analysen widersprechen jenen christlich eingefärbten Textzeugnissen, die das Ideal einer frühestmöglichen Verheiratung hochhalten, um Hurerei und liederlichen Lebenswandel zu unterbinden. In der gemeinen Christenheit scheinen, nach dem epigraphischen Material zu schließen, keine gravierenden Unterschiede zum klassisch-heidnischen Heiratsalter bestanden zu haben. In der Konsequenz kann für die demographische Zusammensetzung einer spätantik-christlichen Patchworkfamilie eine ähnliche Altersstruktur angenommen werden wie für das klassische Pendant.

Was die prognostizierte Häufigkeit an zweiten Ehen und Patchworkstrukturen betrifft, muss zwar für die spätantiken Jahrhunderte die deterministische Komponente der augusteischen Ehegesetzgebung subtrahiert bzw. vielmehr durch eine entgegengesetzte, christliche Ehemoral und ein reformiertes, weltliches Scheidungsrecht ersetzt werden. Auf rein theoretischer Ebene müsste somit, wie zu zeigen sein wird, eine quantitative Abnahme an Patchworkfamilien zu erwarten sein. Dieses theologische und juristische Gerüst darf aber nicht darüber hinwegtäuschen, dass im praktischen, sozialen Alltag der Spätantike weiterhin jene Wünsche, Bedürfnisse und Nöte den Entschluss zu einer zweiten Ehe reifen ließen, wie noch in den Jahrhunderten zuvor.

Ob dies profane sexuelle Gelüste waren,[54] die, wie Methodius weiß, einen verwitweten Single derart leiden ließen, als ob einem Schwerkranken das

---

51 Vgl. *Carletti*, Aspetti biometrici, 1977, S. 39 ff..

52 Vgl. *Hopkins*, Age, 1965, S. 321.

53 Vgl. *Aubin*, More apparent than real?, 2000, S. 1–13.

54 Tert., uxor. 1,4.

Joch des österlichen Fastens aufgebürdet würde;[55] ob es die emotionale Verlusterfahrung oder das Gefühl der nun fehlenden Sicherheit[56] und Geborgenheit war, die eine Witwe dem ersten Ehemann nachtrauern ließen und in die zweite Ehe trieben;[57] ob es schlicht finanzielle Nöte der alleinstehenden Frau waren[58] oder der Kinderwunsch eines Hinterbliebenen.[59] Entgegen den bisher herausgearbeiteten, kaiserzeitlichen Bedrohungsszenarien einer Patchworkfamilie war es – wie in christlich-spätantiken Quellen abzulesen – oftmals gerade das Vorhandensein von Kindern, was den Entschluss förderte, erneut zu heiraten.[60] Durch den Tod des Ehemannes fühlten sich Witwen oftmals in allen Dingen alleingelassen und hilflos. Die angebotenen Lösungsansätze kirchlicher Vertreter lassen einen Praxisbezug vermissen, wenn Johannes Chrysostomos Witwen rät, ihr Leben in Vertrauen auf die Hilfe Gottes zu bauen, und sich dabei an die Psalme 27 und 68 anlehnt.[61] Vor allem die Kindererziehung war es, die Witwen – auch vor dem Hintergrund eines kirchlichen Erziehungsauftrages – Probleme bereitete. Diesbezüglich beharrte die Kirche neben natürlichen Erziehungsaufgaben vor allem darauf, dass die Erziehung der Kinder im Glauben nicht zu kurz komme.[62] Dies solle mehr noch als die Versorgung mit weltlichen und somit sterblichen Luxusgütern im Vordergrund stehen, wie Augustinus fordert.[63] Doch nach dem Tod des Ehemannes fehlte oft die harte Hand des Vaters. Disziplinlosigkeit der Kinder war die Folge mütterlicher Milde. Die Zügellosigkeit von Waisen gehe, so berichtet Libanios, sogar soweit, dass diese später während des Studiums nicht von Pädagogen zu bändigen seien.[64] Er berichtet wohl aus eigener Erfahrung, denn er selbst war früh Halbwaise geworden und genoss nur eine autoritätsferne Erziehung durch seine Mutter, die den Kindern nichts Schlechtes wollte. Anstatt zu Lernen, machte Libanios lieber Ferien auf dem Land.[65] Johannes Chrysostomos' Mutter klagt vor allem über Probleme mit Jungen, weniger mit Mädchen, wenn einer Mutter bei der Kindererziehung kein Ehemann zur Seite gestellt war.[66] Halbwaisen drohten, anders als solche, die auch die Erziehung durch den Vater genossen hatten, den weltlichen Versuchungen nicht standhalten zu können. So habe sich ein reicher Wai-

55 Method. Olymp., symp. 3,12.

56 Joh. Chrys., sac. 1,5.

57 Joh. Chrys., in 1 Thess. hom. 6 (PG 62,431).

58 Joh. Chrys., in Joh. hom 70 (PG 59,385); Tert., uxor. 1,4.

59 Ambr., vid. 15,89.

60 Ambr., vid. 9,58.

61 Joh. Chrys., in 1 Cor. hom. 41,9; vgl. auch Psalm 27,1 sowie: Psalm 68,5.

62 Vgl. Joh. Chrys., in 1 Tim. hom. 14 (in Anlehnung an: 1 Tim 5,8).

63 Aug., ep. 130,5.

64 Lib., or. 1,12.

65 Lib., or. 1,4.

66 Joh. Chrys., sac. 1,5.

senknabe, Sohn eines gewissen Urbanus, wie Chrysostomos weiß, gar nach dem Entschluss, Mönch zu werden, noch durch weltliche Verführungen beinahe gänzlich vom geistlichen Weg abbringen lassen. Am Ende konnte er aber doch noch von seinem ursprünglichen Vorhaben des geistlichen Lebens überzeugt werden.[67]

Neben Kindererziehung war es die Furcht, den kommenden Verwaltungsaufgaben und geschäftlichen Angelegenheiten ohne einen Ehemann nicht gewachsen zu sein, die manch eine Witwe dazu bewogen haben mag, erneut zu heiraten.

Hieronymus redet der wohlhabenden Witwe Ageruchia positiv zu, sie sei auch ohne die Mithilfe eines Ehemannes in der Lage, die Lasten des Haushalts – Vermögensverwaltung, Steuerbezahlungen, Regelung öffentlicher Anfragen – zu meistern. Anstatt eines neuen Ehemannes könnten Freigelassene diese Rolle übernehmen.[68] Ein Hausvorsteher könne die Befehligung des Gesindes leiten, rät Hieronymus der Witwe Salvina. So verhindere sie zu intimen Kontakt mit männlichen Sklaven.[69]

Derartige Ratschläge des Hieronymus weisen darauf hin, dass solche Dinge verwitweten Frauen Probleme bereiten konnten. Dies insbesondere auch, weil der Verlust des Ehemannes in derlei Dingen nicht einfach durch die Geschäftstüchtigkeit einer Witwe zu ersetzen war. Es mangelte einer Frau an Durchsetzungsfähigkeit. Hieronymus spricht von Klagen darüber, dass das Gesinde sich zuviel herausnehme, sich frech und beleidigend gegenüber Witwen äußere oder Befehle missachte.[70] Auch der Härte der Steuereintreiber war eine Witwe nicht im gleichen Maße wie ihr verstorbener Ehemann gewachsen. Dies mag vor allem für junge Witwen, die gerade erst das Haus des Vaters verlassen hatten, zugetroffen haben.[71] Vermögende Frauen, so Johannes Chrysostomos, heirateten oft nur, um mit dem zweiten Ehemann gleichzeitig den Verwalter ihres Besitzes zu ehelichen.[72]

All dies sind soziale Determinismen, welche als Konsequenz die Beschäftigung mit dem Phänomen Patchworkfamilie für die Zeit der klassischen Jahrhunderte ebenso rechtfertigen wie für die christliche und heidnische Spätantike. Denn nicht zuletzt erstreckten sich die „Angebote" der Kirche für Verwitwete oder Verstoßene auf lediglich theoretische, seelsorgerische Tätigkeiten oder unzureichende, alimentarische Versorgungsansätze,[73] die speziell

67 Joh. Chrys., adh. Theodr. 1,17.

68 Hieron., epist. 123,14.

69 Hieron., epist. 79,8.

70 Hieron., epist. 54,15.

71 Joh. Chrys., sac. 1,5.

72 Joh. Chrys., in Act. hom. 49,4.

73 Vgl. *Krause*, Witwen, 1995, S. 49.

die Probleme von Witwen der ärmeren Bevölkerungsschicht nicht zu lösen vermochten. Derlei Maßnahmen oder jenen zahlreichen moraltheologischen Ratschlägen die Kraft zum *demographic change* zu unterstellen, wäre – das sei bereits hier vorweg genommen – vermessen.

Im Rahmen dieses letzten Kapitels wurde die Patchworkfamilie aus demographischer Sicht beleuchtet. Dabei konnte dem in belletristischen Quellen auffindbaren Liebesverhältnis zwischen Stiefmutter und -sohn durchaus Relevanz zugesprochen werden. Heiratsalter und Heiratspraxis der römisch-heidnischen Gesellschaft ermöglichten dies. Auch die Tatsache, dass sich im Gegenzug keine Liebeleien zwischen Stiefvater und -tochter belegen lassen, fand seine demographische Begründung. Dies unter anderem deshalb, da der zweite Mann der Mutter oft schon ein kritisches Alter erreicht hatte, bis eine Tochter der Ehefrau ins sexuell anziehende Alter kam. Das zu erleben, war nicht selbstverständlich.

Auch die im Rechtsteil angesprochenen Gefahren intestarischer und testamentarischer Vererbungsstrategien sowie dort angerissene sorgerechtliche Fragen wurden auf ihre demographische Verankerung hin überprüft. Die Rolle des väterlichen Großvaters in Erb- und Sorgerechtsfragen konnte hier zum großen Teil relativiert werden. Plausibilität hingegen erfuhr das Stereotyp des Stiefkindtodes durch Vergiftung. Demographisch nachweisbares Säuglings- und Kleinkindersterben wird seine Wirkung auf die Ausbildung eines solchen Klischees und die kriminellen Machenschaften einer Stiefmutter gehabt haben. Darüber hinaus konnten demographische Relevanzen jeweils nur für den Einzelfall einer jeweiligen Familiensituation nachgefragt werden. Denn anders als bezüglich des Heiratsalters folgte das Sterben aufgrund höherer Mächte wie Krankheit, Krieg oder Kindbetttod keinen generellen Regeln. Es gilt, *„wer früher stirbt, ist länger tot"* und hat somit keine Einflussmöglichkeiten auf den Umgang mit seinen Hinterlassenschaften – seien es dessen Kinder oder dessen Vermögenswerte.

Dass die demographischen Voraussetzungen einer Patchworkfamilie in Kaiserzeit und christlicher Spätantike nahezu identisch waren, musste in einem letzten Abschnitt angenommen werden. Gleichbleibende biologische und soziale Determinismen lassen die Lebensumstände einer spätantiken Patchworkfamilie in einem ähnlichen demographischen Licht erscheinen, wie jene der ersten drei nachchristlichen Jahrhunderte.

Inwieweit christliche Einflüsse und familienrechtliche Reformen der spätantiken Jahrhunderte das demographisch-strukturelle und emotionale Gefüge von Patchworkfamilien entscheidend mitbestimmt haben könnten, soll das Thema der nächsten Kapitel sein.

Veränderungen der rechtlichen, theologischen und wertenden Behandlung der spätantiken Patchworkfamilie und deren Auswirkungen auf den realen Alltag

V. Die Patchworkfamilie der Spätantike aus christlicher Sicht

Die vorangegangenen Kapitel suchten die Situation der kaiserzeitlichen heidnischen Patchworkfamilie zu skizzieren. Diese und die jüdische Familiensituation wurden als reaktionär prägender Erfahrungshorizont für die Ausbildung eines christlichen Familienverständnisses greifbar gemacht. Als weiterer potentieller Faktor, der die Formierung einer christlichen Anti-Wiederverheiratungslehre mitbegründet haben könnte, wurde der Aspekt der rein-theologisch begründeten Naherwartungsthematik angesprochen, die eine Befreiung von allen irdischen Lasten forderte und somit zweiter Ehe und Familie keine Relevanz zukommen ließ.

Der Umstand fehlender sozial begründeter Aussagen zum alltäglichen Familienleben ließ hingegen keine konkreten Korrelationen zwischen der Ausbildung christlicher Familien- bzw. Ehebilder und jenen kulturhistorischen und religionspolitischen Rahmenbedingungen rekonstruieren, die das frühe Christentum einbetteten.

In den nun folgenden Kapiteln wird es darum gehen, die heidnische und vor allem christliche Patchworkfamilie der Spätantike zu beleuchten. Die im ersten Kapitel getätigten perspektivischen Betrachtungen und Erkenntnisse (familienrechtliche Verankerung, Arten gesellschaftlicher Stigmatisierung, Auswirkungen auf den Lebensalltag einzelner Familienmitglieder) sollen auch als Grundlage und -gerüst dieses Kapitels dienen.

Anders als in den ersten drei nachchristlichen Jahrhunderten, in denen christliche Vertreter nur wenige sowie sich widersprechende und rein theologische Aussagen zu Scheidung und Wiederverheiratung tätigten, wartet die spätantike Kirche mit mannigfaltigen und auf den Alltag bezogenen Einschätzungen über das Leben in Patchworkfamilien auf. Sie belässt es hierbei nicht bei jenen bereits in klassischer Zeit etablierten Klischees der finanziellen Streitereien, ausgehend von den bösen Machenschaften der Stiefmutter, sondern beschreibt und begründet vielmehr auch emotionale Problemsituationen, die zudem – und das ist neu – auch durch das Verhalten des neuen Mannes an der Seite der Mutter hervorgerufen wurden.

Das vorliegende Kapitel strebt eine umfassende Darstellung der kirchlichen Sicht auf die spätantike Patchworkfamilie an, deren Fokus insbesondere auf der Herausarbeitung veränderter christlicher Familienidealvorstellungen, deren Begründung und dem zugrundeliegenden Sprachduktus liegen soll. Zudem muss die Frage gestellt werden, inwieweit durch die Artikulation christlicher Ideale tatsächlich Änderungen im Scheidungs- und Wiederverheiratungsverhalten verschiedener Gesellschaftsgruppen und im familiären Miteinander einer Patchworkfamilie zu erwarten waren. Wurde die „neue" christliche Lehre und Sichtweise der spätantiken Kirchenväter rezipiert und führte gar zu einer Stigmatisierung Wiederverheirateter innerhalb der Gemeinde?

Inwieweit eine veränderte christliche Argumentationsstruktur mit sich ändernden juristischen Bedingungen im „Patchworkrecht" (Vererbung, Sorgerecht etc.) korrelierte, soll im Rahmen eines eigenen Kapitels hinterfragt werden.

1. Stiefverwandtschaft als Pleonasmus des Negativen

Dass das kaiserzeitliche Negativimage, wie es einer Patchworkfamilie anhaftete, der christlichen Ablehnung der zweiten Ehe und dem Bemühen kirchlicher Vertreter, Wiederverheiratungen einzudämmen, zuarbeitete, lässt sich bereits an den Kontexten ablesen, in denen die Termini „Stiefmutter", „Stiefvater" oder „Stief-/Halbverwandtschaft" in christlichen Lehrschriften, Predigten oder Briefen gebraucht wurden. Längst hatte sich das Bild der unheilbringenden Familienkonstellation in den Köpfen manifestiert, so dass es von Klerikern ohne weitere Ausführungen abgerufen werden konnte. Der Begriff der Patchworkfamilie als gemeingesellschaftlich verstandener Topos war bereits für sich ein Baustein christlicher Argumentation. Mitunter wurde die römische Stilistik sogar wörtlich in christlichen Kontexten rezipiert.

Laktanz, der gelehrte Apologet der angehenden Spätantike und späterer Lehrer Konstantins Sohn Crispus, weiß um die etablierte Semantik des Begriffes *Stiefmutter*. So mokiert er sich, die Anhänger der epikureischen Lehre, allen voran Lukrez, beurteilten das Handeln der menschengebärenden Natur als stiefmütterlich, nicht als mütterlich. Denn, *„während sie sich gegen die Tiere so gütig gezeigt habe"*, würde der Mensch *„in einem Zustande in die Welt gesetzt"*, da er *„hilflos, schwach und hilfsbedürftig im höchsten Grade seine Hinfälligkeit nur durch Schreien und Weinen anzeigen könne; er, der im Leben so viele Leiden durchzumachen habe."*[1]

In seiner Analyse werden die an die Widrigkeiten des Lebens angepassten Tiere den menschlichen Lebewesen, die ohne natürlichen Schutz ausgestattet seien, entgegengesetzt. Der Begriff *Stiefmutter* steht somit für *mangelnde*

---

1 Lact., opif. 3,2: *„Itaque naturam non matrem esse humani generis, sed novercam, quae cum mutis tam liberaliter gesserit, hominem vero sic effuderit, ut inops et infirmus et omni auxilio indigens nihil aliud possit quam fragilitatis suae condicionem ploratu ac fletibus ominari, scilicet cui tantum in vita restet transire malorum."* (Übersetzung nach *Hartl*, Lactantius, 1919.).

Umsorgung, Vernachlässigung, Schutzlosigkeit der Anvertrauten und impliziert damit die Antithese zur fürsorglichen Mutter. Interessant ist, dass Laktanz in seiner Beschäftigung mit der *saeva natura* als *noverca* vorgibt, eine auf Lukrez zurückgehende Assoziationskette zu bemühen. In Wahrheit vertritt Lukrez lediglich die positive epikureische Lehre der fürsorglichen *Mutter Natur*, ohne dieser aber eine stiefmütterliche Komponente entgegenzusetzen.[2] Da Augustinus sich später im Rahmen seiner Paraphrasierung ebendieser Aussage explizit auf das dritte Buch Ciceros *De re publica* beziehen wird,[3] ist anzunehmen, auch Laktanz habe eigentlich nicht Lukrez, sondern Cicero zitiert.[4] Festzuhalten bleibt jedenfalls die Existenz und Rezeption einer Vorstellungsverknüpfung *Stiefmutter – mangelnde Fürsorge*, die – unter Heranziehung von Sidonius Apollinaris – auch im späten fünften Jahrhundert noch belegbar ist. In einem Brief an seinen Freund Philagrius klagt Sidonius 470 n. Chr. über die Beschaffenheit der menschlichen Rasse, die nicht von einer Mutter, sondern von einer Stiefmutter hervorgebracht worden zu sein scheint.[5]

Ambrosius bedient sich des Attributs *stiefmütterlich*, um einen besonders schweren Grad der Unterversorgung und des Hasses zwischen Eltern und Kindern zu beschreiben. Wiederum dient das Tier als positives Vorbild, da es unter den außerordentlich gravierenden Umständen der Lebensbedrohung zuerst an den Schutz des eigenen Nachwuchses denke. Die Liebe des Menschen hingegen sei nicht absolut, wenn sie unter widrigen Bedingungen in *novercalibus odiis*[6] umschlage, was für die Schutzbefohlenen sogar tödlich zu enden drohe.

Ambrosius beschreibt *stiefmütterlich* somit als einen vor dem Hintergrund von Belastung und Bedrohung – er thematisiert z. B. eine Hungersnot – auftretenden Charakterzug. Das Stiefmütterliche im Menschen würde erst durch sich verschlechternde Lebensumstände hervorgerufen. Führt man sich die wohl zum Teil emotional bedrückende Familienkonstellation im Patchwork vor Augen, so scheint die von Ambrosius gewählte Semantik des Wortes *stiefmütterlich* plausibel.

---

2 Lucr. 5,795–817, dazu auch: *Böhme*, Feuer, 2004, S. 225.

3 Aug., c. Iulian. 4,767,25: „*In libro tertio de republica, idem tullius hominem dicit, non ut a matre, sed ut a noverca natura editum in vitam, corpore nudo, fragili, et infirmo; animo autem anxio ad molestias, humili ad timores, molli ad labores, prono ad libidines: in quo tamen inesset tanquam obrutus quidam divinus ignis ingenii et mentis.*“ (siehe auch: Aug., c. Iulian. 6,863,56).

4 Vgl. *Bees*, Kulturentstehungslehre, 2005, S. 22.

5 Sidon., epist. 7,14,23: „*cumque fingendis artubus animalium ceterorum multifario natura praesidio quasi quaedam sinu patente mater occurrat, humana tantum corpora effudit, quorum imbecillitati quodammodo novercaretur.*“

6 Amb., hex. 5,3,7.

An anderer Stelle verdeutlicht er seine Einschätzung über die Positionierung des Menschen im Gebilde *Familie* bzw. durchexerziert das Attribut *stiefmütterlich* explizit für den patchworkfamiliären Bereich. Die Crux des Menschen im Vergleich zum Tier sei seine Vernunft. Denn *„so hat nämlich der Herr alles geordnet: dass er denen umso weniger Vernunft gab, mit umso mehr Liebe er sie ausgestattet habe."*[7] Im Rahmen familiären oder gar patchworkfamiliären Miteinanders könne jene menschliche Vernunft zum Risiko werden, da in Konsequenz von rationell abwägendem Handeln stiefmütterlicher Hass – *odia novercalia* – entstehe. In seiner weiteren Einschätzung wird Ambrosius überraschend analytisch. Dies insbesondere in Relation zu jenen vielen klassisch-heidnischen Klischeebedienungen einerseits oder zu frühchristlichen „Aussagen" zur Wiederheirat andererseits. Letztere ließen – wie nachgewiesen – stets die sozialen Hintergründe des familiären Zusammenlebens unbeleuchtet und argumentierten rein theologisch.

Durch Patchworkfamilien gingen – so nun Ambrosius – den Kindern die Eltern verloren.[8] Dies spricht Ambrosius nicht etwa in Bezug auf jenen Elternteil an, der rein physisch die Familie verlässt, da er nach einer Scheidung in eine zweite Familie wechselt. Vielmehr thematisiert Ambrosius hier den Verlust oder die Beeinträchtigung der emotionalen Bindung zwischen den in der Patchworkfamilie zusammenlebenden leiblichen Verwandten. Denn zu den elterlichen Verhaltensweisen in einer Patchworkfamilie gehöre es, *„die Kinder der nachfolgenden Verbindung zu bevorzugen, die der vorhergehenden aber zu benachteiligen."*[9] Wenn Ambrosius den *stiefmütterlichen Hass* als Urheber dieser Konflikte nennt, so spielt er nicht einfach das alte Klischee der todbringenden Antipathie zwischen der zweiten Frau des Vaters und dessen Kindern aus erster Ehe ab, sondern spricht nicht zuletzt dezidiert die negative Sogwirkung stiefmütterlicher Existenz auf das Verhältnis zwischen dem Vater und seinen erstehelichen Kindern an. Dass die Hintergründe dieser Harmoniebeeinträchtigung in finanziellen Angelegenheiten zu suchen wären, erwähnt er nicht. Er spricht nicht von konkreter Einflussnahme einer Stiefmutter auf Entscheidungen ihres Mannes zu Ungunsten dessen Kinder. Vielmehr artikuliert Ambrosius eine generelle emotionale Disharmonie, welche bereits allein aus dem Dasein einer Stiefmutter resultiere: *Unterschiede in der Liebe*[10] und ein *Sichbeleidigtfühlen*, das seien die alltäglichen Phänomene im Patchwork – hervorgerufen durch den menschlichen Makel der zu

7 Amb., hex. 6,4,22: *„sic enim omnia dominus temperavit, ut quibus minus rationis daret plus indulgeret adfectus."*

8 Amb., hex. 6,4,22: „[…] *mutato concubitu parentes a subole depravantur*".

9 Amb., hex. 6,4,22: *„praeferre filios posterioris copulae, superioris autem neglegere."*

10 Hiermit setzt Ambrosius den Mensch in einen Gegensatz zu den Tieren, von denen er sagt: *„Norunt pignora sua, nesciunt caritatis differentiam, odiorum incentiua, offensionum discrimina."* (Amb., hex. 6,4,22).

großen *ratio*, der unter den widrigen Umständen einer zweiten Ehe voll zum Tragen komme. Ambrosius leistet hier eine selten analytische Beurteilung des emotionsgebundenen Menschen an sich und beschreibt objektiv und nachvollziehbar Resultate, die sich ergeben, stellt man dieses bemakelte Wesen in den Kontext zweitehelicher Rahmenbedingungen. Festzuhalten bleibt außerdem die gänzlich fehlende Bezugnahme auf finanziell begründete Konflikte zugunsten affektbezogener Problemstellungen.

Stiefmütterlich im christlichen Sinne steht vor allem für die Nichtexistenz der elterlichen / mütterlichen uneingeschränkten Verbundenheit zu den eigenen Kindern. So bezeichnet Cyprian von Karthago das Verhalten von Heiden oder von denen, die aufgrund von Christenverfolgungen von Gott abgefallen seien, als stiefmütterlich. Denn nicht nur dass sie selbst der Kirche den Rücken gekehrt hätten, kappten sie zudem noch die Verbindung der Rückkehrwilligen zur Mutterkirche, indem sie sie vom Büßen abhielten. *„Durch die dazwischentretende Stiefmutter* [würde] *der heilbringende Schoß einer Mutter verschlossen.“*[11] Als gleichermaßen *stiefmütterlich* im Sinne von *nicht-mütterlich* beurteilt Caesarius von Arles in einer seiner Predigten das Verhalten einer Mutter, die sich etwa entschloss, ein Kind durch die Einnahme giftiger Tränke abzutreiben. Das ungeborene Leben mit der Begründung zu töten, zu viele Kinder verhinderten Reichtum oder erhöhten das Risiko, einzelne Kinder aufgrund von Nahrungsengpass nicht durchzubringen,[12] müsse mit dem Attribut *„stiefmütterlich“* beschrieben werden. Auch hier definiert Caesarius das Stiefmütterliche nicht durch den Wunsch einer Frau, kein Kind zu bekommen, akzeptiert er doch schließlich eine Keuschheitsvereinbarung unter den Ehepartnern als Verhütungsmittel. Vielmehr sei es das Lösen der natürlichen Mutter-Kind-Bindung durch den Abort, welches die Bewertung *stiefmütterlich* verdiene.[13] Weniger also die Tötung des Kindes an sich, sondern viel mehr die Verwehrung jener Zuneigungsbezeugungen, die eine Mutter ihrem Kind nach christlichen Maßstäben uneingeschränkt entgegenbringen sollte, steht bei Caesarius sinnbildlich für einen stiefmütterlichen Charakter.

Auch z.B. Sulpicius Severus verwendet das Attribut in einem solchen Kontext. Er weiß, Jesus habe Gallien nicht „stiefmütterlich“ behandelt, habe er es doch im vierten Jahrhundert mit Martinus, dem Bischof von Tours, beschenkt. Sulpicius Severus verwendet „stiefmütterlich“ als Antithese zu einer von Wohlwollen geprägten, also mütterlichen Behandlung.[14]

---

11 Cypr., epist. 59,13,2: *„salutaris sinus matris noverca intercedente cluditur“.*

12 Caes. Arel., serm. 52,4,4: *„timentes ne forte, si plures filios habuerint, divites esse non possent? et haec facientes quid aliud credunt, nisi quod illos, quos deus iusserit nasci, pascere aut gubernare non possit?“*

13 Caes. Arel., serm. 52,4,19.

14 Sulp. Sev., Dialog. 3,17.

Dass es aber das Mütterliche und das antithetische Stiefmütterliche gleichermaßen ist, was nach christlichem Menschenbild im Menschsein impliziert sei, bestätigt sich nicht zuletzt bei Zenon von Verona. Dieser meint, wenn Gott alle, *„die verschieden sind bezüglich ihrer Herkunft, ihres Geschlechtes, ihres Lebensalters oder ihres Standes,“*[15] gleichermaßen aufnehme, so handle er mütterlich. Doch gleichermaßen gehöre zum Muttersein, ab und an stiefmütterlich zu handeln. Dies täte Gott, wenn er mit Hass auf Vergehen der Menschen reagiere und diese töte.[16]

Lässt man die eben dargelegten Kontexte, in denen Lactantius, Ambrosius, Caesarius oder Zenon etc. die Person der *Stiefmutter* oder das Attribut *stiefmütterlich* verwenden, Revue passieren, so stechen eher Unterschiede als Gemeinsamkeiten zum kaiserzeitlich-weltlichen Stiefmutterbild ins Auge. Gemein haben zwar beide Charakterisierungen die ausschließlich negative Konnotation der Termini *noverca* oder *novercalis*. Bei genauem Hinsehen jedoch entpuppt sich das spätantik-christliche Stiefmutterbild keineswegs als bloßer Abklatsch des kaiserzeitlichen Inzest- und Erbstreitklischees. Vielmehr wird das Negative im Stiefmütterlichen mit dem Vokabular des familiären Zusammenlebens und des emotionalen Miteinanders beschrieben. Wo Defizite in diesen Bereichen auftreten, sprechen die christlichen Vertreter von stiefmütterlichen Verhaltensweisen. Auffallend ist, dass eine Stiefmutter nicht – wie der kaiserzeitlich-weltliche Prototyp – als naturgegeben schlecht und defizitär eingeschätzt wird. Vielmehr ist *Das Stiefmütterliche* eine in Reaktion auf äußere Umstände kausal auftretende Eigenschaft, die jedem Menschen innewohne. Die Ratio, die den Menschen vom Tier unterscheide, verdrängt die tierische und instinktiv komplette Bejahung des Nachwuchses und bringt den menschlichen Makel der Abwägung und graduellen Dosierung von Zuneigung und Missachtung mit sich. Dass mütterliche und stiefmütterliche Eigenschaften in einer Person verankert seien, und in Reaktion auf die Gegebenheiten im familiären Zusammenleben stark oder weniger stark hervorträten, hat nicht zuletzt Zenon im Hinblick auf das Tötende und Bewahrende der (stief-)mütterlichen Liebe artikuliert. Somit ist im christlichen Menschenbild das *Stiefmütterliche* keineswegs mehr eine Charaktereigenschaft, die nur die Stiefmutter für sich gepachtet hat. Losgelöst von der Person der zweiten Frau an der Seite des Vaters, hat sich die Semantik des *„novercalis“* vom inzestuösen und geldgierigen Charakter zum Pejorativ familiärer Harmonie, zur Antithese emotionaler Integrität entwickelt. Und führt man sich die Analyse des Martin von Braga, jenes galizischen Mönches und Missionars des sechsten Jahrhunderts, vor Augen, so bestätigt sich, dass im christlichen Menschen- und Familienbild einem jeden integren Familien-

15 Zen. Veron. 2,29,13: *„diversos genere, sexu, aetate, condicione suscipiens“.*

16 Zen. Veron. 2,29,14: *„necat odio criminum ut noverca“.*

mitglied eine zugehörige zornesbedingte Antithese zugestanden wird: „*Legt man den Zorn in den Vater, so wird er dein Feind; legt man ihn in den Sohn, so wird er zum Vatermörder; legt man ihn in die Mutter, so wird sie Stiefmutter.*“[17]

Bei aller nun aufgezeigten, analytischen und situationsbezogenen Verwendung des *noverca*-Terminus im christlichen Schrifttum ist natürlich nicht zu verhehlen, dass Kleriker auch vor einer rein schematischen Verwendung des Stiefmutterterminus nicht zurückschreckten, wenn sie die zweite Frau des Vaters einseitig und axiomatisch als Inkarnation des Negativen verunglimpften.

So bestimmt erwähnter Zenon den Grad der Stärke und Grausamkeit einer Stiefmutter, indem er das bekannteste Stiefmutter-Stiefsohn-Paar komparatistisch in Beziehung zueinander setzt. Herkules nämlich sei bezüglich Stärke und Grausamkeit gar noch schlimmer als seine Stiefmutter gewesen, weiß Zenon zu berichten. Damit findet sich die Stiefmutter in einer Reihe wieder mit „*terribilis turba monstrorum,*“[18] welche alle Herkules unterlegen seien.

Dieses Mutter-Kind-Paar bemüht auch Augustinus, welcher in seiner Schrift *De utilitate ieiunii* anprangert, Heiden kennten zwar ebenso wie Christen das Fasten, täten dies aber widersprüchlicherweise zu Ehren mehrerer Götter, die noch dazu untereinander verfeindet seien. Als Beispiel nennt er Herkules und Juno und weiß wie selbstverständlich zu konstatieren: „*hercules et iuno inimici fuerunt, homines enim fuerunt, privignus ille, noverca illa.*“[19] Dass die heidnisch-mythische Götterwelt generell christlichen Schriftstellern eine dankbare Bühne zur Anprangerung vermeidbarer Fehltritte bot, beweist nicht zuletzt Isidor von Sevilla. Immerhin führt er vor Augen, der Hellespont verdanke seine Namensgebung erst der Helle, die „*fugiens insidias novercales*“ ins Meer gestürzt war.[20]

Nicht minder Schändliches indiziert die kykladische Insel Tenedos, deren Name an das Vergehen ihres ersten Bewohners Tenes erinnert. Dessen infamer Beischlaf mit der eigenen Stiefmutter hatte ihn einst zur Flucht auf diese Insel gezwungen.[21]

---

17 Mart. Brac., de ira 2: „*Da eam patri, inimicus est; da filio, parricida est; da matri, noverca est.*“

18 Zen. 1,1,106: „*einer furchtbaren Schar von Ungeheuern*“.

19 Aug., util. ieiun. 7,253: „*Herkules und Juno waren Feinde, sie waren nämlich Menschen. Jener der Stiefsohn, jene die Stiefmutter.*“

20 Isid., orig. 13,16,8.

21 Isid., orig. 14,6,23.

Neben der generellen Feindseligkeit einer Stiefmutter bemühen christliche Vertreter also nicht zuletzt jenes Bild der Verruchtheit, das durch weltliche Autoren bereits lange etabliert war. Wenn Petrus Chrysologus über das Matthäusevangelium sinniert und sich an der Stelle stört *„als Maria, seine Mutter, verlobt war,“*[22] wird er den Makel der vorehelichen Empfängnis, wie er aus der Formulierung „verlobte Mutter“ potentiell herausgelesen werden könnte, mit dem abgedroschenen Statement wegwischen: *„Die jungfräuliche Natur ist immer Mutter, wie sie immer eine Stiefmutter ist, wenn sie verdorben ist.“*[23] Die Konnotation der sexuellen Liederlichkeit, wie sie einer Stiefmutter anhaftete, wird somit für die Beweisführung der unbefleckten Empfängnis Marias instrumentalisiert. Und natürlich weiß auch Quodvultdeus, Bischof von Karthago und Zeitgenosse des Augustinus, um jene stiefmütterliche und somit hurerische und ehebrecherische Aura, die jeglicher nichtchristlichen Ehefrau anhafte. Sei eine Stiefmutter doch eine *„species fornicariae.“*[24] Mag dieses Statement – Stiefmutter = ehebrecherisch – für sich genommen in den Bereich der stupiden Klischeebedienung fallen, so argumentiert Quodvulteus zuletzt dann doch noch durchaus differenziert, wenn auch überspitzt: Nicht jede Stiefmutter sei von Natur aus generell schlecht, sondern auf den Charakter der jeweiligen Ehefrau komme es an. Wählt sich ein Witwer beispielsweise eine *„turpis vidua“*[25] als zweite Ehefrau, so könne es durchaus sein, dass sie die ihr anvertrauten fremden Kinder töte.[26] Ein christlicher Ehemann hingegen ließe sich ohnehin nicht täuschen. *„Jener nämlich sucht sich eine wahre Mutter, welche fromm seine Kinder aufzieht, nicht eine Schändliche, welche trügerisch die Fremden tötet.“*[27]

Es konnte aufgezeigt werden, dass die christlichen Vertreter der Spätantike im Wesentlichen im negativen Gedankengut ihrer weltlichen Vorformer verhaftet blieben, egal in welchen Kontexten die Termini *„noverca“* oder *„novercalis“* verwendet wurden.[28] Nur logisch ist die Instrumentalisierung der Ne-

22 Mt. 1,18.

23 Chrysol., serm. 146,30: *„Sic rerum virgo mater, sic rerum semper noverca corruptio est.“*

24 Quodvult., serm. 4,22,43.

25 In Analogie zu Christus, welcher derartige Frauen nicht akzeptiere, würde dies einem christlichen Bräutigam nicht passieren (*„turpem enim viduam non accipit christus“*; Quodvult., serm. 4,22,35).

26 Quodvult., serm. 4,22,45.

27 Quodvult., serm. 4,22,45: *„Ille enim sponsus matrem quaerit veram quae pie suos filios nutriat, non turpem quae alienos fraudulenter occidat.“*

28 Siehe als weitere Beispiele: Fulg., myth. 2,13: *„Libido enim honestatis nouerca dum quod expediat nescit, semper est maiestati contraria.“*; Fulg., aet. mund. 8: *„Sed ecce inobedientia, totius bonitatis noverca* […]“; Firm., err. 6,1: In stiefmütterlicher Rage wollte Juno ihren Stiefsohn Liber ermorden („[…] *novercalis animi furore commota* […]“); Ennod., Dictio 11: „[…] *ita noverca eruditionis est negligentia.“*

gativkonnotation für rein christliche Themen wie die der unbefleckten Empfängnis (Chrysologus) oder der intendierten Kontrastierung einer christlichen bzw. nichtchristlichen Wahl der rechten Gattin (Quodvultdeus). Neben dieser Adaption des Stiefmutterklischees finden sich zudem reine Rezeptionen mythologischer Vorstellungen, die das Zusammenleben zwischen Familienmitgliedern schematisch in gewohnt feindseliger (Herkules-Juno, Helle) oder anrüchiger Tönung (Tenes) schildern.

Wie oben erwähnt, gehören die darüber hinausgehende Loslösung des Stiefmutterbegriffes vom rein Mechanisch-Attributiven und die Darstellung des *Novercalischen* als eine jedem Familienmitglied innewohnende und kausal sowie aufgrund äußerer Umstände auftretende menschliche Eigenschaft zum Neuartigen in der christlichen Sicht. Diese Interpretation wird den Prozessen innerhalb einer Patchworkfamilie eher gerecht, als die axiomatische Vor- und Darstellung einer naturgegeben schlechten zweiten Ehefrau des Vaters. Diese neue Sicht versteht das Gebilde der Familie als bestehend aus komplexen emotionalen Bindungen und Wechselwirkungen, welche affektive Positionierung und Verhaltensweisen eines jeden Familienmitglieds bedingen.

Es ist interessant, dass in diesem christlichen Familienverständnis, wie es sich nun allein an Hand der Aufzeigung der kontextuellen Verwendung des Stiefmutterbegriffes gewinnen lassen konnte, die Komponente der monetären Interessen und Konflikte – unbestrittener Bestandteil des kaiserzeitlich-weltlichen Patchworkbildes – in keiner Weise verankert ist. Inwieweit dies aus einer christlichen Fokussierung auf die Thematisierung des Emotionalen im Familienleben herrührt oder gar eine bereits vermutete Minderung finanziell begründeter Patchworkkonflikte indiziert, wird später zu zeigen sein.

Fraglich bleibt, warum in Anbetracht jener ausschließlich abschätzigen Patchworkkonnotationen und emotionaler Defizite Isidor von Sevilla in seiner Etymologie nicht die naheliegendste Herleitung des Terminus „*privignus*" wählt: „*Privignus est qui ex alio patre natus est; et privignus dici putatur quasi privigenus, quia prius genitus.*"[29] Damit stellt Isidor das Stiefkind neutral als ein Familienmitglied dar, welches bereits vorher geboren war, bevor der zweite Ehepartner in die Familie eintrat.[30] Dementgegen würde die Herleitung vom Wortstamm „*priv*" auf die Verwandtschaft mit „*privare*" / „*privus*" hindeuten, was einen *privignus* inhaltlich nicht lediglich als einen „*vor-*

---

29 Isid., orig. 9,6,21: „*Stiefsohn ist derjenige, der von einem anderen Vater abstammt; und man nimmt an, dass er „privignus" als Herleitung von „privigenus" genannt wird, weil er ja quasi vorher geboren ist.*"

30 Auch im Falle des „*vitricus*" weist Isidor auf eine neutrale Semantik des Wortes hin, impliziere der Terminus doch die Tatsache der Neuvermählung einer Mutter. Die Mutter heirate quasi einen Neuen, was im Wort „*novitricus*" zum Ausdruck gebracht werde. (Isid., orig. 9,6,20).

her Geborenen", sondern vielmehr als ein *„beraubtes"* und *„auf sich allein gestelltes"* Familienmitglied charakterisierte, welches der Zuneigungen des abhanden gekommenen Elternteils entbehrte. Im Übrigen eine Etymologie, die sich auch im deutschen Sprachgebrauch manifestiert hat. So weist Franz Vonessen auf die Etymologie von *„stief-"* hin. Diese steht in Verwandtschaft mit der althochdeutschen Vorsilbe *„stiof"* – *„gestutzt"*, die sich von *„bistiufen"* – *„berauben"* ableitet. Im Gegensatz zum lateinischen, wertfreien Pendant *noverca* – neue Mutter – hat sich im Laufe der Sprachgeschichte die unfreundliche Konnotation der *gestutzten* Ausübung mütterlicher Pflichten in das deutsche Wort *Stiefmutter* eingeschlichen.[31]

Der isidorisch fehlende Verweis auf negative Konnotationen der Stiefverwandtschaftstermini im Lateinischen wird jedoch keineswegs ein Nichtvorhandensein solcher Tönungen im gesellschaftlichen Denken indizieren. Wenn Isidor von Sevilla auf die Betonung einer abschätzigen Semantik verzichtet, schließt er sich in seinem Tonus wohl dem generellen Trend der Neutralität an, wie er in „offiziellen Etymologien" aufzufinden ist.[32] Auch Sextus Pompeius Festus deutete in seinem *„De verborum significatione"* aus dem zweiten Jahrhundert keineswegs an, der Begriff der *„noverca"* impliziere das Bild eines defizitären Familienlebens. Wie aus den bei Paulus Diaconus überlieferten Auszügen aus dem achten Jahrhundert zu entnehmen ist, betonte Festus seinerzeit gar die positive „Amtsführung" einer Stiefmutter: *„Noverca dicitur, quam quis liberis sublatis novam uxorem ducit arcendae familiae gratia."*[33]

Als letzter Gedanke muss auf die Tatsache der nichtexistenten Verwendung des *vitricus*-Terminus eingegangen werden, welche bereits im Kapitel über die kaiserzeitliche Patchworkfamilie angesprochen wurde. In keiner Weise ließe sich vermuten, der Begriff des Stiefvaters habe im christlichen Sprachduktus einen ähnlich negativen Beigeschmack und Symbolcharakter in sich getragen wie die *noverca*. Die reine Verwendung des Terminus *vitricus* als adjektivische Beschreibung, als eigenständig verstandener Topos, ist nicht nachzuweisen. Das heißt nicht, dass christliche Vertreter dem Vorhandensein eines Stiefvaters als Konsequenz einer zweiten Heirat einer Witwe/Geschiedenen nicht ebenso eine Konfliktträchtigkeit unterstellt hätten wie dem Vorhandensein einer Stiefmutter. Nur findet diese Thematisierung der Stiefvaterproblematik, wie später aufzuzeigen sein wird, lediglich auf der Ebene der Darstellung einer konkreten Familiensituation statt, nicht in Form eines

31 Siehe zu diesem Gedanken: *Vonessen*, Stiefmutter, 1972, S. 120.

32 Bezüglich des *„privignus"* wählte Sextus Pompeius Festus exakt die gleiche Herleitung wie später Isidor von Sevilla: *„Privignus dictus, quod, ante quam mater secundo nuberet, est progenitus. Pri enim antiqui pro prae dixerunt."* (Paul., fest. 226).

33 Paul., fest. 186.

für sich selbstständig existenten negativen Adjektivattributs. So ist dies mit der Situation im deutschen Sprachgebrauch vergleichbar, wo das Adjektiv „stiefmütterlich“ gemeinhin als abwertend verstanden und gebraucht wird, währenddessen die Verwendung von „stiefväterlich“ eher exotisch anmutet und beinahe den Charakter einer kompensatorischen Sprachemanzipation à la Alice Schwarzer trägt.[34]

Dass „stiefväterlich“ quasi als „*vitricalis*“ in der Spätantike nicht als eigenständiger Begriff und gemein verstandene Semantik vorgefunden und verwendet wurde, ließe sich mit dem bereits erwähnten Mangel häuslicher Strukturen erklären, in denen Mütter mit erstehelichen Kindern und einem neuen Ehemann zusammenlebten. Wie schon angedeutet wurde und noch weiter vertieft wird, fand wohl erst allmählich in der späteren Kaiserzeit und in den spätantiken Jahrhunderten eine Aufwertung der mütterlichen Sorgerechtskompetenz statt. So dürfte erst ab dieser Zeit ein vermehrtes Aufkommen an Patchworkfamilien zu vermuten sein, die Stiefväter implizierten. Und so kann es überlieferungsbedingter Zufall oder aber ein stützendes Indiz für die hier angestellte Vermutung sein, wenn das Lemma „*vitricus*“ im Sprachlexikon des Sextus Pompeius Festus (2. Jh.) nicht auffindbar ist, und sich erst Isidor von Sevilla (6./7. Jh.) durchaus der Etymologie dieses Terminus widmen wird: „*Vitricus* [est], *qui uxorem ex alio viro filium aut filiam habentem duxit. Et dictus vitricus quasi novitricus, quod a matre superducatur novus.*“[35]

2. Defizitäre Lebensumstände spätantiker Patchworkfamilien aus christlicher Sicht

Die Erkenntnisse des vorangegangenen Kapitels werfen Fragen auf. Die Tatsache, dass die attributive Verwendung der Stiefverwandtschaftstermini in keinem Quellenbeleg im Kontext monetärer Konflikte steht, lässt etwaige erb- und finanzrechtliche Verbesserungen im Laufe der spätantiken Jahrhunderte vermuten. Dies soll später in einem eigenen Kapitel angesprochen werden. Zunächst bleibt zu überprüfen, inwieweit der Aspekt der monetären Benachteiligungen auch in jenen Quellenbelegen ausgeklammert wird, in de-

34 Alice Schwarzer selbst verwendete zur Charakterisierung ihres fürsorglichen Großvaters, bei dem sie aufwuchs, den Terminus des sehr mütterlichen Großvaters. (vgl. *Mika*, Alice Schwarzer, 1998, S. 37.).

35 Isid., orig. 9,6,20: „*Stiefvater ist der, der eine Frau heiratet, welche von einem anderen Mann einen Sohn oder eine Tochter hat. Und er trägt die Bezeichnung „vitricus“ quasi als „novitricus“, welcher von der Mutter neu als Familienoberhaupt eingeführt wird.*“

nen christliche Vertreter konkrete Beschreibungen patchworkfamiliären Lebens liefern.

Zudem sollen jene Detailskizzen das vage Bild von der Patchworkfamilie als Hort gestörter emotionaler Harmonie, wie es aus obigen Quellen herausgelesen werden konnte, deutlicher veranschaulichen und mit weiteren exemplarischen Alltagsgegebenheiten komplettieren. Die unüberraschende Erkenntnis, das spätantike Christentum habe den negativen Tenor seiner weltlichen Vorgänger nachweisbar übernommen, und das Wissen um die christliche Ablehnung von Scheidung und Wiederheirat müssen dazu führen, bei der Analyse der vorliegenden Patchworkbeschreibungen die nötige Kritik walten zu lassen.

a) Vernachlässigungen ersteheIicher Kinder und emotionale Disharmonie

Wie schon sein „lateinischer“ Zeitgenosse Ambrosius vollführt auch Basilius von Caesarea anhand des Hexamerons einen Vergleich zwischen der idealen Tiergestalt und der defizitären Menschheit: Ein Vater, der eine zweite Ehe eingehe, vernachlässige oftmals seine Kinder aus erster Ehe.[36] Damit spielt Basilius wohl auf die Gefahr an, die neue Ehefrau und eventuell die mit ihr gezeugten Kinder nähmen für sich alle Aufmerksamkeit des Vaters in Anspruch, die die erstehelichen Kinder vorher uneingeschränkt genossen hatten.

Patchworkfamilien sind für Vertreter der christlichen Lehre der Hort all jener Widrigkeiten, die intakten Familien fremd seien. So entwirft der Kirchenschriftsteller Asterius von Amasea, wenn er sich in seiner Predigt über den bekannten Streit zwischen Jesus und den Pharisäern mit dem Aspekt Scheidung auseinandersetzt, ein Bild des perfekten Ehemannes, welches er dem verwerflichen Handeln des wieder heiratenden Witwers oder Geschiedenen entgegensetzt. Ein guter Ehemann halte eine verstorbene Gattin in Ehren, indem er sich um die gemeinsamen Kinder kümmere, die ihn doch durch ihre Züge und Verhaltensweisen im Alltag an die Verblichene erinnerten.[37] Das Ehebett, noch warm von der ersten Gattin, teile er nicht mit einer neuen.[38] Die Predigt stellt es als Vergehen hin, den Kindern eine Stiefmutter ins Haus zu holen,[39] und stigmatisiert einen Witwer, der den Trauerhabitus

36 Bas., hex. 9,4,22: „ὅταν […] ἢ πατὴρ διὰ δευτέρων γάμων τῶν προτέρων παίδων ἐπιλανθάνηται“

37 Aster. Amas., hom. 5,10,2,1: „Ὁ μὲν γὰρ τῶν παίδων τῆς μητρικῆς φωνῆς ὁμοιότητα σώζει, ἄλλος τὸ πολὺ τοῦ χαρακτῆρος ἐφέλκεται, ἕτερος τὴν τοῦ ἤθους κατάστασιν ἐμορφώθη πρὸς τὴν τεκοῦσαν.“

38 Aster. Amas., hom. 5,10,3,4: „οὐδὲ θερμῇ τῇ κοίτῃ τῆς ἀπελθούσης τὴν δευτέραν γαμετὴν ἐπεισάγει·“

39 Aster. Amas., hom. 5,10,3,5: „οὐδὲ μητρυιὰν δίδωσι τοῖς παισί, τὸ ἐπαχθὲς ὄνομα.“

gegen einen Hochzeitsanzug tausche,[40] zum Egoisten, der seine Vergnügungssucht[41] höher bewerte als das Wohl seiner Kinder.

Die potentiell mangelnde Fürsorge scheint nicht nur die christliche Sorge gewesen zu sein, wenn ein Vater erneut heiratete, sondern ebenso, wenn Witwen zu zweiten Ehen schritten. Basilius nimmt das Motiv der Vernachlässigung in einem unadressierten Trostschreiben an einen trauernden Vater wieder auf. Dessen Sohn war im „Studentenalter“ verstorben, und Basilius bemüht sich, den Vater durch das Voraugenführen weitaus schlimmerer Familienszenarien wieder aufzubauen, in Anbetracht derer das Schicksal des Vaters noch milde sei. Zwar sei der Sohn sicherlich zu früh abberufen worden, viel verheerender wäre es aber doch gewesen, wenn der Sohn in höherem Alter selber als Familienvater verstorben wäre. Dann nämlich hätte es den Sohneskindern viel ärger ergehen können als ihm jetzt. Die verwitwete Gattin – in zweiter Ehe mit einem anderen Mann zusammenlebend – hätte seine Sprösslinge bestimmt hintangesetzt.[42]

Diese Basiliusstelle trägt nicht nur zur Rekonstruktion emotionaler Verhältnisse in Patchworkfamilien bei, sondern ist auch aus demographischer Sicht von Wert. Anders als in den zahlreich vorliegenden kaiserzeitlichen Belegen zum Patchwork, wird bei Basilius eine Haushaltsstruktur beschrieben, in der das Zusammenleben von Mutter, Kindern und einem Stiefvater unter einem Dach vorausgesetzt wird. Der zweite Mann der Mutter, in kaiserzeitlichen Quellen oftmals lediglich als Rechtsobjekt unter dem Terminus „*vitricus*“ erwähnt, wenn es um Fragen der Erbausschüttung oder Vermögenskompetenz ging – Situationen also, in denen keineswegs ein Zusammenleben mit den Stiefkindern in einem Haushalt angenommen werden muss[43] – spielt hier auch als emotionale Komponente eine Rolle. Und dass Basilius von Familienkonstellationen spräche, die nicht ein Abbild realer Situationen darstellten, ist keineswegs anzunehmen. Schließlich sucht er einem trauernden Vater mögliche Schicksalsschläge zu nennen, denen entgangen zu sein seine Familie froh sein könne. Ein solcher seelsorgerischer Trost dürfte schwerlich in der Beschreibung nichtexistenter Phantasmen bestanden haben.

40 Aster. Amas., hom. 5,10,3,3: „οὐδὲ τὴν μέλαιναν ἐσθῆτα καὶ πενθικὴν εἰς νυμφικὴν διαμείβει στολήν·“

41 Aster. Amas., hom. 5,10,2,5: „οὐδὲν φιλήδονον ἐννοεῖ“.

42 Bas., ep. 300,1,38: „Εὐχαριστεῖσθαι ὀφείλει τοῦ Θεοῦ ἡ διάταξις, ὅτι μὴ κατέλιπεν ἐπὶ γῆς ὀρφανὰ τέκνα, ὅτι μὴ γυναῖκα χήραν θλίψει μακρᾷ ἔκδοτον ἀφῆκεν ἢ ἀνδρὶ ἑτέρῳ συνοικήσουσαν καὶ τῶν προτέρων γάμων καταμελήσουσαν.“

43 Auch ein Ehemann, in dessen Haushalt nicht die ersteehelichen Kinder seiner Gattin aufwachsen, da diese beim Vater verbleiben, wird in der Rechtsterminologie als „*vitricus*“ bezeichnet.

Insbesondere wenn ein Stiefvater den Part des autoritären Familienoberhauptes übernehme, seien Familienzwiste zu erwarten. Wortwörtlich würde die Mutter auf die Zerreißprobe gestellt, da sie sich oft zwischen ihren Kindern aus erster Ehe und dem neuen Ehemann entscheiden müsse, so Hieronymus. Der neue Familienvater fordere die Fürsorge und andere häusliche Pflichten der Ehefrau für sich und die eventuellen gemeinsamen Kinder ein: „*Aber wenn es geschieht, dass du aus der zweiten Ehe Kinder bekommst, dann beginnt der häusliche Streit, das innerfamiliäre Gefecht. Es wird dir nicht erlaubt sein, deine Kinder, die du geboren hast, zu lieben und sie mit freundlichen Augen anzusehen. Heimlich wirst du ihnen die Speisen darreichen, und er* [der zweite Gatte] *wird auf den Verstorbenen eifersüchtig sein. Wenn Du Deine Kinder nicht hasst, wird es den Anschein machen, du liebtest deren Vater immernoch,*“[44] prophezeit Hieronymus der Witwe Furia,[45] um sie von einer erneuten Eheschließung abzuhalten. Und in gleichem Tenor erläutert Ambrosius, all das, was in intakten Familien als Ausdruck der Integrität stehe, nämlich der liebevolle Umgang miteinander, stelle in Patchworkfamilien den Stein des Anstoßes häuslichen Unfriedens dar, wenn dem Stiefvater die mütterliche Liebe zwischen seiner Ehefrau und deren erstehelichen Kindern ein Dorn im Auge sei.[46]

Auch wenn bei der quellenkritischen Analyse dieser Textstellen die stark zugrundeliegende argumentative Intention der Autoren zu beachten bleibt, kann und darf den gewählten Motiven der affektiven Disharmonie keineswegs Realitätsferne unterstellt werden. Natürlich wird nicht jede zweite Ehe einer Witwe oder eines Witwers in häuslichen Fehden geendet haben, doch ist die Vermutung, die soeben halbverwaisten Kinder litten unter der nun geteilten Aufmerksamkeit der Mutter / des Vaters, keineswegs von der Hand zu weisen. Auch der Wille eines zweiten Gatten, der Ehepartner solle sich vermehrt den gemeinsamen und jüngeren, also hilfsbedürftigen Kindern als dessen erstehelichen widmen, ist plausibel. Ohnehin muss bemerkt werden, dass sich die jeweiligen Verfasser von Predigten, Trostschriften und Mahnbriefen keinen Gefallen getan hätten, lägen die von ihnen beschriebenen Familienszenarien nicht im Bereich des Möglichen. Auch handelt es sich – mit

44 Hieron., epist. 54,15,18: „*aut si evenerit, ut et de secundo marito habeas filios, domestica pugna, intestinum proelium. non licebit tibi amare liberos nec aequis aspicere oculis, quos genuisti. clam porriges cibos, invidebit mortuo et, nisi oderis filios, adhuc eorum amare videberis patrem.*“

45 Zwar gehört Furia nicht zum unmittelbaren Bekanntenkreis des Hieronymus wie etwa Marcella, doch repräsentiert sie dessen typischen Adressatenkreis gebildeter und wohlhabender Frauen. Zudem bietet sie Hieronymus als Ratsuchende in privaten Angelegenheiten eine gewisse Angriffsfläche für moralisch-christliche Überzeugungen. (*Conring*, Hieronymus, 2001, S. 170 f..) Der Kirchenvater weiß um deren private und ökonomische Verhältnisse, recherchiert er doch über deren Herkunft und Familie. (*Krumeich*, Hieronymus, 1993, S. 165 f..).

46 Ambr., vid. 15,88,13.

wenigen Ausnahmen – nicht um schematische Vorverurteilungen nach Art kaiserzeitlicher Quellenbelege, denen zufolge der neue Ehepartner den erstehelichen Kindern grundsätzlich feindlich gesinnt wäre. Weniger eine böse Absicht des Stiefelternteils, das Stiefkind direkt zu treffen, als vielmehr die aus der Konstellation heraus logischen Konsequenzen für das familiäre Miteinander stehen im Fokus der christlichen Sorge.

Denn nur selten klingt die christliche Befürchtung durch, es könne zu direkten, handfesten Auseinandersetzungen zwischen Stiefmutter/-vater und Stiefkind kommen: So stellt Ambrosius in seinem Lukaskommentar an den imaginären christlichen Leser die Frage zum Thema Wiederheirat: *„pateris ne, oro, liberos tuos vivente te esse sub vitrico aut incolumi matre degere sub noverca?"*[47] Dass aus diesem *„sub vitrico"* oder *„sub noverca"* die ernsthafte christliche Sorge herauszulesen sei, ein Stiefvater oder eine Stiefmutter verschlimmere mit direkten Angriffen auf die *„unter ihnen stehende"*, ihnen ausgelieferte Person des Stiefkindes dessen Lebenssituation, indem sie ihnen gar absichtlich körperliche oder seelische Leiden zufügten, ist nicht zu vermuten. Speziell im Falle des Stiefvaters müsste dann zumindest auf drei Aspekte hingewiesen werden:

Zum einen bewegte sich ein Stiefvater außerhalb des rechtlichen Raumes, ließe er seinem Stiefkind körperliche Züchtigungsmaßnahmen angedeihen. Als ein Kind, das nicht der gemeinsamen Ehe entsprungen war, hatte der Stiefvater keine rechtlich verankerte Züchtigungskompetenz gegenüber dem Spross seiner Gattin. So setzt bereits Gaius fest, dass in die Hausgewalt eines Vaters nur Abkömmlinge aus rechtmäßigen Ehen fielen.[48] Natürlich bedeutet der Umstand dieser Rechtslage nicht zwangsläufig, Stiefväter hätten nicht bisweilen die Hand gegen ihre Stiefkinder erhoben. Doch kann hier schwerlich von einem generellen Alltagsphänomen gesprochen werden.

Zudem muss darauf hingewiesen werden, dass Ambrosius hier nicht unbedingt von einer Patchworkstruktur ausgeht, die nach Verwitwung entstanden wäre. Vielmehr spricht er ja davon, dass der Stiefvater / die Stiefmutter *„vivente te"* bzw. *„incolumi matre"* existierten, also noch zu Lebzeiten des eigentlichen Elternteils. Bei einer Neuverheiratung nach Scheidung bot sich aber, wie bereits dargelegt wurde, der verstoßenen, leiblichen Mutter die Möglichkeit, in Härtefällen das Sorgerecht für das Kind zu erklagen. Dieses Recht griff, wenn das Kind ansonsten einem schädlichen Umfeld ausgesetzt wäre bzw. der leibliche Vater nicht ausreichend für sein Wohlbefinden sorgte. Es ist also anzunehmen, dass Kinder aus Scheidungsfamilien in den

47 Ambr., in Lc. 8,55: *„Möchtest du es mit ansehen, dass deine Kinder – noch während du lebst – einem Stiefvater unterstehen, beziehungsweise obwohl doch ihre Mutter unversehrt am Leben ist, unter einer Stiefmutter stehen?"*

48 Gai. 1.55: *„Item in potestate nostra sunt liberi nostri, quos iustis nuptiis procreavimus."*

Haushalt der Mutter gewechselt haben können, wenn sie heftigen Drangsalierungen der neuen Frau des Vaters ausgesetzt waren. Im umgekehrten Fall zählte natürlich auch – rein rechtlich – die Existenz eines dubiosen oder grob-gewalttätigen Stiefvaters zu den Umständen, die einer wiederverheirateten Witwe/Geschiedenen das Sorgerecht kosten konnten.[49] Insofern Ambrosius obig tatsächlich auf derlei Gefahren anspielte, so sollte dies unter dem Schlagwort der argumentationsgeschuldeten Übertreibung abgebucht werden.

Neben der Unvereinbarkeit mit der geltenden Rechtslage muss zudem darauf hingewiesen werden, dass Teile der Forschung[50] die (christliche) Spätantike als eine Epoche der sich abschwächenden *patria potestas* und deren Inhalte ansieht: Von väterlichen Zügen der Milde und der Güte, die den Vater durchaus liebenswert machen,[51] spricht Tertullian, der in einer Gott-Vater-Parallele dem Familienoberhaupt harte Züchtigung nur bei Regelverstößen unterstellt.[52] Lactantius meint, in der Rolle des Vaters solle ein Mann milde sein und verhätschelnd, in der Rolle des Herren dagegen streng und züchtigend.[53] Seiner Familie schulde ein Familienvater *„väterliche Liebe,"*[54] so Augustinus. Ein Elternteil sollte seine Kinder lieben. Die heilige Schrift sage, dass vollkommene Liebe Furcht ausschließe, weiß Hieronymus.[55]

Antti Arjava postuliert unter Hinzunahme weiterer Quellen eine Abschwächung der *patria potestas* im disziplinarischen Bereich während der Spätantike. Extreme väterliche Gewalt sei Schlägen gegenüber kleineren Kindern oder Wortschelten gewichen.[56] Diese Einschätzung wird gestützt von generellen spätantiken Entwicklungen im „Erziehungsrecht". So wurde das *ius vitae necisque* 365 n.Chr. gesetzlich stark eingeschränkt sowie die Züchtigung für schwerere Vergehen der in der Gewalt des *pater familias* Stehenden in die Kompetenz eines staatlichen Gerichtes übergeben.[57] Emiel Eyben charakterisiert auch vor dem Hintergrund dieser Fakten die Entwicklung der Beziehung zwischen Vätern und Söhnen von der Republik bis zur Spätantike

---

49 Siehe dazu die Kapitel: III.2: *Die klassisch-rechtliche Situation der Patchworkfamilie als Ausgangspunkt spätantiker Korrekturen* und VII.1: *Wiederverheiratung und Sorgerecht in der Spätantike.*

50 *Arjava*, Power, 1998, S. 153; *Eyben*, Fathers, 1991, S. 142.

51 Tert., adv. Marc. 2,13,6: *„Diliges Deum, et timebis Deum. Aliud obsecutori proposuit, aliud exorbitatori."*

52 Tert., adv. Marc. 2,13,5.

53 Lact., Inst. 4,3.

54 „[...] *paternus affectus*" (Aug., in Joh. tract. 51,13).

55 Hieron., epistula 82,3; siehe dazu auch: 1 Johannes 4,18; Ambr., Iac. 2,2,7: Ambrosius spricht von *„parentum amor et gratia"*; siehe weitere Quellen bei *Arjava*, Power, 1998, S. 153.

56 Vgl. *Arjava*, Power, 1998, S. 153.

57 Cod. Theod. 9.13.1.

insgesamt als „*a growing warmth and tenderness, by a growing awareness of the fact that* [...] *a child also is a fully fledged human being.*“[58]

Nimmt man für die Spätantike eine derartige positive Entwicklung im familiären Zusammenleben an und konstatiert ein spätantikes, warmherziges und gefühlsbetontes Ideal des Miteinanders zwischen leiblichen Verwandten, so mindert das die Plausibilität Ambrosius' Sorge, Stiefkinder seien generell konkreten und bewusst initiierten Anfeindungen der Stiefeltern ausgesetzt gewesen. Insofern Ambrosius überhaupt so verstanden werden muss, stellt seine Befürchtung wohl eher eine bewusst gesetzte Antithese zum Familienideal und Rezeption des altetablierten Stiefmutter- bzw. nun Stieffamilienklischees dar, als dass er ernsthaft von der Generellität oder hohen Wahrscheinlichkeit seiner Annahme überzeugt gewesen wäre.

Es ist die Antithese zu Familienbildern der Geborgenheit, der warmen, harmonischen Kindererziehung und der daraus resultierenden Identifikation als Vater und Mutter, wie es Augustinus als Idealbild zeichnet.[59] Es ist die Antithese zur Musterfamilie, in der Vater und Mutter gleichermaßen für die vornehmlich christliche Erziehung der Kinder verantwortlich zeichnen sollen, indem innerfamiliär abends oder beim gemeinsamen Speisen Bibeltexte gelesen werden, wie Johannes Chrysostomos[60] oder Caesarius von Arles[61] fordern. Ein Familienmodell, in dem neben den rein theologischen Inhalten auch eine Festigung des emotionalen „Zusammengehörigkeitsgefühls“ stehen sollte und eine verstärkte Familienerfahrung und -wahrnehmung vor allem aus Sicht der Kinder als Konsequenz vermutet werden könnte.[62] So muss die Absetzung von diesem Ideal in Gestalt kirchlicher Warnungen vor stieffamiliären Verhältnissen immer auch als Gegenstück eines sich formierenden oder zumindest in betonter Artikulation befindlichen Familienverständnisses[63] zu verstehen sein. Kirchliche Vertreter entpuppen sich dabei als Meister der Instrumentalisierung althergebrachten Gedankenguts.

Dieses Phänomen des bewussten Spiels mit jenen Stereotypen, die sich in der Mentalität der Gesellschaft seit klassischer Zeit etabliert haben, lässt sich gut bei Hieronymus beobachten. Es ist der Hinweis auf eine stigmatisierende, öffentliche Meinung über das Leben in Patchworkfamilien, deren Falschheitscharakter Hieronymus zwar anerkennt, deren Negativwirkung er hingegen durchaus nicht verhehlen kann. So warnt Hieronymus wiederum die

58 *Eyben*, Fathers, 1991, S. 142.

59 Aug., bon. coniug. 3,3 (Cl 299, 191).

60 Joh. Chrys., in Mt. hom. 5,1; Joh. Chrys., in Eph. hom. 21.

61 Caes. Arel., serm. 1,10; Caes. Arel., serm. 7,1.

62 Vgl. *Krause*, Stellung von Waisen, 1995, S. 20 f..

63 Das spätantike Bewusstsein für warmherzige Bindungen zwischen Vater und Sohn lässt sich auch vorsichtig beim Rethoriker Himerios ablesen. Die Trauerrede für seinen verstorbenen Sohn Rufinus ist ein rührender Ausdruck der Vaterliebe. (Him., or. 8) Natürlich ist in der Bewertung dieser Ergüsse die Genregebundenheit einer Trauerrede miteinzubeziehen.

Witwe Furia bezüglich der Konsequenzen einer erneuten Ehe: „*Führt Dich aber einer heim, der aus seiner ersten Ehe Kinder mitbringt, dann magst Du noch so gut sein, man wird alle Gemeinplätze der Schauspieler, der Spottgedichte und der Rhetoren über die grausame Stiefmutter gegen Dich loslassen. Wird der Stiefsohn krank oder bekommt er Kopfschmerzen, dann verleumdet man Dich als Giftmischerin. Gibst Du ihm nichts zu essen, dann bist Du grausam; reichst Du ihm Speise, dann hast Du ihn vergiftet.*“[64]

Auf den Aspekt der Stigmatisierung muss zu einem späteren Zeitpunkt noch zurückzukommen sein. Abzulesen ist jedenfalls, dass Hieronymus verneint, die spätantike Patchworkfamilie sei von direkten und bewusst initiierten Gehässigkeitsausbrüchen zwischen Stiefverwandten geprägt, die – so das Klischee – Leid oder gar Tod mit sich brächten. Der Gemeinplatz der intriganten Stiefmutter, deren todbringendes Verhalten auf Erborientierung und finanzielle Vorteilsnahme zurückzuführen sei, erscheint Hieronymus zugleich einerseits realitätsfern wie andererseits mental existent. Und zu erkennen ist in Erinnerung an seine obige Thematisierung der Fürsorgeverteilung zwischen erst- und zweitehelichen Familienmitgliedern auch, dass er im Gegenzug *pars pro toto* ein christliches Patchworkfamilienbild repräsentiert, welches zwar ebenso ein Leid in diesem sozialen Gefüge benennt, Konflikte und emotionale Disharmonie aber vielmehr als logische und menschliche Konsequenz dieser widrigen Familienform artikuliert, als dass er von einer axiomatischen Gehässigkeit eines Stiefelternteils ausginge.

Nicht unbedingt die Konflikte an sich, sondern die logische Herleitung dieser emotionalen Probleme aus den undankbaren Umständen patchworkartigen Zusammenlebens bestimmt also beinahe in allen auffindbaren Quellenstellen die christliche Sichtweise auf die zweite Ehe. Zur Genüge können hier weitere Nachweise dieser These angebracht werden:

Da gibt es Zenons überspitzte Beschreibung einer Witwe, die zwischen der Trauer um den verstorbenen Ehemann, der Liebe zum aktuellen und der geteilten Aufmerksamkeit zwischen erst- und zweitehelichen Kindern in ein affektives Chaos gerät.[65] Da schildert Chrysostomos beinahe anrührend tägliche Trauer und Fehden, die eine Patchworkfamilie gerade in den Anfangstagen nach der Neuverheiratung eines Elternteils belasten: Die Stiefmutter sei eifersüchtig auf die verstorbene Mutter ihrer Stiefkinder.[66] Zwar habe sie

---

64 Hieron., epist. 54,15,23: „*quodsi de priori uxore habens sobolem te domum introduxerit, etiamsi clementissima fueris, omnes comoediae et mimographi et communes rhetorum loci in novercam saevissimam declamabunt. si privignus languerit et condoluerit caput, infamaberis ut venefica. si non dederis cibos, crudelis, si dederis, malefica diceris.*“

65 Zen. Veron. 2,7,104.

66 Joh. Chrys., virg. 37,37: „Ἐντεῦθεν ἡ καθημερινὴ στάσις καὶ μάχη, ἐντεῦθεν ὁ ξένος ἐκεῖνος καὶ καινότερος ζῆλος πρὸς τὴν οὐκ ἐνοχλοῦσαν γινόμενος.“

sie gar nicht gekannt, doch erinnere alles im Hause noch an die Tote. Auf dem Haus liege der Schatten der Verblichenen, mit dem die neue Frau an des Vaters Seite tagtäglich zu kämpfen habe. Und rede sie schlecht über ihre Vorgängerin, so mache das die erstehelichen Kinder des Mannes betroffen. So finde sich auch der Vater bald zwischen den Fronten wieder.[67]

An anderer Stelle ist es erneut der Neid unter Halbgeschwistern, der den Patchworkalltag zur Qual werden lässt. Zwangsläufig als Fremdkörper und Konkurrenten im eigenen Hause würden die zweitehelichen Kinder und der zweite Ehemann von erstehelichen Kindern angesehen. Würden sie doch vor deren Augen in die Arme der eigenen Mutter geschlossen.[68]

Als ausschlaggebend für Neid und Konkurrenzdenken in Patchworkfamilien sieht deshalb Basilius nicht die bloße Existenz einer Ersatzmutter an, sondern die Tatsache, dass die Frau durch die Eheschließung mit dem Vater offizielles Anrecht auf dessen emotionale und auch finanzielle Zuwendung besäße. So beschreibt Basilius in lamentierendem Stiel dem Bischof von Tarsos und ehemaligen Studienfreund Diodor ein Szenario, das ihm zu Ohren gekommen sei: Ein Vater habe die Schwester der verstorbenen Gattin zur zweiten Ehefrau genommen. Hätte er sie hingegen lediglich quasi als Amme für die Kinder in die Familie aufgenommen, so hätte er sich all die neidgeschuldeten Familienzwiste erspart. Durch die Heirat aber habe er *„die Frau mit unversöhnlicher Eifersucht* [ausgestattet], *die an der Stelle der Mutter pflegen soll.“*[69]

Und selbst wenn sich das Verhältnis zwischen der offiziellen Stiefmutter und ihren Stiefkindern entspannen sollte: Spätestens mit der Geburt weiterer Familienmitglieder, mit denen ersteheliche Kinder das Anrecht auf emotionale und finanzielle Zuwendung teilen müssten, dürfte das Miteinander in Patchworkfamilien aus dem Gleichgewicht gebracht worden sein. Bereits Tertullian berichtet fiktiv von einem Witwer, der durch die Heirat einer unfruchtbaren zweiten Ehefrau die zu erwartenden Probleme einer Patchworkfamilie zu umgehen suchte. Schließlich hatte er bereits eine Tochter aus erster Ehe, der er potentielle Halbgeschwister nicht zumuten wollte.[70] Dass Gott – so Tertullian – den sündigen Witwer für seine erneute Eheschließung bestrafte, indem er die zweite Gattin fruchtbar werden und der Familie weitere Kinder entspringen ließ, steht auf einem anderen Blatt.

---

67 Joh. Chrys., virg. 37,35 ff.

68 Joh. Chrys., vid. 2,6.

69 Bas., ep. 160,5,6: „Μὴ ποιήσῃς, ὦ ἄνθρωπε, τὴν θείαν μητρυιὰν τῶν νηπίων, μηδὲ τὴν ἐν μητρὸς τάξει θάλπειν ὀφείλουσαν, ταύτην ἐφοπλίσῃς ταῖς ἀμειλίκτοις ζηλοτυπίαις.“

70 Tert., castit. 12,43: „*Scimus denique quendam ex fratribus, cum propter filiam suam secundo matrimonio sterilem captasset uxorem* […].“

Die christliche, plausible Vorstellung vom Leben in einer Patchworkfamilie, dessen Alltag vor dem Hintergrund logisch-menschlicher Reaktionen auf die jeweiligen Umstände und Verhaltenweisen des fremden Familienmitglieds zu sehen ist, sei nunmehr ausführlich dargestellt. Es bleibt hier als Fazit zu nennen: Christliche Vertreter gestalteten ihre Argumentation gegen Wiederheirat keineswegs in Form eines bloßen Abklatsches kaiserzeitlich-weltlicher Stiefmutterklischees. Mit ihrer Thematisierung emotionaler Disharmonie erlauben die kirchlichen Texte einerseits eine annehmbare Rekonstruktion patchworkartigen Lebens und schaffen andererseits mit der Verurteilung dieses von innerfamiliären Fehden geprägten Miteinanders eine neue Basis der (versuchten) Stigmatisierung betroffener Familien. Dass der bloßen Artikulation des Patchworkunfriedens ein deutlicher kirchlicher und gesellschaftlicher Fingerzeig auf „die da, die ein zweites Mal geheiratet haben" und konkrete Sanktionen im kirchlich-sozialen Leben folgten, wird später zu zeigen sein.

b) Vermögensbezogene Argumentationen

Auffallend ist die Knappheit an christlichen Patchworkbeschreibungen, die auf finanziell begründete Konflikte unter den Familienmitgliedern eingingen. Dieser Mangel sticht insofern ins Auge, als dass sich das Stiefmutterklischee der Kaiserzeit ja noch zu einem Großteil auf dem Vorurteil krimineller Machenschaften aufgebaut hatte, mit denen Stiefmütter sich oder ihrem eigenen Nachwuchs zum Erbe des Mannes verhelfen würden.

Vermögen und Erbe als Komponenten häuslicher Streitereien stellen nur einen geringen Anteil christlicher Sorgen. Zu erinnern sei an Hieronymus, der Furia an den gesellschaftlich etablierten Topos erinnert, der sich angeblich nach wie vor aus den „*Gemeinplätze*[n] *der Schauspieler, der Spottgedichte und der Rhetoren über die grausame Stiefmutter*"[71] speise.

Bedenken, die darüber hinausgingen und sich auf die Stiefmutter bezögen, finden sich eher selten. Wenigstens Caesarius von Arles kombiniert im fünften / sechsten Jahrhundert die Existenz einer zweiten Ehefrau mit dem Risiko des Vermögensverlustes: ‚Warum spendest Du dein Geld nicht an die Armen, wenn Du stirbst?', lautet die fiktive rhetorische Frage in einer Predigt des Caesarius an eine Witwe „*Ohne Grund überlässt Du Dein Vermögen Deinem Ehemann, Frau, weil er zweifellos ohne Umschweife eine neue Frau heiraten wird.*"[72] Der Zusammenhang zwischen dem Vermögensverlust der ersten verstorbenen Gattin und der zweiten Heirat des Witwers wird nur

71 Hieron., epist. 54,15,23.

72 Caes. Arel., serm. 33,3,6: „*Sine causa hoc marito dimittis, mulier, qui forte aliam sine mora cupit habere uxorem.*"

ersichtlich, wenn man annimmt, die zweite Ehefrau reiße den Besitz der Vorgängerin an sich. Ohne diese Vermutung wäre Caesarius' Argument unverständlich. Natürlich erlaubt es diese pauschale Äußerung in keiner Weise, Aussagen über das Vonstattengehen dieses Vermögensverlustes zu tätigen. Unterstellt Caesarius der zweiten Ehefrau kriminelle Absichten und mutwillige Verschwendung oder spielt er „lediglich" darauf an, eine zweite Ehefrau würde sich von ihrem Ehemann aushalten lassen? Auch steigert es die Plausibilität und den historischen Wert dieser Quelle keineswegs, dass Caesarius ebendiese pauschale Vermutung auch für jenen Fall anstellt, in dem die Frau erneut heiratet.[73] Auch hier geht er davon aus, das Vermögen, welches ein verstorbener Ehemann seiner Witwe hinterlassen habe, gehe in irgendeiner Form durch die Existenz eines Nachfolgeehemannes verloren. Dass die ganze Aussage bei Caesarius im weiteren Kontext ohnehin von der christlichen Intention eingefärbt ist, Sterbende zum Spenden zu bewegen, muss nicht weiter erwähnt werden. Sachlage ist aber, dass Caesarius' Predigt eine der äußerst seltenen Quellen darstellt, die in der christlichen Spätantike von der vermögensgefährdenden zweiten Ehefrau / Stiefmutter sprechen.

Vielmehr ist es nach christlicher Ansicht nun der Stiefvater, mit dem das finanzielle Risiko in die Familie gebracht würde. Der zweite Mann der Mutter sichere sich hinterlistig das Anrecht auf die Besitzungen der Witwe. Unter Vortäuschung einer schweren Krankheit verspreche er der Witwe Begünstigung in seinem Testament, um sie dazu zu bewegen, ihn ihrerseits testamentarisch zu bedenken. Habe sie ihr Testament erst einmal abgeändert, erfreue sich der Kranke auf einmal bester Gesundheit.[74] Es versteht sich von selbst, dass Hieronymus seine überzogenen Warnungen hier explizit auf den Hintergrund der Situation der Oberschicht abstimmt. Seine Mahnung, Furia hole sich einen Erbschleicher ins Haus, sucht die Begründungen reicher Witwen außer Kraft zu setzen, mit denen diese oftmals erneute Hochzeiten zu rechtfertigen suchten:

„Mein väterliches Erbe verringert sich täglich, der Besitz meiner Ahnen wird verstreut, der Sklave spricht in beleidigender Weise zu mir, und die Dienerin missachtet meine Befehle. [...] Wer wird sich um die Einkünfte meiner Ländereien kümmern?"[75]

Die Sorge um den Zustand von Ländereien, des Familienbesitzes oder den Gehorsam des Gesindes wird weiten Teilen der Mittel- oder gar Unterschicht fremd gewesen sein. Furia hingegen fällt mit ihrer erweiterten Fami-

73 Caes. Arel., serm. 33,3,7: *„Sine causa hoc dimittis uxori, quae forsitan alterum habebit maritum."*

74 Hieron., epist. 54,15,17: *„simulabitur mariti infirmitas et, quod te morituram facere volet, ipse victurus faciet."*

75 Hieron., epist. 54,15,18: *„Patrimonium meum cottidie perit, maiorum hereditas dissipatur, servus contumeliose locutus est, imperium ancilla neglexit. [...] quis respondebit pro agrorum tributis?"*

lie genau in die Zielgruppe Hieronymus' Motivik:[76] Aus dem alterwürdigen Geschlecht der Gracchen abstammend,[77] einen reichen Konsul und Patrizier zum Vater,[78] der noch dazu als Christ über das potentiell abschätzige Gerede der Öffentlichkeit nicht erfreut gewesen wäre, wenn die Tochter erneut heiratete. Zudem war sie über ihre Mutter[79] und ihren Bruder[80] mit der „heiligen" Paula verwandt. Vor ihrem Tode hatte sie einen der Forschung unbekannten Sohn aus dem reichen und angesehenen Hause des Sextus Petronius Probus[81] geehelicht, dessen Wirken als Prokonsul, Konsul und Rechtsberater in Theodosius' I. Diensten sich wie das Stelldichein eines römischen Spitzendiplomaten liest.[82] Die Mitgift, die dessen Sohn in die Ehe mit Furia gebracht hat – ganz zu schweigen von möglichen Erbanteilen des Verstorbenen – dürfte also nicht unerheblich gewesen sein.

Hieronymus hat somit seine ökonomisch eingefärbten Antiwiederverheiratungsargumente, die er Furia unterbreitet, genau auf sein Gegenüber abgestimmt.

Auch Johannes Chrysostomos bangt insbesondere um das finanzielle Wohlbefinden ersteheliche Kinder in Haushaltsstrukturen, in denen Kinder mit Stiefvätern zusammenwohnen. Doch weniger geht es ihm um die Thematisierung potentieller, stiefväterlicher Erbschleicherei; auch sieht er die Gefahren nicht, wie etwa Hieronymus, im schwachen mütterlichen Geschlecht, das durch die Umgarnungen und Überzeugungen des Ehemannes zur Testamentsabänderung gedrängt würde. Chrysostomos möchte vielmehr auf den Umstand der Vermögensverwaltung durch den zweiten Ehemann hinweisen, der wohl im Alltag zu vermuten sei. Schließlich brächten verwitwete Frauen ja genau dieses Argument vor, wenn sie eine erneute Heirat entschuldigen wollten: Ihnen habe ein Vermögensverwalter gefehlt. Anscheinend fürchtet Chrysostomos, der Stiefvater könne durch missbräuchliches und selbstbegünstigendes Wirtschaften seine Stiefkinder um das ihnen rechtmäßig zustehende Vermögen bringen. Zugegebenermaßen ist dies abermals eine Sorge, die wohl hauptsächlich in den Ohren der christlichen Oberschicht Gehör gefunden haben wird. Chrysostomos rät Männern explizit, keine reichen Frauen zu ehelichen: Sollten die reichen Gattinnen ihre Männer überleben, wäre es ihnen ein Leichtes, aus ihrem Reichtum eine zweite Mitgift zu stellen, die nicht zuletzt vermögensorientierte zweite Ehemänner anlocke.[83]

76 Vgl. *Conring*, Hieronymus, 2001, S. 170f.; *Krumeich*, Hieronymus, 1993, S. 165f..

77 Hieron., epist. 54,1.

78 Hieron., epist. 54,6.

79 Hieron., epist. 54,1.

80 Hieron., epist. 54,2.

81 Hieron., epist. 123,17.

82 Vgl. *Martindale*, PLRE I, S. 736–740.

83 Joh., Chrys., in. act. hom. 49: „Οὐκ αὐτὸς μόνος ἐν ἀδοξίᾳ γίνῃ, ἀλλὰ καὶ παῖδας

Die Grenzen und Möglichkeiten stiefväterlicher Vermögensverwaltung und deren Konsequenzen für den Patchworkalltag müssen zu einem späteren Zeitpunkt noch genauer dargelegt werden. Sollte sich zeigen, dass im Verlauf der Spätantike rechtliche Schutzbestimmungen das Kinder- und Familienvermögen vor den „Klauen" eines dubiosen Stiefvaters schützten, dürfte obigen christlichen Sorgen nur geringe Relevanz beigemessen werden.

Bei aller erwähnten Knappheit, was christliche Benennungen finanziell begründeter Konflikte in Patchworkfamilien betrifft, muss hier dennoch differenziert werden. Denn während die eben dargelegten Beschreibungen von Hieronymus und Chrysostomos eher schematisch anmuten und axiomatisch von einem schlechten und hinterlistigen Charakter eines Stiefvaters ausgehen – Annahmen, die wohl kaum für die Allgemeinheit der Stiefväter gegolten haben werden – äußert sich Chrysostomos an anderer Stelle weit analytischer.

Nicht unbedingt die missbräuchliche Absicht eines Stiefvaters sei das zu vermutende Problem. Vielmehr gehe es um die Einschätzung der aktuellen Situation in den Augen der ersteheIichen Kinder. Denn so wie sie die Frau ihres verstorbenen Vaters in den Händen eines Neuen sähen, mache sie es auch betroffen, den Stiefvater jegliche Besitzungen, Bedienstete und materielle Dinge des Verstorbenen mitbenutzen zu sehen.[84] Weniger also die Angst um böswillige, wirtschaftliche Benachteiligung ist hier herauszulesen. Vielmehr ist es die logisch begründete Sorge, ersteheliche Kinder könnten unter dem Rollenwechsel an der Spitze des Haushaltes leiden, da der Stiefvater Gegenstände verwaltete und Handlungen vollführte, die symbolisch „väterlich aufgeladen" waren. Szenarien die durchaus plausibel, Reaktionen, die durchaus annehmbar sind.

Und auch Ambrosius bedient sich keineswegs aus dem Motivrepertoire der Kriminalautoren oder Satirendichter, wenn er zu einer fiktiven Witwe sprechend konstatiert: *„Du möchtest Söhnen das Leben schenken, die zukünftig nicht Brüder, sondern Gegner deiner eigenen Kinder* [aus erster Ehe] *sein werden! Was aber heißt es, weitere Kinder zu gebären, als dass du die, die du schon hast, beraubst, da du ihnen gleichermaßen die ihnen rechtmäßig zustehende Zuneigung entreißt wie die Vorteile des Vermögens?"*[85] Und dass Halb-

καταισχύνεις, πένητας ἀφεὶς, εἰ συμβαίη προαπελθεῖν, καὶ αὐτῇ πολλὰς δίδως ἀφορμὰς τοῦ δευτέρῳ πάλιν προσομιλῆσαι νυμφίῳ. Ἢ οὐχ ὁρᾷς, ὅτι πολλαῖς αὕτη γέγονεν ἡ πρόφασις δευτέρου γάμου, τὸ μὴ καταφρονεῖσθαι, τὸ ζητεῖν τοὺς ἐφισταμένους τοῖς ὑπάρχουσι."

84 Joh. Chrys., vid. 2,6.

85 Ambr., vid. 15,88,15: „*Generare liberos vis non fratres futuros tuorum, sed adversarios filiorum. Quid est ergo generare alios liberos, nisi spoliare quod habes liberos, quibus pariter auferuntur et pietatis officia et compendia facultatum?*"

geschwister nun einmal tatsächlich offizielle (Mit-)Anwärter auf zumindest manche Teile des mütterlichen/väterlichen Erbes sind und daraus Konkurrenzdenken und Neid erwachsen können, steht jenseits jeglicher krimineller Phantasie und ist trotz aller noch aufzuzeigenden spätantiken finanzrechtlichen Verbesserungen im Patchworkbereich eine unumstößliche Tatsache.

Ernüchternd, aber hinsichtlich der Knappheit vermögensbezogener Quellen mehr als verständlich, ist der Mangel an Differenzierung, wenn Kirchenschriftsteller den Zankapfel „Vermögen" thematisieren. Eine Untergliederung, die konkret auf Probleme mit einzelnen Besitzkomponenten wie *bona materna*, *bona paterna*, ererbtes Kindervermögen etc. einginge, und im spätantiken Rechtsdenken gang und gäbe ist, findet natürlich nicht statt. Lediglich bei Ambrosius ließe sich zart das Durchschimmern der Mitgiftsproblematik vermuten. Denn spricht Chrysostomos oben noch davon, wie leicht es einer begüterten Witwe sei, aus ihrem Vermögen eine zweite Mitgift zu stellen, so wird der Wunsch nach einer zweiten Ehe weniger betuchte Frauen nicht selten zum Griff nach dem Vermögen ihrer halbverwaisten Kinder bewogen haben. Ambrosius mag diese Misere andeuten, wenn er ein Familienszenario skizziert, welches Eheschließungen von Müttern thematisiert, während sich doch die ersteheliche Tochter ebenfalls anschicke zu heiraten.[86] Nicht nur moralisch verwerflich, sondern eben auch ökonomisch belastend muss dies für betroffene Familien gewesen sein.

Normalerweise war derjenige, in dessen *potestas* eine Frau stand – in der Regel also der Vater der Braut – in der Rolle, die Mitgift zu stellen. War dieser bereits verstorben, was demographisch gesehen bei einer erneut heiratenden Witwe nicht unwahrscheinlich ist, musste die Witwe ihre Mitgift selbst zusammenbekommen oder einen freundlichen Stifter finden. Je nach Höhe des Vermögens der Witwe konnte dies vor allem in den Unterschichten für sie bereits zum finanziellen Problem werden. Umso problematischer und konfliktschwanger muss die Situation gewesen sein, wenn nicht nur die Witwe, sondern auch noch deren Tochter eine Heirat anstrebten, erst recht, wenn die Hochzeiten in kurzem Abstand erfolgten, wie Ambrosius – natürlich überzogen – warnt. Denn für die finanzielle Versorgung der Kinder aus erster Ehe, also auch die Stellung deren Mitgift, war auch nach erneuter Heirat der Mutter diese selbst, also nicht etwa der zweite Ehemann bzw. der Stiefvater der Kinder verantwortlich.[87] Hinzu kam, dass gerade bei Witwen mit Kindern die Mitgift oftmals sehr hoch ausfallen musste, um noch einen Ehemann zu bekommen.[88] Inwieweit es im Verlauf der Spätantike zu einer

86 Ambr., vid. 9,59.

87 Dig. 24.3.20; Dig. 23.3.73.1: Aus der rückerstatteten Mitgift aus erster Ehe sind u.a. die Kinder zu versorgen.

88 Vgl. *Krause*, Stellung von Waisen, 1995, S. 35 ff..

Trennung von Kindes- und Muttervermögen kam, die die Besitztümer der Kinder vor einer missbräuchlichen Verwendung für die Mitgift der Mutter schützten, wird später aufzuzeigen sein.

Ergänzende Überlegungen zu vermögensbezogenen christlichen Argumentationen gegen Wiederverheiratungen zeigen einmal mehr einen hohen Grad an Plausibilität dieser Warnungen an, auch wenn diese oftmals nicht über den Bereich des Pauschalen hinausgehen. Der Wert dieser Darstellungen für die historische Rekonstruktion der tatsächlichen Lebensumstände einer Patchworkfamilie ist zudem deshalb hoch einzuschätzen, da die christlichen Mahner beinahe ausnahmslos ohne das weltliche Klischee, also ohne die Annahme einer generellen Korruptheit „der Stiefmutter" oder „des Stiefvaters" schlechthin auskommen.

Zudem sollte im Rahmen dieses Kapitels keineswegs ausgeschlossen werden, dass es mitunter durchaus gravierende Finanzstreitereien in Stieffamilien gab, die mit Sicherheit auch den Rahmen des Legalen überschritten. Augustinus bezeugt in einem seiner Briefe an Novatus, Bischof von Sitifis, es habe ein gewisser Victorinus bei ihm Kirchenasyl gesucht. Dieser befinde sich anscheinend in einem Gläubigerstreit mit Mutter und Stiefvater und fliehe vor der weltlichen Rechtsobrigkeit.[89] Dass es Finanzkonflikte gab, denen durch spätantike Rechtsbestimmungen nicht vollends entgegengewirkt werden konnte, wird trotz weniger (christlicher) Nachweise anzunehmen sein. Nur würde es den Inhalt kirchlicher Patchworkbeschreibungen verfremdend wiedergeben, unterstellte man ihnen die Annahme einer generellen Finanzkriminalität.

Als Fazit soll für dieses und das vorangegangene Kapitel festgehalten werden, dass aus christlicher Sicht sowohl das Vorhandensein von Stiefmüttern als auch – und das ist neu – die Existenz von Stiefvätern für die emotionale und finanzielle Beeinträchtigung der Lebenssituation erstehelicher Kinder im gemeinsamen Alltag verantwortlich zeichnen können. In den wenigsten Fällen skizzieren kirchliche Vertreter überzogene und irreale Familienszenarien, sondern prangern bewusst Defizite im familiären Leben an, die als Konsequenz widriger Patchworkstrukturen in den Bereichen Affektivität und Haushaltsvermögen beinahe jede Stieffamilie treffen könnten. Nicht der große Giftmord, sondern die kleinen schmerzenden Einschnitte in der familiären Harmonie, nicht der skandalöse Erbstreit vor Gericht, sondern die einfache Erkenntnis, dass eine größere Anzahl an Kindern den Haushaltskuchen in kleinere Stücke zerteilt oder dass allein die Vermögensverwaltung durch

89 Aug., epistulae nuper in lucem prolatae 28,5: „*Victorinus ille est in ecclesia, de quo antea scripseram sanctitati tuae, ut negotium eius de annonis ageres quod etiam agere dignatus es; causam habet cum matre et vitrico suo propter quam fugit ad ecclesiam.*"

einen Stiefvater bei erstehelichen Kindern Beargwöhnungen auslösen könnte – das sind die Themen, die von Vertretern des christlichen Glaubens angeschlagen werden.

Aus demographischer Hinsicht bleibt anzusprechen, dass sowohl Haushaltsstrukturen mit Stiefmüttern als auch mit Stiefvätern für den Zeitraum der Spätantike anzunehmen sind, dass diese aber – zumindest wie es aus der Verteilung der Quellennachweise herausgelesen werden kann – beinahe ausschließlich nach Verwitwung, weniger nach Scheidung zustandekamen.

Neben oben angesprochener Ambrosiusstelle, die die Existenz eines Stiefelternteils erwähnt, während der leibliche Vater / die leibliche Mutter noch am Leben ist – Patchwork nach Scheidung – leistet zumindest Augustinus den Nachweis einer solchen demographischen Begebenheit. In seinem Brief an eine gewisse Fabiola, eine reiche römische Christin, schildert Augustinus das Schicksal des Antoninus, Bischof von Fussala. Dieser war als kleiner Junge zusammen mit seiner Mutter und dem Stiefvater völlig verarmt nach Hippo gekommen. Bei Recherchen über das Schicksal des Knaben erfährt Augustinus, dass dessen leiblicher Vater noch am Leben, Antoninus somit ein Scheidungskind ist. Die Mutter hatte sich nach der Trennung von ihrem ersten Ehemann erneut verheiratet.[90]

Inwieweit die Knappheit an Quellen, die Patchworkstrukturen nach Scheidungen zum Thema haben, vor dem Hintergrund spätantiker Scheidungsgesetzgebung erklärbar ist, wird später zu klären sein.

c) Klischee und Wirklichkeit der amourösen Stiefmutter

Wer eine deutlich starke Präsenz der wollüstigen Stiefmutter in der christlich-spätantiken Quellenlage vermutet wie noch in der belletristisch-kaiserzeitlichen, wird enttäuscht. Zwar blieb ohnehin fraglich, inwieweit von mehr als einem Klischee, einer literarischen Phantasie gesprochen werden darf, deren Aussagekraft für die Realität – bei aller demographischen Relevanz – umstritten bleiben muss, doch wäre zumindest eine stärkere Rezeption und Nutzbarmachung des inzestuösen Vorurteils für die christliche Argumentation gegen Wiederverheiratung zu erwarten gewesen. Eine Instrumentalisierung dieses über die Jahrhunderte hinweg gepflegten Stereotyps hingegen findet nicht statt. Und dabei lieferte doch bereits Paulus mit seiner Kritik an den Vorkommnissen in seiner korinthischen Gemeinde eine Steilvorlage zur weiteren moralisch-wertenden Anprangerung des Tatbestandes. Schließlich sah es der frühe Apostel als unverzeihliche Sünde an, ὥστε γυναῖκά τινα

---

90 Aug., epistulae nuper in lucem prolatae 20,2: „*denique cum ad opem ecclesiae confugissent et comperissem, quod adhuc pater viveret antonini atque illa se alteri a viro suo separata iunxisset* […].“

τοῦ πατρὸς ἔχειν[91] und plädierte dafür, den Übeltäter aus der Gemeinde zu verbannen. Es wäre also für spätantike Kirchenschriftsteller ein Leichtes gewesen, das weltlich vorgefertigte Modell der verruchten Stiefmutter mit Paulus' Reaktion auf den inzestuösen Verkehr zu verknüpfen und als zeitloses Argument gegen Wiederverheiratung in ihre Mahnschriften einfließen zu lassen. Dass aber ein Hieronymus oder Chrysostomus darauf verzichtet, einem bekinderten Witwer die Gefahr der Liebesaffäre zwischen Stiefmutter und Stiefsohn vor Augen zu führen, kann nur auf eine mindere Relevanz dieses Aspektes in der christlich-spätantiken Gesellschaft hindeuten.

In keinem Brief, in keiner Mahnschrift, die nicht die rein theologische Beschäftigung mit dem jüdischen Levirat oder die Kommentierung obiger Paulusstelle zum Inhalt hätte, findet sich eine Anspielung auf vermehrt vorkommende Liebeleien zwischen Stiefmutter und -sohn.

Wenn überhaupt, so spricht Ambrosius den analogen Umstand an, es komme zwischen Stiefvater und Stieftochter zu unerwünschten Sehnsüchten. Genau aus diesem Grund lehnt Ambrosius die zweite Ehe einer Witwe strikt ab, da ansonsten *„die erwachsene Tochter eher vor dem Bräutigam der Mutter, als vor dem eigenen“*[92] erröte.

Daraus die Annahme einer generellen Gefahr inzestuöser Verbindungen zwischen Stiefvater und -tochter abzuleiten, wäre mit Sicherheit falsch. Vielmehr werden Ambrosius' Bedenken einem allgemeinen christlichen Moralanspruch an die Familie geschuldet sein, demzufolge das Zusammenleben zweier andersgeschlechtlicher Fremder unter einem Dach als nicht schicklich oder gar anrüchig galt. Einerseits wird es zu Gerede geführt haben, andererseits kann eine christlich erzogene Tochter im Heiratsalter wohl tatsächlich in Gegenwart eines fremden Mannes ein verkrampftes Verhalten oder Zeichen des Unwohlseins an den Tag gelegt haben. So schildert Hieronymus beide Phänomene. In einem wohl fiktiven Brief[93] geht er auf die misslichen Umstände einer Witwe und deren Tochter ein. Diese hätten jede für sich die Lebensform als *Agapeta* gewählt und lebten nun in zwei verschiedenen Wohnungen jeweils mit Geistlichen zusammen. Hieronymus erwähnt, die Nachbarn würden sich schon die Mäuler darüber zerreißen[94] und empfiehlt, Mutter und Tochter sollten doch wieder zusammenziehen. Je nachdem, inwieweit es das Schamgefühl der Tochter zulasse, könnten sie alle zusammen mit ihren geistlichen Gesellschaftern in die Wohnung der Mutter ziehen, der Bruder der Tochter – ein Mönch – könne als moralischer Beistand auch dort wohnen. Wäre das aber der Tochter nicht möglich, da sie dort in der allzu kleinen Wohnung nicht etwa das Schlafzimmer mit dem fremden Mann an

91 1. Kor. 5,1: „[…] *dass nämlich einer mit der Frau seines Vaters lebt.*“

92 Ambr., vid. 9,59,3: *„Cur adulta filia discit prius sponsum matris quam suum erubescere?“*

93 Vgl. *Schade*, Eusebius Hieronymus, 1936, S. 332.

94 Hieron., epist. 117,1.

der Seite der Mutter teilen mochte, so sollten sie – ohne den „Mann der Mutter" – in die Tochterwohnung ziehen.[95] Auch wenn Hieronymus hier nicht explizit auf das Phänomen Patchwork eingeht, sondern die Nachteile des Agapetentums schildert, so können Klatsch und Tratsch auf der einen Seite sowie andererseits ein natürliches Schamgefühl gegenüber sich einander fremden Familienmitgliedern als belastende Faktoren einer Patchworkfamilie durchaus mit in Betracht gezogen werden. Wenn also Ambrosius vom „*erubescere*" einer heranwachsenden Tochter spricht, die dem neuen Mann der Mutter gegenübertritt, so wird dies vielleicht weniger auf aufkeimende sexuelle (inzestuöse) Leidenschaften, als vielmehr auf die generelle Störung der intimen Privatsphäre der Tochter hinweisen. Dass ein Verhältnis zwischen Stiefvater und -tochter allein aus demographischen Gründen als ein eher seltenes Phänomen einzuschätzen ist, wurde bereits ausführlich dargelegt.

Die offensichtliche Seltenheit an Warnungen vor inzestuösen Verbindungen zwischen jeglichen Mitgliedern einer Patchworkfamilie in der christlichen Briefliteratur kann nur bedeuten, dass derlei Dinge nicht unbedingt das Hauptproblem in christlichen Patchworkfamilien gewesen sind. Die Begründung für die knappe Quellenlage in einer etwaigen Überlieferungsproblematik zu suchen, schließt sich auf Grund der zahlreichen Anprangerungen emotionaler und finanzieller Defizite auf der anderen Seite aus.

Vielmehr könnte davon ausgegangen werden, die kanonistische Beschäftigung mit dem Thema „Inzest", die erst in den spätantiken Jahrhunderten einsetzte und sexuellen Verkehr unter Stiefverwandten mit Sanktionen belegte, habe in christlich orientierten Familienstrukturen ihre Wirkung nicht verfehlt. In kirchenrechtlichen Quellen nämlich widmete man sich dem sündigen Beischlaf spätestens seit der Synode von Elvira (um 300 n.Chr.) umfangreich. Dort wird erstaunlicherweise nicht der Beischlaf zwischen Stiefmutter und -sohn, sondern jener zwischen Stieftochter und -vater unter Strafe gestellt, indem geregelt ist, „*Si quis privignam suam duxerit uxorem, eo quod sit incestus, placuit nec in finem dandam esse communionem.*"[96] Dies kann schwerlich bedeuten, der sexuelle Verkehr zwischen Stiefmutter und -sohn sei nach christlichem Verständnis erlaubt gewesen. Vielmehr wird dieses Vergehen in den zahlreichen Sanktionen, mit denen ehefrauscher Ehebruch und weiteres unchristliches Verhalten geahndet wurden, als ohnehin inbegriffen verstanden gewesen sein.

Entsprechende Inzestahndungen bzw. deren Erweiterung finden ab dem elviranischen Konzil sodann durch die Jahrhunderte hinweg in zahlreichen

95 Hieron., epist. 117,11.

96 Conc. Eliberitanum, c. 66: „*Wenn irgendjemand seine Stieftochter zur Frau nimmt, macht er sich des Inzests schuldig, und er soll bis zum Lebensende keine Kommunion mehr erhalten.*"

Konzilien und Synoden insbesondere des gallischen Raumes ihre Bestätigung. So führt der 30. Kanon des Konzils von Epaon (517) eine ganze Reihe von innerfamiliären Verbindungen auf, die als Inzest zu verstehen seien. Dazu gehören Ehen zwischen Schwager und Schwägerin ebenso wie jene mit der Cousine ersten oder zweiten Grades. Selbstredend natürlich die Verbindung mit der Stiefmutter. Solange derartige Verbindungen bestünden, seien die betreffenden Personen aus der Kirche auszuschließen.[97] Als frühere Regelung wird zudem das Verbot des Beischlafs mit der Stieftochter erwähnt, welches selbstverständlich aufrecht zu erhalten sei.[98]

Das Phänomen der Einbettung des Beischlafsverbots für Stiefverwandte in eine generelle kirchliche Inzestgesetzgebung, wie es beim Konzil von Epaon vorliegt, steht repräsentativ für die Regulierung der zahlreichen anderen Konzilien. Auf dem dritten Konzil von Orleans (538) werden exakt die gleichen Personengruppen als sich gegenseitig verboten genannt, wie schon in Epaon.[99] In den Konzilsakten des bedeutenden Touronenser Konzils von 567 findet sich gar die ganze Palette jüdisch-levitischer Unzuchtsklauseln erwähnt,[100] die neben Stiefverwandten und Verschwägerten selbstredend biologisch verwandte Familienmitglieder wie Mutter und Sohn miteinschließt.[101]

Diese nachgewiesene[102] Einbettung des Beischlafsverbots für Stiefverwandte quasi in ein Gesamtpaket macht es schwierig, den Aussagewert einzelner Bestimmungen für die Rekonstruktion realer Vorkommnisse einzuschätzen. Schwerlich kann die gleichzeitige Nennung verschieden naher Verwandtengruppen bedeuten, es sei ebenso häufig zu Eheschließungen / sexuellem Verkehr zwischen Verschwägerten wie zwischen Mutter und Sohn gekommen.[103] Doch wenn aus all jenen Kanones schon keine Schlüsse zur Häufigkeit bestimmter Verwandtenverbindungen gezogen werden können,

97 Conc. Epaon., c. 30: „*Ut, si quis relictam fratris, quae paene prius soror extiterat, carnali coniunctione violaverit; si quis frater germanam uxoris suae acceperit; si quis novercam duxerit; si quis consubrine subrine que se societ, ab ecclesia segregetur.*“

98 Conc. Epaon., c. 30: „*Et sicut a presente tempore prohibemus, ita ea, que sunt anterius instituta, non solvimus: ne quis* [...] *privignae concubitu polluatur.*“

99 Conc. Aurel., c. 11: „[...] *ut ne quis sibi coniugii nomine sociare praesumat relictam patris, filiam uxoris, relictam fratris, sororem uxoris, consubrinam aut subrinam, relictam avunculi vel patrui.*“

100 Vgl. *Mikat*, Inzestgesetzgebung, 1994, S. 41 ff..

101 Conc. Turon. c. 22 (21).

102 Ebenso in: Conc., Agathen. (506), c. 25; Conc. Claremont. (535), c. 12; Syn. Autissiod. (?), c. 27 ff.; Conc. Paris. (614), c. 16(14); Conc. Roman. (743), c. 6.

103 Das 2. Konzil von Orleans (533) nennt beispielsweise nur das Verbot des Beischlafs zwischen Stiefmutter und Sohn. (Conc. Aurelian., c. 10: „*Nullus novercae suae, id est uxore patris sui, ulla copulatione iungatur. Quod si qui presumpserit, noverit se anathema supplicio feriendo.*“).

so muss doch zumindest zugestanden werden, dass Stiefverwandte beim Thema Inzest nicht als Exoten galten, die in kirchenrechtlichen Regelungen keine Berücksichtigung gefunden hätten: Hätten die entsprechenden Bischöfe und weitere Konzilsmitwirkende als Erfahrungshorizont einen weitgehend separaten Alltag zwischen Stiefverwandten vor Augen gehabt, vor dessen Hintergrund das Entstehen affektiver Bindungen z.B. zwischen Stiefmutter und -sohn als völlig unplausibel erschienen wäre, so hätten sie vielleicht diese Verwandtengruppe in der Verbotsartikulation außen vor gelassen.

Vielmehr müssen mit Josef Limmer die Kanones der Konzilien des gallischen Raumes als explizite Reaktionen und Notwendigkeiten angesehen werden, da die dort Fuß fassenden germanischen Völker den Brauch der innerfamiliären Heirat auch im engen Verwandtenkreis bis hin zur Stiefmutter mitbrachten.[104] Zumindest betreffend dieser „Kulturkreise" scheinen die kirchenrechtlichen Verbote also ein Abbild der Alltagsrealitäten darzustellen. Überhaupt kann, ohne dass bis jetzt im Rahmen dieser Arbeit die weltliche west- und oströmische Ehegesetzgebung miteinbezogen wurde, nicht ohne Weiteres von einer Übertragbarkeit dieser Erkenntnisse aus dem gallisch-fränkischen Raum auf „Gesamtrom" ausgegangen werden. Immerhin aber ist die kanonische Beschäftigung mit inzestuösen Bindungen unter Stiefverwandten und Verschwägerten[105] auch in den Briefwechseln zwischen Basilius und Amphilochius von Ikonium bezeugt und deutet damit – beispielhaft[106] – eine gewisse Regelungsnotwendigkeit für einen gänzlich unfränkischen Raum an, ohne hier ausschweifende stiefverwandtschaftliche Affären konstatieren zu wollen. So möchte Basilius daran erinnert wissen: *„Diejenigen, welche in ihre Stiefmütter rasend verliebt sind, unterliegen demselben Kanon wie die, welche gegen ihre Schwestern leidenschaftlich entbrennen."*[107] Das Konzil von Neocaesarea (315 n.Chr.) hatte seinerzeit zumindest die zweite Ehe mit dem Schwager als nicht tragbar tabuisiert.[108]

Die These, oben beispielhaft genannte Kanones hätten zu einer weitgehenden Abkehr vom sündigen Beischlaf zwischen Stiefverwandten christlicher

---

104 *Limmer*, Konzilien II, 2004, S.196f.; *Wood*, Incest, 1998, S.291–303.; siehe zur andauernden Forschungsdiskussion um die endogamen Verhältnisse bei den Germanen auch *Ubl*, Inzestverbot, 2008, S.77ff..

105 Basil., ep. 59 (Mauriner 199), c. 23: „Περὶ δὲ τῶν δύο ἀδελφὰς γαμούντων ἢ ἀδελφοῖς δυσὶ γαμουμένων ἐπιστολίδιον ἡμῖν ἐκπεφώνηται οὗ τὸ ἀντίγραφον ἀπεστείλαμέν σου τῇ εὐλαβείᾳ. Ὁ δὲ ἀδελφοῦ ἰδίου γυναῖκα λαβὼν οὐ πρότερον δεχθήσεται πρὶν ἀποστῆναι αὐτῆς."

106 Zur Frage nach der Beurteilung der Briefkorrespondenz als Zeugnis eines für den praktischen Alltag geltenden Kanonisierungsprozesses siehe *Schwartz*, Bußstufen, 1963, S.237f..

107 Basil., ep. 65 (Mauriner 217), c. 79: „Οἱ δὲ ταῖς μητρυιαῖς ἑαυτῶν ἐπιμαινόμενοι τῷ αὐτῷ ὑπόκεινται κανόνι, ᾧ καὶ οἱ ταῖς ἑαυτῶν ἀδελφαῖς ἐπιμαινόμενοι."; siehe auch: c. 75 (Halbschwester).

108 Conc. Neocaes., c. 2.

Familien geführt und somit eine christliche Artikulation dieses Klischees in Mahnschriften und Briefen überflüssig gemacht, scheint zumindest nicht unplausibel. Immerhin drohten Stiefmutter und -sohn spätestens dann die Exkommunikation, wenn aus dem Techtelmechtel – das zu Lebzeiten des Vaters/Ehemanns noch heimlich stattgefunden hatte – nach dessen Ableben ein offizielles Verhältnis wurde oder gar eine reguläre Ehe entstand und die Kirche dies herausfand. Fest steht aber: In keiner Weise wurde das Klischee der wollüstigen Stiefmutter in christlichen Texten neben der Beschäftigung mit der levitischen Inzestthematik weitergetragen oder instrumentalisiert.

Natürlich kommt die Theorie einer vermuteten Abschreckung betroffener Familienmitglieder generell nicht ohne die Annahme eines konkreten Sanktionierungsmechanismus aus, der der bloßen Artikulation von Kanones eine entsprechende Exekutive beigesellte. Dass neben Kanones Quellennachweise weitgehend fehlen, die die Ahndung dezidiert inzestuöser Verbindungen durch Kirchenvertreter im Alltag zum Gegenstand hätten, versteht sich von selbst.

Die Beschäftigung mit diesen wenigen Quellen sowie generell mit den Lebensumständen einer Patchworkfamilie vor dem Hintergrund christlicher und gesellschaftlicher Beäugung soll im folgenden Kapitel zum Thema „*Kanonisierung und Stigmatisierung*“ erfolgen.

3. Kanonisierung und Stigmatisierung

Das aktuelle Kapitel nimmt eine Analyse von Komponenten vor, die – neben der bloßen Ermahnung durch Briefe, Predigten oder moralische Abhandlungen – regulierend oder prägend auf das Leben einer Patchworkfamilie eingewirkt haben könnten. Gefragt ist dabei sowohl nach kanonischen Bestimmungen und kirchlichen Institutionen, die diesen Regeln im Alltag zur Durchsetzung verhalfen oder verhelfen sollten, als auch nach der öffentlichen Meinung als Größe indirekter Beeinflussung familiären Handelns und Fühlens. Wie sind die Aussagen eines Hieronymus einzuschätzen, der prophezeit, Dienstboten würden sich das Maul über die zweite Ehe ihrer Herrin zerreißen und die Wiederverheiratete bei den Leuten ins Gerede bringen?[109] Eine Einschätzung übrigens, die Hieronymus mit Johannes Chrysostomos teilt.[110] Die Prognose des öffentlichen Geredes setzt die Vorstellung eines ge-

109 Hieron., epist. 54,6: „*sed ut nequitiam servulorum, qui te venalem portant* […] *intellegeres* […].“

110 Joh. Chrys., vid. 2,6.

festigten christlichen Ehebewusstseins in der Gesellschaft voraus, welche im Rahmen dieses Kapitels näher beleuchtet werden soll.

Sieht man einmal von zahlreichen Kanones zu den Themen Scheidung, Verwitwung, Wiederverheiratung und Inzest ab, so muss von einer äußerst knappen Quellenlage gesprochen werden, die nur selten Einblicke in das tatsächliche Einwirken kirchlichen Rechts und gesellschaftlicher Meinung in den familiären Bereich zulässt. Das macht eine zeitliche oder gar geographische Differenzierung äußerst schwierig. Dennoch soll sich darum bemüht werden, um als Fazit eventuell eine generelle Tendenz stieffamiliären Lebensgefühls unter Kanonisierung und Stigmatisierung aufzeigen zu können.

Als Anschluss an voriges Kapitel darf zunächst der Themenbereich der inzestuösen Verbindung unter diesem Blickwinkel beleuchtet werden.

Was Hinweise auf die konkrete Umsetzung kanonischer Bestimmungen anbelangt, ist die Quellenlage nicht gerade ergiebig.

a) Das christliche Umfeld als regulierende Größe?

Von Avitus von Vienne, dem Federführenden des bereits angesprochenen Konzils von Epaon (517), liegt zumindest eine Briefkorrespondenz mit mehreren Bischöfen vor, die darauf schließen lässt, dass – zumindest im Gallien des sechsten Jahrhunderts – eine Beschäftigung mit der Inzestthematik in konkreten Situationen, also über die rein kanonistische Arbeit hinaus, stattfand.

Die Briefkorrespondenz aus dem Zeitraum um 516/17 n. Chr.[111] gewährt Einblicke in das Prozedere kirchlicher Regulierung – von der Aufdeckung eines Inzestverhältnisses bis hin zur letztendlichen Sanktionierung. Im betreffenden Fall geht es um einen gewissen Vincomalus, der nach dem Tod seiner ersten Gattin vor dreißig Jahren deren Schwester geheiratet hatte und seitdem mit ihr zusammenlebte. Wie dem Brief des Bischofs Victorius von Grenoble an Avitus zu entnehmen ist, war Victorius erst jetzt durch Gerede auf den Tatbestand aufmerksam geworden.[112] Der Bischof erwähnt ausdrücklich, ein Mann habe von dem sündigen Vergehen des Vincomalus berichtet, und zwar *„non occulta susurratione“* – also nicht nur durch Flüsterpropaganda. Vielmehr sei der Tratscher sogar in Anwesenheit des Beschuldigten befragt worden und habe seine Anklagepunkte wiederholt.[113] Karl Ubl möchte diese öffentliche Befragung als Indiz einer weltlichen Gerichtsverhandlung verstanden wissen. Er interpretiert den Denunzianten als Ver-

111 Vgl. *Shanzer / Wood*, Avitus of Vienne, 2002, S. 285.; *Wood*, Incest, 1998, S. 300.

112 Alc. Avit., ep. 14: *„ut nunc delatum est“*.

113 Alc. Avit., ep. 14: *„Accusator tanti criminis, non occulta susurratione atrocis facti disservit qualitatem, sed ipso coram qui gessit ista proposuit.“*

wandten des Vincomalus, welcher erbschaftliche Interessen durchsetzen wolle.[114] Die Quellenlage liefert aber weder für eine Verwandtschaft, noch für einen erbbezogenen Gerichtsstreit ausreichend Hinweise.

Fest steht aber, dass erst durch die Thematisierung des Vergehens im direkten Umfeld des Sünders – vielleicht bemissäugten die Nachbarn das inzestuöse Verhältnis – die Missstände bei oberster kirchlicher Instanz publik wurden. Und wenn Victorius von Grenoble versichert, es handele sich hier nicht einfach nur um Flüsterpropaganda, so scheint dies doch gegen den Strich gelesen ein Anzeichen dafür zu sein, dass genau diese Form der Denunziation – nämlich Klatsch und Tratsch – häufiger an der Tagesordnung war. „*Nicht einfach durch Flüsterpropaganda, wie es sonst der Fall ist*" – so könnte dieser Satz zu verstehen sein.

Das Phänomen der Öffentlichkeit als eventuell stigmatisierendes und indirekt regulierendes Gremium, wie es hier im Rahmen der Briefkorrespondenz zwischen Victorius und Avitus aufzufinden ist, bedarf einer kommentierten und kritischen Einschätzung. Denn der Zeitpunkt, zu dem die Denunziation des Inzestsünders erfolgte, könnte Hilfestellung zur Einschätzung der öffentlichen Meinung sein.

Denn dass die Verpetzung des Vincomalus gerade um das Jahr 516/17 erfolgte, kommt nicht von ungefähr. Während die Ehe zwischen einer Frau und dem Bruder ihres verstorbenen Gatten im Rahmen der Ablehnung jüdischer Leviratspraxis zum Grundstamm etablierter christlicher Verbote gehörte, weist das Verbot der Ehe mit der Schwester der verstorbenen Gattin eine über die Jahrhunderte hinweg komplexe Genese[115] auf. Im gallo-fränkischen Raum wurde ein solches Verbot erst durch das Konzil von Orleans (511 n.Chr.) artikuliert und auf dem Konzil von Epaon (517 n.Chr.) im heutigen Burgund bestätigt.[116] Die Denunziation erfolgte somit zu einem Zeitpunkt, als die Thematisierung von Inzestvergehen ohnehin – auch im Volk – intensiver wahrgenommen worden sein könnte, da die Verbotsgenese kirchenrechtlich unmittelbar vor dem Abschluss stand bzw. gerade abgeschlossen war.[117] Eine Weitergabe dieser Entwicklung im Rahmen von Predigten etc. könnte den Denunzianten und das Umfeld des Sünders erst zum Aufhorchen und zu Gerede bewogen haben.

Dieser Umstand sagte dann aber nichts über die Partizipation eherechtlicher Fragen in der Gemeinde aus in Zeiten, in denen keine Konzilien stattfanden. Im Fall des Vincomalus ist es durchaus möglich, dass sich er selbst und sein näheres Umfeld der Schandhaftigkeit seiner Ehe lange Zeit gar

114 Vgl. *Ubl*, Inzestverbot, 2008, S.123.

115 Vgl. *Mikat*, Inzestgesetzgebung, 1994, S.19ff..

116 Ebd., S.96.

117 *Ubl* plädiert für eine chronologische Nachordnung des Konzils von Epaon hinter den Inzestfall des Vincomalus. (Inzestverbot, 2008, S.123.).

nicht bewusst waren. Dies würde auch erklären, warum es ganze sechs Jahre (seit dem Konzil von Orleans 511) gedauert haben sollte, bis die Sünde publik wurde. Eine konsequente und konstante Teilhabe der Gemeindeöffentlichkeit an kirchenrechtlichen Verboten und Moralvorschriften ist somit eher nicht zu vermuten.

Die Korrelation zwischen dem Zeitpunkt theoretischer, kirchlicher Artikulation komplexer (Ehe-)Verbote und praktischer Regulierungsaktivität und Ahndung ist nicht von der Hand zu weisen. Den steinigen Weg der theologischen Lehre in den praktischen Gemeindealltag zeigen auch die Verhaltensweisen der verantwortlichen Kleriker im Falle des Vincomalus.

Denn Bischof Victorius scheint sich weder gänzlich sicher zu sein, ob die Ehe mit der Schwester der ersten Gattin tatsächlich als Inzest zu verstehen sei – wie es die Ehe zwischen einer Witwe und dem Bruder des Verstorbenen ist[118] – noch, welche Art von Strafe er den seit nunmehr dreißig Jahren Verheirateten auferlegen solle.[119] *„Denn es ist doch, wie ich glaube, kein weniger schlimmes Verbrechen, die Schwester einer Frau zu heiraten, als wenn eine Frau den Bruder ihres Mannes heiratet,“*[120] schreibt Victorius fragend an Avitus.[121] Sicher scheint er sich nicht zu sein. Dies ist umso bemerkenswerter, als dass in der Unterschriftenliste des Konzils von Epaon, wo derlei Fragen ja geklärt wurden, seine persönliche Anwesenheit bezeugt ist: *„Ich, Victorius, im Namen Christi Bischof von Grenoble, habe die Satzungen durchgelesen und unterschrieben,“*[122] steht dort. Erst das Antwortschreiben aber seines Metropoliten Avitus verschafft ihm Gewissheit:[123] Die Sünder seien aus der Kirche auszuschließen, bis sie sich getrennt und öffentlich Buße getan hätten.[124]

---

118 Alc. Avit., ep. 14.

119 Alc. Avit., ep. 14: *„Vos tamen, ut suggessi, statuite quod videtur: quia praeter ordinationem vestram, de tali causa quid pronuntiari conveniat vix decerno. Communioni nempe eum trepide subtraho, vel permitto, nisi auctoritate vestra roboratus exstitero.“*

120 Alc. Avit., ep. 14: *„Nam non est, ut puto, minus in coniugio germanam coniugis, quam uxorem fratris asciri.“*

121 Eine ähnliche Unsicherheit in derartigen komplexen, theologischen Fragen bezeugt *Ubl* (Inzestverbot, 2008, S. 121.) nach *Mikat* (Inzestgesetzgebung, 1994, S. 79.) auch für andere briefliche Korrespondenzen. Allerdings betont er, die zuständigen Kleriker seien sich über den Verbotscharakter einer Inzestehe zwischen einem Mann und seiner Schwägerin im Klaren gewesen. Lediglich die Art der Ahndung bereite Fragen.

122 Conc. Epaon. nach CCL 148A, p. 35: *„Victorius episcopus in christi nomine civitatis gratianopolitanae relegi et subscripsi.“*

123 Alc. Avit., ep. 15: *„Utrique si videtur ergo, dum in tam infelici obstinatione persistunt, notam excommunicationis indicite, donec a consortio criminali publica poenitentiae professione dissvescant.“*

124 *Ubl* unterschlägt diese Form der Sanktionierung, wenn er konstatiert, Vincomalus sei

Das Beispiel des Victorius weist auf einen Umstand hin, der keineswegs als Einzelfall eingestuft werden muss: Nicht immer werden sich kirchliche Vertreter vor Ort über den Umstand der Nonkonformität im Klaren gewesen sein, die manchen Tatbeständen ihres alltäglichen Erfahrungshorizontes zugrundelag, insbesondere, wenn es sich nicht etwa um einen Bischof, wie Victorius, sondern einen niederen Kirchenvertreter oder Mönch handelte. Die Unsicherheit darüber, ob die Ehe mit der Schwester der Gattin ebenso verwerflich sei wie jene mit dem Bruder des Gatten, weist auf die Komplexität mancher Kanones hin. Zudem zeugt dies alles von einer mehr als unorganisierten Kanonisierungssystematik in innerkirchlichen Kreisen selbst. Wenn schon dort Unkenntnis und Unsicherheit zumindest in komplexeren dogmatischen Fragen herrschte, ist kaum davon auszugehen, angegliederte Gemeinden hätten die aktuelle christliche Ehemoral immer durchblickt.

Vor diesem Hintergund ist somit eher nicht davon auszugehen, der tratschende Ankläger im Falle des Vincomalus habe mit absoluter Sicherheit gewusst, dass es sich bei dessen Ehe tatsächlich um ein Inzestvergehen handelte. Wenn schon Bischof Victorius unsicher war, so mutet doch erst recht die Anklage des Petzers – der vielleicht um die Verwerflichkeit einer jüdischen Schwagerehe wusste – eher wie ein Schuss ins Blaue an, der sich im Endeffekt dann tatsächlich als gerechtfertigt entpuppte.

Zwar muss die Eruierung von Wissen und Unwissen Spekulation bleiben, doch gleich, ob der Denunziant nun wohlwissend die Inzestehe des Vincomalus angeprangert hatte oder mit seinem Geschwätz nur einen Schuss ins Blaue unternahm: Der gesamte Vorfall zeugt nach wie vor von der öffentlichen Meinung als prägendes und indirekt regulierendes Gremium, das als verlängerter Arm der Kirche eine christliche Plattform gestaltet, auf der Verhaltensweisen von Gemeindemitgliedern reflektiert und bewertet werden. Dieses „System“ führte im Fall von Vincomalus immerhin zur kirchlich angeordneten Auflösung einer Ehe nach dreißig Jahren bzw. zum (unglaubwürdigen) Versprechen, die inzestuöse Bindung zu lösen. Denn auf die Nachfrage des Victorius fordert Avitus, der Sünder habe sich – auch nach dreißig Ehejahren – von seiner Frau zu trennen, wenn er weiterhin am kirchlichen Leben teilnehmen wolle. Beide Sünder sollten erst wieder in die Gemeinde eingegliedert werden, wenn sie sich getrennt und ihr Fehlen öffentlich bereut hätten. Vincomalus protestiert zunächst noch dagegen, verspricht aber dann, sich von seiner Frau zu trennen. Ein Versprechen, das selbst Avitus dann als höchst unglaubwürdig einschätzt. Man müsse akzeptieren, Vincomalus sei wohl ein verlorenes Schaf.[125]

„nur“ die Strafe der Ehetrennung auferlegt worden. (Inzestverbot, 2008, S. 125.) Vielmehr stellt der Metropolit Avitus dem Bischof Victorius mehrere Ahndungsformen zur Auswahl.

125 Alc. Avit., ep. 16.

Auch wenn sich Vincomalus wohl nicht an die Anordnungen gehalten haben wird, ist es zumindest denkbar, dass eine vonstattengehende Stigmatisierung durch die Gemeinde die Lebensumstände und das Lebensgefühl seiner Familie beeinträchtigte. Inwieweit aber von einer systematischen Beargwöhnung auszugehen ist, der Patchworkfamilien und deren Mitglieder ausgesetzt waren, die durch Formen des (Quasi-)Levirats entstanden waren, muss ohne weitere Quellenbelege im Dunklen bleiben.

Der Ausformung einer stigmatisierenden Öffentlichkeit dürfte aber die Tatsache entgegengewirkt haben, dass sich der Kreis verantwortlicher Bischöfe – auch wider besseren Wissens – nicht einheitlich konsequent verhielt, wenn es um die Ahndung inzestuöser Patchworkverbindungen ging. Als ein Verwalter des burgundischen Königshofes, Stephanus, auf Initiative des Avitus aus der Kirche ausgeschlossen werden sollte, da er die Schwester seiner verstorbenen Ehefrau geheiratet hatte, führte dies zum Bruch zwischen König Sigismund und Episkopat.[126] Den Gewaltandrohungen des Königs[127] folgte als kirchliche Reaktion die Einberufung des Konzils von Lyon (518 n. Chr.), auf dem die weitere Vorgehensweise gegen Sigismund beraten wurde, sollte dieser die kirchliche Entscheidung zur Exkommunikation des Stephanus nicht akzeptieren.[128] Wie Karl Ubl feststellt, wohnten diesem Konzil bei weitem nicht alle berechtigten Bischöfe bei. Lediglich elf jener 25 Bischöfe, die noch am Konzil von Epaon teilgenommen hatten, sind in Lyon per Unterschrift belegt. Diese „revolutionäre" Gruppierung wird zudem im weiteren Verlauf der Verhandlungen mit König Sigismund noch gespalten.[129] Am Ende verweigern sich nur zwei Bischöfe dagegen, dass der königliche Schatzmeister und Inzestsünder Stephanus – in abgespeckter Form – am kirchlichen Leben wieder teilnehmen dürfe.[130] Der Metropolit von Lyon und der Bischof von Orange unterschrieben dieses Zugeständnis nicht.[131]

Episkopale Einheitlichkeit und Geschlossenheit sowie in Konsequenz stigmatisierende Strahlkraft, welche die (christliche) Bevölkerung zur Partizipation und Weitertragung dieses moralischen Wertegerüstes aufgemuntert hätte, sind vor dem Hintergrund solcher Vorkommnisse nicht zu erwarten.

---

126 Vgl. *Mikat*, Inzestgesetzgebung, 1994, S. 114.; *Ubl*, Inzestverbot, 2008, S. 133.; *Wood*, Incest, 1998, S. 300.

127 Vita Apollinaris 3; *Limmer*, Konzilien I, 2004, S. 183.

128 Conc. Lugudun., c. 1.

129 Vgl. *Ubl*, Inzestverbot, 2008, S. 134.

130 Vgl. *Limmer*, Konzilien I, 2004, S. 185.

131 Ian *Wood* geht davon aus, die Zugeständnisse seien von den übrigen Bischöfen nur abgesegnet worden, da Stephanus seine inzestuöse Ehe löste. (Incest, 1998, S. 299.).

Natürlich könnte ohnehin Gallien mit seiner starken christlichen und monastischen Infrastruktur nicht per se als Nachweis einer christlichen Aura oder Stigmatisierung stehen, die spätantiken christlichen Gemeinden innegewohnt hätte. Doch finden sich Hinweise auf vergleichbare Mechanismen auch aus anderen Gebieten.

b) Nordafrika als milde Sonderform?

Es steht außer Frage, dass eine zweite Heirat – unabhängig davon, mit wem sie geschlossen wurde – auch in die Kanonistik des östlichen Raumes frühzeitig Eingang gefunden hat.

Auf dem Konzil von Neocaesarea (315 n. Chr.) wurde festgesetzt, kein Priester dürfe einer Hochzeitszeremonie beiwohnen, wenn es sich bei den Eheschließenden um Digamisten handele, also mit der Hochzeit eine zweite Ehe eingegangen würde.[132] Bereits der Einstieg in das nun beginnende gemeinsame Familien- bzw. Patchworkleben stand für die Eheschließenden somit unter keinem guten Stern. Auf kirchliche Akzeptanz oder gar Beistand, wenn die Familie von Problemen oder Sorgen heimgesucht würde, konnten sie mit Sicherheit nicht hoffen.

Das spätere Konzil von Laodicea erlegt zweimal Verheirateten immerhin eine Buß- und Fastenstrafe auf, nach Absolvierung derer sie wieder unbehelligt am kirchlichen Leben teilnehmen konnten und die Kommunion erhielten.[133] Nicht nur stellt sich die Frage, ob diese Bestimmungen tatsächlich im Alltag Anwendung fanden, sondern darüber hinaus auch, inwieweit die Strafen wirklich belastend oder gar abschreckend für die betroffenen Familienmitglieder waren. Ohne die Annahme einer gesellschaftlichen Ächtung in christlichen Gemeinden oder anderweitiger – vielleicht weltlicher – Einschnitte ist kaum vorstellbar, die Mehrzahl Heiratswilliger hätte sich durch obige Sanktionen von einer zweiten Ehe abhalten lassen.

So berichtet auch Augustinus von einer Unsitte, die sich seiner Erfahrung nach langsam in seiner Gemeinde einspiele: Mittlerweile plädierten nicht wenige dafür, sogar Digamisten, die nach der Scheidung des Partners erneut heirateten, die Zulassung zur Taufe zu gewähren, obwohl dies doch nach den Kanones verboten sei. Denn nach der Synode von Elvira (um 300 n. Chr.) führte insbesondere die Hochzeit mit einem Geschiedenen zum Taufverbot, wenn die Ehefrau wusste, dass ihr Ehemann seine erste Frau grundlos verstoßen hatte. War die zweite Ehefrau bereits getauft, so wurde ihr als Strafe für die Heirat bis zum Lebensende die Kommunion verwehrt.[134]

---

132 Conc. Neocaes., c. 7.

133 Conc. Laodic., c. 1.

134 Syn. Elib., 10 et 11.

Der Wunsch nach Zulassung solcher Digamisten zur Taufe müsse – so die Bittsteller an Augustinus – als ein auswegloses Zugeständnis der Milde verstanden werden. Denn stelle man die Sünder vor die Wahl, so entschieden sie sich lieber für die zweite Ehe, da *„sie von einer derart starken Fessel gefangen“*[135] waren, *„sodass sie, wenn sie nicht zur Taufe zugelassen würden, ohne jegliches Sakrament leben und sogar sterben wollten.“*[136] Als Konsequenz fürchtet Augustinus, würde sich die Taufe zweimal Verheirateter sodann bald als Usus durchsetzen.

Dieser Erfahrungsbericht des Augustinus zeugt nicht gerade von negativ gefärbten Lebensumständen, mit denen Mitglieder einer Patchworkfamilie seitens der Gemeinde konfrontiert gewesen seien. Der kirchliche Wertekanon scheint auf der alltäglichen Ebene noch nicht angekommen bzw. noch zu schwach, als dass er umfänglich konkrete Entscheidungen – wie Heiratsverhalten – mitbeeinflussen hätte können. Interessanter zu sehen ist eine spürbare Diskrepanz zwischen kirchlicher Obrigkeit und den Vorstellungen der Gemeindemitglieder. Es kann davon ausgegangen werden, dass die Mehrzahl zuständiger Priester nicht von ihren Bestimmungen abließ und etwa Digamisten getauft hätte. Augustinus spricht vom Brauch, *„dass Männer, die sich nach Entlassung ihrer Frau oder Frauen, die sich nach Entlassung ihres Mannes wieder verheiraten, nicht zur Taufe zugelassen werden.“*[137] Und dass sich Gemeindemitglieder mit der Bitte an ihn wandten, diese Regeln aufzuweichen, zeigt eine konsequente Haltung vieler zuständiger Priester vor Ort. Dass sich aber anscheinend mehrere Laien im Ort gegen diese Vorschriften und anstatt dessen hinter die bemakelten Taufkandidaten stellten, lässt die Frage nach einer etwaigen Stigmatisierung von Digamisten leicht beantworten: Die kirchliche Ehemoral scheint in der christlichen Bevölkerung von Hippo Regius bei weitem nicht so stark rezipiert und akzeptiert worden zu sein, als dass Gemeindemitglieder etwa als verlängertes Sprachrohr klerikaler Ansichten zu verstehen seien. In keiner Weise kann hier davon ausgegangen werden, die Gemeindeöffentlichkeit hätte als moralische Instanz Digamisten beargwöhnt – seien sie nun christlichen oder gar heidnischen Glaubens.

Zudem thematisiert Augustinus den Tatbestand der Taufzulassung wider besseren Wissens – Digamisten wurden in einigen Fällen, quasi als mildes Zugeständnis, von der jeweiligen Obrigkeit Sakramente gewährt, obwohl ihr die anderslautenden Vorschriften bekannt sein mussten. Dass die Zulassung von Sündern ins Katechumenat oftmals geschah, obwohl den Verantwortli-

---

135 Aug., fid. op. 1,2: *„quos huius modi laqueo ita captos viderent“.*

136 Aug., fid. op. 1,2: *„ut, si non admitterentur ad baptismum, sine ullo sacramento mallent vivere vel etiam mori.“*

137 Aug., fid. op. 1,2: *„quod eos moverit non admitti ad baptismum illos, qui dimissis uxoribus alias duxerint, vel feminas, quae dimissis viris aliis nupserint“.*

chen gegenteilige Vorschriften bekannt waren, erwähnt Augustinus auch an anderer Stelle. Er beklagt sich über anderslautende Taufauslegungen: Sünder würden getauft, auch wenn sie zunächst nicht ausdrücklich zur Besserung bereit seien. Man solle sie dazu im Vorhinein nicht einmal auffordern, sondern sie erst nachher darüber unterrichten. Wenn sie sich dann besserten und die auferlegten Gebote befolgten, umso schöner. Würden sie sich aber weigern, so seien sie als Unkraut zu betrachten, müssten aber trotzdem geduldet werden.[138]

Wie beim obigen, exklusiv gallischen Beispiel kann auch hier zunächst nur von Momentaufnahmen aus dem Alltag des Nordafrica im frühen fünften Jahrhundert gesprochen werden.[139]

Dennoch finden sich zarte Parallelen zur Situation in Gallien. So spricht Augustinus – neben dieser Variabilität in der Auslegung von Taufbestimmungen durch die Obrigkeit wider besseres Wissen – an anderer Stelle den Umstand der Unkenntnis kirchlicher Weisungen an.

Augustinus sieht sich genötigt, die Herleitbarkeit der Sakramenteverweigerung für Personen sündigen Charakters aus der apostolischen Lehre zu beweisen, da das Taufverbot für Trinker, Dirnen, Ehebrecher etc. in einigen Gemeinden entweder als unbekannt oder als neu formuliert angesehen würde. Er wundere sich sehr über jene, die behaupten, *„es sei eine neue Lehre, dass jene sündigen Menschen von der Taufe zurückzuweisen seien, die noch dazu zugäben, in ihrem schändlichen Handeln beharren zu wollen.“*[140] Augustinus weist darauf hin, die Sakramenteverweigerung für derartige Personen sei schon lange geboten[141] und bezieht sich nicht zuletzt auf Gal. 5,19–21: *„Wer so etwas tut, wird das Reich Gottes nicht erben.“*[142] Und dass nicht explizit berichtet würde, die Apostel hätten seinerzeit Ehebrecher etc. von der Taufe ausgeschlossen, lässt Augustinus keineswegs als Ausrede gelten, denn *„man finde auch niemanden erwähnt, der trotz eines Ehebruches zugelassen worden sei.“*[143]

Allem Anschein nach sah es Augustinus vor dem Hintergund seiner Erfahrungen in Hippo als gegeben an, mit seinem Werk *De fide et operibus* theologischen Nachhilfeunterricht zu erteilen.

---

138 Aug., fid. Op. 7,10.

139 Vgl. *Geerlings*, Augustinus, 2002, S. 190.

140 Aug., fid. op. 18,33: *„dicunt novam esse doctrinam, qua nequissimi homines in suis flagitiis se perseveraturos in propatulo profitentes non admittuntur ad baptismum.“*

141 Er weist wohl auf c. 44 und c. 62 des Konzils von Elvira hin.

142 „[…] *qui talia agunt, regnum dei non possidebunt*“ („προεῖπον ὅτι οἱ τὰ τοιαῦτα πράσσοντες βασιλείαν θεοῦ οὐ κληρονομήσουσιν.“).

143 Aug., fid. op. 21,37: *„quasi non similiter adversus eos dici possit, quod non inveniunt aliquem commemoratum, qui, cum talis* [ein Ehebrecher] *esset, admissus est.“*

Die Situation mit jener in Gallien im sechsten Jahrhundert zu vergleichen, bietet sich hingegen nur bedingt an. Hat man es in der von Avitus geschilderten Anekdote lediglich mit Unsicherheiten in komplexen theologischen Fragestellungen zu tun, so lässt der resignierende Augustinus auf eine in den gängigsten christlichen Aspekten unbewanderte oder unbelehrbare Gemeindeorganisation Nordafrikas schließen. Deutet sich für Gallien eine christliche Gemeindestruktur als stigmatisierend-reflektive Plattform an, die – beispielsweise – das Leben in Patchworkfamilien subtil ächtend einfärbte oder gar aggressiv denunzierend an den Pranger stellte, so ist – zumindest bezüglich der Frage stigmatisierender Prägungen – für das augustinische Nordafrika nicht von einer wesentlichen Beeinträchtigung zweimal Verheirateter im christlich-gesellschaftlichen Leben auszugehen.

Schenkt man Augustinus Glauben, so ist dies neben der erwähnten Milde für Sünder und der gering zu veranschlagenden Bewanderung in kanonischen Fragen auch einer weiteren Eigenschaft der Gemeinde von Hippo geschuldet. So mäßen die Gemeindemitglieder oftmals mit zweierlei Maß, wenn es darum ginge, Fehltritte eines Klerikers einerseits oder eines Laien andererseits zu bewerten.

Anlass für diese Einschätzung des Augustinus war ein Streit zwischen dem Priester Bonifatius und einem Mönch aus Augustinus' Kloster, die sich gegenseitig eines nicht näher definierten sündigen Vergehens beschuldigten. Anscheinend mockierten sich die Gemeindemitglieder darüber, dass Bonifatius und der Mönch in dieser Frage unterschiedlich behandelt würden. Während Bonifatius quasi ungestraft in Gottesdiensten weiterhin als Priester betitelt würde,[144] also keine Amtseinbußung erfuhr, müsste der beschuldigte Mönch bis auf Weiteres auf seine Berufung in den geistigen Stand verzichten.[145] Die christliche Bevölkerung sah hierin eine ungerechte Benachteiligung des Laien gegenüber dem Geistlichen.

In Reaktion auf diese Empörung rechtfertigt Augustinus seine Vorgehensweise in einem Brief an *„dilectissimis fratribus, clero, senioribus et universae plebi ecclesiae hipponiensis."*[146] Hierin hält Augustinus seiner Gemeinde entgegen, der Vorwurf der Doppelmoral treffe vielmehr für das Volk selbst, als für die kirchliche Obrigkeit zu. Denn wird *„über Personen aus dem geistlichen Stand entweder irgendein Gerücht über ein unwahres Verbrechen in die Welt gesetzt oder aber ein wahres Verbrechen nachgewiesen, dann bestehen*

---

144 Aug. ep. 39 (78),4.

145 Es geht hier um die amtsrechtliche Behandlung der beiden Personen bis zu dem Zeitpunkt, in dem die Schuldfrage endgültig geklärt ist. Zur Klärung des Sachverhalts schickte Augustinus die beiden Beschuldigten zum Grabmal des Felix von Nola, welches den Ruf einer wahrheitsfindenden Instanz genoss. (Aug., ep. 39 (78), 3); zum Felixgrab siehe auch: *Lehmann*, Nola, 1992, S. 243–281.

146 Aug., ep. 39 (78), salutatio.

sie [das Volk] *darauf, es sei von allen Geistlichen so etwas zu behaupten, und gehen herum, um diese Meinung zu verbreiten.*“[147] Aber „*wird irgendeine Ehefrau des Ehebruchs überführt, so fällt es ihnen nicht ein, ihre eigenen Frauen zu verstoßen und ihre Mütter anzuklagen.*“[148]

Zwar wird hier nicht dezidiert vom Vergehen der zweiten Eheschließung gesprochen, sondern ein generelles Phänomen thematisiert, doch sollten Gemeindemitglieder von Hippo tatsächlich eher vor der Haustüre der Geistlichen gekehrt haben, als die Missstände in ihren eigenen Reihen anzusprechen – eine Einschätzung, die in der Form mit Sicherheit als überspitzt angesehen werden muss – so bestätigte dies das bereits gewonnene Bild vom unbeschwerten Sündigen. In keiner Weise muss davon ausgegangen werden, in Hippo habe die christliche Öffentlichkeit die Rolle einer korrektiven Institution übernommen, die den kirchlichen Wertekanon als verlängerter Arm in die (Patchwork-)Familie des Nachbarn getragen hätte. Wenn überhaupt – so Augustinus – beschwerten Investigation und Generalverdacht höchstens das Leben zweifelhafter Geistlicher.

Es muss nicht erwähnt werden, dass nur wenige weitere Quellen die konkrete Umgangsweise mit Patchworkfamilien in Hippo thematisieren. Diese wenigen weiteren Zeugnisse skizzieren aber zumindest keine feindseligen Wogen, die betroffenen Familien seitens der kirchlichen Obrigkeit entgegengeschlagen wären. Zu erinnern sei erneut an Augustinus’ Verhalten gegenüber einem gewissen Antoninus – dem späteren Bischof von Fussala –, der völlig verarmt mit Mutter und Stiefvater Anfang des fünften Jahrhunderts nach Hippo kam.[149] Zwar musste Augustinus die Familie konsequenterweise trennen, als er erfuhr, dass die Mutter als Geschiedene erneut geheiratet hatte. Da Antoninus’ leiblicher Vater noch am Leben war, lebte seine Mutter quasi als Ehebrecherin. Doch verweigerte er den Hilfsbedürftigen keineswegs seine Unterstützung. Die Mutter bekam Unterschlupf im Armenhospiz, während Antoninus und sein Stiefvater im Kloster Zuflucht fanden.[150] Antoninus startete dann, wohl nicht ohne Augustinus Förderung, seine kirchliche Karriere und brachte es bis zum Bischof von Fussala. In keiner Weise kann in diesem individuellen Fall von einem Makel gesprochen werden, der neben den rein kirchenrechtlichen Sanktionen das Leben der Patchworkmitglieder eingefärbt oder gar richtungsweisend verändert hätte. Weder dem Stiefvater

147 Aug., ep. 39 (78),6: „*cum autem de aliquibus, qui sanctum nomen profitentur, aliquid criminis vel falsi sonuerit vel veri patuerit, instant, satagunt, ambiunt, ut de omnibus hoc credatur.*“

148 Aug., ep. 39 (78),6: „*et tamen etiam ipsi, cum aliqua maritata invenitur adultera, nec proiciunt uxores suas nec accusant matres suas.*“

149 Aug., epistulae nuper in lucem prolatae 20.

150 Aug., epistulae nuper in lucem prolatae 20,2: „[...] *ille cum puero in monasterio, illa in matricula pauperum quos sustentat ecclesia* [...].“

noch der sündenbelasteten Mutter oder dem ersteehelichen Antoninus erwuchsen aus dem Kontext der „Patchworksünde" Nachteile. Natürlich muss davon augegangen werden, dass Augustinus seine karitative Unterstützung an die Bedingung der Eheauflösung band, doch scheint er Antoninus daraufhin als so unbemakelt angesehen zu haben, dass er dessen weiteren Kirchenweg guten Gewissens fördern konnte.[151]

Auch aus einem Weiteren bei Augustinus bezeugten Patchworkschicksal[152] lässt sich kein generell feindseliger Blick auf betroffene Familienmitglieder seitens der Kirche erkennen. Als der bereits erwähnte Victorinus der weltlichen Gerichtsbarkeit zu entfliehen suchte, die ihn im Vermögensstreit mit seinem Stiefvater und seiner Mutter schuldig gesprochen hatte, wählte er bei Augustinus Kirchenasyl. Laut Augustinus' eigener Schilderung, zu entnehmen aus einem Brief an den Bischof Novatus von Sitifis, legte er sich mächtig für Victorinus ins Zeug. So warf er dem zuständigen Tribun Peregrinus vor, er sei keineswegs autorisiert, Victorinus' Kirchenasyl aufzuheben. Bei dem von ihm vorgelegten Memorandum, in dem sein Vorgesetzter die Kirche auffordere, Victorinus auszuliefern,[153] handele es sich Augustinus' Meinung nach um eine Fälschung. Er zögerte nicht, besagtem Peregrinus schriftlich vorzuwerfen, *„selbst wenn er das Dokument nicht eigenhändig gefälscht hätte, solle er doch zumindest nicht leichtfertig derlei Dinge* [das Memorandum] *für echt halten, man sieht ja, welche Probleme daraus erwachsen.*"[154] Sichtlich scheut sich Augustinus nicht, Victorinus allumfassenden kirchlichen Schutz zu gewähren, obwohl die Umstände seines Kirchenasyls nicht zuletzt auf Finanzquerelen mit der kirchlichen *persona non grata* des Stiefvaters zurückzuführen waren.

Wer in Unkenntnis dieser Quelle die Prognose gewagt hätte, kirchliche Vertreter ließen es generell Mitgliedern einer Patchworkfamilie gegenüber an Barmherzigkeit fehlen und sie die Suppe selbst auslöffeln, die ihnen durch eine zweite Ehe eingebrockt worden war, der wäre hier von Augustinus eines Besseren belehrt worden. Natürlich kann dieses individuelle Beispiel nicht pars pro toto gelten. Natürlich ist es möglich, Augustinus hätte sich gegenüber der zweimal verheirateten Mutter abweisend verhalten, wären ihr, und nicht dem Sohn Victorinus, Probleme aus der Patchworksituation erwachsen, die sie ins Kirchenasyl getrieben hätten. Schließlich konnte Victorinus, anders als die Mutter selbst, schwerlich verantwortlich gemacht werden für die Sünde der zweiten Ehe und wurde vielleicht vielmehr als schuldloses Op-

---

151 Näheres zum Bischof von Fussala bzw. zur Affäre um die Besetzung des Bischofssitzes siehe bei *Lancel*, Saint Augustine, 2002, S. 252 ff..

152 Aug., epistulae nuper in lucem prolatae 28.

153 Weiteres zur Praxis des Kirchenasyls dieser Zeit bei: *Babo*, Kirchenasyl, 2003, S. 65 ff..

154 Aug., epistulae nuper in lucem prolatae 28,5: *„quas etiam si ipse non finxit, tamen si eis facile credit, vides quas molestias sustinere possimus."*

fer beurteilt. Die Knappheit der Quellenlage zwingt dazu, hier auch fragmentarische Nachweise in die Überlegung miteinzubeziehen. Deren dialektische Betrachtungsweise erhält die Seriosität der Aussage aber aufrecht.

Als Fazit kann anerkannt werden, dass – insbesondere im Vergleich zur späteren Situation in Gallien – für das augustinische Hippo Regius eher die Tendenz einer beschwerdefreien Lebenssituation von Patchworkfamilien festzuhalten ist. Dies zumindest, richtet man den Fokus auf jene Widrigkeiten, die nicht etwa innerfamiliär, sondern vor dem Hintergrund stigmatisierender Ächtung zu vermuten wären. Weder seitens der Gemeindemitglieder noch seitens kirchlicher Vertreter lassen sich Anzeichen ernsthaft prägender Einflussnahme auf die Lebensumstände einzelner Patchworkmitglieder nachweisen, sieht man von der Trennung der Verbindung Antoninus' Eltern ab.

c) Wenn ein Geistlicher *fehlt* – Wiederverheiratung in Byzanz

Neben Gallien und Nordafrika sind zusammenhängende Aussagen über den tatsächlichen Wirkungsgrad eines christlichen Umfeldes auf Patchworkstrukturen noch anhand einiger Briefe des Theodorus Studites möglich, beschreiben also das mittelbyzantinische Konstantinopel.

Naukratios, einer der Jünger aus Theodorus' Kloster in Studion – Theodorus war dort Abt – frug bei ihm wohl um das Jahr 809 n. Chr. nach, auf welche Weise die Hochzeitszeremonie gestaltet werden solle, wenn es sich bei einem der Eheschließenden um einen Bigamisten handele.[155] Theodorus erwiderte, weder dürften Priester am Hochzeitsmahl teilnehmen noch sollte ein Abendmahl stattfinden oder das Ehepaar bekränzt werden. Damit müsste zum Ausdruck gebracht werden, dass nach kirchlicher Meinung mehrfach Heiratenden keine Einsegnung zustehe. Auch sollten keine Kompromisse bei der Zeremonie eingegangen werden: Weder eine Bekränzung auf die Schulter (statt auf den Kopf) noch die Gewährung des Abendmahls an den jungfräulichen Part des Ehepaars sei zulässig.[156]

Nicht zuletzt aufgrund Theodorus' Gewitztheit vermittelt der Brief den Anschein, die Beschäftigung mit der rechten Form der Eheschließung Mehrfachheiratender gleiche einer Lappalie. Theodorus witzelt gar, welcher Körperteil zukünftig wohl bekränzt würde, sollten einige sich erdreisten, zum dritten Male zu heiraten – die Hand oder gar das Knie?[157] Korbinian Ritzer sieht gerade in der Tatsache, dass Theodor von Studion diese Fragen breit

155 Theod. Stud., ep. 50.

156 Vgl. *Ritzer*, Riten, 1981, S. 102 f.; *Fatouros*, Theodori Studitae Epistulae, Pars Prior, 1991, S. 194 f..

157 Theod. Stud., ep. 50,90 f..

diskutieren musste, einen Beleg für die mangelnde Ernsthaftigkeit, die seine Zeitgenossen – Laien wie Priester – religiösen Aspekten und Vorschriften entgegengebracht hätten.[158]

Allein könnte der Schein trügen. Zieht man weitere Teile Theodorus' Briefkorrespondenzen in die Betrachtung mit ein, so ergibt sich das Bild eines breit diskutierten und regulierten Aspekts, dembezüglich Zuwiderhandlungen ernsthafte Konsequenzen für beteiligte Prister nach sich ziehen konnten.

In seinem Antwortbrief an einen Mönch Basileios[159] rechtfertigt Theodorus seine Haltung und sein Handeln gegenüber dem Priester Joseph. Dieser hatte vor langer Zeit am Hochzeitsmahl eines Digamisten teilgenommen, welches noch dazu ganze dreißig Tage lang gedauert hatte. Dessen Absetzung als Priester und Ausschluss aus der Kirchengemeinde durch den Patriarchen Tarasios sei – nach den geltenden Kanones – mehr als gerechtfertigt gewesen. Theodorus habe sich also nichts vorzuwerfen, wenn er jetzt gegen all jene wettere, die auf einmal für eine Rehabilitation des *Ehebrecherverbinders*[160] Joseph und seinen Verbleib in Amt und Würden plädierten.

Dieser Brief beweist, dass die Nichteinhaltung kirchlicher Zeremonievorschriften für Digamisten-Hochzeiten durchaus zu Sanktionen für den beteiligten Priester führen konnte, auch wenn es sich im vorliegenden Fall um ein besonders turbulentes Ereignis gehandelt hat: Schließlich war es kein Geringerer als der byzantinische Kaiser Konstantin VI., dessen zweiter Eheschließung oben beschuldigter Joseph beigewohnt hatte. Mit seiner streng kanonischen und auflehnenden Haltung gegenüber dieser kaiserlichen Digamie hatte sich Theodorus damals keinen Gefallen getan: Er wurde kurzerhand von Konstantin ins Exil geschickt.[161] Erst nachdem Konstantins Mutter die Macht übernommen hatte, wurde Theodorus rehabilitiert und der *Ehebrecherverbinder* Joseph exkommuniziert. Kein Wunder, dass Theodorus, allein aus persönlichen Gründen, nun strikt gegen eine Rehabilitation Josephs war.

Zwar ging die Exkommunikation des Ehebrecherverbinders Joseph unter der direkten Einflussnahme der Kaiserin Irene vonstatten, doch darf nicht ausgeschlossen werden, auch im gemeinen Kirchenalltag hätten illegale Trauungen zu Sanktionen und Diskussionen geführt, wie obige Briefkorrespondenz über die rechte Form der Bekränzung oder Einsegnung zeigt.

Der Umstand, dass der gemeinsame Lebensweg mehrfach Verheirateter – und somit auch der Beginn von Patchworkfamilien – in kirchlicher Hinsicht quasi in abgespeckter Form initiiert wurde, die keine Kernelemente kirchlicher Einsegnung aufwies, muss die Zweitehe zumindest in der Beurteilung

---

158 Vgl. *Ritzer*, Riten, 1981, S. 102.

159 Theod. Stud., ep. 28.

160 Theod. Stud., ep. 28,43: „τὸν μοιχοζεύκτην".

161 Theod. Stud., ep. 21 u. 23.

gläubiger Christen als bemakelte Verbindung erscheinen haben lassen. Dies insbesondere, wenn man bedenkt, dass die Entscheidung zur kirchlichen Trauung noch keineswegs verpflichtend war, um eine rechtsgültige Ehe schließen zu können.[162] Vielmehr handelte es sich dabei um einen freiwilligen Wunsch. Die Anwesenheit von Bischöfen oder wenigstens Presbytern bei Hochzeitsfeierlichkeiten, die dem Brautpaar seinen kirchlichen Segen gaben, gereichte christlichen Familien zu Ehre und Prestige.[163] Für Ungläubige oder nicht Strenggläubige mag die Abwesenheit des kirchlichen Beistandes keinen großen Unterschied gemacht haben. Doch für jene, die sich zusätzlich zum zivilen Rechtsgeschäft bewusst auch für die kirchliche Form der Eheschließung entschieden hatten, ein Ritus, der bereits auf der Synode von Laodicea (364 n.Chr.) empfohlen wird,[164] mag die Absage des Priesters durchaus als Einschnitt wahrgenommen worden sein. Dies soll nicht heißen, kanonische Bestimmungen hätten eine Kraft der Abschreckung auf Heiratswillige ausgeübt, doch ist die Vermutung einer vonstattengehenden Beargwöhnung derer, denen die Kirche ferngeblieben war und „die nicht richtig geheiratet hatten", unter Strenggläubigen oder Prestigebedachten in der Gemeinde nicht von der Hand zu weisen.

Berichte von Priestern, die aufgrund ihres Fehlverhaltens bei einer Bigamistenhochzeit gar ihres Amtes enthoben worden waren, werden in christlichen Gemeinden zudem eine gewisse Außenwirkung gehabt haben. Zugleich bekamen es die Gottesdienstbesucher hautnah mit, wenn ein Geistlicher aufgrund seines Trauungsvergehens in der eigenen Gemeinde nicht mehr vor Ort war oder verschiedene Dienste und kirchliche Handlungen nicht mehr vollziehen durfte, wie noch aufzuzeigen ist. Inwieweit die Gemeindemitglieder den zweimal Heiratenden und Patchworkfamilien eine gewisse Mitschuld am nun einsetzenden defizitären Kirchenalltag unterstellten und sie deswegen Missachtung spüren ließen, muss natürlich Spekulation bleiben.

Der Fall des „ehebrecherverbindenden" Josephus oder die Briefkorrespondenz mit Naukratios sind jedenfalls nicht die einizigen Zeugnisse der strafenden kirchlichen Hand in Hochzeitsfragen. So sieht sich Theodorus gezwungen, dem makedonischen Klostergründer Philotheos dessen Bitte mehrfach[165] abzuschlagen, er möge doch die Rehabilitierung eines befreundeten Presbyters befürworten. Diesem namenlosen Priester war von Theodo-

162 Vgl. *Ritzer*, Riten, 1981, S. 105.

163 Ebd., S. 76f..

164 Syn. Laodic. c. 54.

165 Bezeugt ist das Fehlverhalten des nicht namentlich erwähnten Presbyters sowohl in Theod. Stud., ep. 525, als auch in Theod. Stud., ep. 535. In Brief 525 legt Theodorus seinem Briefpartner Philotheos detailliert dar, welche kirchlichen Dienste ein Geistlicher ausschließlich noch verrichten dürfe, wenn er sich das Vergehen der Bigamistentrauung zuschuldekommen lassen habe.

rus verboten worden, die Messse zu halten, da er vor kurzem die Ehe eines Bigamisten gesegnet hatte. Theodorus verweigerte sich jedoch dem von ihm geforderten persönlichen Freundschaftsdienst und wollte den Tatbestand auf ganzer Linie kirchenrechtlich abgehandelt wissen.[166] Wie er betont, habe ihm schließlich sein engagiertes Auftreten in eherechtlichen Fragen einst das Exil eingebracht.[167]

Nach Brief Nr. 525 scheinen neben dem Presbyter auch zwei weitere Kirchendiener in die Angelegenheit des Philotheos verwickelt gewesen zu sein. Auch ihnen erlegte Theodorus gewisse Abstriche im Dienst an der Gemeinde auf, da sie bei der Bigamistentrauung zugegen gewesen waren: Während der Diakon vollständig seines Amtes enthoben wurde, wurde dem Gemeindelektor untersagt, bis zur nächsten Synode in Gottesdiensten aus der Apostelgeschichte vorzulesen.[168]

Auch wenn, wie im Falle des Lektors, die auferlegten Sanktionen nicht immer gravierender Natur gewesen sein werden, so zeigt doch die Angelegenheit des Philotheos, dass letztenendes die gesamte Gemeinde an den Konsequenzen partizipierte, die im Fehlverhalten der Bigamistentrauung begründet lagen. Die Gottesdienstgestaltung – zumindest die der näheren Zukunft – war durch Sanktionen für Presbyter, Diakon oder Lektor in Mitleidenschaft gezogen. Das musste zumindest dazu führen, dass die zweite Eheschließung eines Ehepaars, die ja für diese Einschnitte im Gemeindeleben verantwortlich zeichnete, nicht unbemerkt über die Bühne ging, und die Verwerflichkeit des Unterfangens spürbar artikuliert wurde. Ein Phänomen, das die zweite Ehe und die Patchworkfamilie eines Gemeindemitglieds somit zum Anlass negativen Gesprächsstoffs machte.

d) Vage Indikatoren beschwerlichen Lebens und Fazit zur Stigmatisierungsthese

Sieht man von obigen Beispielen aus dem gallischen, nordafrikanischen oder byzantinischen Raum ab, so finden sich keine weiteren Quellenbelege, die eindeutig Relationen zwischen christlichen Wertvorstellungen und tatsächlichen Einschnitten im alltäglichen Familienleben nachwiesen. Natürlich ist die Vermutung einer gemeinhin durch Predigten und Kanones geschaffenen Stigmatisierung zweitehelicher Verbindungen, die das Lebensgefühl betroffener Familienmitglieder mehr oder weniger stark mitbestimmte, nicht von der Hand zu weisen. Doch kann eine aggressive, kirchliche und gemeindeöffenliche Ächtung und Verunglimpfung zweimal Verheirateter aufgrund der

166 Theod. Stud., ep. 535.
167 Theod. Stud., ep. 535.
168 Theod. Stud., ep. 525.

dürftigen Quellenlage keineswegs als überregionales und generelles Phänomen konstatiert werden.

Es mutete mehr als unwissenschaftlich an, aus anderen, plakativen und kontextfreien Predigtaussagen zur zweiten Ehe – wie wir sie zuhauf finden – oder lokalen Momentaufnahmen sanktionierter eherechtlicher Verfehlungen ein Patchworkbild der *spätantik-christlichen Gesellschaft* zu zeichnen. Jene Quellen können höchstens ergänzend hinzugezogen werden.

So darf – als Beispiel – mit Sicherheit behauptet werden, ein wohlgesinntes Auftreten gegenüber zweimal Verheirateten bzw. angegliederten Familienmitgliedern, wie es oben von Augustinus bezeugt ist, könne sicherlich keineswegs als selbstverständlich angenommen werden. Von einem Zenon von Verona beispielsweise wird nicht zu erwarten gewesen sein, dass er Gläubigen mit Barmherzigkeit entgegenträte, sollten diese aufgrund widriger Patchworkumstände in Not geraten sein. Aus seinen ohne Zweifel überspitzten Traktaten schlagen den zweimal Verheirateten blanke Schadenfreude und böse Wünsche entgegen. Der Witwe eines liebevollen ersten Ehemannes prophezeit Zenon, die Gemeinde würde ihre Verstellung erkennen, wenn sie erneut heirate. Sie, die einst bei der Beerdigung *„mit ihrem auf den Boden sinkenden Körper die Trauergäste schwanken ließ, wem sie mehr ihre Tränen weihen sollten, dem Toten oder der Sterbenden?“*[169] Sollte ihr erster Ehemann nicht liebevoll, sondern schlecht gewesen sein, so wünscht Zenon, der zweite Ehemann solle noch schlimmer sein als sein Vorgänger und solle die Witwe prügeln.[170]

Von Asterius von Amaseia ist in einer seiner Predigten die Verfluchung und Verwünschung eines Ehemannes überliefert, der durch seine Scheidung ersteheliche Kinder in eine missliche Lebenslage brachte. Schimpf und Schande sollten wie Schneeflocken auf ihn fallen.[171] Zenons Ächtung und Verachtung für erneut Heiratende und Asterius' Rufmord an einem scheidungswilligen Ehemann, weitergetragen an die Hörer ihrer Predigten, sind sicherlich unverkennbar. Aber inwiefern sich diese Beargwöhnung auch in Form konkreter Anfeindungen im Gemeindealltag entlud, muss doch weitgehend Spekulation bleiben, solange kein konkreter Nachweis einer Reaktion auf sozialer Ebene zu finden ist.

Finden sich hingegen Belege aus dem Gemeindealltag, so stellt sich immer die Frage nach der Übertragbarkeit der Situation dieses Einzelfalles auf ein „Gesamtsystem“.

Ein Beispiel hierfür wäre Hieronymus' Bericht über den Tod der Blaesilla, einer der Töchter der heiligen Paula. Dieser Sprössling Paulas Familie, einst

---

169 Zen., tract. 2,7,74: „[...] *labentibus membris ad terram incertas reddebas exsequias, cui magis lacrimas commodarent: mortuo anne morienti?*“

170 Zen., tract. 2,7,60: *„Si malum et desideras nubere, digna es, quam peior affligat.“*

171 Aster. Amas., hom. 5,11,1.

eher den weltlichen Genüssen zugewandt, suchte nach früher Verwitwung,[172] die sie nach nur sieben Monaten Eheglück ereilt hatte,[173] und schwerer Krankheit das Heil im asketischen Leben. Damit trat sie letztenendes doch noch in die Fußstapfen der paulinischen Familie, die nicht zuletzt unter dem Einfluss des Hieronymus ein weltabgewandtes Leben zu führen suchte.[174] Hieronymus weiß um den lockeren ganz unasketischen Lebenswandel, dem Blaesilla noch bis vor wenigen Monaten gefrönt hatte. In einem Brief an Marcella – eine der tragenden Figuren der römischen Frauenaskese – bringt er seine Freude zum Ausdruck, dass *„unsere Witwe"* Blaesilla, die *„sich früher mit Kleinodien"* schmückte, *„den ganzen Tag vom Spiegel"*[175] Rat holte und das Haar zurecht machen ließ,[176] nun den Überredungen der Schlange trotzte, *„wieder von dem verbotenen Baume zu essen."*[177]

Nur wenige Monate später war sie tot, gestorben an den Folgen der Askese und des Fastens, wie man munkelt. Und wie ein weiterer Brief des Hieronymus vermuten lässt, schien Blaesillas Entschluss, nicht erneut zu heiraten und anstattdessen ein Leben in Askese zu führen, nicht ganz freiwillig geschlossen worden zu sein. Eindringlich ermahnt Hieronymus Paula, die Mutter der Verstorbenen, nichts auf das Geschwätz der Leute zu geben. Denn römische Gemeindemitglieder unterstellten Hieronymus und seinen hörigen Mönchen eine nicht unwesentliche Mitschuld an Blaesillas Tod: *„Ist nun nicht das eingetreten, was wir oft gesagt hatten? Sie* [Paula] *beklagt ihre Tochter, die ein Opfer des Fastens geworden ist.* […] *Wie lange noch wird es dauern, bis das verfluchte Geschlecht der Mönche aus der Stadt vertrieben, mit Steinen zu Tode gebracht oder ins Wasser gestürzt wird? Sie haben die arme Frau verführt; die, wie sich jetzt zeigt, keine Nonne sein wollte."*[178] Nach Volkes Meinung schien Blaesillas Entschluss zur ewigen Witwenschaft und zu nonnenhaftem Leben mit all seinen asketischen Ansprüchen somit eher das Resultat eines oktroyierten Korsetts als eines wundersamen Charakterwandels gewesen zu sein.

An dieser Stelle sollte obige Fragestellung wieder aufgegriffen werden, die die Relevanz bezeugter Einzelfälle für die Rekonstruktion einer generellen

172 Rekonstruktionsversuche der zeitlichen Einordnung Blaesillas Verwitwung nach *Letsch Brunner*, Marcella, 1998, S. 139.

173 Hieron., epist. 22,15.

174 Vgl. *Letsch Brunner*, Marcella, 1998, S. 137 f..

175 Hieron., epist. 38,4: *„vidua nostra ante monilibus ornabatur et die tota, quid sibi deesset, quaerebat ad speculum"*

176 Hieron., epist. 38,4: *„nunc neglectum caput scit sibi tantum sufficere, quod velatur."*

177 Hieron., epist. 38,4: *„de indebita rursum arbore comedere"*

178 Hieron., epist. 39,6: *„nonne illud est, quod saepius dicebamus? dolet filiam ieiuniis interfectam* […] *quousque genus detestabile monachorum non urbe pellitur, non lapidibus obruitur, non praecipitatur in fluctus? matronam miserabilem seduxerunt, quae quam monacha esse noluerit, hinc probatur* […]."

Sanktionierung und Stigmatisierung ehemoralischer und eherechtlicher Verfehlungen beurteilen möchte. So wäre es vermessen, die hier vermutete aggressive Einflussnahme der Mönche auf die Lebensführung der Blaesilla – insofern diese überhaupt in solcher Form stattgefunden hatte – als repräsentative Komponente christlichen (Ein-)Wirkens zu beurteilen. Speziell im Falle der Blaesilla muss es Hieronymus mehr als sonst ein Anliegen gewesen sein, eine Witwe zur Einehe, zur ewigen Witwenschaft zu bewegen. Denn, so wie es ein Erfolg auf ganzer Linie gewesen sein muss, eine Person – noch dazu des öffentlichen Lebens – vom unkeuschen zum christlich-moralischen Lebensstil zu bewegen, so wäre im Gegenteil der Verlust gerade des Paula-Sprösslings an den Satanas, den Widersacher Christi,[179] einem Fauxpas gleichgekommen, der Hieronymus Autorität und Paulas Ehre geschadet hätte. Hieronymus wusste um die Strahlkraft der Paula in römischen Kreisen, da sie in ihrer Person weltliches und christliches Ansehen produktiv vereinte. War sie zum einen *„ein Nachkomme der Gracchenfamilie, Nachwuchs der Scipionen,* [...] *ein wahrer und echter Sprössling der Martia Papiria, der Mutter des Africanus,"*[180] und damit Repräsentanz der römischen Nobilität, lebte sie zum anderen das Vorbild der ewigen Witwe und des religiösen Lebens vor und pflegte vertrauten Umgang mit Mitgliedern des frommen Marcellazirkels.[181] Nicht von der Hand zu weisen ist deshalb, dass Hieronymus gerade bei Blaesilla, dem Spross dieser Aushängefamilie, dem Keuschheitswandel besondere Sorgfalt angedeihen lassen wollte. Dass hier Mönche eine eventuell nicht ganz subtile, christliche Überzeugungsarbeit und Beaufsichtigung leisteten, dürfte somit nicht unbedingt unplausibel erscheinen, auch wenn Blaesillas früher Tod wohl eher ihrer schwachen Konstitution angelastet werden dürfte. An anderer Stelle geht hervor, dass Blaesilla sich erst kürzlich von einer schweren Krankheit erholt hatte.[182] Keineswegs aber sollte diese kirchliche, aggressive Agitation gegen Wiederverheiratung als „globales" und generelles Phänomen angesehen werden, welches auch für den Alltag der gemeinen Christenheit vermutet werden könnte. Ginge es nach Hieronymus, so seien Personen schlechten Charakters, zu denen z. B. herausgeputzte Jungfrauen gehörten, ohnehin zu meiden. Demetrias rät er, nur mit makellosen Jungfrauen und Witwen zu verkehren, verheirateten Frauen aber aus dem Wege zu gehen, um nicht deren verführerischen Ansichten zu erliegen.[183]

---

179 Hieron., epist. 38,4.

180 Hieron., epist.108,1: *„gracchorum stirps, suboles scipionum* [...] *maeciae papiriae, matris africani, vera et germana progenies."*

181 Siehe hier nur beispielhaft: Hieron., epist. 32,1; in Epistula 127,5 bezeugt Hieronymus, „[...] *huius amicitiis fruita est paula venerabilis, in huius nutrita cubiculo eustochium, virginitatis decus, ut facilis aestimatio sit, qualis magistra, ubi tales discipulae."*

182 Hieron., epist. 38,1.

183 Hieron., epist. 130,18.

Das wird keineswegs die Meinung der gemeinen Christenheit gewesen sein, auch wenn Hieronymus in seinem Brief an Demetrias wohl einen großen Kreis an Adressaten zu erreichen suchte.[184]

Auch ist die ablehnende Haltung der Gemeinde gegenüber den strengen, asketischen Ansprüchen des Hieronymus und seiner Mönche, die in diesem Fall sogar ein Todesopfer gefordert zu haben scheinen, mehr als verständlich. Aus diesem punktuellen Fall aber eine generell fehlende Akzeptanz der christlichen Bevölkerung abzulesen, was ehemoralische Forderungen der Kirche betraf, wäre verfehlt. Denkbar, dass sich Gemeindemitglieder verständiger oder gar bejahender zeigten, wenn es nur darum ging, dass ein Digamist aus ihren Reihen eine Bußstrafe auferlegt bekam oder aufgrund seiner zweiten Ehe aus der Gemeinde vorübergehend ausgeschlossen wurde.

Bezugnehmend auf den Titel dieses Kapitels „*Kanonisierung und Stigmatisierung*“ muss abschließend konstatiert werden, dass die pauschale Annahme einer aus kanonischen Bestimmungen und moralischen Vorstellungen resultierenden, tatsächlichen Sanktionierung ehebezogener Verfehlungen so nicht haltbar ist. Zu selten sind Quellennachweise, die Ahndungen durch kirchliche Vertreter oder Institutionen im Gemeindealltag belegten, als dass für die spätantiken Jahrhunderte angenommen werden könnte, Legislative und Exekutive arbeiteten erfolgreich ineinander. Auch die Vorstellung einer Gemeinde als indirekt regulierende Institution, als verlängerter Arm der Kirche auf sozialer Ebene, ist als solche nicht generell zu bestätigen. Eine feindliche Aura der Stigmatisierung, geschaffen durch das nächste christliche Umfeld eines Fehlgehenden und verstanden als prägende Negativkomponente patchworkartigen Lebens, kann somit nicht ohne weiteres angenommen werden.

Dies darf umso mehr gelten, als dass nicht nur der historisch schwer zugängliche Laienbereich, sondern vielmehr auch die tatsächlichen Familienumstände unter den Klerikern weitgehend im Dunkeln bleiben müssen. Die Vorstellung einer Vorbildfunktion kirchlicher Vertreter, die – mit Strahlkraft ausgestattet – die Ehemoral ihrer Gemeinden mitprägte, muss nicht nur als romantisch, sondern auch als mehr als vage angesehen werden, insbesondere, da doch das Quellenrepertoire spärlich ist. Es versteht sich von selbst, dass die Kirche das Ideal der Einehe von ihren geistlichen Würdenträgern vorgelebt wissen wollte, und rein rechtlich eine Patchworkfamilie eigentlich den Karriereknick eines Klerikers bedeuten musste. So wird dieser Wunsch bereits seit Paulus ausgesprochen, der, wie Origenes weiß, *„zum Bischofsamt den nur einmal Verheirateten lieber wählt als denjenigen, der eine zweite Ehe geschlossen hat.“*[185] So sieht es Tertullian, der auf das apostolische Gebot der

184 Vgl. *Conring*, Hieronymus, 2001, S120.

185 Orig., c. Cels. 3,48,16: „Καὶ ὥσπερ μονόγαμον μᾶλλον διγάμου αἱρεῖται εἰς ἐπισκοπὴν […]“; siehe Gleiches bei Orig., Philok. 18,19,16; Paulus verbietet zweimal Verheirateten

Einehe hinweist. Witwen, die mehr als zweimal verheiratet gewesen seien, fänden keine Zugehörigkeit zum kirchlich unterstützten Witwenstande. Kleriker würden aufgrund mehrerer Ehen zu bestimmten Ämtern nicht zugelassen.[186] Und dennoch bezeugt Hippolyt ganz gegenteilig, Callistus, der umstrittene Bischof von Rom, erlaube gar zwei- oder dreimal verheirateten Bischöfen, Diakonen oder Priestern, in ihren Ämtern zu bleiben.[187] Und noch Ambrosius sieht sich gezwungen, die Frage zu diskutieren, „*warum sogar aus einer vor der Taufe wiederholt eingegangenen Ehe für die Wahl zum (Leviten-) Amt und für das Vorrecht zum Weiheempfang Hindernisse erwachsen sollen.*"[188] Und auch wenn Einehebestimmungen per Kanones Gesetzeskraft[189] bekamen und von Basilius,[190] Hieronymus,[191] Papst Innozenz

kirchliche Würden: „ἐπηπορoῦμεν δή, ὁρῶντες δυνατὸν εἶναι βελτίους πολλῷ τυγχάνειν τινὰς διγάμους μονογάμων, τί δήποτε οὐκ ἐπιτρέπει ὁ Παῦλος διγάμους εἰς τὰς ἐκκλησιαστικὰς καθίστασθαι ἀρχάς." (Orig., comm. Math. 14,22,34 f.).

186 Tert., ad uxor. 1,7: „*Quantum detrahant fidei, quantum obstrepant sanctitati nuptiae secundae, disciplina ecclesiae et praescriptio apostoli declarat, cum digamos non sinit praesidere, cum viduam adlegi in ordinem nisi univiram non concedat.*"

187 Dies widerspreche der apostolischen Lehre: „ἐπὶ τούτου <οὖν> ἤρξαντο ἐπίσκοποι καὶ πρεσβύτεροι καὶ διάκονοι δίγαμοι καὶ τρίγαμοι καθίστασθαι εἰς κλήρους." (Hippol., haer. 9,12,22,1).

188 Er fragt sich also, ob die Verfehlung der zweiten Ehe nicht durch die Taufe gesühnt sei. (Ambr., off. 1,50,248: „*Quod plerisque mirum videtur cur etiam ante baptismum iterati coniugii ad electionem muneris et ordinationis praerogatiuam impedimenta generentur, cum etiam delicta obesse non soleant si lavacri remissa fuerint sacramento.*").

189 Neben den bereits genannten z. B.: Statuta Ecclesiae Antiqua (475), c. 69: „*simili sententiae subiacebit episcopus, si sciens ordinaverit clericum eum qui viduam aut repudiatam uxorem habuit vel secundam.*";
epist. sancti Lupi et sancti Eufronii ad Thalassium (453), SL 148,141,36: „*In augustodunensi autem ecclesia, vel ostiarius in imo officio constitutus, si uxorem aliam acceperit, ab officio penitus abdicatur.*"; SL 148,140,20: „*Exorcistas vero aut subdiaconos a secundis nuptiis penitus excludit.*";
Conc. Epaon. (517), c. 2: „*De ordinationibus clericorum, ne secundae uxoris aut renuptae maritus presbyter aut diaconus ordinaretur, abunde sufficeret ab apostolo constitutum.*"; Conc. Tolet. (400), c. 4: „*Subdiaconus autem defuncta uxore si uxorem aliam duxerit, ab officio in quo ordinatus fuerat removeatur* [...]"; Conc. Tolet. (633), c. 19: Für das Bischofsamt ist nicht zuträglich, „*qui secundae uxoris coniunctionem sortiti sunt aut numerosa coniugia frequentarunt, qui viduam vel marito relictam duxerunt aut corruptarum mariti fuerunt* [...]"; Conc. Tolet. (656), c. 3: „*Item constituit sancta synodus, ut lector fidelis, si viduam alterius uxorem acceperit, amplius nihil sit, sed semper lector habeatur aut forte subdiaconus.*"

190 Basilius bestätigt in einem Brief an Amphilochius die Existenz eines Kanons, der zweimal Verheiratete gänzlich vom Kirchendienst ausschloss: Bas., ep. 57 (Mauriner 188,12): „Τοὺς διγάμους παντελῶς ὁ κανὼν τῆς ὑπηρεσίας ἀπέκλεισε."

191 Siehe weiter unten in diesem Kapitel.

I.[192] oder Leo I.[193] etc. brieflich bestätigt und weitergetragen wurden, kann – ohne entsprechende Quellennachweise – über die regulierende Kraft dieser Bestimmungen nur spekuliert werden.

Zwar berichtet Hieronymus zynisch von der unsittlichen Möglichkeit eines fiktiven Klerikers, der die eigene Karriere nicht aufs Spiel setzen wolle und lieber mit Huren verkehre, als eine zweite Ehefrau rechtmäßig zu ehelichen.[194] Ein Umstand, der darauf hinwiese, dass kanonische Bestimmungen durchaus zur Anwendung gebracht wurden, warum sonst sollte jemand dieses kirchenrechtliche Schlupfloch – Dirne statt Digamie – nutzen müssen. Doch berichtet Hieronymus im gleichen Atemzug ganz gegensätzlich, „*Carterius, ein spanischer Bischof, ein Mann in hohem Alter, der lange Zeit Priester gewesen ist, war vor seiner Taufe sowie nach seiner Taufe verheiratet, da er nach dem Tode der ersten eine weitere Frau geheiratet hat.*“[195] Carterius war somit trotz der Eingehung einer zweiten Ehe ordiniert worden, der Tatbestand seiner beiden rechtmäßigen Ehen hatte ihn also keineswegs den Job gekostet.

Mit Sicherheit muss Stefan Rebenich recht gegeben werden, der Umstand, dass der Fall Carterius in kirchliche Briefkorrespondenzen zwischen Hieronymus und befreundeten Theologen Eingang fand, bedeute, „*dass die Frage klerikaler Enthaltsamkeit in Gallien und in Spanien kontrovers diskutiert und unterschiedlich beantwortet wurde.*“[196] Doch zeigt gerade diese Kontroverse, dass mit Sicherheit nicht von einem Kirchenalltag – im sakralen oder Laienbereich – ausgegangen werden kann, der sich proportional an kanonischen Bestimmungen ablesen ließe, umso mehr, wollte man überregionale Tendenzen festmachen.

---

192 Innocentius I Papa, epist. 17 (Ex Dionysio Exiguo), cap I et II (Ad episcopis Macedonibus et diaconis in Domino salutem). (ca 420 n. Chr.).

193 Leo I Papa, epist. 22,5: „*Eos enim qui vel secundas nuptias iniverunt, vel viduarum se conjugio sociarunt, nec apostolica, nec legalis auctoritas sacerdotium obtinere permittit.*“ (Ad episcopos Africanos provinciae Mauretaniae Caesariensis) (ca 450 n. Chr.); Leo I Papa, epist. 14,3: „*In civitatibus quarum rectores obierint, de substituendis episcopis haec forma servetur: ut is qui ordinandus est, etiamsi bonae vitae testimonium habeat, non laicus, non neophytus, nec secundae conjugis sit maritus, aut qui unam quidem habeat, vel habuerit, sed quam sibi viduam copularit.*“ (Ad Anastasium Thessalonicensem episcopum).

194 Hieronymus verweist auf dieses kirchenrechtliche Schlupfloch, als er Oceanus gegenüber die Ordination des spanischen Bischofs Carterius um 400 n. Chr. rechtfertigt. Die Ordination eines zweimal rechtmäßig verheirateten Klerikers sei eher hinzunehmen, als dass jemand hurenhaft lebe, um auf eine Ehe zu verzichten: Hieron., epist. 69,4: „*Tu, ut passim caninas nuptias iungeres, quid potes excusare? forsitan timuisse te dicas, ne, si matrimonium copulasses, non posses aliquando clericus ordinari?*“

195 Hieron., epist. 69,2: „*Carterius, hispaniae episcopus, homo et aetate vetus et sacerdotio, unam, antequam baptizaretur, alteram post lavacrum priore mortua duxit uxorem.*“

196 *Rebenich*, Hieronymus, 1992, S. 249.

Ohne Zweifel erteilt Sidonius Apollinaris den Ambitionen von Eucherius und Pannychius, die sich um den vakanten Bischofsstuhl von Bourges[197] beworben hatten (um 475 n. Chr.), eine Abfuhr: Der Umstand, dass Eucherius und Pannychius zweimal verheiratet waren, machte sie für dieses Amt unzuträglich.[198]

Doch dem entgegengesetzt vertritt Sidonius' Zeitgenosse im Osten, Theodoret von Kyros, die Ansicht, wenn überhaupt, so sei nur eine zweite Ehe verwerflich, die nach einer Scheidung erfolgt sei.[199] Zudem rechtfertigt sich Theodoret für seine Parteinahme für Irenaeus, den Bischof von Tyros. Dessen zweite Ehe stelle in Anbetracht seiner sonstigen Qualitäten keineswegs ein Hindernis dar, ihn zum Bischof von Tyros zu ordinieren. Es sei zu bedenken, dass sowohl Bischof Acacius von Beroea einst einen Digamisten (Diogenes) ordiniert hätte als auch Praylius von Jerusalem, als er einen gewissen Domninus zum Bischof von Caesarea[200] erhob (ca. 417 n. Chr.).[201]

Bezeugen Hieronymus und Sidonius also eine konsequente Umsetzung kirchenrechtlicher Gebote im gallischen Alltag, weisen wiederum Hieronymus und Theodoret von Kyros Fälle bewusster Missachtung von Einehebestimmung im zeitgleichen östlichen Raum nach.

Es bleibt nur festzuhalten: Wie auch für den Bereich der „Laien-Patchworkfamilien" nachgewiesen, kann trotz einer vorhandenen, übergeordneten Kirchenrechtsartikulation nur schwerlich von einer einheitlichen Alltagssystematik der Kleriker-Digamie gesprochen werden. Diese Erkenntnis zeichnet nicht nur das Bild einer spätantiken Kirche, die es – zum Teil willentlich – nicht vermochte, in ihren eigenen Reihen theologische Statuten durchzusetzen und die bemakelte Eheform der Zweitehe und Patchworkfamilie in Klerikerkreisen einzudämmen. Der Tatbestand dieses Versäumnisses „vor der eigenen Haustür" muss darüber hinaus an der Vorstellung einer generellen Durchsetzungskraft familienrechtlicher Bestimmungen im Laienbereich Zweifel aufkommen lassen.

---

197 Siehe Genaueres zur Bischofswahl in Bourges und zu Sidonius' Präferenz für Simplicius, den er letztendlich durchsetzen kann, bei *Schäferdiek*, Kirche, 1967, S. 20 ff..

198 Sidonius legt seinem Freund, dem Bischof Perpetuus dar, warum Eucherius und Pannychius für den vakanten Bischofssitz nicht infrage kämen: Sidon., epist. 7,9: *„sed dicitis viro* [dem Simplicius] *Eucherium et Pannychium inlustres haberi superiores: quod hactenus eos esto putatos, sed praesentem iam modo ad causam illi ex canone non requiruntur, qui ambo ad secundas nuptias transierunt."*

199 Theodorets Interpretation der einschlägigen Paulussentenzen folgt der Devise, eine Wiederheirat nach Verwitwung geschehe aufgrund äußerer Umstände. Nach einer Scheidung hingegen handele es sich um eine nicht zwingend notwendige, sondern eigenmächtig getroffene Entscheidung. (Theod., Interpretatio in xiv epistulas sancti Pauli, 82,805,21 (PG)).

200 Vgl. *Downey*, Caesarea and the Christian Church, 1975, S. 33 f..

201 Theod., ep. Sirmond. 110,40 ff..

Kanones können für sich allein genommen keinen Aufschluss geben über den Grad an tatsächlicher Sanktionierung und Stigmatisierung in der christlich-spätantiken Gesellschaft.

So darf es sich erübrigen, hier eine trockene und erschöpfende Aufzählung kanonischer Bestimmungen anzuführen, zeichnen doch all jene Regeln, wie sie über Regionen und Zeiten hinweg nachweisbar sind, für sich genommen nicht viel mehr als ein christliches Bestreben, ohne aber per se als Abbild der Wirklichkeit angesehen werden zu können. Inwieweit Aspekte wie die verbotene Witwenheirat, die z. B. nach Basilius oder den Apostolischen Konstitutionen neben finanziellen und sakralen auch prestigehämmende Konsequenzen haben konnte, belastend wirkten, muss offen bleiben. So mahnt Basilius erinnernd an, *„für die drei- und mehrmal Verheirateten stellten sie denselben Kanon auf, den sie analog auch auf die zweimal Verheirateten anwandten: Ein Jahr trifft die zweimal Verheirateten – andere setzen zwei Jahre fest. Die dreimal Verehelichten schließen sie drei, oft auch vier Jahre aus.“*[202] Doch wurde dieses Prinzip angewandt und sank dadurch die Achtung jener Ausgestoßenen in der Gemeinde? Führte es, wie die Apostolischen Konstitutionen es strafend einfordern, wirklich zu Ehrverlust des gesamten Witwenstandes einer Gemeinde, wenn eine von ihnen erneut heiratete?[203] Auch hier ist fraglich, ob daraus wirklich die These der Stigmatisierung einer zweimal Verheirateten in der jeweiligen Gemeinde hergeleitet werden kann. Ebenso ist nicht ersichtlich, inwieweit die Ansichten zu einer zweiten Ehe eines/r Vertoßenen oder eines/r Verstoßenden, wie sie bei Ambrosius,[204] Hieronymus,[205] Augustinus[206] oder auf Konzilien[207] als sakral-strafbar artikuliert

---

202 Basilius bestätigt diese apostolischen Ansichten zur Witwenehe in seinem Brief an Amphilochius: Bas., ep. 57 (Mauriner 188),4: („Περὶ τριγάμων καὶ πολυγάμων τὸν αὐτὸν ὥρισαν κανόνα ὃν καὶ ἐπὶ τῶν διγάμων ἀναλόγως· ἐνιαυτὸν μὲν γὰρ ἐπὶ τῶν διγάμων, ἄλλοι δὲ δύο ἔτη. Τοὺς δὲ τριγάμους ἐν τρισί, καὶ τετράσι πολλάκις ἔτεσιν ἀφορίζουσιν.“); An anderer Stelle weist Basilius klar auf den Grad der Strafe für Wiederheirat hin, der sich nach Geschlecht und Alter des Sünders richte: Bas., ep. 69 (Mauriner 199), 24.

203 Const. Apost. 3,1: „Εἰ δὲ νεωτέραν καταστήσητε εἰς τὸ χηρικὸν καὶ μὴ φέρουσα τὴν ἐν νεότητι χηρείαν γαμηθῇ, ἀπρέπειαν ἐμποιήσει τῇ δόξῃ τοῦ χηρικοῦ καὶ λόγον ὑφέξει τῷ Θεῷ […].“

204 Ambrosius spricht sich deutlich gegen eine erneute Heirat einer Frau aus, wenn der Exmann noch am Leben sei. Dann nämlich binde die Geschiedene nach wie vor noch die Fessel der Emotion an den früheren Ehepartner: Ambr., in Ps. 43,63,3: *„non nubit ergo mulier alteri viro nisi mortuus fuerit vir suus, hoc est nisi a vinculo legitimi amoris fuerit absoluta; si autem mortuus vir eius fuerit, liberata est.“*

205 Hieronymus greift die paulinische Kontroverse um die Ehebruchsklausel wieder auf und weist zudem auf das Gebot der Versöhnung hin. Wenn sich eine Frau von ihrem Mann trenne, dürfe sie nicht erneut heiraten, sondern solle eine Versöhnung anstreben: Hieron., adv. Iovin. 1,10: *„docet enim, iuxta sententiam domini, uxorem, excepta causa fornicationis, non repudiandam, et repudiatam, viuo marito, alteri non nubere, aut certe viro suo reconciliari debere.“*

wurden, die christlich-spätantike Gesellschaft maßgeblich mitbestimmten. Auch inwieweit der mehrfach geäußerte Wunsch, Versöhnung mit dem ersten Ehepartner solle eine zweite Ehe verhindern,[208] Verwirklichung fand, muss ohne Miteinbeziehung der weltlichen Gesetzgebung in diesen Bereichen noch unbeantwortet bleiben.

4. Fazit

Das Kapitel *Die Patchworkfamilie der Spätantike aus christlicher Sicht* bemühte sich im Wesentlichen um eine Beleuchtung der zweiten Eheschließung und deren Folgen unter drei verschiedenen Aspekten. In einem ersten Gliederungspunkt – *Stiefverwandtschaft als Pleonasmus des Negativen* – konnte auf rein philologisch-hermeneutischer Basis nachgewiesen werden, dass sich im christlichen Sprachgebrauch der Begriff des „*Stiefmütterlichen*"/ „*Stiefverwandtschaftlichen*" weitgehend losgelöst hat vom axiomatischen Konnotat des generellen Charakterdefizits, wie er noch im kaiserzeitlich-weltlichen Sprachgebrauch nachzuweisen war. Nicht der negative Charakter eines zweiten Ehepartners führt – nach christlicher Verwendung des Begriffes „*stief...*" – zu Streit und Disharmonie in der Patchworkfamilie, sondern – im Gegenteil – die Widrigkeiten des Zusammenlebens, vor allem im emotionalen Bereich, führen zu Verhaltensweisen und Reaktionen einzelner Fami-

206 Augustinus sieht eine erneute Ehe zu Lebzeiten eines Expartners – ganz gleich ob der Mann oder die Frau erneut heiratet – als Ehebruch an. Solange der Expartner lebe, sei die Eheverbindung als aufrecht zu verstehen, trotz dass sie durch eine weltliche Trennung aufgehoben scheint: Aug., nupt. et concupt. 1,10,11: „*denique mortuo viro cum quo verum conubium fuit fieri verum conubium potest cum quo prius adulterium fuit. ita manet inter viventes quiddam coniugale, quod nec separatio nec cum altero copulatio possit auferre.*"

207 Auf dem Konzil von Arles (314) wird jenen, die ihre Frauen beim Ehebruch ertappt und aufgrund dessen verstoßen haben, geraten, auf eine Wiederheirat zu verzichten, solange die Exehefrau noch am Leben ist: Conc. Arelat., c.11(10): „*De his qui coniuges suas in adulterio depraehendunt, et idem sunt adulescentes fideles et prohibentur nubere, placuit ut, quantum possit, consilium eis detur ne alias uxores, viventibus etiam uxoribus suis licet adulteris, accipiant.*"

208 Anstelle der erneuten Heirat solle Versöhnung angestrebt werden: Registri ecclesiae Carthaginensis excerpta (CCSL 149,218,1228): „*De his qui uxores aut quae viros dimittunt, ut sic maneant. Placuit ut, secundum evangelicam et apostolicam disciplinam, neque dimissus ab uxore, neque dimissa a marito, alteri coniungatur, sed ita maneant, aut sibimet reconcilientur.*"; Innozenz weist in seinem Brief an Probus sogar darauf hin, wenn eine Frau aus Gefangenschaft freigelassen würde und der Ehemann im Zeitraum der Gefangenschaft eine zweite Ehefrau genommen hätte, müsse er diese Zweite verstoßen und die Erste zurücknehmen: XIV Epistola Innocentii Papae ad Probum: „*Si cuius uxor fuerit abducta in captivitatem, et alteram maritus acceperit, revertente prima, secunda mulier debet excludi.*"

lienmitglieder, die im Endeffekt dann als *stiefverwandtschaftliches Gebaren* tituliert werden. Unter Stiefverwandten versteht die christliche Begrifflichkeit keineswegs Personen kriminellen Charakters, sondern vielmehr Familienmitglieder, die im Umfeld der Zweitfamilie Handlungen und Charakterzüge an den Tag legen, die sie unter den Umständen einer natürlich gewachsenen und nicht etwa neu zusammengewürfelten Familiensituation nicht gezeigt hätten. „*Stieffamilie*" ist nach christlichem Verständnis ein antithetisches Sammelbecken all jener Aspekte der Disharmonie, deren positives Spiegelbild ein harmonisches Gebilde unter der Bezeichnung „*Familie*" zeichnet.

In einem zweiten Schritt im Rahmen des Kapitels *Defizitäre Lebensumstände spätantiker Patchworkfamilien aus christlicher Sicht* konnte aufgezeigt werden, auf welche Einschätzungen stieffamiliären Lebens sich die neue Begrifflichkeit stiefverwandtschaftlichen Verhaltens stützt. Als Bereiche, an und in denen sich Formen der Disharmonie zwischen erst- und zweitehelichen Familienmitgliedern entzündeten, nennt das Christentum insbesondere den emotionalen und den finanziellen Aspekt. Im ersteren Fall führe die (gefühlte) Vernachlässigung erstehelicher Kinder durch den leiblichen Elternteil zu Verlusterfahrung und Konkurrenzdenken im affektiven Bereich. Keineswegs sprechen christliche Schriftsteller hier etwa von absichtlicher Geringschätzung durch den Stiefelternteil, sondern von natürlichen und logischen Prozessen, die ablaufen, wenn Kinder die ehemals ungeteilte Aufmerksamkeit eines Vaters / einer Mutter nun mit neu dazugekommenen Familienmitgliedern teilen müssen. Die christliche Argumentation bleibt hier stets nachvollziehbar und plausibel, wenn sie Begründungen sowohl für das Verhalten der neu heiratenden Eltern als auch für die Reaktionen der betroffenen Kinder darlegt.

Auch bezüglich des Aspekts der finanziell begründeten Disharmonie konnte aufgezeigt werden, dass Kirchenvertreter keineswegs die Prognose der kriminellen Energie oder Illegalität zur Basis ihrer Einschätzung machten, wie es noch in kaiserzeitlich-weltlichen Quellen nachzuweisen war. Vielmehr bleibt das Christentum auch hier im Bereich der logischen Argumentation, wenn es darlegt, ganz alltägliche Phänomene wie z. B. die Verwaltung des väterlichen Besitzes durch einen Stiefvater – wenn der leibliche Vater verstorben war – könne im Fühlen erstehelicher Kinder Verlustängste hervorrufen. Auch ohne die Annahme, der stiefväterliche Verwalter verlasse den Rahmen des vermögensrechtlich legalen Handelns, scheint diese Einschätzung plausibel. Erneut bleiben christliche Schriftsteller nachvollziehbar und folgerecht, wenn sie lediglich schildern, wie Situationen in den Augen erstehelicher Kinder wahrgenommen würden. Demhingegen konnten nur wenige Quellen aufgefunden werden, in denen dezidiert von missbräuchlichen Absichten oder Handlungen eines Stiefelternteils gesprochen würde.

Es bleibt insgesamt festzuhalten, dass christliche Vertreter in Trostbriefen, Predigten und theologischen Abhandlungen äußerst selten das Klischee der skandalbehafteten, kriminalitätsgetränkten und ausschließlich von großen emotionalen Verwerfungen geprägten Patchworkfamilie zeichneten. Was die Vermutung der stets möglichen Disharmonie in vielen kleinen Bereichen des alltäglichen Lebens anbelangt, die dem Familienleben einer zweiten Ehe einen logisch greifbaren Unfrieden unterstellt, so muss hingegen konstatiert werden, dass das Christentum deutlich eine Bemakelung der Patchworkfamilie im Gegensatz zur harmonischen Erstehe förderte.

Im letzten Kapitel unter dem Titel *Kanonisierung und Stigmatisierung* sollte hinterfragt werden, inwieweit obige Bemakelung in Form einer Stigmatisierung im gesellschaftlichen Blick auf die Patchworkfamilie nachzuweisen wäre. Gesellschaftliche Öffentlichkeit könnte dann als eigenständige korrektive Institution verstanden werden, die ihre regulierende Kraft den Kanones und Sanktionen der Kirche unterstützend beigesellte. Als subtile bis aggressive Form der Ächtung könnte gesellschaftliche Stigmatisierung zudem prägende Komponente eines negativen Lebensgefühls in Patchworkfamilien sein.

Die wenigen Quellen, welche eine tatsächliche Durchsetzung kirchlicher Bestimmungen im alltäglichen Gemeindeleben nachwiesen, sei es durch kirchliche Vertreter oder eben durch eine institutionelle Öffentlichkeit, verteilen sich über mehrere Jahrhunderte und verschiedene Regionen. Dies gestaltete die Herausarbeitung einer gesamtrömischen Tendenz für den Zeitraum der Spätantike schwierig. Teils konnte für den gallo-römischen Bereich die Ahndung inzestuöser Zweitehen unter Mithilfe der Bevölkerung nachgewiesen werden, obgleich die Aufdeckung der Verwandtenehe zeitlich in unmittelbarem Zusammenhang zu sehen ist mit der kirchenrechtlichen Thematisierung des erweiterten Leviratsverbots.

Demgegenüber wurde Ehesündern im nordafrikanischen Hippo Regius zum Teil gemeindeöffentliche Akzeptanz entgegengebracht. Opfer patchworkfamiliärer Streitigkeiten scheinen zumindest von Augustinus nicht als bemakelt angesehen worden zu sein. Stattdessen kam ihnen umfassende kirchliche Unterstützung zu.

Im mittelbyzantinischen Konstantinopel fanden sich wiederum Nachweise, die belegten, dass die Teilnahme an zweiten Hochzeitsfeiern zu kirchenamtsrechtlichen Konsequenzen führen konnte, die letztlich die gesamte Gemeinde in Mitleidenschaft zogen. Die Annahme, die verwerfliche Gründung einer Patchworkfamilie habe beteiligte Familienmitglieder deshalb ins Gerede gebracht, ist nicht unplausibel.

Die Tatsache, dass – wie nachgewiesen – die spätantike Kirchenobrigkeit nicht einmal vermochte, in den eigenen Klerikerreihen patchworkartige Familienformen einheitlich und effektiv zu ahnden, ließ die Aussagekraft zu Laienangelegenheiten schmälern.

Letztlich lässt es der Anspruch seriösen historischen Arbeitens nicht zu, von Tendenzaussagen zu sprechen, möchte man das Lebensgefühl einer

Patchworkfamilie in und aufgrund eines christlichen Umfeldes bewerten. Vielmehr müssen obige Szenerien als Momentaufnahmen angesehen werden, die Möglichkeiten kirchlicher und gesellschaftlicher Reaktion aufzeigen, ohne hingegen allgemein das spätantike Leben im Patchwork beschreiben zu können. Zieht man die zahlreichen moraltheologischen Predigten heran, die einer Patchworkfamilie aus der Sicht der jeweiligen Gemeinde ihren Stempel aufdrücken mussten, scheint jedoch die Vorstellung eines Familienlebens, das von kirchlicher Ächtung und Sanktion sowie gesellschaftlicher Stigmatisierung mitbestimmt wurde, nicht unplausibel.

VI. Die Patchworkfamilie der Spätantike aus „weltlicher" Sicht

Das vorangehende Großkapitel vermochte es aufgrund seiner christlichen Ausrichtung lediglich, familiäre Verhältnisse in christlichen Kreisen und christlich geprägten Bevölkerungs- und Gemeindestrukturen zu beleuchten. Thesen, die sich aus kirchlichen Aussagen zur Patchworkfamilie ableiten, Untersuchungen, welche die Wirkungskraft kanonischer Bestimmungen auf klerikale und Laienbereiche hinterfragen, können für das gesellschaftliche Leben der heidnischen und weltlichen Bevölkerung wenig bis keine Gültigkeit besitzen.

Dennoch bietet obiges Kapitel Untersuchungsansätze und methodische Herangehensweisen, die auch für die Skizzierung nicht-christlicher Patchworkverhältnisse verwendet werden können und sollen.

Jene Motive, mit denen moraltheologische Schriften und Predigten zu Scheidung und Wiederheirat spielten, klammerten nachweislich den Vorwurf der Finanzkriminalität weitestgehend aus. Dies wurde als Indikator eines verbesserten Vermögens- und Erbrechts der Spätantike im Vergleich zu kaiserzeitlichen Jahrhunderten angesprochen. So stellt sich natürlich die Frage, inwieweit dieser Befund auch in weltlichen Quellen nachzuweisen ist. Welches Bild von der vermögensrechtlichen Situation in Zweitehen zeichnen fiktionale, historiographische und Briefliteratur? Zeigt sich auch in diesen Quellen nun vermehrt eine Dominanz prognostizierter emotionaler Defizite?

Jene Fragestellungen bieten sodann Anlass, eine Analyse des weltlichen Rechts vorzunehmen und dieses auf Verbesserungen im Finanz- und Versorgungssektor hin zu überprüfen. Zu diesem Zweck wurden im Kapitel *„Die klassisch-rechtliche Situation der Patchworkfamilie als Ausgangspunkt spätantiker Korrekturen"* schon wesentliche Ansatzpunkte angesprochen und auf erste spätantike Änderungen hingewiesen. Hieran soll im Rahmen des aktuellen Kapitels angeknüpft und dabei insbesondere auch auf Reformen im Scheidungs-, Wiederverheiratungs- und Sorgerecht eingegangen werden. Dies wird helfen, demographische Aspekte, wie sie in christlichen und weltlichen Quellen vorfindbar sind, ergänzend zu bewerten. Zu erinnern sei hier nur an das vermehrt bezeugte Sorgerecht der Mutter, wie es aufgrund von christlichen Stiefvatercharakterisierungen anzunehmen ist, oder die nach wie vor auffindbaren Belege für Wiederverheiratungen Geschiedener und Verwitweter. Wie ist es unter rechtlichen Gesichtspunkten einzuordnen, wenn Hieronymus „*einen Mann und eine Frau aus der Hefe des Volkes* [erwähnt]? *Er hatte zwanzig Frauen begraben, während sie zweiundzwanzig Mal verheiratet war. Sie ehelichten sich gegenseitig.*"[1] War dies alles rechtskonform oder illegal? Es versteht sich, dass das Kapitel zur Rechtsentwicklung zwischen ost- und weströmischen Gegebenheiten unterscheiden wird.

1. Stiefverwandtschaft in der fiktionalen Literatur der Spätantike

Blickt man zurück auf das Kapitel „*Rückschlüsse auf das Leben in Patchworkfamilien der Kaiserzeit*", in dem es möglich war, anhand einer breiten Quellenbasis das Thema *Patchwork* vielfältig zu modulieren, so muss die Beschäftigung mit diesem Aspekt im Bereich der Spätantike enttäuschen. Quellen, die nicht aus christlicher Hand stammen, sind rar, und wer das Wenige aus Belletristik oder Dichtkunst heranzieht, findet zur Patchworkfamilie kaum Aussagen, die nicht die Bezeichnung des mythologischen Abklatsches verdienten. An diesen Rezeptionen althergebrachter Göttergeschichten lassen sich weder alltagsbezogene Fragestellungen nach Familienstruktur oder -leben vollziehen noch Rückschlüsse auf die literarische Vorstellungswelt zum Thema ziehen. So kann ein Vergleich zwischen kaiserzeitlichen und spätantiken Begriffsverwendungen und Konnotationen, wie er oben bezüglich christlicher Quellen ausführlich vonstatten gehen konnte, im rein weltlichen Genre nicht mehr als einen Ansatz bedeuten.

Wenn Sidonius Apollinaris im fünften Jahrhundert von *stiefmütterlichen Listen*[2] spricht, Leiden eines Hippolytos[3] oder eines Herakles[4] erwähnt und an Junos Wirken als zweiter Ehefrau kein gutes Haar lässt,[5] so kann dies schwerlich den Beweis eines anhaltenden Negativimages der Stiefmutter in der spätantiken Gesellschaft erbringen. Dies darf wohl – um ein griechisches Beispiel anzubringen – ebenso wenig für die Auslassungen eines Nonnos gelten, der unter den göttlichen Stiefmüttern keine nennt, die ihren Stiefkindern nicht Ungemach bereitet hätte. Sei es nun, dass Nonnos in seinem Epos *Dionysiaka* die Zwiste zwischen Hera und Dionysos[6] / Juno und Bacchus[7]

1 Hieron., epist. 123,9: „*vidi duo inter se paria vilissimorum e plebe hominum conparata, unum, qui viginti sepelisset uxores, alteram, quae vicesimum secundum habuisset maritum, extremo sibi, ut ipsi putabant, matrimonio copulatos.*"

2 Sidon., carm. 7,201.

3 Sidon., carm. 11,77.

4 Sidon., carm. 15,136.

5 Sidon., carm. 7,582.

6 Nonn., Dion. 6,202; 20,46; 27,267; 11,117; 30,249.

erwähnt, die Machenschaften von Ino[8] oder jene der unglücklich agierenden Themisto.[9] Sidonius und Nonnus stehen hier selbstredend beispielhaft für eine große Fülle spätantiker Rezeptionen des mythologischen Stiefmutterklischees.[10]

Abseits mythologisch geprägter Werke warten die spätantiken Jahrhunderte weder mit einer Fülle an Patchworkdarstellungen auf noch können dem wenig Vorhandenen neuartige oder differenzierte Aussagen zum Leben in Stieffamilien entnommen werden. So verweilt Claudius Claudianus in der althergebrachten Vorstellung, Stiefmütter machten sich insbesondere die todbringende Wirkung giftiger Pflanzen nutzbar, wenn sie ungeliebte Familienmitglieder umbringen wollten. Zumindest beschreibt er aus dieser Vorstellung heraus den aufständischen Feldherren Gildo als so bewandert in Giftkunde, als dass er tödliche Pflanzen kenne, die sogar Stiefmüttern unbekannt seien.[11] Und auch der Blick in die astrologischen Schriften eines Firmicus Maternus fällt insofern ernüchternd aus, als dass er lediglich eines belegt: Stiefmütter legten beim Anblick ihrer Stiefsöhne noch ebenso verruchte Gelüste an den Tag,[12] wie es bereits in der Kaiserzeit der Fall war – gesetzt natürlich, ein entsprechendes Sternbild treibe sein Unwesen.

Immerhin bieten aber doch zumindest zwei Aspekte bei Firmicus Maternus Anknüpfungspunkte, über potentielle spätantike Veränderungen der Patchworkverhältnisse im Vergleich zur Kaiserzeit zu spekulieren: So prophezeit Firmicus einem Mann gewisse Pechsträhnen im Leben, wurde er zum Zeitpunkt geboren, als Saturn im Zeichen des Widders stand. Dazu gehöre, dass es ihm nicht vergönnt sei, eine unbefleckte Ehefrau zu heiraten, sondern *„entweder eine Witwe, eine von einem anderen Verführte oder eine Frau, die von einem anderen Gatten Kinder hat und übel beleumundet ist.“*[13] Zu fragen ist freilich, ob hier der Umstand, eine befleckte oder gar bekinder-

---

7 Nonn., Dion. 14,316; 20,347.

8 Nonn., Dion. 10,117.

9 Nonn., Dion. 9,320 (Themisto wollte eigentlich ihre Stiefkinder töten, wurde aber getäuscht und tötete versehentlich ihre eigenen Kinder.).

10 Zu nennen wären auch: Hippolytos bei Claudius Claudianus (Claud., carm. 26,440); Hippolytos bei Johannes Malalas (Joh. Malal. 88,12); Hippolytos bei Iordanes (Iord., Get. 8 (56),9); Juno bei Claudius Claudianus (Claud., rapt. Pros. 2 (praef.),29); Juno bei Firmicus Maternus (Firm., err. 6,1); Malalas berichtet, wie Orest seinen Stiefvater Aigisthos tötet (Joh. Malal. 134,22).

11 Claud., carm. 15,172: *„varios sucos spumas que requirit serpentum virides et adhuc ignota novercis gramina.“*

12 Sexuelle Gelüste zwischen Stiefmutter und Stiefsohn finden ihren Niederschlag beinahe ebenso häufig wie jene zwischen leiblichen Verwandten: Firm., Math. 3,6; 4,6; 6,29; 6,30; 6;31; 7,12; 7,13; 7,18.

13 Firm., Math. 5,3: *„aut viduam aut ab alio stupratam, aut quae ab alio marito susceperit filios, et quam macula turpitudinis alicuius infamet.“*

te Ehefrau zu heiraten, dergestalt als Unglück verstanden werden soll, als dass diese Eheform in Relation zum Eheglück einer „normal" zustandegekommenen Familie zu setzen ist. Oder ob Firmicus Maternus hier generell eine persönliche oder gesellschaftliche Bemakelung von Witwenheirat oder Geschiedenenheirat indiziert. Firmicus Maternus spricht von der, „*quae ab alio marito* [...] *filios*", als eine „*quam macula turpitudinis alicuius infamet*." Er spielt hier somit nicht etwa auf ein liederliches Frauenzimmer an, das sich von einem Wildfremden hatte schwängern lassen, sondern artikuliert dezidiert, einer Frau, die von einem ersten Gatten – *ab alio marito* – Kinder habe, hafte ein infamer Makel an. Diese heiraten zu müssen, sei ein Unglück. Es ist zumindest nicht auszuschließen, in dieser Passage erste Vorboten einer christlichen Eheethik und konstantinischen Scheidungsgesetzgebung zu sehen. Was Letzteres betrifft, werden die späteren Ausführungen zum Scheidungs- und Wiederverheiratungsrecht einen klareren Blick erlauben.

Ein zweiter Aspekt soll aus demographischem Blickwinkel erörtert werden. Wurde in obiger Passage zwar eine geschiedene/verwitwete und bekinderte Frau erwähnt, die ein zweites Mal heiratete, ließ die Quellenstelle keinerlei Aussagen darüber zu, bei wem die Kinder der Frau nach deren zweiten Eheschließung aufwuchsen. Fragen nach Haushaltsstrukturen oder Sorgerechtskompetenzen konnten hier also nicht erörtert werden. Dies verhält sich anders, zieht man weitere Firmicuspassagen heran. Denn in der astrologischen Plausibilität des Firmicus kommt ein Stiefvater unter gewissen stellaren Voraussetzungen ebenso als Inzestpartner der Stieftochter infrage, wie eine Stiefmutter als Libidoobjekt des Stiefsohnes. „*Wenn Mars und das Horoskop in ein und demselben Grade und im Hause des Jupiter in Konjunktion stehen* [...], *dann verkehren die Nativen sicherlich geschlechtlich mit ihren Müttern oder Stiefmüttern. Hat aber eine Frau eine derartige Genitur, dann frönt sie mit ihrem Vater oder mit ihrem Stiefvater dem Inzest.*"[14] Und an anderer Stelle prognostiziert Firmicus, „*war Saturn der Herr des Ehezeichens, dann wird der Vater, der Stiefvater, ein Greis oder ein Sklave der Schänder sein.*"[15] Bisweilen schließt sich dem inzestuösen Verkehr sogar die Hochzeit an.[16]

Mitnichten soll hier der Grad der Seriosität oder Glaubwürdigkeit dieser astrologischen Weissagung kommentiert werden. Vielmehr gilt es festzustellen, dass Firmicus Maternus die Existenz eines Stiefvaters in Haushaltsstruk-

---

14 Firm., Math. 6,31: „*Si Mars et horoscopus aequabili partium societate iungantur, <et> in domo Iovis fuerint constituti* [...], *hi qui <sic> has stellas habuerint aut cum matre aut certe cum noverca concumbunt. Si vero mulieris sit ista genitura, aut cum patre suo aut cum vitrico suo incesta libidinis cupiditate concumbit* [...]."

15 Firm., Math. 6,29: „*Nam si Saturnus nuptialis signi dominus fuerit inventus, aut a patre aut <a> patruo aut a vitrico stuprum virgini praeparatur, aut a sene aut a servo.*"

16 Firm., Math 6,30.

turen als ebenso logisch und möglich voraussetzt wie das Zusammenwohnen mit einer Stiefmutter oder einem Vater oder einem Sklaven. Die generelle Annahme, zwischem einem Stiefvater und anderen Mitgliedern der Familie könne es zu irgendeiner Form der Interaktion kommen, könnte darauf hindeuten, dass die demographischen Wohnstrukturen der beginnenden Spätantike bereits häufiger eine mütterliche Mitnahme erstehelicher Kinder in den Haushalt des zweiten Ehemannes aufwiesen, als es noch in den kaiserzeitlichen Jahrhunderten der Fall war. Es muss daran erinnert werden, dass jene kaiserzeitlichen Quellen, die im ersten Teil dieser Arbeit ausgewertet wurden, beinahe keine Wohnsituationen beschrieben, in denen Stiefväter mit den Kindern der Frau zusammenlebten. Schilderungen von Konflikten emotionaler oder inzestuöser Art, wie sie christliche Quellen oder eben Firmicus Maternus liefern, setzen erst in den spätantiken Jahrhunderten ein.[17] Auf dem Konzil von Elvira (306 n. Chr.) wird der inzestuöse Verkehr zwischen Stiefvater und Stieftochter sogar unter Androhung des Kommunionsverbotes untersagt – und dies geschieht dort im Rahmen eines separaten Kanons und nicht etwa kontextuell eingebettet in generelle Inzestfragen.[18] Die demographischen Verhältnisse der Spätantike müssen somit eine gewisse Notwendigkeit kreiert haben, derartige Angelegenheiten zu thematisieren. Selbstredend ist die prominente Rolle des Stiefvaters in spätantiken Quellen aber wohl nicht zuletzt auch schlichtweg auf die Tatsache zurückzuführen, dass ein Großteil der zur Verfügung stehenden Quellen aus christlicher Hand stammt: Natürlich spiegelt sich hier das Bestreben wider, insbesondere Witwen von einer erneuten Heirat abzuraten. Und ein beliebtes Argument ist in diesem Zusammenhang immer das Unrecht, welches man den Kindern aus erster Ehe zufügen würde, wenn man ihnen einen Stiefvater gäbe. Oben angedeutete Fragen nach der Sorgerechtsentwicklung werden später ergänzende Erkenntnisse hierzu liefern.

In Zusammenfassung der Ergebnisse aus den bisher behandelten fiktionalen Quellen der Spätantike lässt sich neben einer anhaltenden Rezeption göttlicher Stiefmutterklischees lediglich die Aufgreifung des Inzest- und Giftmotivs festhalten. Als neuartig könnte unter Vorbehalt eine generelle Missachtung der Zweitehe abgelesen werden. Eine Missachtung, die außerhalb der üblichen Einbettung in Patchworkmissstände vonstattengeht. Firmicus Maternus erlaubt zudem, eine stärkere Präsenz von Stiefvätern in spätantiken Haushaltsstrukturen anzunehmen.

---

17 Auszuklammern aus dieser These sind selbstverständlich jene Quellen, die sich zum Beispiel Augustus und Tiberius widmen. Die kaiserliche Familienstruktur darf nicht als Repräsentant der gemeinen Situation in der Bevölkerung verstanden werden.

18 Conc. Elib., c. 66: *„Si quis privignam suam duxerit uxorem, eo quod sit incestus, placuit nec in finem dandam esse communionem."*

Ein Abgleich mit kaiserzeitlichen Quellen sowie den Ergebnissen, die aus kontemporären christlichen Patchworkbeschreibungen gewonnen werden konnten, lässt den Aspekt der vermögensbezogenen Konfliktträchtigkeit sowie jenen der emotionalen Disharmonie vermissen.

Diese fehlenden Komponenten sind in veränderter Weise auffindbar, wird der Fokus der Untersuchung auf zwei spätantike Romane gerichtet.

In der *Aethiopica* des Heliodor wird dezidiert beschrieben, wie eine junge Stiefmutter – Demänete – das harmonische Gerüst einer Familie durcheinanderbringt. Aus der Sicht des Stiefsohnes schildert Heliodor, „*kaum war sie ins Haus gekommen, da beherrschte sie meinen Vater völlig und setzte alles durch, was sie wollte.* [...] *Der Vater war ganz in ihren Netzen, lebte nur für sie und hatte Augen nur für sie.*"[19] Deutlich lässt Heliodor den benachteiligten Sohn das Problem der nun geteilten väterlichen Aufmerksamkeit artikulieren.[20]

An anderer Stelle spielt er mit der Vorstellung des konfliktgeladenen Zusammenwohnens zwischen Stiefmutter und Stiefsohn. In einem Gespräch mit dem Vater des Sohnes spricht die Stiefmutter nebenbei von Erziehungsproblemen, wenn sie ihren Stiefsohn ab und an ermahne. Auch befinde sie sich diesbezüglich selbst in der Zwickmühle, da sie das Verhalten des Stiefsohns nicht beim Vater verpetzen wolle, um nicht in den Verdacht der bösen Stiefmutter zu kommen.[21] Dies zeigt deutliche Formen von Disharmonie, die der literarischen Vorstellungswelt des Heliodor entnommen sind. Dass Demänete am Ende den Stiefsohn beschuldigt, er habe sie absichtlich in den Bauch getreten, um ihr ungeborenes Kind zu töten,[22] zeugt von der Vorstellung eines von Konkurrenzdenken geprägten Patchworkfamilienlebens. Heliodor bringt damit die Abneigung eines erstgeborenen Sohnes gegenüber Halbgeschwistern zum Ausdruck, auch wenn er nicht weiter erörtert, aus welchen Komponenten sich diese Abneigung speist. Auch tut es der Einschätzung keinen Abbruch, dass es sich bei den Beschuldigungen der Demänete generell um Verleumdungen handelt. Sie war zornig auf ihren Stiefsohn, da dieser – wie so oft – ihre Liebe nicht erwiedert hatte. Hier wird somit das Klischee der libidinösen Stiefmutter rezipiert.

---

19 Hld. 1,9,1: „Οὗτος, ἐπειδή μοι τὴν μητέρα τελευτῆσαι συνέβη, πρὸς δευτέρους ἀπεκλίνετο γάμους, ἐπὶ μόνῳ μοι παιδὶ σαλεύειν ἐπιμεμφόμενος, καὶ τοῖς οἴκοις ἐπεισάγει γύναιον ἀστεῖον μὲν ἀλλ' ἀρχέκακον, ὄνομα Δημαινέτην. Ὡς γὰρ τάχιστα εἰσῆλθεν, ὅλον ὑπεποιεῖτο καὶ πράττειν ὅτι βούλοιτο ἔπειθε, τῇ τε ὥρᾳ τὸν πρεσβύτην ἐπαγομένη καὶ τἄλλα ὑπερθεραπεύουσα· [...] οἷς ἅπασιν ὁ πατήρ μου σαγηνευθεὶς ὅλην ἐκείνην καὶ ἔπνει καὶ ἔβλεπεν." (Übersetzung nach *Reymer*, Chariklea, Zürich 1950.).

20 Der Umstand, dass Heliodor hier nicht betonter auf die emotionale Verlusterfahrung des Sohnes eingeht, könnte auf dessen Alter zurückzuführen sein: Der Protagonist ist bereits 18 Jahre alt.

21 Hld. 1,10,4.

22 Hld. 1,10,4.

Selbstredend findet in diesem Unterhaltungsroman die moralische Thematisierung zwischenmenschlicher Defizite weit weniger differenziert statt als in kontemporären christlichen Quellen. Dennoch kann hier, wenn auch subtil, die Auseinandersetzung mit logisch menschlichen Verhaltensweisen und Reaktionen unter den widrigen Umständen einer Patchworkfamilie aufgezeigt werden. Sowohl Stiefmutter als auch Stiefsohn zeigen Handlungsmuster, die vor dem Hintergrund fehlender affektiver Harmonie plausibel erscheinen.

Die Moral des Romans wird am Ende an der Instanz der zweiten Ehe generell kein gutes Haar lassen. Als die Stiefmutter Demänete stirbt und ihrem Ehemann eine gewisse Mitschuld am Tode unterstellt wird, wird er verbannt und sein Vermögen konfisziert. Sein Sohn weiß die Sachlage nur wie folgt zu kommentieren: *„Das hatte er nun von seiner zweiten Ehe.“*[23]

Auch nach Betrachtung dieser Quelle steht der Nachweis finanz- und vermögensbezogener Konflikte noch aus, der so dominant noch die Patchworkbeschreibungen der Kaiserzeit mitbestimmt hatte. In der *Historia Apollonii regis Tyri*, einem auf Vorlagen des dritten Jahrhunderts zurückgehenden Roman,[24] ist ein Vermögenskonflikt – wenn auch nur in untergeordneter Form – dann doch noch greifbar. Allerdings verhindert die komplizierte Textgenese dieses Werkes beinahe jegliche seriöse Feststellung, möchte man proportionale und kausale Linien zwischen Handlung, Entstehungszeit und Autor ziehen.

Die mit *HA* betitelte Urfassung des dritten Jahrhunderts ist weitestgehend verloren. Jüngere Abschriften aus dem fünften Jahrhundert, so die *Redactio A* und *B*, sind mit zahlreichen christlichen Interpolationen gespickt.[25] In dieser Form dient uns die *Historia Apollonii regis Tyri* somit lediglich als Zeugnis des fünften Jahrhunderts, dessen Handlung wir als christlich eingefärbt betrachten müssen.

Der für uns relevante Sachverhalt ist schnell erzählt: Ein verwitweter Vater überlässt seine Tochter namens Tharsia einer Pflegemutter, die bereits eine eigene Tochter, Filomusia, hat. Die Schlüsselszene des Familienkonfliktes soll aufgrund einer anschließenden, detaillierten Textbetrachtung im Ganzen zitiert werden:

„Und dieserzeit gingen an einem Feiertag Dionysias mit ihrer Tochter Filomusia und die junge Tharsia über die Straße. Die Bürger aber erschauten Tharsias Schönheit und ihren hübschen Putz, dass es dem gewöhnlichem Mann wie dem Hochgestellten ein wahres Wunder schien, und sie äußerten einer wie der andere: ‚Glücklich der Vater, der Tharsia seine Tochter nennt! Die ihr aber zur Seite geht, ist arg hässlich und der reine Abscheu.‘ Als Diony-

23 Hld. 2,9,3: „[…] τοιαύτης τῶν δευτέρων γάμων τῆς πείρας ἀπονάμενον.“

24 Vgl. *Waiblinger*, Historia Apollonii regis Tyri, 1978, S. 14 f..

25 Vgl. *Kortekaas*, Historia Apollonii regis Tyri, 1984, S. 59 f..

sias hörte, wie man Tharsia lobte und für ihre eigene Tochter nur Tadel hatte, geriet sie in die leidenschaftlichste Wallung. Und da sie allein saß, begann sie solchermaßen zu denken: [...] *‚Nur das Messer oder Gift kann hier helfen. Ich will sie schon beiseite schaffen und [was mir schon lange im Kopf herumgeht] mit ihren Kleidern meine Tochter herausputzen.‘“*[26]

Zwar kann in dieser Szene die ungerechte Vermögensverteilung als auslösendes Moment Dionysias’ Mordabsichten mitaufgezählt werden, und wird erwähnt, dass Dionysias schon länger darüber hadert, ihre eigene Tochter weniger schöne Kleider tragen zu sehen als Tharsia. Der eigentliche Dreh- und Angelpunkt der Handlung aber muss in den Aussagen der gaffenden Passanten gesucht werden. Denn erst durch deren beleidigendes Urteil über den Habitus der Filomusia gerät die Mutter in Wallung.

Dieser Befund stützt sich auch durch einen Blick in die kritische Edition der Textstelle. Die Gier der Stiefmutter auf die schönen Kleider der Pflegetochter, der durch den Satzteil *„de hoc, quod excogitavi“* – *„was mir schon lange im Kopf herumgeht“* die Eigenschaft eines konstanten Charakterzuges unterstellt wird, ist nur in *Redactio A* belegt. Überhaupt weist die ganze Passage in *Redactio A*, vergleicht man sie mit der zeitgleich entstandenen *Redactio B*, eher auf einen von langer Hand geplanten Mord hin, der vor dem Hintergrund der aktuellen Tochterbeleidigung nun zur Ausführung kommen soll. So hat sich Dionysias in *Redactio A* ja bereits Gedanken über die Mordwaffen gemacht: *„Nur das Messer oder Gift kann hier helfen“*. Einen vergleichbaren Absatz gibt es in *Redactio B* hingegen nicht. Dort lautet die Textstelle lediglich: *„Tollam eam de medio et ornamentis eius filiam meam exornabo.“*[27] Einem Diener wird Dionysias wenig später den Auftrag geben: *„Töte sie, wirf ihren Körper ins Meer.“*, eine Mordart, die ohne größere Vorbereitungen ihrerseits vonstattengehen kann.

Es kann somit festgehalten werden, dass die Tatsache der ungleichen Vermögensverteilung in der *Historia Apollonii regis Tyri* zwar als konfliktfördernde Komponente aufgeführt ist, hingegen nur schwerlich als dominanter Repräsentant spätantiker literarischer Vorstellungen bezeichnet werden kann. Zum einen ist es weniger der Wille nach Reichtum für die eigene

26 Hist. Apoll. RA 31,1 ff.: *„Et dum haec aguntur, quodam die feriato Dionysias cum filia sua nomine Philotimiade et Tarsia puella transibat per publicum. videntes omnes cives speciem Tarsiae ornatam [omnibus civibus et honoratis miraculum apparebat, atque omnes] dicebant: ‚felix pater, cuius filia est Tarsia; illa vero quae adhaeret lateri eius multum turpis est atque dedecus‘. Dionysias vero ut audivit laudare Tarsiam et suam vituperare filiam in insaniae furorem conversa est, et sedens sola coepit cogitare taliter: ‚*[...] *non potest fieri <hoc, quod excogitavi>, nisi ferro aut veneno tollam illam de medio [de hoc, quod excogitavi] et ornamentis eius filiam meam ornabo‘.“* (Übersetzung nach Waiblinger, Historia Apollonii regis Tyri, 1978.).

27 Hist. Apoll. RB 31,13: *„Ich werde sie umbringen und mit ihren Kleidern meine Tochter schmücken.“*

Tochter, der Dionysias Mordgedanken hegen lässt, sondern insbesondere der akute Schmerz über beleidigende Äußerungen des Umfeldes. Zum anderen ist die Charakterzeichnung einer stets neidischen Stief- bzw. Pflegemutter nur in *Redactio A* belegt und weicht in *Redactio B* der nachvollziehbaren Kurzschlussreaktion einer getroffenen Mutter. Während also die *Historia Apollonii regis Tyri* gemäß anderer spätantiker Darstellungen als Beleg nachvollziehbarer Beschreibungen menschlicher Reaktionen angesehen werden kann und familiäres Handeln vor dem Hintergrund bedingender Faktoren erklärt, bleibt für den Aspekt des Vermögenskonflikts nur zu sagen: Formen reichtums- oder finanzbezogener Streitigkeiten sind in der fiktiven Literatur der Spätantike nicht belegt und scheinen somit wohl nicht (mehr) unbedingt zum thematisierbaren Erfahrungshorizont von Autor und Publikum gehört zu haben.

Wollte man diese These der mangelnden Thematisierung finanzbezogener Streitereien mit der Existenz sennecaischer, rechtstheoretischer Fallsammlungen widerlegen, die doch durchaus auf den Umstand der Vermögensverteilung als Dreh- und Angelpunkt von Patchworkkonflikten hinweisen, so ist dieser Kritikpunkt nicht haltbar. Die *Senecae rhetoris Controuersiarum excerpta* aus dem vierten Jahrhundert beweisen mit Sicherheit eine gewisse Rezeption Senecas kaiserzeitlichen Originalwerks. Nicht umsonst fanden sie ihr Nachleben in Form eines stark verkürzten Übungsbuches.[28] Doch im reinen Umstand der Rezeption ist keine Aussagekraft für rechts-gesellschaftliche Fragen der Spätantike enthalten. Konnten die von Seneca gesammelten Rechtsfälle noch als Ausdruck kaiserzeitlich-relevanter Konfliktangelegenheiten angesehen werden und boten sie darüber hinaus reichhaltige Argumentationsskizzen und Anknüpfungspunkte zur Rekonstruktion kaiserzeitlicher Denkvorstellungen – im entsprechenden Kapitel dieser Dissertation wurden diese Denkmuster herausgearbeitet[29] – so können die *excerpta* nicht als Repräsentanten ihrer Entstehungszeit gelten. Dies umso weniger, da sie oftmals nicht viel mehr als die bloßen Fallstellungen an sich wiedergeben und nicht etwa spätantike Argumentationsübungen angehender Juristen enthalten. Wenn in den Original-*controversiae* die rhetorischen Ergüsse der Junganwälte Familienverbrechen auf die finanzielle Gier einer Halbschwester[30] zurückführen oder den Tod zweier Kinder als plausibles Resultat vergifteter, stiefmütterlicher Kochkünste erscheinen lassen,[31] so weisen sie damit doch indirekt auf die Vorstellungswelt ihrer Zeit hin. Die Abstempelung Senecas *controversiae* als bloße Märchen und spannungsgeladene, realitäts-

28 Vgl. *Schönberger*, Sentenzen, 2004, S. 14.

29 Siehe das Kapitel III.1: *Rückschlüsse auf das Leben in Patchworkfamilien der Kaiserzeit*.

30 Sen. Rhet., contr. Exc. 9,6.

31 Sen. Rhet., contr. Exc. 9,5.

und gesellschaftsferne Phantasie, wie sie Dorothee Gall unternimmt,[32] ist so nicht haltbar. Ihre Einschätzung mag mit Sicherheit weitestgehend für die absurden Fallstellungen an sich gelten, nicht aber für die Lösungsansätze der Rhethoren, die, wie dann auch Gall anerkennen muss, durchaus römisches Rechtsempfinden wiedergeben.[33] Da in den späteren *excerptae* eben jene Lösungsansätze oder Übungsargumentationen nicht bzw. nicht aus spätantiker Feder enthalten sind, haben wir keine Hinweise darauf, welche Erklärungen Jungrhetoren dieser Zeit für obige Familienverbrechen gefunden hätten. Ob sie ebenfalls aus dem Stilmittelrepertoire des Vermögenszwists geschöpft hätten, bleibt fraglich. Die eben getätigte Analyse spätantiker, fiktionaler Literatur lässt aber zumindest Gegenteiliges vermuten.

2. Realhistorische Patchworkzeugnisse

Die früheren Kapitel dieser Arbeit unter dem Titel *„Stiefverwandtschaft als Pleonasmus des Negativen"* und *„Defizitäre Lebensumstände spätantiker Patchworkfamilien aus christlicher Sicht"* wiesen insofern eine starke Korrelation auf, als dass der Befund des christlichen Sprachgebrauchs und Sprachverständnisses von *„Stief-"* als Indiz realer Erfahrungs- und Erwartungshorizonte christlicher Schriftsteller angesehen werden konnte. Immer dann bedienten sich christliche Vertreter des Terminus *„stief-"*, wenn es darum ging, Formen der gegenseitigen Benachteiligung vor dem Hintergrund widriger Umstände erklärbar zu machen. Dies rekurrierte deutlich mit Vorstellungen und Erfahrungen emotionaler Disharmonien und Verhaltensweisen, wie sie klerikale Repräsentanten im Bereich des Patchwork annahmen und vorfanden.

Eine Korrelation zwischen fiktionaler Vorstellungswelt und realhistorischem Erfahrungshorizont ist im Bereich spätantiker, nicht-christlicher Quellen deutlich schwerer zu untersuchen.

Zum Einen hat allein die obige Analyse fiktionaler Quellen gezeigt, dass ihnen nur schwer objektive Aussagen zum Leben in Patchworkfamilien zu entnehmen sind. Viele Klischees der Kaiserzeit – Giftmord und Lustgesteuertheit der Stiefmutter – blieben als Abklatsch bestehen. Als Neuerung konnte lediglich die Einbeziehung des Stiefvaters als literarischer Protagonist sowie der Mangel finanzbezogener Konflikte genannt werden.

Zum anderen erübrigt es sich beinahe, auf die Tatsache einer nur spärlichen Quellenlage hinzuweisen, die nicht auf die Verhältnisse in römischen

32 Vgl. *Gall*, Römische Rhetorik am Wendepunkt, 2003, S. 113 f..

33 Ebd., S. 113 f.; *Gall* bezieht sich hier im Wesentlichen auf Forschungsergebnisse von *Bornecque*, Les declamations, Lille 1902.; *Bonner*, Roman Declamation, Liverpool 1949.

Kaiserhäusern einginge, sondern familiäre Lebensumstände von Privatpersonen zum Gegenstand hätte.

Ob sich zumindest der kleine Befund des demographisch greifbaren Stiefvaters sowie eine fehlende Konfliktträchtigkeit in den realhistorischen Zeugnissen des spätantiken Patchworks bestätigen lassen, muss Thema dieses Kapitels sein.

a) Negativkonnotation als erlebte Erfahrung der Oberschicht

Legte man den Fokus der Untersuchung ausschließlich auf das Metier der verschiedenen spätantiken Kaiserdynastien, so fiele das Ergebnis ernüchternd aus; werden doch die Aspekte *sex and crime* in jenen Quellen, die von den Schönen und Reichen berichten, beinahe ebenso reichhaltig durchmoduliert, wie noch in kaiserzeitlichen Zeugnissen.

Doch die Tatsache, dass es natürlich politisch motivierte Kriminalität in der Oberschicht und in Kaiserhäusern gegeben hat, kann hier schwerlich repräsentativ für die allgemeine Bevölkerung stehen. Zu bedenken bleibt auch, dass sich antike „Klatschreporter" ohnehin in ihren Aussagen widersprechen: Philostorgius berichtet, Konstantin habe auf Drängen seiner zweiten Ehefrau Fausta seinen leiblichen Sohn Crispus umgebracht.[34] Aurelius Victor bestätigt zwar eine Ermordung des Crispus durch dessen Vater, berichtet jedoch nichts über die Rolle Faustas.[35] Lediglich in den Epitomen wird die Stiefmutter Fausta als treibende Kraft angesprochen. Diese wird später dann ebenfalls von Konstantin hingerichtet.[36] Bei Zosimos findet sich die Version, Konstantin habe sowohl Crispus als auch Fausta auf eigenen Antrieb hingerichtet, da er ein sexuelles Verhältnis zwischen Stiefsohn und Stiefmutter vermutete.[37]

Die genauen Umstände lassen sich somit nicht mehr rekonstruieren. Und wenn Libanius ganz drastisch von einer Mord(s)stimmung spricht, die nach dem Tod Konstanins die Kaiserfamilie beherrschte und säuberte,[38] so bringt er die Situation der Nachfolgekämpfe zwar auf den Punkt, leistet doch aber keinerlei Hilfestellung zur Einschätzung von Patchworksituationen im gemeinen Volk.[39]

---

34 Philostorg., h. e. 2,4,2; 2,4a,13; 2,4a,34.

35 Aur. Vict., Caes. 41.

36 Epit. Caes. 41,1; Amm. 14,11,21.

37 Zos., hist. 2,29,2.

38 Lib., or. 18,10.

39 An anderer Stelle zitiert Libanius aus einem Brief, den ihm Kaiser Julian geschrieben hatte. In diesem Brief hatte Julian die Konkubine von Constantius I. Chlorus – Flavia Iulia He-

Ebenso verhält es sich mit den Machenschaften, die von Kaiserin Justina berichtet werden, habe sie doch die Ermordung ihres Stiefsohnes Gratian initiiert. Der christliche Autor der Chronicon Paschale sieht ihr Handeln in Glaubensfragen motiviert – sie war Arianerin, Gratian hingegen Anhänger der christlichen Lehre.[40] Es darf jedoch nicht vergessen werden, dass Justinas leiblicher Sohn Valentinian II. durch den Tod seines Halbbruders einen politischen Karriereschritt vollziehen konnte: Er wurde Gratians Nachfolger. Die Gründe für Gratians Ermordung sind demnach ebenso im politischen Machtstreben Justinas zu suchen.

Eine Nachahmungstäterin fand Justina im byzantinischen Königshaus. Dort verstarb im Jahre 639/40 n.Chr. der Thronerbe des Herakleios, Konstantin III., unter nicht ganz geklärten Umständen.[41] Zwar kam sein Tod nach langandauernder Krankheit[42] – Konstantin war bekanntermaßen chronisch angeschlagen[43] – der Chronist Theophanes Confessor geht dennoch von einem Giftmord durch Stiefmutter Martina aus.[44] Immerhin war nach dem Tod Konstantins III. der Weg für die politische Karriere ihres leiblichen Sohnes, Heraklonas, frei.

Das Sensationsinteresse für die hiesige Prominenz ist bei Weitem nicht genuin römisch: Von Marcatrude, der Frau des Frankenkönigs Gunthram, berichtet Gregor von Tours in seiner Frankengeschichte, diese habe die Einstellung zu ihrem Stiefsohn Gundobad prompt geändert, nachdem sie einen eigenen Sohn von König Gunthram geboren hatte. Obwohl Gundobad von seinem Vater längst vorsorglich vom Hof verwiesen worden war, trachtete seine Stiefmutter ihm eifersüchtig – „*aemula*" – nach dem Leben. Sie schickte ihm einen Trunk mit Gift, worauf er verstarb.[45] Der politische Weg Marcatrudes eigenen Sohns war somit geebnet.

Über Königin Fredegunde weiß Gregor von Tours ebenfalls Grausames zu erzählen: Da die Frankenkönigin selbst keinen Thronfolger aufweisen konnte und ihr Stiefsohn Chlodovech bereits gepoltert hatte, er werde, wenn er erstmal König sei, all seine Feinde vernichten – wozu ohne Zweifel auch seine Stiefmutter gehörte – schmiedete sie aus Furcht ein Mordkomplott: Bedienstete ließ sie unter grausamer Folter Belastendes über Chlodovech aussagen, bis dessen Vater, König Chilperich, sich genötigt sah, seinen Sohn einzukerkern. Im Gefängnis wurde Chlodovech hingerichtet. Damit nicht

---

lena – als gerissene Stiefmutter Konstantins bezeichnet. (Lib., or. 14,30) Daneben finden sich keine weiteren, wertenden Aussagen zu diesem „Mitglied" der konstantinischen Familie.

40 Chr. Pasch. 562.

41 Vgl. *Lilie*, Byzantinische Kaisertestamente, 2008, S. 670.

42 Siehe weitere Angaben in *Martindale*, PLRE IIIa, 1992, S. 349 f..

43 Nic., Brev. 29.

44 Theophan. Conf., AM 6132; AM 6134.

45 Greg. Tur., Franc. 4,25.

genug, ließ Fredegunde das komplette soziale Umfeld und Gesinde Chlodovechs wahlweise grausam hinrichten oder vertreiben.[46]

Zwar vermittelt dies alles einen Eindruck grenzenloser Machtmechanismen in römischen, fränkischen oder byzantinischen Kaiserhäusern und hätte Guido Knopp seine reine Freude an diesen reißerischen Royal-Geschichten, doch lässt sich nur unter Verlust der historischen Intention die Brücke zu den Verhältnissen in der normalen Bevölkerung schlagen. Der Umstand der politischen Ambition, der in den Kaiserfamilien für Konflikte einerseits und Bündnisse und Allianzen andererseits verantwortlich zeichnet, ist im gemeinen Volk nicht als treibendes Moment negativer oder positiver Vorkommnisse gegeben.

So ist es unverständlich, mit welcher Selbstverständlichkeit z. B. David Noy eine generelle Harmonie in Stieffamilien postuliert, indem er anführt, es habe gar eine große Anzahl an bezeugten Eheschließungen zwischen Stiefgeschwistern gegeben. Dies deute doch an, dass anstatt Feindschaft auch Harmonie zwischen Stiefgeschwistern möglich sei. Aus den sechs von ihm genannten beispielhaften Hochzeitspaaren gehörten jedoch mit Tiberius/Julia, Nero/Octavia, Julus Antonius/Marcella Major und Aelius Caesar/Avidia vier Paare der Kaiserelite an.[47] Deren Ehen, da politisch motiviert, können wohl kaum als Anhaltspunkt dafür gelten, dass Stiefgeschwister manchmal so friedlich miteinander zusammenlebten, dass daraus sogar Ehen hervorgehen konnten. Aus derartigen Zweckehen generelle Harmonie zwischen Stiefgeschwistern abzuleiten, ist nicht stichhaltig.

Wenn überhaupt, dann kann ein Analogieschluss zwischen kaiserdynastischen bzw. aristokratischen Verhältnissen und denen des gemeinen Volkes auf der Ebene der atmosphärischen Umschattung patchworkartigen Lebens vollzogen werden. So schätzt Brigitte Kasten die negative Strahlkraft des Stiefmutterimages als generell so gravierend ein, dass sie sogar für philologische Besonderheiten im bereits erwähnten Geschichtswerk des Historiographen und Bischofs Gregor von Tours verantwortlich zeichne. Gregor, so Kasten, habe das Wort *noverca* bei seiner Beschreibung fränkischer Adelsfamilien nur dann verwendet, wenn er sich sicher sein konnte, von der betreffenden zweiten Ehefrau eines Herrschers nicht der üblen Nachrede bezichtigt zu werden. (So der Fall bei bereits untergegangenen Königshäusern oder ohnehin in der Gesellschaft sehr umstrittenen Personen.) Noch lebende Königinnen als *Stiefmütter* zu bezeichnen, hütete Gregor sich. Kasten begründet Gregors Handeln mit einer allzu großen Negativkonnotation, mit der der Begriff *noverca* behaftet und aufgeladen gewesen sei. Es wäre zu gefährlich gewesen, ein noch lebendes einflussreiches Mitglied eines Adelsgeschlechts

46 Greg. Tur., Franc. 5,39.

47 Vgl. *Noy*, Wicked Stepmothers, 1991, S. 354 bzw. S. 360.

dermaßen abzuwerten. Neutralere Bezeichnungen wie „die zweite Frau“ boten sich als unbelastete Alternativen an.[48]

Kastens These spräche dafür, dass das Wort und das Image, trotz seiner oft beiläufigen, sprachhülsenhaften und stereotypen Verwendung, auch im sechsten Jahrhundert nichts von seiner determinierenden Kraft verloren hätte. Zudem erlaubt sie, die Situation der fränkischen Oberschicht auf sprachphänomenaler Ebene als Indiz für gesamtgesellschaftliche Verhältnisse zu sehen. So wäre eine listige Marcatrude wie die Stiefmutter von nebenan als gleichermaßen *lost in connotation*[49] zu sehen.

Dass sich diese (spätantike) Konnotation auch aus emotionalen Problemsituationen speiste, lässt sich bei Gregor von Tours durchaus ablesen, wenn er – wie Brigitte Kasten konstatiert – bisweilen belastende Aussagen anbringt und, um mit Jostein Gaarder zu sprechen, der Nachwelt die fränkischen Gegebenheiten quasi *durch einen Spiegel in einem dunklen Wort schildert.*[50] Der fränkische König Sigmund hatte nach dem Tod seiner ersten Frau ein zweites Mal geheiratet und damit seinem Sohn Sigirich aus erster Ehe eine Stiefmutter vorgesetzt. Sie sei, laut Gregor von Tours, eine von der Sorte gewesen, „[…] *welche gegen dessen Sohn äußerst böswillig handelte und Ärger über ihn empfand, wie es die Sitte von Stiefmüttern sei.*“[51] Psychisch sehr belastend muss es gewesen sein, als Sigirich dann auch noch mit ansehen musste, wie seine Stiefmutter an einem Festtage in den Kleidern seiner leiblichen Mutter herumlief. Die Situation eskalierte in beiderseitigen Beschimpfungen und Erniedrigungen.

Unabhängig vom Wahrheitsgehalt dieser geschilderten Begebenheit bestätigt die Motivik der Passage den Befund einer vonstattengehenden Artikulation psychologisch-menschlicher Verhaltensformen, die über den Bereich vermögens- oder karrierekriminologischer Anschuldigungen weit hinausgeht; eine historiographische Vorstellungswelt und Konnotation, deren Erfahrungshorizont mit Sicherheit nicht nur aus der Betrachtung der Adelswelt abgelesen wurde.

Um die Situation jenseits der kaiserlichen und fränkisch-adligen Familien darzustellen, führt dennoch kein Weg an einer genauen Analyse des spärlich vorliegenden Quellenmaterials vorbei. Die folgenden Quellen werden erahnen lassen, dass das spätantike Leben in alltäglichen Patchworkfamilien weit weniger von Konflikten geprägt gewesen sein könnte, als obige Bilder glauben lassen wollen, und dass es vor allem mit dem Zankapfel „*Besitz*“ nicht mehr so weit her war, wie noch nach kaiserzeitlichen Belegen zu vermuten.

---

48 Vgl. *Kasten*, Noverca venefica, S. 145 ff..

49 In Anlehnung an den Filmtitel *Lost in Translation* der Regisseurin Sofia Coppola aus dem Jahr 2003.

50 In Anlehnung an Jostein Gaarders gleichlautenden Buchtitel.

51 Greg. Tur., Franc. 3,5: „[…] *quae valide contra filium eius, sicut novercarum mos est, malignari ac scandalizare coepit*“.

b) Stiefmütterliche Stiefväter

Einen vagen Hinweis auf das Risiko des Besitzverlustes, dem ein Kind ausgesetzt war, sollte ein Elternteil erneut heiraten, liefert Sidonius Apollinaris. Doch liegen die Umstände der Begebenheit beinahe vollkommen im Dunkeln.

In einem Brief fordert Sidonius einen gewissen Hypatius auf, ihn bei einer Unternehmung zu unterstützen, die ihm sehr am Herzen liege. Sein Freund Donidius – wie aus anderen Briefen hervorgeht, ein christlicher Großgrundbesitzer[52] – schicke sich an, einen Teil seines altehrwürdigen Familienbesitzes zurückzugewinnen. Mit dem Rückerwerb dieses Grundstücks im heutigen Zentralfrankreich (Region Auvergne) wolle er nicht nur die Memoria an seine Vorfahren aufrechterhalten, vielmehr verbänden ihn damit früheste Kindheitserinnerungen.

Das Schicksal des erwähnten Landgutes ist nur wenig greifbar. Sidonius gibt lediglich drei wichtige Anhaltspunkte: Zum Einen erwähnt er, das Landgut sei – noch vor der Ankunft der Barbaren – von der Familie des Donidius verlassen worden und befinde sich nun im Besitz einer patrizischen Familie.[53] Zum Zweiten konstatiert er, Donidius handle im Recht, wenn er das Grundstück nun von der Patrizierfamilie zurückfordere. Hypatius' Unterstützung sei nur als Autorität gefordert, die Donidius' Handeln mehr Gewicht verleihen solle. Im Großen und Ganzen dürfte aber die Rückforderung des Besitzes keine größeren rechtlichen Probleme bereiten.[54] Damit gibt Sidonius zu verstehen, die einstige Inbesitznahme des Familienbesitzes durch die Patrizierfamilie sei nicht rechtmäßig vonstatten gegangen. Zum Dritten weist Sidonius darauf hin, das Streitobjekt sei von Alters her im Besitz Donidius' Vorfahren gewesen – und dies bis zum Tode seines Stiefvaters, der kürzlich verstorben sei.[55]

Diese ausschließlich fragmentarischen Informationen machen eine Rekonstruktion des genauen „Tathergangs“ schwer. Sicher ist wohl, dass mit dem Tod des Stiefvaters ein Teil des altehrwürdigen Familienbesitzes der Familie des Donidius einen neuen und zwar außerfamiliären Besitzer gefunden hatte. Und vermutet werden kann zudem, dass dieser Besitzerwechsel gegen geltendes Recht verstoßen haben muss, wie Sidonius behauptet.

Es stellt sich die Frage, auf welche Weise Donidius' Stiefvater als Interimsbesitzer fungiert hatte. Wie die spätere Darstellung zum spätantiken Erb-

---

52 Sidon., epist. 2,9.

53 Sidon., epist. 3,5,2: „*Eborolacensis praedii etiam ante barbaros desolatam medietatem, quae domus patriciae iura modo respicit* [...].“

54 Sidon.,epist. 3,5,2: „[...] *suffragio vestro iuri suo optat adiungi*“.

55 Sidon., epist. 3,5,2: „[...] *usque in obitum vitrici nuper vita decedentis.*“

recht zeigen wird, gab es keine legale Möglichkeit für einen Stiefvater, dergestalt in den Besitz der Frau oder deren ersten Ehemanns zu gelangen, als dass er Veräußerungsrechte hätte ausüben können. Ohne bereits hier weiter ins Detail gehen zu wollen, muss angemerkt werden, dass ein zweiter Ehemann/Stiefvater lediglich Verwalterrechte innehaben konnte, wenn eine verwitwete Frau ihn als Verwalter einsetzte. Spezielle hypothekarische Hürden sollten zudem versichern, dass das jeweilige Familienvermögen später an die Kinder der entsprechenden Ehe weitergegeben würde.

Dass der Stiefvater die Position eines fideikommissarischen Zwischenerbes innehatte, schließt sich allein dadurch aus, dass Donidius spätestens mit Erreichen der Geschäftsfähigkeit das Erbe angetreten hätte. Und dass Donidius bereits im entsprechenden Alter war, ergibt sich aus dem Umstand, da er an anderer Stelle als eigenständig wirtschaftender Landbesitzer erwähnt wird.[56]

Es macht den Anschein, Donidius' Stiefvater sei zu Lebzeiten als Verwalter des betroffenen Familiengutes eingesetzt gewesen. Wie lange dies schon der Fall war, ist freilich unklar. Wenn man den pathetischen Äußerungen des Sidonius Glauben schenken mag, verbindet Donidius Kindheitserinnerungen mit dem Stück Land: Dort hatte er das Krabbeln erlernt.[57] Dass Sidonius keine Stationen der Jugend oder des Erwachsenenalters des Donidius erwähnt, könnte darauf hindeuten, die Familie habe das Gut frühzeitig verlassen. Vielleicht war die Familie bereits unmittelbar nach der erneuten Heirat der Mutter zum Stiefvater gezogen. Der Hinweis, das Gut habe sogar schon vor der „Ankunft“ der Barbaren verlassen gestanden,[58] offenbart keine nützlichen Zeitangaben. Die Eroberung der Auvergne durch die Westgoten fand zwischen 471 n. Chr. und 475 n. Chr. statt[59] und dürfte damit ohnehin ungefähr in den Entstehungszeitraum des Briefes fallen, den Dalton ins Jahr 473 n. Chr. datiert.[60] Somit kann nicht nachvollzogen werden, wie lange das Gut verlassen stand und wie lange der Stiefvater bereits Besitz- oder Verwaltungsrechte darauf ausgeübt hatte.

Was die Hintergründe des Grundstücksverlustes angeht, so scheint als naheliegendste Erklärung anzunehmen zu sein, Donidius' Stiefvater habe während seiner Verwaltertätigkeit seine Kompetenzen überschritten und rechtswidrig einen Teil des Grundstückes an die erwähnte Patrizierfamilie veräußert. Dies dürfte erst kurz vor Abfassung des Briefes bzw. kurz vor dem Ableben des Stiefvaters geschehen sein: Denn wenn Sidonius erwähnt, das Gut habe bereits vor der Ankunft der Barbaren, also nicht erst seit deren An-

56 Sidon., epist. 3,5,2.

57 Sidon., epist. 3,5,3.

58 Sidon., epist. 3,5,2.

59 Vgl. *Herwig*, Die Goten, 2001, S. 190.

60 Vgl. *Dalton*, The Letters of Sidonius, 1915, S. 71.

kunft leer gestanden, impliziert dies, dass es noch während der Eroberung Burgunds durch die Westgoten unbewohnt gewesen sein muss. Setzt man die Abfassungszeit des Briefes und den Tod des Stiefvaters in den näheren Zeitraum zur Barbareneroberung, so ergibt sich somit kein anderer Schluss, als dass die Patrizierfamilie erst kürzlich das Gut erworben hatte. Donidius scheint der rechtswidrigen Veräußerung und Inbesitznahme des Grundstückes durch die neuen Bewohner erst jetzt, im Nachhinein, gewahr geworden zu sein.

Vor dem Hintergrund der geltenden Rechtslage ist, wie zu zeigen sein wird, eine nachträgliche Nichtigmachung eines solchen Rechtsgeschäftes möglich. Käufer waren verpflichtet, zu eruieren, ob der Verwalter eines Objektes zur Veräußerung überhaupt berechtigt war. Andernfalls konnten die eigentlichen und rechtmäßigen Eigentümer – also hier die Familie des Donidius – das Verkaufsgeschäft im Nachhinein für ungültig erklären. Es scheint, Donidius hatte in diesem Fall, wie Sidonius es einschätzt, tatsächlich gute Chancen, sein Familienerbe zurückzubekommen. Sollte der Gutsverlust hier tatsächlich das Resultat einer missbräuchlichen Verwaltertätigkeit des Stiefvaters gewesen sein, und sollte Donidius im Nachhinein Ansprüche auf das veräußerte Grundstück erfolgreich geltend machen können – der Ausgang der Begebenheit ist nicht überliefert – so muss dies als Zeugnis eines gelungenen spätantiken Rechtsschutzes angesehen werden. Durch derlei Mechanismen würde jenes Konfliktpotential in Patchworkfamilien, welches in finanziellen Angelegenheiten gründete, entschärft.

Ein ebensolches tatsächliches Zeugnis gelungenen Rechtsschutzes für Stiefkinder findet sich bei Libanius überliefert. Allerdings kann auch hier – wie bei obiger Sidoniusquelle – nur von einer fragmentarischen Informationslage gesprochen werden. Immerhin erlauben diese lückenhaft berichteten Vorgänge den Blick auf eine nicht gerade vertrauenserweckende rechtliche Infrastruktur des östlichen römischen Reiches in der Mitte des vierten Jahrhunderts. In einem Brief an Entrechios, den Statthalter von Pisidia im südlichen Kleinasien, schildert Libanius 364 n. Chr. das Schicksal eines gewissen Dionysios. Dieser scheint sein Lebtag lang vom Pech verfolgt gewesen zu sein. Sein Vater wurde von Räubern ermordet, seine Mutter hatte daraufhin erneut geheiratet. Vom väterlichen Vermögen bekam er nichts ab, denn Mutter und Stiefvater rissen alles an sich und lebten in Saus und Braus. Dionysios hingegen fristete ein Leben in Armut und konnte seine rhetorische Ausbildung bei Libanius[61] nur durch die großzügige Unterstützung eines Studienfreundes finanzieren.[62]

---

61 Zu weiteren Lebensstationen des Dionysios siehe auch *Fatouros* (Hrsg.), Libanios, 1980, S. 350 f..

62 Lib., epist. 1308 (Wolf).

Diese wenigen Angaben zum Vermögensverlust erlauben keineswegs eine genaue Rekonstruktion der Vorkommnisse. Es ist nicht möglich, nachzuvollziehen, welche Vorkehrungen der ermordete Vater des Dionysios vor seinem Tod bezüglich der Vererbung und Verwaltung seines Vermögens getroffen hatte. Doch muss beinahe gänzlich ausgeschlossen werden, die Aneignung des kompletten Besitzes durch Mutter und Stiefvater sei rechtens verlaufen. Zwar setzt sich in der Spätantike die Tendenz der klassischen Zeit fort, Frauen größere Kompetenzen in Vermögensverwaltung und Tutoratsübernahme zu gewähren, doch geht diese Rechtsverbesserung einher mit ausführlichen Schutzmechanismen für die in Obhut stehenden Mündel.[63] Selbst wenn also Dionysios' Mutter die tutorische Verwaltung seines Vermögens übernommen und / oder ihrem zweiten Ehemann großzügige Verwaltungskompetenzen eingeräumt hätte, so wäre ihren missbräuchlichen Absichten durch hypothekarische Belastungen ihres Vermögens – sowie dem des Zweitehemannes – ein Riegel vorgeschoben worden. Die von Libanius geschilderte Begebenheit muss also das Resultat eines Rechtsbruches gewesen sein.

Zwar können die genauen Abläufe bis zum Jahr 363 n. Chr., als Dionysios seine Besitztümer wiedererlangt zu haben scheint, nicht genau rekonstruiert werden, doch Otto Seeck ermöglicht durch seine zeitliche Ordnung der Libanius-Briefe zumindest grobe Vorstellungen von einzelnen Etappen eines lange währenden Rechtsstreits.[64] So ist für das Jahr 355 n. Chr. zunächst Dionysios' Versuch erwähnt, mit Hilfe eines gewissen Castricius sein Vermögen zurückzuerhalten.[65] Flavius Castricius war in Südkleinasien als militärischer Comes zur Bekämpfung der aufständischen Isaurier zuständig, schien aber auch zivile Kompetenzen innezuhaben.[66] Von einer erfolgreichen Erstreitung der verlorenen Vermögensgüter ist allerdings nicht auszugehen, denn für das Jahr 357 n. Chr. erwähnt Libanius Dionysios nach wie vor als unterstützungswürdig.[67] Der Familienbesitz schien weiterhin in Händen von Mutter und Stiefvater zu sein. Erst sechs Jahre später (363 n. Chr.) wird von Libanius ein erfolgreich durchgeführter Rechtsprozess thematisiert, demzufolge Dionysios seine Landgüter wiedererlangt zu haben scheint.[68]

Auch wenn im Rahmen dieser Briefkorrespondenz wichtige Details des Vermögensverlustes nicht genannt werden, so lassen sich doch zumindest drei Aspekte patchworkartigen Lebens ansprechen, die durchaus plausible Aussagen zur spätantiken Stieffamilie verkörpern. Zum einen ist, wie schon

63 Siehe das Kapitel VII.2: *Vererben und Verwalten in spätantiken Patchworkfamilien.*

64 Vgl. *Seeck*, Libanius, 1906, S. 120 f..

65 Lib., epist. 1237 (Wolf).

66 Vgl. *Feld*, Barbarische Bürger, 2005, S. 92.

67 Lib., epist. 322 (Wolf).

68 Lib., epist. 757 (Wolf); *Seeck*, Libanius, 1906, S. 121.

bei Sidonius, der Stiefvater als finanzielles Risiko bezeugt. Das unterscheidet sich vom Befund, der im ersten Teil dieser Arbeit bezüglich kaiserzeitlicher Quellen angestellt werden konnte. Das Finanzrisiko „Stiefvater" könnte sich nicht zuletzt auf einer Erweiterung mütterlicher Verwaltungskompetenzen gründen, die einem zweiten Ehemann eine größere Angriffsfläche für missbräuchliche Absichten boten. Zum Zweiten finden sich rechtliche Möglichkeiten, die im Nachhinein und Endeffekt dem einst erfahrenen Vermögensverlust entgegenwirkten. Ein benachteiligtes Stiefkind schien juristische Mittel gegen das Walten des Ehemannes der Mutter in Anspruch nehmen zu können – Mittel, die im weiteren Verlauf dieser Arbeit noch genauer dargelegt werden.

Als ein dritter Punkt muss aber auch festgehalten werden, dass weder die Sidonius-Quelle noch der Libaniusbericht den Eindruck einer rechtlichen Infrastruktur vermitteln, die in der Lage gewesen wäre, betroffenen Familienmitgliedern ad hoc juristischen Beistand und Abhilfe zu gewähren. Zwar kam Dionysios zu seinem Recht und erstritt sich den Familienbesitz zurück; zwar schätzte Donidius seine Situation als rechtlich unzweifelhaft ein, wenn er sich anschickte, das einst veräußerte Grundstück zurückzufordern, doch vermochte es die römisch-spätantike Exekutive zumindest in diesen bezeugten Fällen nicht, rechtswidriges Handeln eines Stiefvaters bereits im Vorhinein oder zumindest zeitnah zu unterbinden. Dionysios musste immerhin bis zu zehn Jahre kämpfen und unter widrigen finanziellen Bedingungen studieren, bis er letztendlich Recht bekam.

Natürlich muss zur Wahrung der Seriosität dieser Interpretation ergänzend erwähnt werden, dass sowohl das Schicksal des Donidius als auch jenes des Dionysios in Zeiten und Räume fielen, die mit der Eroberung Burgunds durch die Westgoten (471–475 n.Chr.) und den großen Isaurischen Aufstand von 354[69] von politisch-militärischen Unruhen geprägt waren. Nicht auszuschließen, dass die zivilrechtliche Exekutive unter diesen Bedingungen wesentlich in Mitleidenschaft gezogen wurde.

Wie groß die generelle Durchschlagkraft weltlicher Gesetzgebung in der west- und oströmischen Spätantike einzuschätzen ist, werden eine spätere Bewertung und papyrologische Untersuchung noch zeigen.

Zwar thematisieren jenseits der eben behandelten Briefe durchaus noch einige weitere den Aspekt Vermögen, allein erlauben die nur spärlichen, unkonkreten und teilweise widersprüchlichen Informationen keineswegs eine generelle Bewertung der Komponente *„Besitz"* für das Leben im Patchwork.

Wenn z.B. Libanius in einem Brief an seinen Freund Maximos, dem *praeses Armeniae*,[70] bewundernd von einer reichen Witwe spricht, die nicht mit

69 Vgl. *Feld*, Barbarische Bürger, 2005, S. 139.

70 Vgl. *Fatouros* (Hrsg.), Libanios, 1980, S. 302 f.; *Seeck*, Libanius, 1906, S. 207 f..

dem Gedanken spiele, ein zweites Mal zu heiraten,[71] so impliziert dies doch gegen den Strich gelesen, eine Entscheidung gegen Wiederheirat stelle etwas Exotisches dar. Libanius bewundert die Witwe dafür, dass sie eben nicht das tue, was wohl viele andere reiche Frauen in ihrer Situation getan hätten. Anstatt zu heiraten, kümmere sie sich finanziell und organisatorisch um die rhetorische Ausbildung ihres Sohnes Letoios. Wenn tatsächlich viele andere reiche Witwen erneut heirateten, so spräche dies nicht dafür, Vermögensbesitz bzw. die Angst, in einer zweiten Ehe sich und ersteheliche Kinder dem Risiko des Vermögensverlustes auszusetzen, hätten ein Argument gegen Wiederverheiratung dargestellt. Denn hätten sich viele reiche Witwen aufgrund dieser Angst gegen eine erneute Ehe entschlossen, so hätte Libanius wohl das Handeln der Witwe nicht als lobenswerte Größe charakterisiert. Dies würde obige These einer erfolgreichen spätantiken Erb- und Vermögensrechtsreform stützen.

An anderer Stelle ermahnt Libanius die Männerwelt, nicht eine Witwe zu ehelichen. Im Speziellen bezieht er sich auf das Phänomen, dass Mancheiner die Witwe seines Bruders heirate. Für Witwenhochzeiten könne er kein Verständnis aufbringen. Sollte der zweite Ehemann sich nicht (emotional) gänzlich mit der Situation identifizieren oder sollte die Witwe gar auch den zweiten Ehemann überleben,[72] wäre diese unglückliche Verkettung ein kaum zu ertragender Schicksalsschlag. In beiden Fällen würde die Witwe zum zweiten Male zur Witwe gemacht. Als Alternative zur zweiten Heirat müsse demnach vielmehr die Verwandtschaft die Witwe und deren halbverwaiste Kinder auffangen.[73] Die Aufnahme der Stiefvaterthematik und der Witwenhochzeit in Libanius' Rethorikunterricht, wie sie im Rahmen seines Progymnasmata-Œuvres nachweisbar ist, zeugt von einer gewissen Relevanz derlei Phänomene. Hätten Stiefväter und erneut heiratende Witwen nicht (wesentlich) das Gesicht der spätantiken Gesellschaft mitbestimmt, so hätte Libanius wohl kaum diesen Stoff verarbeitet.[74]

Auf gleiche Weise ließe sich auch eine andere, zeit- und kulturkreisgleiche Aussage interpretieren, nämlich Chrysostomos' Bewertung der Witwe Olympias. Wie bei Palladios von Hellenopolis überliefert, rechnete Johannes Chrysostomos der bekannten Witwe den Entschluss gegen eine Wiederheirat insbesondere deshalb besonders hoch an, weil Olympias mit ihrem Reichtum

71 Lib., epist. 288 (Wolf).

72 Interpretation nach *Gibson*, Libanius' Progymnasmata, 2008, S. 531.

73 Lib., Progym. 14,1,9.

74 Zu bedenken ist, dass es sich in diesem Fall nicht um eine der zahlreichen Rethorikübungen handelt, die auf der Basis mythischer Stoffe aufbauten, sondern um eine philosophische Auseinandersetzung über das Verhältnis zwischen naturgegebenem Recht und menschlich-juristischer Ausformung. (*Gibson*, Libanius' Progymnasmata, 2008, S.XXI bzw. 527 f..).

und nobler Abstammung doch eigentlich prädestiniert für eine zweite Ehe war.[75] Auch Chrysostomos erweckt also den Eindruck, die erneute Heirat reicher Witwen sei an der Tagesordnung gelegen.[76] Die Furcht vor missbräuchlichen und erbschleicherischen Absichten eines zweiten Ehemannes scheint keine entscheidungshemmende Komponente dargestellt zu haben.

Vergleicht man diese Einschätzungen des Libanius und Chrysostomos mit den Aussagen z. B. eines Apuleius, der gut zweihundert Jahre früher seine eigenen Erfahrungen mit zweiten Ehen schilderte, so kommt das Neuartige der spätantiken Quellen zum Ausdruck:

Apuleius schildert – unmissverständlich zu seinen Gunsten eingefärbt – Sorgen und Ängste, die die erstehelichen Söhne seiner Ehefrau Pudentilla bewegten, als diese mit dem Gedanken spielte, erneut zu heiraten. Er artikuliert deren Furcht vor Vermögensverlust, wenn, wie so oft, das mütterliche Vermögen in den Verantwortungsbereich eines zweiten, habgierigen Ehemannes fiele.[77] Pontianus, einer der Söhne Pudentillas, macht gegenüber Apuleius seiner Erleichterung Luft, wenn er frohlockt, er habe in Apuleius *„einen sehr geeigneten Gatten für seine Mutter gefunden* [...], *dem er gefahrlos den ganzen Wohlstand des Hauses anvertrauen könnte.“*[78] Die Furcht vor missbräuchlichen Absichten eines (zweiten) Ehepartners scheint zu Apuleius' Zeiten in den Köpfen Heiratswilliger eine viel größere Rolle gespielt zu haben als zwei Jahrhunderte später.

Allerdings muss ergänzt werden, dass auch in Libanius' Zeiten die Sorge um Witwen-, Waisen- und Mündelvermögen nicht gänzlich passé gewesen zu sein scheint. Eine weitere Passage aus oben behandeltem Brief des Libanius an Maximos arbeitet der Annahme entgegen, ein erschöpfender Rechtsschutz habe zum Erfahrungshorizont des Libanius gehört. Schließlich spricht er davon, die reiche, verwitwete Mutter selbst und insbesondere ein gewisser Eusebios müssten dafür Sorge tragen, dass das väterliche Haus dem Waisenknaben Letoios erhalten bleibe, und dass nicht *„jeder, der Lust hat, ihn ausplündert.“*[79]

Diese Aussage leitet zumindest dazu an, spätantiken, eigentumsbezogenen Rechtsschutz nicht als Selbstläufer anzusehen. Denn immerhin kann Euse-

---

75 Pallad., Dialog. de vita Chrys. 107,17 ff..

76 Der außerordentliche Vorbildcharakter solcher und anderer (römischer) Witwen zeigt sich auch in der Tatsache, dass deren Lebensführung noch in mittelalterlichen „Witwenspiegeln“ geprießen wird. So listet Matthaeus Tympe 1604 die Schicksale der Paula von Rom, der Blaesilla, einer gewissen Euphrasina und eben der Paula auf. (Vgl. *Kruse*, Witwen, 2007, S. 626 f..).

77 Apul., apol. 71,4.

78 Apul., apol. 72,4: *„quippe etenim videbatur sibi peridoneum maritum matri repperisse, cui bono periculo totam domus fortunam concrederet.“*

79 Lib., epist. 288,2: „[...] βοηθεῖν ὀρφανῷ καὶ μὴ τοῖς βουλομένοις ἁρπάζειν ἐπιτρέπειν.“

bios, der von Libanius als Betreuer der Waisenangelegenheiten erwähnt wird, von Otto Seeck[80] als einflussreiches Kurienmitglied in der Heimatstadt des Letoios identifiziert werden. Die Sorge um die geerbten Familienbesitztümer ließ man in diesem Fall also einer durchaus autoritären und potenten Instanz angedeihen. Die rechtlichen Möglichkeiten zum Schutz vor unbilligen Taten zweiter Ehemänner oder auch Tutoren schienen zwar verbessert, was den von Libanius und Chrysostomos erwähnten Trend zur erneuten Heirat reicher Witwen erklärbar macht, denn *„wer hatte noch Angst vor dem zweiten Mann?"*[81] Zu einem effektiven Rechtsschutz gehörte es allerdings auch, diese Schutzmöglichkeiten durch potente Vertrauenspersonen wie einen Eusebios abrufen zu lassen.

Allein dieses Beispiel deutet auf die Schwierigkeit hin, die Wirksamkeit spätantiker Neuerungen auf den tatsächlichen sozialen Alltag der Gesellschaft einzuschätzen.

Es bleibt aber als Fazit abschließend zu erwähnen, dass die spätantike Quellenlage mit den erwähnten Donidius und Dionysios sowie dem bei Augustinus bezeugten Victorinus, der vor dem Hintergrund eines Gläubigerstreits mit seinem Stiefvater Kirchenasyl suchte,[82] bei weitem keine Flut an finanzbezogenen Konfliktsituationen im Patchwork nennt. Der Mangel solcher Belege und der prognostizierte Trend zweiter Hochzeiten reicher Witwen dürfen zumindest als Indiz einer verbesserten spätantiken Rechtssituation angesehen werden.

Zudem muss auch bedacht werden, dass das kriminelle und vermögensbezogene Gebaren einer Stiefmutter, wie es noch für die Kaiserzeit bezeugt werden konnte, in realhistorischen Belegen der Spätantike sogar gänzlich verschwunden ist.

c) Häusliche Harmonie und Zeugnisse konfliktfreien Zusammenlebens

Der methodische Ansatz drängt sich auf, der These einer verbesserten spätantiken Rechtssituation die Frage und Suche nach Quellenzeugnissen beizugesellen, die harmonische Patchworkverhältnisse zum Thema hätten. Dies umso mehr, da im Rahmen dieser Arbeit dezidiert eine Korrelation zwischen emotionaler (Dis)Harmonie und herrschenden privatrechtlichen Bestimmungen vermutet wurde und wird.

Doch fände die Vermutung keine Plausibilität, eine spätantike, reformierte Familienrechtslage müsse verantwortlich zeichnen für eine ansteigende Ausbildung positiv konnotierter Quellen, wie doch – gegenläufig dazu – eine un-

---

80 Vgl. *Seeck*, Libanius, 1906, S. 140 f..

81 Anlehnung an das Kinderspiel „Wer hat Angst vor dem schwarzen Mann?"

82 Siehe das Kapitel V.3: *Kanonisierung und Stigmatisierung*.

zureichende klassische Rechtslage die Ausbildung negativ konnotierter Familienskizzen förderte. Denn während Streit, Prozessieren, Mord und emotionales Unglück durchaus thematisierbare Komponenten einer jeglichen Quellengattung bzw. Beweggrund eines brieflichen Hilfegesuchs sein können, so ist doch nicht zu erwarten, ein positiv verlaufendes Patchworkdasein müsse gehäuft Gegenstand oder Anlass eines Gedichtes oder eines Briefes werden. Weder ist familiäre Harmonie ein Tatbestand, der vor Gericht zur Anklage gebracht werden könnte, noch ist zu erwarten, ein Libanius oder Sidonius hätten über das Glück eines Knaben berichtet, der sich mit seinem Stiefvater oder seiner Stiefmutter gut verstehe. Pauschales Glück taugt weit weniger als Gesprächsstoff als konkrete Formen familiärer Disharmonie. Oder, um mit Tolstoi zu sprechen: „*Alle glücklichen Familien gleichen einander. Jede unglückliche Familie ist auf ihre eigene besondere Weise unglücklich.*“[83]

So muss es der These einer erfolgreich verbesserten Rechtssituation im Laufe der spätantiken Jahrhunderte nicht widersprechen, dass sich die Spätantike nicht als Produzent positiv eingefärbter Stieffamilienbeschreibungen hervortut.

Immerhin findet sich bei Prokopius von Caesarea ein Zeugnis harmonischen Zusammenlebens zwischen Stiefsohn und Stiefvater. Allerdings sei angemerkt, dass der betreffende Personenkreis und die zugrundeliegenden Familienverhältnisse wohl nicht als repräsentativ für die gemeine Gesellschaftsstruktur angesehen werden dürfen.

Es handelt sich um Belisarius, der unter der Herrschaft des Justinian zu hohen militärischen Ehren und Posten gekommen war. Sein Privatleben hingegen schien alles andere als erfreulich verlaufen zu sein, zumindest was seine Ehe mit Antonina betraf. Denn glaubt man Prokopius, so war Belisarius bei seiner Ehefrau an eine durchtriebene und hinterlistige Ehebrecherin geraten, die es aber mit Charme und Geschick vermochte, sogar die Kaiserin Theodora als Freundin und Befürworterin ihrer politischen Ambitionen[84] zu gewinnen.[85] Vielleicht war es gerade dieses intrigante und undurchsichtige Verhalten der Mutter und Ehefrau, das den Rest der Familie enger zusammenschweißte. Denn von Konfliktsituationen zwischen Belisarius und seinem Stiefsohn Photius, einem erstehelichen Kind der Antonina,[86] berichtet Prokopius nichts. Natürlich kann die Tatsache, dass Belisarius und Photius identische Lebenswege einschlugen und dann Seit an Seit in die verschieden-

---

83 Der Beginn Tolstois *Anna Karenina.*

84 Vgl. *Hughes*, Belisarius, 2009, S. 18 f..

85 Prok., HA 1,11 ff..

86 Prok. BG 1,5,5; 1,18,18.

sten Kriege[87] miteinander zogen, nicht als Beleg familiärer Harmonie herhalten. Die zeitgleichen, militärischen Karrieren von Vater und Stiefsohn werden vielmehr das Resultat Antoninas konsequenter Förderung und Einflussnahme bei Hofe gewesen sein, wie es Prokopius bezeugt.[88]

Auch die von Prokopius eindringlich beschriebene emotionale Nähe zwischen Belisarius und seinem Stiefsohn Photius, der wie ein leiblicher Sohn so liebevoll aufgezogen worden zu sein scheint, dass sich Belisarius selbst als *„zugleich Vater, Mutter und Verwandter jeglicher Art"*[89] bezeichnete, darf nicht zu hoch und repräsentativ eingeschätzt werden. Denn dass Photios die Nähe insbesondere zu seinem Stiefvater suchte, könnte sich nicht zuletzt aus der Konkurrenzsituation mit seinem Adoptivbruder Theodosios[90] ergeben haben. Prokopius charakterisiert an anderer Stelle Photius als *„von Natur aus empfindlich, falls jemand bei einem anderen mehr galt als er."*[91] Und wie Prokopius weiter berichtet, dürfte Photius – der leibliche Sohn der Antonina – in der Tat weit weniger die Wertschätzung seiner Mutter genossen haben als deren reicher Adoptivsohn Theodosius aus gutem Hause, dessen Liebesaffäre mit seiner Adoptivmutter Antonina[92] zuletzt sogar im Bruch zwischen Antonina und Photius gipfelte.[93] In Anbetracht vieler Hasstiraden, mit denen Antonina ihren Sohn Photius traktierte, als dieser von ihrer Affäre mit dem Adoptivbruder Wind bekam und sie ans Licht bringen wollte,[94] erscheint die emotionale Nähe zwischen dem gebeutelten Sohn und seinem Stiefvater Belisarius – der ja seinerseits ebenfalls von Antonina hintergangen worden war – mehr als verständlich.

Stiefvater und Stiefsohn saßen aufgrund Antoninas Machenschaften im selben Boot und identifizierten sich nicht zuletzt deshalb mehr miteinander, als es unter normalen Umständen wohl zu erwarten wäre. Die von Antonina initiierten Nachstellungen waren immerhin so gravierend, dass Photius letztlich in ein Kloster flüchtete.[95]

Wie im Vorhinein angekündigt, dient die hier bezeugte Harmonie zwischen Stiefverwandten keinesfalls als Repräsentant oder Beleg gemeingesellschaftlicher spätantiker Verbesserungen im Zusammenleben von Patchworkfamilien. Sowohl die Verortung in der kaisernahen römischen

87 Z. B. gegen die Goten in Sizilien (Prok., BG 1,5,5); gegen die Sassaniden (Prok., HA 2,1).

88 Man denke nur daran, wie Antonina durch List und Einfluss einen militärpolitischen Widersacher ihres Mannes Belisarius, Johannes den Kappadokier, ausschaltete. (Prok., BP 1,25,11 ff.).

89 Prok., HA 2,7,5 f. (Übersetzung nach *Veh*, Prokop, Stuttgart 1961.).

90 Prok., HA 1,15.

91 Prok., HA 1,32,1.

92 Prok., HA 1,17 ff..

93 Vgl. *Hughes*, Belisarius, 2009, S. 192 ff..

94 Prok., HA 2,3 ff..

95 Theophan. Conf., AM 6058.

Oberschicht als auch die ohne Zweifel exotischen innerfamiliären Begebenheiten dieser Stief- und Adoptivkonstellation lassen Rückschlüsse auf das emotionale Miteinander unter normalen Stiefumständen nicht zu. Festgehalten kann lediglich werden, dass zwischen Belisarius und seinem Stiefsohn Photius keine Konflikte berichtet werden.

Doch auch hier bleibt daran zu erinnern, dass eine gewisse statische Charakterisierung der Personen, die in Prokops *Historia Arcana* zur Sprache kommen, der Intention des Autors geschuldet sein muss, die Protagonisten der römischen Macht in schwarz und weiß zu zeichnen. So wie Antonina, Kaiserin Theodora und Justinian als Vertreter der „Reichsverderber" anzusehen und zu gestalten waren, die das römische Reich in Prokopius Augen dem Untergang nahe brachten,[96] so musste deren erfolglosen Gegenspielern – Belisarius und Photius – zwangsläufig die Rolle der im-Schicksal-Vereinten ancharakterisiert werden. Zumindest aber kann Prokopius zu Gute gehalten werden, dass er diese emotionale Symbiose zwischen Stiefvater und Stiefsohn plausibel herzuleiten verstand.

Aus den schon erwähnten Gründen der fehlenden Thematisierbarkeit konfliktfreier Familienverhältnisse wartet die Spätantike – und die griechisch-römische Antike überhaupt – nicht mit zahlreichen Quellen auf, die harmonische, stiefverwandtschaftliche Verhältnisse zum Inhalt hätten. Solange Harmonie nicht in Inzest umschlug, bestand kein Anlass, sie zu artikulieren. So reichen die übrigen Belege zum Thema Patchworkfamilie nicht über die bloße Nennung stiefverwandtschaftlicher Familienkonstellationen hinaus, ohne dabei aber wertende Interpretationen zu leisten.

Wenn Libanius berichtet, er habe auf einer seiner Studienreisen von Athen nach Herakleia Pontus, die er zusammen mit dem Studienfreund Crispinus unternahm, bei einem Zwischenstopp im bithynischen Prusias[97] Aufnahme und Gastfreundschaft bei dessen Stiefvater erfahren,[98] so ermöglicht diese Einzelinformation keine seriösen Aussagen über das hier vorliegende innerfamiliäre Verhältnis. Nun gut – wäre Crispinus' Beziehung zu seinem Stiefvater allzu zerüttet gewesen, hätte er wohl nicht bei ihm um Logie gebeten. Wintjes Auffassung hingegen, die beiden Studenten seien dann von Crispinus' Verwandten sogar noch *„nach Heraclea begleitet"*[99] worden – ein Umstand, der ja durchaus auf positive verwandtschaftliche Gefühle schließen ließe – ist durch den Quellentext nicht zu verifizieren. Es muss resignierend anerkannt werden, dass die Grenzen der Interpretation mit der reinen

96 Vgl. *Meier* (u.a.), Prokop, 2005, S. 360f..

97 Vgl. *Wintjes*, Libanius, 2005, S. 77.

98 Lib., or. 1,30.

99 *Wintjes*, Libanius, 2005, S. 77.

demographischen Aussage „ein Stiefsohn nächtigt bei seinem Stiefvater" bereits erreicht sind.

Genaugenommen sind diese Grenzen beinahe schon überschritten, wo doch nicht einmal diese demographische Aussage mit Sicherheit getätigt werden kann: Der Vollständigkeit und Seriosität wegen muss angemerkt werden, dass die genaue Art der Verwandtschaft, die Crispinus und den Gastgeber verband, nicht exakt rekonstruierbar ist. Der hier verwendete griechische Terminus „κηδεστής" beinhaltet lediglich die Information, es handele sich bei Crispinus und dem Gastgeber um Personen, die durch eheliche Bindung indirekt verwandt seien. Dies trifft aber nach Liddell Scott Jones sowohl für einen Schwager als auch einen Schwiegersohn, Schwiegervater oder Stiefvater zu.[100]

Konsequenterweise finden sich in den gängigen Übersetzungen – unkommentiert – mehrere Varianten der Libaniusstelle: Während Wolf[101] von einem Schwager des Crispinus spricht, tituliert Norman[102] den Verwandten als Schwiegervater. Dies wird von Wintjes[103] übernommen.

Die „Schwiegervater-Variante" erscheint insofern gewagt, als dass auch in Briefen von Libanius an Crispinus niemals von einer Gattin oder Heirat die Rede ist. Zudem spricht Libanius an anderer Stelle von Crispinus als einem Studenten in seinem Alter.[104] Da die erwähnte Reise ins Jahr 340[105] zu datieren ist, dürften die beiden Reisenden also nur wenig über 25 Jahre alt gewesen sein und befänden sich damit noch unterhalb der statistischen Untergrenze des für Männer üblichen Heiratsalters.[106] Auch ist nicht ersichtlich, warum Crispinus vor Ende seiner langjährigen rhetorischen Berufsausbildung, im Rahmen derer Studienreisen zu erwarten waren, einen eigenen Hausstand gegründet haben sollte. Den Gastgeber als Schwiegervater des Crispinus anzusehen, ist somit zumindest nicht unbedenklich.

Die Schwagervariante wiederum entbehrt ihrer Plausibilität schon allein aufgrund der Altersangabe, die Libanius bezüglich des Gastgebers tätigt. Denn er spricht von einem alten Mann – γέροντα –, der sie bewirtete. Durchaus ist es statistisch möglich, Crispinus hätte eine um die zehn Jahre

---

100 Eine identische Interpretationsproblematik ergibt sich auch für die Verwandtschaftsverhältnisse zwischen einem gewissen Sabinus und einem namenlosen Cousin des Libanius. Besagter Sabinus habe Libanius' Cousin, seinen κηδεστής, finanziell ruiniert, so dass er völlig verarmt sei. (Lib., or.1,194) Auch hier kann nicht rekonstruiert werden, ob es sich bei Libanius' Cousin um den Schwiegervater oder den Stiefvater des Sabinus handelte.

101 *Wolf*, Libanius, 1967.

102 *Norman*, Libanius' Autobiography. Oration I, 1965.

103 *Wintjes*, Libanius, 2005, S. 77.

104 Lib., or. 1,27.

105 Vgl. *Wintjes*, Libanius, 2005, S. 77.

106 Siehe das Kapitel IV: *Demographische Überlegungen zur kaiserzeitlichen und spätantiken Patchworkfamilie.*

ältere Schwester gehabt, deren Ehemann wiederum gut zehn Jahre älter war als sie. Dann wäre der Gastgeber im Alter zwischen 45–50 Jahren gewesen. Ob dieses „junge“ Alter allerdings bereits die Bezeichnung „Greis“ verdiente, ist fraglich. Mit einem höher angenommenen Alter des Gastgebers allerdings verringert sich die statistische Wahrscheinlichkeit dieser demographischen Familienzusammensetzung peu à peu, denn das Heiratsalter des „Schwagers“ sowie der Altersunterschied zwischen Crispinus und seiner imaginären Schwester müssten dann höher angenommen werden.

Per Ausschlussprinzip muss festgehalten werden, dass die Möglichkeit, Libanius und Crispinus hätten bei dessen Stiefvater logiert, wohl am plausibelsten erscheint. So ist es gestattet, diesen Quellenbeleg zumindest als Zeugnis einer Verwandtschaftsbeziehung zu interpretieren, bei dem sich Stiefsohn und -vater nicht überworfen hatten.

Ein Blick in den gallo-römischen Raum des sechsten Jahrhunderts erlaubt es, über die Person eines gewissen Paeonius und dessen stiefverwandtschaftliche Verhältnisse zu spekulieren. Sidonius erwähnt diesen niederen,[107] aber karrieresüchtigen, gallo-römischen Aristokraten, der es durch List sogar zum Praetorianerpräfekten gebracht hatte,[108] als jemanden, der nur durch den guten Ruf seines Stiefvaters politische Erfolge habe einfahren können. Sein Geburtshaus und seine Ursprungsfamilie seien doch schließlich gänzlich unbekannt und unbedeutend.[109]

Die Tatsache, dass Paeonius sich die politische Autorität und den Namen seines Stiefvaters zu Nutze machen konnte, lässt doch immerhin darauf schließen, dass er von der Außenwelt als voll akzeptiertes und integriertes Mitglied der Stiefvaterfamilie wahrgenommen wurde. Paeonius schien in seinem politischen Umfeld nicht nur als ersteheliches Kind der Mutter gegolten zu haben, dessen Leben und politischer Werdegang separiert vom Wirken des Stiefvaters ablief. Vielmehr wurde er in der Position eines legitimen „Nachfolgers“ gesehen, der sich rechtmäßig auf die Errungenschaften „seines“ Vorfahren berief und berufen durfte und konnte. Wäre er in der Gesellschaft als mutterbezogenes Anhängsel empfunden worden, so hätte ihm das Prestige des Stiefvaters wohl kaum etwas genutzt.

Es ist also nicht auszuschließen, dass Sidonius hier ungewollt ein außerordentlich positives, familiäres Verhältnis zwischen Stiefvater und Stiefsohn bezeugt, das in seiner auf politische Nachfolge hin ausgerichteten Wesensart dem einer Adoptivverwandtschaft in Nichts nachgestanden haben dürfte. Inwieweit in dieser individuellen Situation eventuell das Fehlen eigener, leibli-

---

107 Zur Beurteilung seines politischen Standes siehe *Henning*, Periclitans res publica, 1999, S. 78 ff.; *Mathisen*, Resistance and Reconciliation, 1979, S. 603.

108 Sidon., epist. 1,11,6.

109 Sidon., epist. 1,11,5.

cher Kinder die Ausbildung einer gefestigten (Stief-)Vater-Sohn-Beziehung mitbegünstigt haben könnte, lässt sich aufgrund der nur spärlich vorhandenen Informationen nicht eruieren.[110]

3. Fazit

Das Großkapitel *Die Patchworkfamilie der Spätantike aus „weltlicher" Sicht* suchte einen Abgleich mit jenen Befunden zum Leben in zweiten Ehen, wie sie im Rahmen dieser Arbeit anhand christlicher Quellen der spätantiken Jahrhunderte herausgearbeitet werden konnten und Veränderungen zu kaiserzeitlichen Verhältnissen vermuten ließen. Insbesondere waren es Fragen nach der Verifizierbarkeit demographischer, emotionsbezogener und rechtsreformatorischer Thesen, die im Fokus der Untersuchung standen. Ein nur spärliches, verwertbares Quellenmaterial gestaltete es schwierig, historisch-seriös von mehr als nur von Anhaltspunkten zu sprechen. Immerhin drängten die weltlichen Aussagen und Patchworkbeschreibungen zumindest nicht dazu, vormals aufgestellte Vermutungen zu verwerfen.

Insofern den zahlreich angesprochenen Rezeptionen klischeebehafteter Göttermythen, die nach wie vor das Bild der stiefsohnmordenden und -liebenden zweiten Ehefrau pflegen, keine ernsthafte Relevanz bei der Analyse spätantiker Patchworkverhältnisse zugesprochen wird, stützten fiktionale Skizzen sowohl den Befund einer zunehmenden Artikulation affektionsbedingter Problemsituationen bei einer Abnahme vermögensbezogener Konflikte. Auch ließen sich gehäuft Anhaltspunkte für eine vermehrt thematisierbare Haushaltsstruktur finden, in denen Stiefväter die literarische Vorstellungswelt mitprägten. Unter Miteinbeziehung zahlreicher christlicher Stiefvaterbeschreibungen könnte dies eine Art spätantiken *demographic change* indizieren.

Der Befund abnehmender finanzieller Konfliktsituationen ließ sich auch anhand realhistorischer Patchworkzeugnisse nachweisen, verzichtet man – zu Recht – auf eine Übertragung römisch-dynastischer oder fränkisch-adliger Macht- und Nachfolgeproblematiken auf den gemeinen Alltag. Zwar bezeugen etwa Sidonius Apollinaris und Libanius rechtliche Querelen und Risiken im Vermögensbereich, die patchworkbedingt zustandegekommen waren, doch werden gleichermaßen Lösungsmöglichkeiten angesprochen, die den betroffenen Familienmitgliedern zu ihrem Recht verhalfen und – im Nachhinein – vor Verlust und Benachteiligung bewahrten. Inwieweit Nachweise harmonisch angenommener Beziehungen zwischen Stiefvätern und -söhnen oder löbliche Erwähnungen von Witwen, die – entgegen dem Trend

110 Vgl. *Martindale*, PLRE II, 1980, S. 817.

– nicht erneut geheiratet hatten, als Indiz eines generell entspannteren Verwandtschaftsgeflechts in einer finanzrechtlich reformierten Spätantike gelten dürfen, wurde kritisch hinterfragt. Die Tatsache zumindest, dass es sich bei diesen Harmoniezeugnissen lediglich um eine Handvoll Belege handelte, durfte dies nicht verneinen, ist doch ein gelungenes Familienglück weit weniger thematisierbar als die zahlreichen Modulationen stieffamiliärer Zwietracht.

Letzerer Gedanke darf – allerdings in umgekehrter Weise – auch Pate stehen für die Rechtfertigung einer Nichteinbeziehung epigraphischen Materials in den vorliegenden realhistorischen Themenbereich. Die Auswertung von Grabinschriften, die Mitglieder einer Patchworkfamilie als Stifter oder Bedachte nennten, kann für sich nicht beanspruchen, demographische oder emotionale Rekonstruktionen objektiv zu leisten.

Denn wie Harmonie unter Stiefverwandten nicht taugt, im Rahmen literarischer Quellen thematisiert zu werden, ist sie im Bereich von Grabinschriften die Voraussetzung der Inschrift selbst. Kaum ein Stiefsohn dürfte sich die Mühe gemacht und Geld dafür ausgegeben haben, seinem Stiefvater oder seiner Stiefmutter einen Grabstein zu setzen und ihn/sie dann im Rahmen der Inschrift zu verunglimpfen. Natürlich darf gegenteilig behauptet werden, insofern Mitglieder einer Patchworkfamilie für die Bestattung ihres Stiefverwandten und die Bezahlung des Grabsteines aufkamen oder es zumindest für nötig hielten, sich zur letzten Ehre des Verstorbenen in der Grabinschrift zu erkennen zu geben, kann davon ausgegangen werden, dass zwischen dem Bestatteten und dem Stifter des Grabes keine allzu feindliche Stimmung zu Lebzeiten geherrscht haben mag.

Die geringe Anzahl solcher Grabinschriften[111] ist jedoch allein noch kein Indiz für ein schlechtes oder feindseliges Verhältnis zwischen Stiefvater und Stiefkind. Im Gegenteil, dürfte doch das Fehlen der Terminologie *privignus/a, vitricus* und *noverca* ebenso gut darauf hinweisen, dass emotionale Bindungen zwischen den Stiefverwandten so intensiv waren, dass sich auf Grabsteinen die natürlichen Bezeichnungen *filius/a, pater* und *mater* finden.[112] Jene Gräber würden von Analysten somit gar nicht als solche von Stiefverwandten erkannt. Schlechte oder gute Patchworkverhältnisse – egal welchen Zeitraumes – sind an dieser Stelle somit weder zu bestätigen noch zu verneinen. Überhaupt können auf Grund der geringen Menge auswertbaren Mate-

111 Die Höhe der Nachweise schwankt in der Forschung, was im Wesentlichen darin begründet liegt, dass zum Teil nur Grabinschriften mitgezählt werden, bei denen es sich *definitiv* um die Widmung von einem / für ein Stiefkind handelt, teilweise aber auch solche, die nur *wahrscheinlich* Stiefverwandte betreffen; siehe hierzu ausführlich *Dixon*, The Roman mother, 1988, S. 167, Anm. 51. (16 Inschriften, die *Stiefvater* oder *Stiefkind* enthalten); *Watson*, Ancient stepmothers, 1995, S. 157 ff. (57 Inschriften).

112 Vgl. *Watson*, Ancient stepmothers, 1995, S. 167.

rials nur unter Vorbehalt Rückschlüsse auf inner-stieffamiliäre Verhältnisse gezogen werden.

Patricia Watson, deren Studie hier nicht ausführlich wiedergegeben werden kann,[113] wagt diesen Versuch. Sie untersucht neben dem oben erwähnten Aspekt der Seltenheit an Grabinschriften von und für Stiefverwandte zwei weitere Aspekte. So bewertet sie die in Grabinschriften verwendete Terminologie, mit der Stiefeltern und Stiefkinder charakterisiert wurden, und geht auch auf die Frage ein, inwieweit sich das Geschlecht des Stifters bzw. des Bestatteten in negativer oder positiver Weise in Anzahl und Art der Grabinschriften widerspiegelte. Selbstredend bezieht sie Überlegungen nach der demographischen Wahrscheinlichkeit verschiedener Sterbekonstellationen – wer überlebt und bestattet wen? – sowie nach ökonomischen Determinismen mit ein. Die Mehrzahl an Grabsteinen, die von Stiefvätern im Vergleich zu Stiefmüttern gestiftet wurden, dürfte sich aus der einfachen Tatsache herleiten, dass Männer in der Regel ökonomisch belastbarer waren, während an Stelle einer Stiefmutter finanziell-potentere Verwandte die Finanzierung übernahmen.[114]

Auch wenn die Relevanz solcher Untersuchungen für objektive Einschätzungen patchworkartiger Lebensverhältnisse im Rahmen dieser Arbeit nicht allzuhoch bewertet werden soll,[115] so lässt sich zumindest erwähnen, dass sich die generellen Thesen dieser Arbeit in Watsons Fazit bestätigt finden: Stiefväter geizten weit weniger mit liebevollen Bezeichnungen – „*optimus*“, „*dulcissimus*“, „*carissimus*“, „*suavissimus*“[116] – für ihre bestatteten Stiefkinder als dies Stiefmütter taten. Das Verhältnis zwischen einem Stiefvater und den ersteheIichen Kindern seiner Frau könnte somit als in der Regel unproblematischer, ja herzlicher abgelesen werden als zwischen Stiefmüttern und Stiefkindern. Mögliche Gründe für eine solche Verteilung wurden im Rahmen dieser Arbeit zur Genüge genannt.[117]

Ebenso passt auf zynische Weise auch die epigraphisch-terminologische Erkenntnis wie die Faust aufs Auge, zwischen Stiefmüttern und ihren -söhnen hätte öfter liebevolle Stimmung geherrscht als zwischen Stiefmüttern und -töchtern. Ob derlei positive Grabinschriften als posthume, chiffrierte Liebesbriefe einer leidenschaftlich liebenden Stiefmutter anzusehen sind, dürfte allerdings dahingestellt bleiben.

---

113 Ebd., S. 157 ff..

114 Ebd., S. 169 ff..

115 Derartig aussagekräftige Inschriften, wie CIL 12, 810, die den Vergiftungsfall im Patchworkhaushalt thematisieren, gehören leider zur Seltenheit. (*Humbert*, Remariage, 1972, S. 200.).

116 Vgl. *Watson*, Ancient stepmothers, 1995, S. 172 f..

117 Man denke nur an die Rechtssystematik der Sorgerechtserstreitung. Einer Witwe oder gar Geschiedenen wäre unter den Umständen, dass ihr zweiter Ehemann den erstehelichen Kindern ein defizitäres Umfeld böte, womöglich gar nicht erst das Sorgerecht zugesprochen worden.

VII. Spätantike Rechtsreformen zu Wiederverheiratung, Vermögensverwaltung und Vererbung

In den Kapiteln zur heidnischen und christlichen Patchworksituation wurden viele Aspekte und Szenarien des alltäglichen Zusammenlebens angesprochen, ohne dabei ausreichend auf den rechtlichen Hintergrund dieser Begebenheiten einzugehen. Der Umstand, dass christliche wie nicht-christliche Quellen von Wiederverheiratungen nach Verwitwung ebenso sprechen wie von jenen nach Scheidung und Verstoßung, wurde hingenommen, ohne zu hinterfragen, inwieweit derartige Familienkonstellationen überhaupt dem aktuell geltenden Recht entsprachen. Die Tatsache, eine wiederverheiratete Mutter ebenso als Erziehungsinstanz erwähnt zu sehen wie einen Vater, fand keinerlei Kommentierung vor dem Hintergrund spätantiker Sorgerechtsentwicklung. Lediglich im Zusammenhang vermögensbezogener Konflikte und deren Lösungen wurde auf den Umstand spätantiker Neuerungen im Erb- und Verwaltungsrecht hingewiesen, ohne aber Detailangaben beizugesellen.

Das folgende, umfassende Kapitel zur spätantiken Rechtssituation möchte diese Lücken schließen. Eine genaue Analyse der mit Konstantin einsetzenden Scheidungs- und Wiederverheiratungsgesetzgebung ist hilfreich, um Fragen nach der relativen Häufigkeit von Patchworkkonstellationen in den spätantiken Jahrhunderten zu beantworten. Entgegen der Situation der klassischen Zeit, als die Gesetzgebung Wiederverheiratungen aller Couleur gestattete und förderte, nimmt ab dem vierten Jahrhundert eine umfassende Beschränkung von Scheidungen und zweiten Eheschließungen ihren Anfang. Zudem verläuft die Gewährung des Sorgerechts nun weniger in patriarchalischen Bahnen, sondern wird vielmehr an bestimmte eherechtliche Bestimmungen gekoppelt. Die gehäufte Erwähnung von Stiefvätern, wie sie in den vorangegangenen Kapiteln angesprochen wurde, konnte als Indiz dieser Entwicklung aufgezeigt werden.

Zart deutete sich zudem ein genereller Wechsel jener Themenschwerpunkte an, die spätantike Patchworkbeschreibungen im Vergleich zu jenen der Kaiserzeit prägten. So instrumentalisieren christliche Schriftsteller keineswegs das Vorurteil, ersteheliche Kinder würden den kriminellen Machenschaften eines Stiefelternteils ungeschützt ausgesetzt sein. Vielmehr konzentrieren sie sich auf die Betonung emotionaler Probleme. Dieser Umstand wurde als Symptom einer erfolgreich greifenden Erb- und Finanzrechtsreform gesehen. Auf welchen Ebenen diese Verbesserungen stattfanden, muss ein letzter Punkt dieses Kapitels sein.

1. Wiederverheiratung und Sorgerecht in der Spätantike

a) Wiederverheiratung nach Scheidung

Im Kapitel zu den demographischen Voraussetzungen einer Patchworkfamilie[1] wurde die augusteische Ehegesetzgebung als Determinismus und förderndes Moment der kaiserzeitlichen Jahrhunderte genannt. Der Zwang zur Wiederheirat wird vor allem in vermögenden Bevölkerungsteilen, welche von augusteischen Sanktionen tangiert wurden, zu einem vermehrten Vorkommen an Patchworkkonstellationen geführt haben. Fragt man nach den gesetzlichen Verhältnissen der Spätantike, lassen die Aussagen eines Ambrosius oder Augustinus zunächst nicht unbedingt auf wesentliche Neuerungen schließen. So klagt Ersterer in seinem Kommentar zum Lukasevangelium einen imaginären Sünder an, er breche göttliches Recht, wenn er seine Frau entlasse, obschon kein menschliches Gesetz dies verbiete.[2] Augustinus beklagt sich darüber, im Gegensatz zur kirchlichen Ehedoktrin sei nach weltlichen Gesetzen eine Scheidung erlaubt. Hierbei müsse nicht einmal ein schuldhaftes Verhalten des Verstoßenen nachgewiesen werden. Sogar die Eingehung einer zweiten Ehe wäre nach weltlichem Recht ohne Weiteres möglich.[3]

Derlei Lamentierungen und Einschätzungen der geltenden Rechtslage verwundern, wertet man jene Gesetze aus, die für die Zeit ab 331 n.Chr. – zugegeben lückenhaft – erhalten sind. Allein in die lange Regierungszeit Kaiser Konstantins,[4] die die längste seit Kaiser Augustus darstellt, fallen über hundert Gesetze zu Scheidung, Wiederverheiratung oder anderen Familienaspekten.[5] Im Falle spätantiker Rechtsentwicklung muss darauf hingewiesen werden, dass bei weitem nicht alle rechtlichen Bestimmungen bis in unsere Zeit überliefert worden sind. Konstantins Scheidungsgesetzgebung setzte nachweislich 331 n.Chr. ein. Was vorher von ihm bestimmt worden sein könnte ist allenfalls rekonstruierbar. Allein um die 2/3 des Originaltextes der ersten Bücher des Codex Theodosianus sind nicht überliefert.[6]

---

1 Siehe das Kapitel IV: *Demographische Überlegungen zur kaiserzeitlichen und spätantiken Patchworkfamilie.*

2 Ambr., in Lc. 8,5.

3 Aug., nupt. et concup. 1,10.

4 Judith *Evans Grubbs* sieht gerade in der einfachen Tatsache der überaus langen Amtsführung Konstantins den Grund für die Initiierung einer umfangreichen Familienpolitik, wie sie seit den Ehegesetzen des Augustus nicht mehr stattgefunden hatte. (*Grubbs*, Imperial Legislation, 1993, S. 120.).

5 Vgl. *Nathan*, Family, 2000, S. 57.

6 Vgl. *Arjava*, Divorce, 1988, S. 7 f..

In den überlieferten Gesetzen finden sich – rein theoretisch – wenige Regelungen, die obige Klagen des Augustinus oder Ambrosius rechtfertigten. Im Gegenteil, hatte doch Konstantin bereits im Jahre 320 n.Chr. jene augusteischen, patchworkfördernden Ehegesetze für abgeschafft erklärt.[7] Unverheirateten oder kinderlosen römischen Bürgern bestimmten Alters waren damit keine Sanktionen mehr auferlegt, wenn sie sich entschlossen, nicht erneut zu heiraten.

Vielmehr setzte mit Konstantin eine detaillierte Regelung ein, unter welchen Voraussetzungen überhaupt erst eine Ehe geschieden werden durfte. In der Konsequenz wurden damit auch der Gründung einer Patchworkfamilie gewisse Hindernisse in den Weg gelegt.

Die Einreichung der Scheidung, wenn sie nicht mit rechtlich anerkannten Argumenten begründet war, hatte für den Ehetrenner personelle und finanzielle Strafen zur Konsequenz. Im umgekehrten Fall brachte der erfolgreiche Nachweis bestimmter Vergehen des Ehepartners dem Scheidenden neben der rechtsgültigen Ehetrennung finanzielle Vorteile ein.

Für eine Frau galt es, bei Sendung einer Scheidungsnotiz nachzuweisen, dass sich ihr Ehemann in der gemeinsamen Zeit entweder als Mörder, Zauberer oder Grabschänder entpuppt hatte. War dies tatsächlich der Fall, erhielt die nunmehr Geschiedene ihre komplette Mitgift zurück.

Interessant ist die Ausschließlichkeit dieser Gründe. Moralisch verwerfliche Charaktereigenschaften des Ehemannes, wie dessen Spiel- und Trunksucht oder dessen Liebeleien mit anderen Frauen[8] konnte eine unglückliche Ehefrau nicht als gerichtlich verwertbare Argumente für eine Scheidung in die Waagschale werfen.

Auch tat eine Scheidungswillige gut daran, nicht vor dem Hintergrund nur dieser moralischen Laster oder gar unter Vorspiegelung erfundener Verbrechen des Ehemannes – Mord, Grabschändung oder Zauberei – hinterlistig eine Scheidungsnotiz zu senden. Denn sollte sie die Anschuldigungen nicht glaubhaft beweisen können, dann schickte es sich, *„dass diese alles bis zu ihrer Haarnadel im Hause des Ehemannes zurücklasse und wegen ihrer Dreistigkeit auf eine Insel verbannt werden soll.“*[9] In diesem Gesamtverlust des Vermögens waren neben der „eigenen“ *dos* auch all jene Besitzkompo-

---

7 Cod. Theod. 8.16.1 (320 n.Chr.).

8 Cod. Theod. 3.16.1 (331 n.Chr.) verwendet für die Charaktereigenschaft des Schwerenöters den Terminus *„mulierculario“*. Grubbs sieht hierin ein Indiz für die christliche Handschrift des Gesetzes, da die Genese dieses Terminus nicht im weltlichen, sondern im christlichen Sprachgebrauch zu vermuten sei. (*Grubbs*, Imperial Legislation, 1993, S. 128f..).

9 Cod. Theod. 3.16.1: „[…] *oportet eam usque ad acuculam capitis in domo mariti deponere et pro tam magna sui confidentia in insulam deportari.“*

nenten enthalten, die der Ehemann der Frau zu Beginn der Ehe unter dem Terminus „*donatio*" zur Verfügung gestellt hatte.[10]

Es handelte sich dabei um eine Art männliche Mitgift, die in Gestalt von Schmuck, Sklaven oder Nutztieren während der Ehe der Frau zur Verfügung stand und nach dem Ableben des Mannes wohl ein Grundauskommen der Witwe gewährleisten sollte.[11] So rühmt Tertullian unverheiratete Frauen, die sich Gott verschrieben hätten. Sie stellten ihm als Mitgift ihr Gebet und erwarteten von ihm nicht aufwendige Brautgeschenke wie Schmuck oder prächtige Kleider – ein Hinweis darauf, dass derartige Geschenke unter weltlichen Ehepaaren üblich waren.[12] Auch Augustinus spricht hauptsächlich von teurem Schmuck, Sklaven oder Nutztieren als Verlobungsgeschenken.[13] Bischof Gregor von Nyssa erwähnt ebenso Verlobungsgeschenke. Quasi als solche hätte der Verlobte Gregors älterer Schwester Macrina seinen guten Ruf in die Waagschale geworfen, um seinen Schwiegervater von sich zu überzeugen.[14]

Unter Bezugnahme auf *dos*, *donatio* und andere Vermögenswerte sieht das konstantinische Scheidungsrecht für das Ehetrennungsprozedere, wenn es von einer Frau initiiert wurde, demnach zwei detaillierte Abstufungen vor, deren erneute Voraugenführung für die spätere Beschäftigung mit vermögensverwalterischen Fragen unabdingbar ist. Dies ist zum einen die Mitgiftsrückgewinnung bei erfolgreich begründeter Scheidung sowie zum anderen der Verlust aller Habseligkeiten bei gleichzeitiger Verbannung in Konsequenz einer versuchten Täuschung oder Anführung gerichtlich unverwertbarer Argumente.

Das Eingehen einer zweiten Ehe unter Beibehaltung des Sorgerechts für ersteheliche Kinder dürfte demnach – rein rechtlich gesehen – einer Mutter nur unter der Voraussetzung möglich gewesen sein, dass der Ehemann ein Mörder, Grabschänder oder „Zauberer" gewesen war. Denn schwerlich ist anzunehmen, eine Mutter, die aufgrund arglistiger Täuschung auf eine Insel verbannt wurde, habe ihre Kinder mitnehmen dürfen.

Die Scheidungs- und Wiederverheiratungsmöglichkeiten eines Mannes stellen sich nicht viel flexibler dar. Für ihn galt es, nachzuweisen, seine Frau

---

10 Während diese Interpretation von *Arjava* (Divorce, 1988, S. 8.) gestützt wird, möchte *Grubbs* (Law and Family, 1995, S. 230.) den Vermögensverlust nur als Einbußung der Mitgift verstanden wissen. *Memmer* (Ehescheidung, 2002, S. 492.) legt sich nicht fest.

11 Zur Bedeutung der *donatio ante nuptias* speziell in der Spätantike siehe *Shaw*, Family, 1987, S. 36 ff.: Die *dos* der Frau und die *donatio* des Mannes entwickelten sich auch im Gesetz während der Spätantike zur Ebenbürtigkeit.

12 Tert., ad uxor. 4.

13 Aug., in Joh. tract. 8,4.

14 Greg. Nyss., vita Macr. 5.

habe außerehelichen Verkehr gehabt, vollführe Zauberkünste oder betätige sich als Kupplerin.[15] Scheidungen, die nicht aus diesen Gründen initiiert wurden, kosteten den Ehemann die Mitgift. Zudem war es ihm gesetzlich verboten, eine neue Ehe einzugehen. Tat er dies dennoch, war es der verstoßenen, ersten Ehefrau sogar gestattet, das Haus ihres Exmannes in Beschlag zu nehmen und die Mitgift der Nachfolgeehefrau für sich zu beanspruchen.[16]

Es stellt sich an dieser Stelle die Frage, inwieweit allein durch derartige Sanktionen die Lebensumstände ersteheIicher Kinder verschlimmert wurden. Denn einem Vater war es ja, trotz dass er sich rechtswidrig von seiner ersten Ehefrau getrennt hatte, nach wie vor möglich, eine neue Ehe einzugehen. Ob er diesen Schritt dann auch tatsächlich unternahm, er also tatsächlich eine Patchworkfamilie gründete, wird stark davon abgehangen haben, inwieweit er von seiner Exfrau erwartete, sie würde von ihren Rechtsmitteln Gebrauch machen und sein Haus sowie die zweiteheliche Mitgift beanspruchen.

Letztendlich musste eine Mutter damit doch das Leben ihrer Kinder zunehmend verschlechtern. Denn die Konfiszierung der zweiten Mitgift durch die geschiedene Ehefrau wird der Exmann nun durch den Griff in sein eigenes Vermögen kompensiert haben müssen. Die Stiefmutter, nun ohne Mitgift ausgestattet, partizipierte dann zwangsläufig an genau dem väterlichen Vermögen, das letztlich irgendwann in den Besitz der ersteheIichen Kinder übergehen sollte. Leidtragende in Stieffamilien waren also vor allem (ersteheliche) Kinder. Insofern die erste Ehefrau, die nunmehr im Besitz der Mitgift der Stiefmutter war, diesen Betrag nicht ihren Kindern der ersten Ehe überließ, erfuhren diese indirekt einen Vermögensverlust. Darüber hinaus dürfte zudem die Stiefmutter ihren Zorn über das (selbst-)gerechte Handeln der geschiedenen Mutter erst recht an ihren Stiefkindern ausgelassen haben. Nur in selteneren Fällen wird eine Mutter demnach ihre Rechtsansprüche geltend gemacht haben. Die Angst, ihre Kinder müssten im Endeffekt alles ausbaden, dürfte groß gewesen sein.

Wäre dies tatsächlich der Fall, so entpuppte sich das konstantinische Verbot zur Schließung einer zweiten Ehe nach rechtswidriger Scheidung als reine Farce.

Zu hinterfragen bleibt allerdings, ob nicht vielmehr davon auszugehen ist, dass Scheidungskinder im Falle der väterlichen Scheidungsschuld ohnehin

15 Zur historischen Einordnung dieser Scheidungsgründe siehe *Grubbs*, Law and Family, 1995, S. 230. Grubbs weist darauf hin, dass die konstantinischen Regularien keineswegs als Innovationen zu verstehen seien. Vielmehr handele es sich bei den genannten Scheidungsgründen Ehebruch, Kuppelei und Zauberei um Tatbestände, die bereits mit Romulus' Ehevorstellungen in Verbindung gebracht würden.

16 Cod. Theod. 3.16.1.

der Mutter anvertraut wurden. Dann nämlich erübrigten sich Spekulationen über etwaige Benachteiligungen erstehelicher Kinder durch die zornige Stiefmutter. Die Furcht vor derartigen Reaktionen hätte somit für Mütter kein Argument dargestellt, auf die Durchsetzung ihrer Ansprüche auf das Haus und die Mitgift ihrer Nachfolgerin zu verzichten.

Die Rekonstruktion des spätantiken Sorgerechts bereitet Probleme, da nur wenige Gesetze überliefert sind, die Fragen nach der Erziehungsberechtigung bzw. Unterhaltspflicht mit Scheidungsmodalitäten verknüpfen.

In kaiserzeitlichen Scheidungsfamilien war ein Verbleib der Scheidungskinder unter der Obhut der Mutter im Recht generell nicht vorgesehen und in der Gesellschaft nicht praktiziert. Usus war, dass nicht-emanzipierte Kinder nach einer Scheidung beim Vater verblieben.[17] Noch aus einem ulpianischen Gesetz geht diese Rechtspraxis hervor. Dig. 25.3.5.14[18] regelt die Höhe des Betrages, den ein geschiedener Mann seiner Exfrau als Ausgleich für bereits erfolgte Alimente für die Tochter zahlen müsse. Es ist hier anzunehmen, dass die Tochter beim Vater aufwächst. Dies geht indirekt daraus hervor, da betont wird, dass die Mutter ihrem Exmann die affektive Verlusterfahrung nicht in Rechnung stellen könne. Damit kann nur die Trennung von Mutter und Tochter gemeint sein.

Im Rahmen dieser Arbeit wurden bereits mehrere individual-rechtliche Fallstellungen zum kaiserzeitlichen Sorgerecht angesprochen, die eine zunehmende Abschwächung der väterlichen *patria potestas* und Aufwertung mütterlicher Rechte anzeigten.[19] Ein Gesetz, das über diese Fallentscheidungen hinaus eine generelle Regelung formuliert hätte, konnte hingegen nicht ermittelt werden.

In der Tat macht es den Anschein, eine pauschale und allgemeingültige Aufbereitung dieser Problematik wurde erst unter Diocletian begonnen. In einem diocletianischen Gesetz wird ausdrücklich erwähnt, dass bezüglich der Aufenthaltsfrage bisher keine rechtlichen Bestimmungen gemacht wurden.[20] Nun aber – so nach dem Gesetz – schien erstmals der Staat in die Frage der Aufenthaltsregelung der Kinder einzugreifen. Unglücklich hingegen, dass besagtes Gesetz im Folgenden dann lediglich regelt, die Frage nach dem Sorgerecht müsse von nun ab von einem kompetenten Gericht geklärt wer-

---

17 Vgl. *Treggiari*, Divorce Roman Style, S. 39; *Kajanto*, On divorce, 1970, S. 105; *Bradley*, Dislocation, 1991, S. 131; *Rawson*, The Roman family, 1986, S. 35 f.; *Yaron*, Reichsrecht, 1964, S. 297.

18 Dig. 25.3.5.14: „[…] *nec impetrare debes ea, quae exigente materno affectu in filiam tuam erogatura esset, etiamsi a patre suo educeretur.*“

19 Siehe das Kapitel III.2: *Die klassisch-rechtliche Situation der Patchworkfamilie als Ausgangspunkt spätantiker Korrekturen*.

20 Cod. Iust. 5.24 (294 n. Chr.): „*Licet neque nostra neque divorum parentium nostrorum ulla constitutione caveatur* […].“

den, aber nicht, unter welchen konkreten Umständen Kinder bei Vater oder Mutter verbleiben sollten.

Denkbar ist, dass das sogenannte „*kompetente Gericht*" in seinen Entscheidungen jene Kriterien gelten ließ und lassen sollte, die bereits in Individualfällen der Kaiserzeit herangezogen wurden. Dort konnte eine Mutter das Sorgerecht für ihre Kinder erkämpfen, wenn es sich beim Exmann um eine Person schändlichen Charakters handelte.[21] So ist es möglich, dass von nun ab die Frage des Sorgerechtes an den Tatbestand der Scheidungsschuld gekoppelt wurde. Ein Ehemann, der in Zauberei oder Grabschändung verwickelt gewesen war und deshalb rechtmäßig von seiner Frau geschieden werden konnte, wird ohne Weiteres vor Gericht als dermaßen bemakelt angesehen worden sein, dass er als Person schändlichen Charakters neben seiner Frau auch die Erziehungskompetenz über seine Kinder einbüßte. Ebenso könnte es sich verhalten haben, wenn er sich rechtswidrig oder unter Vorspiegelung falscher Anschuldigungen von seiner Ehefrau getrennt und dann sogar verbotenerweise erneut geheiratet hatte. Es scheint nicht unplausibel, das Gericht hätte in diesem Fall die *patria potestas* des Vaters unberücksichtigt gelassen und das Sorgerecht der Mutter zugestanden. Gewicht bekommt diese These insbesondere auch durch die Tatsache einer Manifestierung und Weiterführung der Wiederverheiratungs-Sorgerechts-Koppelung nach verschuldeter Scheidung im fränkischen Recht. Was in oben erwähntem konstantinischem Gesetz nur zwischen den Zeilen vermutet werden kann – dass nämlich ein Mann, der an seiner Scheidung Schuld trug, das Sorgerecht über seine ersteheIichen Kinder verlor, wenn er erneut heiratete – das ist in der *Lex Burgundionum* dann explizit ausgesprochen, wie später noch dargelegt wird.[22]

Vor diesem Hintergrund könnte oben erwähntes konstantinisches Gesetz gegen Wiederverheiratung als durchaus wirkungsvoll eingeschätzt werden: Ein rechtswidrig Geschiedener verlor demnach im Moment der zweiten Eheschließung sein Haus und seine Kinder und hatte zudem eine mittellose zweite Ehefrau zu versorgen. Dann doch lieber der Trick mit der Konkubine!

Sollte das konstantinische Gesetz so zu verstehen sein, leitete es einen Trend ein, der noch in Justinians Zeiten unmissverständlich weitergeführt wurde. Eine *Novella* des oströmischen Kaisers regelte: Wenn der Mann Schuld an der Scheidung trägt, verliert er das Sorgerecht und ist dennoch für die Alimentation der Kinder verantwortlich.[23] Bei Scheidungsschuld der

---

21 Siehe das Kapitel III.2: *Die klassisch-rechtliche Situation der Patchworkfamilie als Ausgangspunkt spätantiker Korrekturen*.

22 Siehe das Kapitel IX.1: *Ausgewogenheit in Burgund.*

23 Nov. Iust. 117.7.

Frau allerdings konnte der Mutter nur unter den Umständen der (ex)ehemannschen Verarmung eine Alimentationspflicht aufgebürdet werden.[24]

Eine einheitliche, über zweihundert Jahre dauernde Linie zwischen Konstantin und Justinian zu vermuten, was die Entwicklung west- und oströmischer Scheidungs- und Wiederverheiratungsgesetze betrifft, wäre hingegen verfehlt. Die rechtlichen Verhältnisse im gesamten römischen Reich zwischen dem Tod Konstantins und den Kaisern des sechsten Jahrhunderts sind weder eindeutig rekonstruierbar noch erwecken sie den Eindruck einer konsequenten und kausalen Genese.

Bereits unter Konstantins Neffen, dem heidnischen Kaiser Julian, gehörte es zur Eindämmungspolitik gegenüber dem Christentum, nicht nur die alte römische Religion und Götterverehrung wieder stärker aufleben zu lassen,[25] sondern auch die Restauration altrömischer Rechtspraxis zu fördern. Schließlich sah Julian, wie Ammianus Marcellinus weiß, in Konstantins Walten eine Zerstörung alterwürdiger Gesetze und Sitten der Vorfahren.[26] Eine kurze Passage in den *Quaestiones* des Ambrosiaster lässt darauf schließen, die starken konstantinischen Scheidungsgesetze seien unter Julian bereits wieder abgeschafft worden, was nachweislich zu Veränderungen im Heiratsverhalten der Bevölkerung geführt habe.

Ambrosiaster erwähnt, vor einem unter Julian erlassenen Edikt vermochten Frauen es nicht, sich von ihren Männern scheiden zu lassen.[27] Das ließe darauf schließen, dass Konstantins Bestimmungen in der Tat auch umgesetzt wurden. Nun aber – also seit dem julianischen Edikt – so Ambrosiaster weiter, begönnen sie wieder, sich täglich freizügig scheiden zu lassen.[28] Dass Ambrosiasters Vergleich des klassischen und konstantinischen Scheidungsrechts und seine Darstellung Julians juristischer Reform nicht exakt den Nagel auf den Kopf trifft, konstatiert Michael Memmer, wenn er darauf hinweist, Julian zeichne keineswegs verantwortlich für eine generelle Scheidungsliberalität. Vielmehr habe Julian den Einfluss des Staates auf diesem Gebiet zu Gunsten privater *pacta dotalia* eingeschränkt.[29] Inwieweit diese Gesetzesreform auch in ambrosiastischer und nachambrosiastischer Zeit

---

24 Siehe die Anwendung dieses Rechtsprinzips auf einen byzantinischen Scheidungsfall aus dem elften Jahrhundert bei *Fögen*, Muttergut, 1992, S. 26.

25 Vgl. *Bringmann*, Kaiser Julian, 2004, S. 83 ff..

26 Amm. 21,10,8.

27 Ambrosiast., Quaest. Vet. novi test. 115,12: „*ante Iuliani edictum mulieres viros suos dimittere nequibant.* […] *coeperunt facere quod prius facere non poterant; coeperunt enim cottidie licenter viros suos dimittere.*“

28 Siehe zu Ambrosiasters Einschätzung auch *Arjava*, Women and law, 1996, S. 188.

29 Vgl. *Memmer*, Ehescheidung, 2002, S. 494 f..

Gültigkeit besaß und das Heiratsverhalten der Gesellschaft mitbestimmte, liegt, trotz reger Forschungsaktivität, im Dunkeln.[30]

Die Rechtsentwicklung, wie sie dann durch den Codex Theodosianus ab dem Jahr 421 n.Chr. wieder greifbar ist, gleicht einem ständigen Auf und Ab. Unter Honorius und Constantius III. wurden die konstantinischen Scheidungsverbote in erweiterter Form wieder eingeführt.[31] Im Wesentlichen entsprechen sie den Innovationen Konstantins, so dass sie hier nicht im Detail dargestellt werden müssen. Während Frauen für grundlose Scheidungen weiterhin mit Verbannung und Vermögensverlust bestraft wurden, ist für den Themenbereich Patchworkfamilie vor allem interessant, dass von nun an ein explizites Wiederverheiratungsverbot ausgesprochen wurde. Selbst wenn sich Frauen aufgrund nachgewiesener Charakterdefizite ihres Ehemannes hatten scheiden lassen, war es ihnen nicht gestattet eine neue Ehe einzugehen. Lediglich durch den Nachweis besonders schwerer Vergehen des Ehemannes konnte sich eine Ehefrau nunmehr sanktionsfrei – unter Beibehalt von *dos* und *donatio* – von ihrem Ehemann trennen und dann nach einer Wartefrist von fünf Jahren erneut heiraten. Mit dieser langen Wartezeit sollte, wie das Gesetz argumentiert, sichergestellt werden, dass kein anderer Mann im Leben der Frau deren Entschluss zur Ehescheidung vorangetrieben hatte.

Genauere Angaben zu „minderschweren" und „schweren Vergehen" finden sich im Gesetz nicht. Antti Arjava vermutet jedoch, es handele sich bei den minderschweren Vergehen wohl um den Ehebruch des Mannes. Die „schweren Verbrechen" des Mannes werden wohl, wie schon unter Konstantin, Mord, Zauberei oder Grabschändung bezeichnet haben.[32] Michael Memmer hingegen interpretiert die Nichterwähnung konkreter Scheidungsgründe als Indiz bewusst kodifizierter Flexibilität: Man habe Entscheidungen von Fall zu Fall durch entsprechende Richter tätigen lassen wollen.[33]

Im Gegensatz zur scheidungswilligen Frau trafen den Mann das Wiederverheiratungsverbot und der Verlust von *dos* und *donatio* nur bei vollkommen grundloser Scheidung.[34] Für ihn änderte sich also im Vergleich zur

---

30 Die Mehrheit der Forschung geht mit *Arjava* (Divorce, 1988, S.13), *Wolff* (Doctrinal trends, 1950, S.261 f.) oder auch *Bagnall* (Church, 1978, S.41.) von zarten Reflexen in der Gesellschaft aus. Dagegen argumentiert *Yaron* (De divortio varia, 1964, S.545.).

31 Cod. Theod. 3.16.2 (421 n.Chr.).

32 Vgl. *Arjava*, Divorce, 1998, S.13.

33 Vgl. *Memmer*, Ehescheidung, 2002, S.496.; ähnlich bereits *Yaron*, De divortio varia, 1964, S.546.

34 Die Frau durfte dann jedoch erneut heiraten, allerdings – und das mutet seltsam an – nur nach einer Wartefrist eines Jahres. Johlen sieht hierin korrekterweise nicht den Umstand einer „Bestrafung" der unschuldig geschiedenen Frau kodifiziert. Vielmehr dient die einjährige Wartefrist zur Erkennung der eindeutigen Vaterschaft eines Säuglings, der *post divortium* geboren ist. (*Johlen*, Die vermögensrechtliche Stellung, 1999, S.130.).

konstantinischen Gesetzgebung nichts. Unter Nachweis schwerer Verfehlungen der Ehefrau stand seiner unmittelbaren zweiten Eheschließung nichts mehr im Wege. Ebenso war ihm eine Folgehochzeit gestattet, wenn er nur minderschwere Charakterdefizite der Ehefrau nennen konnte; dann allerdings ging er der Mitgift verlustig und musste zwei Jahre bis zur nächsten Verehelichung warten.

Ein Vergleich dieser Gesetzgebung aus dem frühen fünften Jahrhundert mit jener „Originalgesetzgebung" Konstantins offenbart keine wesentlichen Weiterentwicklungen. Nach wie vor ermöglichten „gut begründete" Scheidungen dem schuldlosen Ehepartner die erneute Eheschließung. Mit Sicherheit kann hier die Tendenz und das Bestreben herausgelesen werden, leichtfertige Scheidungen und Wiederverheiratungen zu unterbinden. Es stellt sich allerdings generell die Frage, inwieweit diese spätantiken Neuerungen einen Wandel im Scheidungsverhalten der Gesellschaft hervorgerufen haben könnten.

Schon nach klassischem Recht wurden grundlose Scheidungen mit erheblichen finanziellen Einbußen geahndet.[35] Ob das Verbot der erneuten Heirat, das nun nach spätantikem Recht noch hinzutrat, dann tatsächlich eine wesentlich verschärfte Form der Abschreckung ausübte, muss bezweifelt werden. Zur Not bot sich doch immer noch die Alternative des Konkubinats. Zumindest in den unteren Bevölkerungsschichten, wo sowohl in klassischer als auch in spätantiker Zeit die finanziellen Hürden grundloser Scheidungen die Anzahl leichtfertiger Trennungen und neuer Eheschließungen regulierten, muss nicht mit wesentlichen quantitativen Unterschieden im Verlauf der spätantiken Jahrhunderte zu rechnen sein. Dass allerdings der ein oder andere Begüterte, der den Verlust der ehefrauschen Mitgift ohne Weiteres hätte stemmen und nach klassischem Recht erneut hätte heiraten können, nun vom Zölibatsgebot in die Schranken gewiesen wurde, ist natürlich nicht auszuschließen. Immerhin waren, neben dem drohenden Sorgerechtsverlust, zudem auch die finanziellen Sanktionen schärfer, da zum *dos*-Verlust nach klassischem Recht nun in der Spätantike noch der Verlust der *donatio* hinzukam. In der Oberschicht könnte sich durchaus die Häufigkeit an Patchworkfamilien ein wenig minimiert haben.

Allein aufgrund dieser weitgehend gering einzuschätzenden innovativen Kraft konstantinischer Gesetze erübrigt es sich beinahe, deren Weiterführung im fünften und sechsten Jahrhundert detailliert zu untersuchen und darzustellen. Zudem muss ohnehin fraglich bleiben, inwieweit die jeweiligen Bestimmungen im Alltag rezipiert, anerkannt und durchgesetzt wurden. Dies insbesondere, da vor allem im Westrom[36] des fünften Jahrhunderts

---

35 Siehe das Kapitel III.2: *Die klassisch-rechtliche Situation der Patchworkfamilie als Ausgangspunkt spätantiker Korrekturen*.

36 Im oströmischen Reich kehrte bereits Kaiser Theodosius II. 439 n.Chr. zum alten, klas-

Scheidungs- und Wiederverheiratungsgesetze seit Honorius und Constantius III. in schnellem Rhythmus wechselten. Von einer tatsächlichen Etablierung des jeweils aktuell geltenden Scheidungsrechts ist nur schwer auszugehen.

War Valentinian III. 447 n. Chr. noch dem Beispiel des oströmischen Theodosius II. gefolgt und hatte dem Westen eher leichte und straflose Scheidungsbestimmungen auferlegt,[37] knüpfte er nur zwei Jahre später sanktionsfreie Scheidungen wieder an die Bedingung, Vergehen des Partners nachzuweisen. Er führte eine Palette an Verhaltensfehlern an, die zur Scheidung berechtigten. Ein genauer Blick auf die angeführten Scheidungsgründe lässt allerdings die Laxheit des Ganzen erkennen. Eine Frau durfte bereits verstoßen werden, wenn sie gegen den Willen ihres Mannes Theater-, Zirkus- oder Arenavorstellungen besucht hatte. Sanktionen für gesetzeswidrige Scheidungen beinhalteten in jeweiliger Abstufung finanzielle Einbußen sowie zaghafte Heiratsverbote.[38] Immerhin aber waren die Vermögensanteile, wie sie einem schuldlos verstoßenen Ehepartner transferiert werden mussten, an die Kinder der jeweiligen Ehe verhaftet. Selbst wenn also die Ehe auseinanderbrach, hatte nichteinmal der schuldlose Elternteil einen finanziellen Nutzen davon – geschützt hingegen waren die Kinder.[39] Zu diesem Gedanken wird in einem späteren Kapitel zurückzukehren sein.

Schon 452 n. Chr. kehrte man dennoch dann wieder zu den ursprünglichen harten Scheidungsbestimmungen aus dem Jahre 421 n. Chr. zurück.[40] Auch nach dem Untergang des weströmischen Reiches blieben für die römischen Bevölkerungsteile der westgotischen und germanischen Herrschaftsgebiete weite Teile dieser geltenden Rechtsbestimmungen in Form der verschiedenen Leges Romana[41] zunächst bestehen.[42]

Diese konstante Variabilität der spätantiken Jahrhunderte bestätigt sich auch weitgehend für die Verhältnisse im oströmischen Reich. Nach einer längeren Periode gleichbleibender Bestimmungen seit Theodosius II.[43] – zu-

---

sischen Recht nach Ulpian zurück und erklärte Strafen für Scheidungswillige als abgeschafft. Theodosius II. betont aber entgegen seiner Rechtsregelung, Scheidungen seien im Hinblick auf die betroffenen Kinder eine schlimme Angelegenheit. (Nov. Theod. 12 (439 n. Chr.)); siehe zum Rechtsinstitut des Scheidebriefes, der „ehebewahrend“ im Rahmen dieser theodosianischen Novelle gefordert wurde, sowie zum Nachweis der Gültigkeit dieser Novelle bei *Memmer*, Ehescheidung, 2002, S. 500.

37 Nov. Val. 26; Nov. Theod. 2.

38 Cod. Iust. 5.17.8 (449 n. Chr.).

39 Vgl. *Yaron*, De divortio varia, 1964, S. 548.

40 Nov. Val. 35.11.

41 So z. B. die Lex Romana Burgundionum oder die Lex Romana Visigothorum.

42 Vgl. *Bauer Gerland*, Erbrecht, 1995, S. 24 ff.; *Fischer Drew*, The Burgundian code book, 1972, S. 3 f.; zu den römisch-westgotischen Rechtsverhältnissen *Fischer Drew*, The Lombard laws, 1973, S. XIII.; *Fastrich Sutty*, Lex Baiuvariorum, 2001, S. 40.

43 Die klassischen Bestimmungen, die durch Nov. Theod. 12 439 n. Chr. wieder eingeführt

mindest ergeben die überlieferten Quellen kein gegenteiliges Bild – überrascht Justinian mit einem radikalen Wechsel von Laxheit zu *law and order*. Der Etablierung einer zunächst liberalen Wiederverheiratungs-Gesetzgebung[44] folgte die Einführung bisher umfangreichster Verbote, die nicht nur Gleichberechtigung zwischen Mann und Frau schufen, sondern sogar Scheidungen nach bilateralem Konsens unter Strafe stellten.

Für eine Frau gab es nur noch wenige gesetzlich anerkannte Gründe, sich scheiden zu lassen: Ihr Ehemann musste neben anderen gravierenden Gründen ein Vaterlandsverräter sein, den Entschluss der Ehefrau zur Keuschheit missachtet oder anderen Frauen im eigenen Wohnhaus den Hof gemacht haben.[45] Sanktionen für rechtswidrige Scheidungen waren neben dem Verlust von Mitgift und Verlobungsgeschenken auch ein strenges Zölibatsgebot: Die Ehefrau musste von nun an unter der Aufsicht eines Bischofs in einem Kloster leben.[46]

Hatte sie durch eine rechtskonforme Scheidung noch das Sorgerecht für ihre Kinder erlangt, verlor sie es in dem Moment, als sie erneut heiratete.[47] Eine ergänzende *Novella* Justinians fordert zudem absolute Gleichheit zwischen Mann und Frau, was Sanktionen für rechtswidrige Scheidungen betraf. Auch ein geschiedener Ehemann durfte demnach nicht erneut heiraten.[48]

Die wohl beachtenswerteste Neuerung in Justinians Regierungszeit, welche die Gründung von Stieffamilien unmöglich machte, repräsentiert das Verbot nun auch derjenigen Scheidungen, die nach beiderseitigem Einvernehmen der Ehepartner eintreten sollten. Konsensbegründete Scheidungen fanden ihre Reaktion in massiven Ahndungen. Neben üblichen finanziellen Sanktionen wurde für beide Ehepartner das Kloster als zukünftiger Aufenthaltsort bestimmt, eine erneute Heirat damit ausgeschlossen. Bis zum Eintritt hatten die Zerstrittenen jedoch die Möglichkeit, sich wieder zusammenzuraufen. In diesem Falle blieben sie vollkommen straflos.[49]

---

wurden, besaßen für zehn Jahre Gültigkeit. (*Memmer*, Ehescheidung, 2002, S. 502.) Ab 449 n. Chr. galt dann Cod. Iust. 5.17.8 (siehe dazu Anm. oben).

44 Justinian gestattete es (528 n. Chr.) sogar beinahe ohne finanzielle Sanktionen, dass eine Frau oder auch deren Eltern nach zweijähriger Impotenz des Mannes die Scheidung einreichen konnten. Lediglich die Verlobungsgeschenke musste sie dann zurückgeben. (Cod. Iust. 5.17.10); Es werden zahlreiche andere Gründe angegeben, aufgrund derer eine Scheidung rechtmäßig war. Rechtswidrige Scheidungen werden nicht mit Wiederverheiratungsverboten belegt. (Nov. Iust. 22.3–6; Nov. Iust. 22.8; Nov. Iust. 22.13–16; Nov. Iust. 22.19).

45 Nov. Iust. 117.9.

46 Nov. Iust. 117.13.

47 Nov. Iust. 117.7.

48 Nov. Iust. 127.4.

49 Nov. Iust. 134.11.

Eine Bilanz aus der gesamten ost- und weströmischen Wiederverheiratungsgesetzgebung seit Konstantin zeigt bei genauem Hinsehen, dass erst seit Justinian der Gründung von Patchworkfamilien weitestgehend ein Riegel vorgeschoben wurde. Zwar durfte eine rechtskonform geschiedene Mutter durchaus erneut heiraten, doch verlor sie dann das Sorgerecht – somit entstand keine Patchworkfamilie, sondern lediglich eine zweite Ehe. Einzig ein rechtskonform geschiedener Vater war unter Justinian in der Lage, eine zweite Ehe einzugehen und dennoch das Sorgerecht über seine Kinder zu behaupten.

Diese Rückschau lässt Fragen nach einer etwaigen Veränderung im quantitativen Vorkommen von spätantiken Patchworkfamilien im Vergleich zur Kaiserzeit ernüchternd beantworten.

Sieht man von der Justinianischen Zeit ab, so sind im Endeffekt Veränderungen nur bei den vermögenderen Schichten zu erwarten, die sich zwar rechtswidrige Scheidungen leisten konnten, nun aber – je nach Region und Zeitraum – durch eine zweite Eheschließung den Verlust des Sorgerechtes fürchten mussten. Wiederverheiratungen, die nach rechtskonformen Ehetrennungen erfolgt waren, zogen bis zu Justinian ohnehin keine sorgerechtlichen Konsequenzen nach sich. Auch wenn durch die zeitweise Festlegung weniger konkreter Scheidungsgründe rechtskonforme Trennungen erschwert wurden, waren doch der Gründung von Patchworkfamilien weiterhin Tür und Tor geöffnet.

b) Wiederverheiratung nach Verwitwung

Im vorangehenden Kapitel konnten Momentaufnahmen und Tendenzen der spätantiken Sorgerechtsentwicklung aufgezeigt werden, wie sie mit den Umständen der Ehetrennung korrelierten. Im Großen und Ganzen verblieb das Sorgerecht nach der Scheidung bei jenem Elternteil, dem keine arglistige oder moralisch begründete Schuld an der Ehetrennung angelastet werden konnte. Mit Ausnahme der justinianischen Zeit stellte eine erneute Ehe nach schuldloser Scheidung keinen Hindernisgrund für die Beibehaltung des Sorgerechts dar.

Im Rahmen dieses Kapitels sollen ebendiese Fragen auch für den Fall der Verwitwung gestellt werden.

Wie schon an anderer Stelle angesprochen,[50] verhält es sich bereits in klassischer Zeit mit der Sorgerechtsgewährung über Halbwaisen nicht eindeutig. Ähnlich wie in der Scheidungsfrage konkurrieren Einzelfallentscheidungen, in denen Witwen und nicht anderen Familienangehörigen des verstorbenen Mannes das Sorgerecht zugesprochen wurde, mit dem

50 Siehe das Kapitel III.2: *Die klassisch-rechtliche Situation der Patchworkfamilie als Ausgangspunkt spätantiker Korrekturen*.

patriarchalisch ausgerichteten Prinzip der römischen *familia*. Und ähnlich wie in der Scheidungsfrage, existiert erst ab der und für die ausgehende Kaiserzeit ein allgemeingültiges Gesetz zur Sorgerechtskompetenz, das über die Wesensart einer Individualentscheidung hinausginge. Problematisch allerdings ist die mangelnde Rekonstruierbarkeit des Originalwortlautes.[51]

Von Alexander Severus wird – angeblich – festgesetzt: „*Die Erziehung deiner Kinder kommt niemandem mehr zu als deren Mutter, wenn sie ihnen nicht einen Stiefvater vorsetzt.*"[52]

Dies würde bedeuten, eine Witwe verlöre im Moment ihrer erneuten Heirat das Sorgerecht über ihre Kinder. Wäre dies tatsächlich der Fall gewesen, so müssten viele jener (christlichen) Befunde, die im Rahmen dieser Arbeit Konflikte zwischen Stiefvätern und Stiefkindern nennen oder prognostizieren, als Zeugnisse rechtswidrig zustandegekommener Familienstrukturen angesehen werden. Warum sollten Ambrosius, Basilius, Augustinus und die anderen vor jenen Familienfehden warnen, denen eine Witwe sich und ihre erstehelichen Kinder im Falle einer erneuten Heirat aussetze, wenn in Konsequenz der zweiten Eheschließung ohnehin der Verlust des Sorgerechtes drohte? Es könnte eingeworfen werden, die geltende Rechtspraxis habe vielleicht nicht den eigentlichen, theoretisch manifestierten und kodifizierten Gesetzen entsprochen. Zwar gäbe es die Regelung des Sorgerechtsverlusts, doch sei diese im Alltag nicht umgesetzt worden. Dann wiederum ist fraglich, warum kein einziger jener moralisierenden Kirchenväter auch nur mit einem Wort auf den Umstand hinweist, Witwen, die ihre Kinder mit in die neue Ehe nähmen, verstießen gegen weltliches Recht.

Es drängt sich deshalb der Gedanke auf, obiger Gesetzeswortlaut dürfe nicht als genuin kaiserzeitlich erachtet werden, sondern sei vielmehr das Opfer einer christlich-spätantiken Interpolation. Dieser Verdacht erhärtet sich zudem gerade dadurch, da besagtes Gesetz nur im Rahmen der von Justinian in Auftrag gegebenen spätantiken Rechtskodifikation greifbar ist. Zudem findet sich just von ebendiesem Justinian eine Novelle, die bezüglich der Sorgerechtsfrage die Regelungen des Severus Alexander bestätigt wissen möchte:[53] Für die Erziehung der Kinder sei eine verwitwete Mutter besser geeignet als jeder andere, vorausgesetzt, sie heirate nicht erneut.

Insbesondere wenn man bedenkt, dass (erst) Justinian bezüglich geschiedener Mütter identisch verfuhr und ihnen das Sorgerecht im Moment der erneuten Heirat entzog, liegt es nahe zu vermuten, er zeichne auch anlässlich

---

51 Siehe nur die Diskussion bei *Humbert*, Remariage, 1972, S. 298 ff.; *Jolowicz*, The wicked guardian, 1947, S. 89; *Biondi*, Il diritto romano cristiano III, 1954, S. 147.(ohne Begründung Anm. 2).

52 Cod. Iust. 5.49.1 (223 n. Chr.): „*Educatio pupillorum tuorum nulli magis quam matri eorum, si non vitricum eis induxerit* [...]."

53 Nov. Iust. 22,38 (536 n. Chr.).

von Witwen für eine Koppelung des Sorgerechts an ein Single-Versprechen verantwortlich. Sollte tatsächlich Justinian der Initiator dieser Systematik gewesen sein, so ist es verständlich, dass er den Gesetzeswortlaut des Alexander Severus, den er ja bestätigte, zuerst in seinem Sinne umformulieren ließ und dergestalt umformuliert in seinen Codex aufnahm. Das hieße im Ergebnis, die Bedingung des Singledaseins für die Inanspruchnahme des Sorgerechts wäre nicht kaiserzeitlich, sondern spätantik. Seit Alexander Severus wären somit Witwen, auch wiederverheiratete, bei der Vergabe der Sorgerechtskompetenz vor anderen Verwandten des verstorbenen Ehemannes bevorzugt worden.

Jens-Uwe Krause hingegen möchte, im Gegensatz zu z.B. Jolowicz, Humbert oder Biondi[54] den Wortlaut des Alexander Severus als authentisch verstanden wissen, interpretiert aber den Einschub *„si non vitricum eis induxerit"* – *„es sei denn sie setzt den Kindern einen Stiefvater vor"* nicht als generell ausschließendes Kriterium. Vielmehr geht er unter Einbeziehung der darauffolgenden Textpassage davon aus, der Tatbestand der Wiederverheiratung habe nur unter ganz besonderen Umständen zur Sorgerechtsverweigerung geführt.

Alexander Severus thematisiert die Erziehungskompetenz einer Mutter vor dem Hintergrund eines potentiellen Sorgerechtsstreits, der zwischen der Witwe und den Verwandten des verstorbenen Ehemannes entstehen könne. In diesem Zusammenhang möchte der Gesetzgeber festgehalten wissen, generell sei zwar die Mutter die Erziehungsberechtigte, gäbe es aber Einwände anderer Verwandter, so solle der Provinzstatthalter vor Ort die Familienverhältnisse prüfen und eine Entscheidung treffen.[55]

Vor diesem Hintergrund wäre die zweite Ehe kein genereller sorgerechtsausschließender Aspekt, sondern lediglich eine Komponente, die in singulären Rechtsstreitereien als Argument mit in die Waagschale geworfen wurde.[56] In der Tat könnte diese Art der Interpretation gelten, ohne dass die vielen spätantiken Zeugnisse von Haushaltsstrukturen, in denen Witwen mit Kindern und zweiten Ehemännern unter einem Dach lebten, als rechtswidrig einzustufen sein müssten. In all diesen Fällen stellte also der Tatbestand der Wiederverheiratung der Witwe nur deshalb keine sorgerechtsverhindernde Hürde dar, da keine anderweitigen Verwandten Einspruch erhoben hatten.

Skeptisch macht allerdings, dass auch bei dieser Interpretation der Einschub *„si non vitricum eis induxerit"* nach wie vor wie ein Fremdkörper an-

---

54 *Humbert*, Remariage, 1972, S. 298 ff.; *Jolowicz*, The wicked guardian, 1947, S. 89; *Biondi*, Il diritto romano cristiano III, 1954, S. 147.

55 *„Quando autem inter eam et cognatos et tutorem super hoc orta fuerit dubitatio, aditus praeses provinciae inspecta personarum et qualitate et coniunctione perpendet, ubi puer educari debeat."*

56 Vgl. *Krause*, Stellung von Waisen, 1995, S. 13.

mutet. Im Gesamten lautet das Gesetz: „*Educatio pupillorum tutorum nulli magis quam matri eorum, si non vitricum eis induxerit, committenda est. Quando autem inter eam et cognatos et tutorem super hoc orta fuerit dubitatio, aditus praeses provinciae inspecta personarum et qualitate et coniunctione perpendet, ubi puer educari debeat.*"

Sollte der Einschub tatsächlich authentisch sein, dann stellt sich die Frage, warum im weiteren Textverlauf nicht erneut auf den Tatbestand der zweiten Ehe der Witwe eingegangen wird, als es darum geht, jene Kriterien zu nennen, die ein Provinzstatthalter bei seiner Entscheidungsfindung zu überprüfen habe.

Im Gegensatz zu Krause schließt Jolowicz[57] nicht aus, bei „*si non vitricum eis induxerit*" handele es sich um das Resultat einer Interpolation. Thesenstützend führt er ein weiteres nachseverinisches Gesetz an, das vom – barrierefreien – Zusammenleben einer Mutter mit ihrem erstehelichen Kind, dem zweiten Ehemann und einem zweitehelichen Kind zeugt. In besagtem Paragraphen ist sogar der Stiefvater als Tutor seines Stiefsohnes greifbar.[58] Warum allerdings die Möglichkeit dieses ökonomisch-bedrohlichen Familienszenarios – ein Stiefvater verwaltet das Vermögen seines Stiefsohnes – im Rahmen spätantiker Kodifikation bzw. Novellenschaffung nicht getilgt wurde, weiß Jolowicz nicht zu beantworten.

In ähnlicher Weise wie Jolowicz argumentiert auch Humbert, wenn er auf ein Gesetz Gordians aus dem Jahre 239 n. Chr. verweist, in welchem einem Stiefvater untersagt würde, Gelder rückzufordern, die er einst aus väterlicher Fürsorge für seine Stieftochter aufgewandt habe.[59] Auch hier ist also nach wie vor die Gleichzeitigkeit von Wiederverheiratung und Sorgerecht einer Mutter greifbar.[60] Humbert argumentiert zudem, 223 n. Chr. – im Jahr des angeblichen Erlasses der Wiederverheiratungsklausel – habe die Politik und Gesetzgebung des Kinderkaisers Alexander Severus noch im Einflussbereich dessen Mutter, der wiederverheirateten Witwe Julia Mammaea gestanden, „*mais on peut hésiter à attribuer à und veuve remariée un texte dirigé contre les incidences du remariage des veuves.*"[61]

Wie dem auch sei. Auch wenn die Frage nach Genuinität oder Interpolation der Wiederverheiratungsklausel von 223 n. Chr. nicht restlos geklärt werden kann, so darf mit Krause zumindest wohl ausgeschlossen werden, sie als generelle und allgemeingültige Regelung verstehen zu müssen. Sollte sie genuin kaiserzeitlich sein, wird sie nur unter den Umständen verwandtschaftlicher Streitereien zum Tragen gekommen sein.

---

57 Vgl. *Jolowicz*, The wicked guardian, 1947, S. 89.
58 Cod. Iust. 5.58.3 (294 n. Chr.).
59 Cod. Iust 2.18.5 (239 n. Chr.).
60 Vgl. *Humbert*, Remariage, 1972, S. 299.
61 Ebd., S. 299.

Auch weitere Versuche der Forschung, die Ausschließlichkeit von Sorgerecht und Wiederverheiratung einer verwitweten Mutter bereits vor Justinian zu belegen, müssen skeptisch beurteilt werden. Wenn Konstantin 326 n. Chr. die Vermögensrechte eines Mündels gegenüber Tutoren und der eigenen Mutter stärkt bzw. die Kompetenzen der erneut heiratenden Mutter einschränkt,[62] so sind davon lediglich finanzverwalterische Tätigkeiten betroffen und nicht etwa, wie Humbert[63] meint, das mütterliche Sorgerecht an sich. Dieses blieb vom Gesetz Konstantins unbeachtet.[64]

Für die eingangs gestellte Frage nach dem Sorgerecht im Falle einer Wiederverheiratung nach Verwitwung bleibt festzustellen: Noch bis zur Zeit Justinians schloss es sich nicht aus, dass eine Witwe ihre Kinder mit in die neue Ehe mit einem zweiten Ehemann nahm. Lediglich Bedenken und geäußerte Ansprüche der Verwandten des Verstorbenen konnten dazu führen, dass die Wiederverheiratete das Sorgerecht einbüßte.

c) Bewertung spätantiker Scheidungs- und Wiederverheiratungsgesetzgebung

Die nachweisliche Inkonstanz der Scheidungs- und Wiederverheiratungsgesetzgebung zwischen Konstantin und Justinian macht es schwer, von einer spätantiken Tendenz oder gar Intention zu sprechen, der die jeweiligen Gesetzgeber gefolgt wären. Es zeigen sich durchaus Ansätze und das Bemühen, Scheidungen zu erschweren oder vor Wiederverheiratungen abzuschrecken, indem erneute Hochzeiten mit Sanktionen bis hin zum Sorgerechtsentzug geahndet werden. Doch ist fraglich, inwieweit man diesen Innovationen den Charakter eines spätantiken oder gar christlichen Masterplans unterstellen sollte.

Der Versuch, leichtfertige und schnelle Ehetrennungen zu verhindern und die Erstfamilie zu konservieren, ist viel zu zaghaft, als dass davon auszugehen sein dürfte, er sei Ausdruck christlicher Ehevorstellungen.[65] Auf die als ge-

62 Cod. Iust. 5.37.22.5 (326 n. Chr.).

63 Vgl. *Humbert*, Remariage, 1972, S. 407 ff..

64 Die Konsequenzen einer Wiederverheiratung bezüglich erb-, vermögens- und verwaltungsrechtlicher Kompetenzen werden in einem gesonderten Kapitel dieser Arbeit behandelt.

65 Siehe zu dieser Thematik auch *Bagnall*, Church, 1978, S. 41–61; Nach *Bagnall* seien die Vorläufer spätantiker Gesetze bereits augusteisch und hätten nichts mit kirchlichem Einfluss zu tun. Bagnall erwähnt zudem zu Recht diverse Unterschiede zwischen kirchlicher Lehre und staatlichen Gesetzen. Insbesondere gehe der Staat in seinem Regularium bei weitem nicht weit genug. Darüber hinaus müsse bedacht werden, dass es lange Zeit und bis in die Spätantike hinein kein einheitliches kirchliches Scheidungsrecht / Scheidungslehre gegeben habe. Kirchenväter sowie Ost- und Westkirche hatten ihre eigenen Interpretationen, auf Grund dessen die Kirche nur bedingt Einfluss hätte ausüben können.

ring zu veranschlagende, ändernde Wirkung der Gesetze wurde bereits an anderer Stelle hingewiesen.

Dass diese Maßnahmen im Ergebnis mit Sicherheit nicht den Stempel „unchristlich" verdienen, sondern durchaus von christlichen Vertretern als gern gesehene Ansätze verstanden wurden, muss nicht weiter erwähnt werden. Das im Rahmen dieser Arbeit dargestellte christliche Ehe-Ideal, welches lebenslange Verbundenheit predigt und von Ehegemeinschaften spricht, die nicht getrennt werden dürften bzw. gar nicht trennbar seien, liest sich beinahe wie ein seelsorgerischer Entwurf zu den nun vorgestellten staatlichen Gesetzen. Durch Scheidung, teils auch durch Tod, hieß es dort, werde das Band der ersten Ehe nicht gelöst, weshalb eine erneute Heirat Sünde sei. Wenn überhaupt, dann sei nur Ehebruch ein Scheidungsgrund, solle dann aber niemals die Gelegenheit bieten, erneut zu heiraten.

Auch das christliche Gebot zur Versöhnung findet sich im Ergebnis als juristisch manifestiertes staatliches Gesetz wieder. Mit einer Scheidungssendung war noch nicht aller Tage Abend, Ehepartner konnten straffrei zueinander zurückkehren.

Man bleibe nach der Scheidung unverheiratet, gebietet die christliche Lehre, man müsse lebenslang in ein Kloster, ordnet der Staat zuletzt an.

Die Parallelen zwischen staatlichen Maßnahmen und christlichen Anliegen müssen nicht verdeutlicht werden. Zudem stoßen Teile der zur Scheidung berechtigenden Vergehen auch in der christlichen Lehre auf Ablehnung. Neben Ehebruch sind dies zum Beispiel Theater-, Zirkus oder Arenenbesuche. Alles Dinge, die idealistischen Christen ein Dorn im Auge waren, natürlich über den Scheidungszusammenhang hinaus.[66]

Doch dass diese teilweise Deckungsgleichheit als Hinweis auf christliche Intentionen der Gesetzgeber verstanden werden muss, ist doch mehr als fraglich. Antti Arjava postuliert, Konstantin hätte niemals eine derartige Familiengesetzgebung nur aus Liebe zum Christentum initiiert, wenn er damit nicht ohnehin gesellschaftlichen Trends nachgekommen wäre.[67] So stellt sich die Frage, welche anderen Kräfte neben dem Christentum dafür verantwortlich gemacht werden könnten, dass es zum Bemühen um eine konservatorische Familiengesetzgebung gekommen war. Denn dass diese gesellschaftlichen Trends, von denen Arjava spricht, ihrerseits einem christlichen Einfluss zu verdanken gewesen seien, muss doch mit den Befunden dieser Arbeit widerlegt werden. Arjava meint zwar, *„as Romans were being Christianized, Christians and their habits were becoming irrevocably Romanized at the same time."*[68] doch führt man sich nur vor Augen, wie sehr Augustinus über die Scheidungs- und Wiederverheiratungsgewohnheiten der heidni-

66 Vgl. *Nathan*, Family, 2000, S. 111.

67 Vgl. *Arjava*, Divorce, 1988, S. 16.

68 *Arjava*, Divorce, 1988, S. 17.

schen und christlichen Bevölkerung seiner Gemeinde klagte, wie wirkungslos Sidonius das christliche Charisma und deren Kanones selbst in innerkirchlichen Kreisen einschätzte, so kann von einer Christianisierung des Eheverhaltens bei weitem nicht gesprochen werden. Insofern ist es also verfehlt, die spätantike Ehegesetzgebung als Reaktion auf christliche Gesellschaftstrends zu verstehen.

Vielmehr ist es möglich davon auszugehen, es sei das Heiratsverhalten der lower-class gewesen, sei sie nun christlich oder heidnisch, welche peu à peu Einzug in die Gesetzgebung gefunden habe. Die soziale Struktur der Gesellschaft änderte sich im Verlauf der Spätantike deutlich. Neureiche und soziale Aufsteiger durchdrangen mehr und mehr Oberschicht und „Regierungskreise". Sie transportierten eine ihrer ehemaligen Schicht entsprechende Mentalität sowie eigene soziale Verhaltensmuster. Zu diesen gehörten – wie die Forschung darlegt und bereits im Rahmen dieser Arbeit angesprochen wurde – schon allein aus finanziellen Gründen eine weniger laxe Scheidungspraxis sowie eine dementsprechend „moralischer" ausgerichtete Einstellung zu diesem Thema.[69]

Von direkter Einflussnahme des Christentums in Form einzelner, einflussreicher Christen auf die staatliche Rechtsentwicklung lässt sich allein aus mangelnden Kenntnissen über die „Hintermänner" der jeweiligen einzelnen Gesetze nicht sicher sprechen. Ablabius war ein solcher Beamter, der für christliche Elemente in Konstantins Gesetzgebung Pate gestanden haben könnte. Als Prätorianerpräfekt und Konsul des Jahres 331 n.Chr. war er zumindest wohl dafür verantwortlich, dass Scheidungsgesetze abgefasst wurden. Doch inwiefern er auch dem Inhalt seinen Stempel aufgedrückt haben könnte, bleibt fraglich.[70]

Eine sprachliche Analyse der Gesetze Konstantins, nach welcher Wendungen für einen Ehebrecher wie z.B. *mulierculario* – „Schwerenöter" – als „unweltlicher" und neuartig christlicher Sprachgebrauch interpretiert werden können, lässt zumindest für die konstantinische Gesetzgebung eine christliche Handschrift vermuten.[71]

Auch über mögliche private Gründe, die Kaiser zu einem Gesetz veranlasst haben könnten und dabei gesellschaftliche Phänomene wie das Christentum völlig ausblendeten, sind wir zu wenig informiert, als dass dieser Aspekt bei

---

69 Vgl. *Nathan*, Family, 2000, S.113; *Arjava*, Divorce, 1988, S.18; zur Christianisierung der Oberschicht siehe ausführlicher *Salzman*, How the West was Won, 1992, S.451–479.

70 Vgl. *Grubbs*, Law and Family,1995, S.258ff..

71 Ebd., S.128f.; sowie ausführlicher: *Volterra*, Intorno ad alcune costituzioni di Costantino, 1958, S.75ff.; Eine ausführliche, aber sehr subjektive Beschäftigung mit der Frage nach christlichem Einfluss auf Konstantins Gesetze leistet Joseph *Vogt*, Zur Frage des christlichen Einflusses, 1945, S.118–148.

der Frage nach „Beeinflussung“ völlig verneint werden könnte. Das oben dargestellte Scheidungsgesetz des Constantius III., welches nach einem julianischen, milden Gesetzesintermezzo jene scharfen Richtlinien Konstantins in erweiterter Form reformierte, kann durchaus erlassen worden sein, um dessen eigene Ehe und dynastische Vorteile zu sichern – eine demnach ganz unchristliche Motivation. Kaiser Constantius III. verdankte seine Position seiner Ehefrau Galla Placidia, welche die Tochter des Kaisers Theodosius I. war. Die Ehe zwischen den beiden schien nicht vorteilhaft zu verlaufen. Aus den Fragmenten des Historikers Olympiodorus geht hervor, dass Placidia spätestens seit dem Erscheinen eines gewissen Magiers Libanius, dem Constantius wohl allzu sehr vertraute, Probleme mit ihrem Ehemann hatte.[72] Dies muss im unmittelbaren zeitlichen Umfeld des verabschiedeten Scheidungsgesetzes des Constantius gewesen sein (421 n. Chr.). Hegte Galla Placidia den Wunsch, sich scheiden zu lassen, und kam ihr der Ehemann mit seinem scharfen Scheidungsgesetz zuvor? Geoffry Nathan schließt nicht aus, dass dies der eigentliche Grund für die Reinovation des konstantinischen Gesetzes war.[73]

Die These, christliche Intentionen als handlungsbestimmende Größe in der spätantiken Gesetzesgenese zu vermuten, konkurriert somit nachweislich mit plausiblen Forschungsmeinungen zur *lower class*, allgemeingesellschaftlichen spätantiken Heiratstrends oder persönlichen Momentaufnahmen kaiserlicher Gesetzgebung.

Doch einzelne Komponenten der Gesetzgebung, besonders am „Ende“ der oströmischen Spätantike, zeigen, dass dem Christentum eine maßgebliche Rolle im Wandlungsprozess zugeschrieben werden darf und muss. Neben dem Kloster als neuem Lebensort rechtswidrig Geschiedener, wie es Justinian bestimmt, weist auf christliche Beeinflussung z. B. auch die Tatsache hin, dass sich derjenige straffrei scheiden lassen konnte, der sein Leben Gott verschrieb und Mönch werden wollte.[74] Die Gesetzgebung ist hier deutlich christlich-akzentuiert.

Natürlich muss darauf hingewiesen werden, dass sich im Laufe der spätantiken Jahrhunderte schärfere Richtlinien für Wiederverheiratungen auch bezüglich vieler spezieller Lebensumstände entwickelten, die gänzlich außer-

---

72 Olympiod., Frag. 34; 38; 39.

73 Vgl. *Nathan*, Family, 2000, S. 110.

74 Vgl. Cod. Iust. 1.3.52.15: Wer sich einem andersartigen Leben verschreibt, gilt rechtlich, was Ehe- und Scheidungsfragen anbelangt, als verstorben. (Nov. Iust. 22.5 (536 n. Chr.)) Die Gesetzgebung belegt den Entschluss zum monastischen Leben nicht mit unterschiedlichen Sanktionen, egal ob sich Ehemann oder Ehefrau dazu entschlossen hatten. Die Rückerstattung von Mitgift (der Frau) bzw. Ehe-Schenkung (des Mannes) werden gleichberechtigt geregelt. (Nov. Iust. 123.40 (546 n. Chr.)).

halb eines christlichen Kontextes lagen. So wurde die Wartezeit einer Frau, deren Mann kriegsbedingt verschollen war[75] oder dessen Schicksal ungewiss in Kriegsgefangenschaft geendet hatte,[76] erhöht. Auch musste die Strohwitwe vor der erneuten Heirat mehr und mehr Versuche unternehmen, Genaueres über den Verbleib des Mannes zu erfahren, bevor ihr gestattet wurde, erneut zu heiraten.

Die rechtliche Tendenz zum Schutze der Ehe, zur Aufrechterhaltung der ehelichen Verbundenheit und zur Erschwerung einer erneuten Heirat wird somit nachweislich im Laufe der Spätantike zu einem umfassenden Phänomen, das vielerlei Lebensbereiche betrifft.

Eine Detailbetrachtung und Analyse einzelner Gesetze auf Sprache und Argumentationsstruktur hin führt zwangsläufig zu der Einschätzung, es habe – wie Max Kaser es formuliert – im Laufe der Spätantike eine „Ethisierung des Rechts“[77] stattgefunden. *„Die nachklassische Anschauung* [unterwerfe] *das Recht in all seinen Beziehungen einer ständigen Nachprüfung nach sittli-*

---

75 Unter Konstantin wird bestimmt, dass die Wartezeit einer zurückgebliebenen Frau, deren Mann kriegsbedingt verschollen ist, vier Jahre betragen muss. Um dem Vorwurf einer heimlich geschlossenen Ehe vorzubeugen, sollte sie außerdem zunächst versuchen, Auskünfte über das mögliche Schicksal ihres Mannes bei dessen militärischen Befehlshabern einzuholen. Bevor es zur erneuten Hochzeit kommen konnte, war der Heiratswille von der Frau selbst öffentlich zu machen. Nur nach all jenen Prozessen war eine sanktionsfreie Heirat möglich. (Cod. Iust. 5.17.7 (337 n.Chr.));
Zwei Jahrhunderte später wird die von Konstantin festgesetzte Wartezeit auf zehn Jahre erhöht. Während dieser Zeit sollte die Frau weiterhin Briefe an ihren Ehemann schreiben, um sicher zu gehen, dass er wirklich tot ist – bei keinem Lebenszeichen – oder der bestehenden Ehe abschwört. Dann durfte sie eine Scheidungsnotiz an den Verantwortlichen der jeweiligen Armee senden und bei staatlichen Ämtern um die rechtliche Erlaubnis zur erneuten Heirat bitten. (Nov. Iust. 22.14 (536 n.Chr.));
In Nov. 117.11 (542 n.Chr.) wird eine erneute Heirat generell als nicht tragbar erachtet. Sie konnte nur unter sehr schwierigen Bedingungen erfolgen. Unsichere Kenntnisse über den Verbleib des Ehemannes reichten nicht mehr aus. Die jeweiligen Armeevorgesetzten des Mannes mussten nicht nur ein offizielles Dokument über den Tod des Mannes ausgestellt, sondern diesen auch durch einen Schwur bei den heiligen Evangelien – *sanctis evangeliis propositis* – bezeugt haben. Die nunmehr als Witwe anerkannte hatte dann noch ein Jahr zu warten, bevor sie erneut – sanktionsfrei – heiraten durfte.

76 Kriegsgefangenschaft, egal ob des Mannes oder der Frau, berechtigte nur insofern zur erneuten, sanktionsfreien Heirat des in Freiheit Lebenden, wenn durch eine fünf Jahre andauernde Frist ohne Nachricht das Schicksal des Gefangenen ungewiss geworden war. Solange klar war, dass der Gefangene noch lebt, musste der erneuten Heirat eine formgerechte Scheidung vorausgegangen sein. (Dig. 24.2.6 (bereits verfasst vom Juristen Julianus));
536 n.Chr. wird das Gesetz identisch von Justinian übernommen: Unsicherheit über das Schicksal des Gefangenen oder dessen Tod berechtigen zur erneuten Heirat. (Nov. Iust. 22.7).

77 Vgl. *Kaser*, Privatrecht II, 1975, S.60.

chen Maßstäben.“[78] *„Sie zieht ethische Beweggründe auch dort heran, wo die klassische mit rechtlichen auskam.*“[79]

Kasers Einschätzung trifft den Nagel auf den Kopf, betrachtet man etwa ein Gesetz des Justin II., welches das ehemals von Justinian erlassene Verbot konsensbegründeter Scheidungen wieder abschafft. So beleuchtet und bewertet es in seiner Begründung, konsensbedingte Scheidungen wieder zu erlauben, ausführlich innerfamiliäre Vorgänge. Dies tut es mit einer bemühten Durchdringung menschlichen Zusammenlebens, mit dem Versuch, menschliches Handeln und Reagieren in der familiären Gemeinschaft zu verstehen, wie es für die noch bürokratisch gehaltenen Rechtstexte der Kaiserzeit nicht zu erwarten gewesen wäre.

Der Verfasser des Gesetzes nimmt zur Kenntnis, es könne – auch wenn dies wünschenswert wäre – nicht überall glückliche Ehen geben.[80] Für den Fall, dass Aversion und Zwietracht zwischen den Ehepartnern so groß seien, dass der Hass zwischen Ehemann und Ehefrau nicht mehr befriedet werden könne, solle ein Ausweg gefunden werden.[81] Eine Scheidung sei dann gestattet. Weiter unten im Gesetz ist die Einschränkung artikuliert, dies solle nur dann geschehen, wenn jene Aversionen ein solches Ausmaß angenommen hätten, dass sogar Kinder ihre Eltern nicht wieder zusammenführen könnten.[82]

Inwieweit diese „Ethisierung des Rechts“, wie sie hier in einer gezielten, analytischen Auseinandersetzung mit innerfamiliären, menschlichen Prozessen zum Ausdruck kommt, einer Christianisierung des rechtlichen und gesellschaftlichen Vorstellungs- und Denkvermögens geschuldet ist, kann nicht in Form einer Gradzahl beantwortet werden. Doch darf nicht verhehlt werden, dass dieser Wechsel in der Argumentationsstruktur des Regulierungstonus wie ein Pendant zu jenen Befunden anmutet, die schon die Analyse der christlichen Patchworkbeschreibungen zu Tage förderte. Die Kapitel *„Stiefverwandtschaft als Pleonasmus des Negativen“* und *„Defizitäre Lebensumstände spätantiker Patchworkfamilien aus christlicher Sicht“* beschreiben neue Formen christlicher Betrachtung und Beurteilung, die – im Gegensatz zu den axiomatisch-negativen Quellenzeugnissen der Kaiserzeit – *Familie* als ein erklärbares Gebilde aus Verhalten und Reaktion verstehen. Das Bild vom menschlichen Handeln als herleitbare und plausibilisierbare Größe, die von

78 Ebd., S. 61.

79 Ebd., S. 61.

80 Nov. Iust. 140: *„Sed quoniam difficile est in omnibus hominibus hoc servari* [...].“

81 Nov. Iust. 140: „[...] *oportere* [igitur] *putavimus his reperire quandam medellam, magis vero illic ubi pusillanimitas in tantum erigitur, ita ut inplacabilis horror fiat coniugibus una manentibus.*“

82 Nov. Iust. 140: „[...] *ita ut nec filios eis factos valere ad unam similemque tales voluntatem inmiscere.*“

umgebenden Bedingungen geprägt und determiniert wird, ist das Ergebnis einer Sichtweise, die somit christlich-moralischen wie rechtlichen Quellen gleichermaßen zugrunde liegt. So darf mit Sicherheit ein Stück weit die fortschreitende Christianisierung der Gesellschaft als indirekt verantwortlich zeichnend für eine Ethisierung des Rechts angenommen werden. Eine Einschätzung, wie sie auch für das Verwaltungs- und Erbrecht bezüglich ehedefinierter Vermögensmasse gelten könnte, wie noch zu zeigen sein wird.

Mögen auch die gesetzlichen Regelungen zu Scheidung und Wiederverheiratung bei weitem nicht christlichen Maßstäben entsprechen, so folgen doch Herleitung und Begründung einzelner weltlicher Gesetzesvorschriften deutlich einer christlich-ethischen Beurteilungsweise des Phänomens Familie. Nicht unerwähnt bleiben darf bei dieser Suche nach Ursprüngen christlicher Reflexe im Familienrecht mit Sicherheit auch die Vorstellung einer subtilen, persönlichen Prägung römischer Kaiser durch christliche Berater oder Beeinflusser. Warum sollten die Ansichten eines Laktanz über die Phänomene der disharmonischen Zwietracht in Patchworkfamilien, wie sie im Rahmen dieser Arbeit dargestellt wurden, von seinem Schüler Crispus[83] oder Konstantin selbst, an dessen Trierer Kaiserhof Laktanz weilte,[84] nicht rezipiert worden sein? Warum sollten christlich-sittliche Analysen des Gebildes *Familie*, wie sie von Ambrosius getätigt wurden, nicht bei Gratian[85] oder Theodosius I.[86] Eindruck hinterlassen haben, wo er doch zu deren engem Umfeld gehörte?

2. Vererben und Verwalten in spätantiken Patchworkfamilien

Sittlichkeit als Maßstab der Beurteilung und Regulierung spätantiker Familiengesetzgebung hieße, insofern sie tatsächlich als ethischer Grundsatz spätantiker Gesetzgebung zu verstehen ist, die Konfliktträchtigkeit einer Patchworkfamilie zu vermindern, indem betroffenen Familienmitgliedern Schutz vor den widrigen Lebensumständen einer Zweitfamilie gewährt würde.

Die Betrachtung des klassischen Familienrechts hatte gezeigt, dass eben genau jene Schutzmechanismen fehlten oder zu wenig ausgeprägt waren. Kinder mussten die Enterbung durch den eigenen, leiblichen Elternteil fürchten oder missbräuchliches Gebaren durch den Stiefelternteil. Vermögenswerte, auf die Kinder ein sittliches Anrecht hätten haben müssen – die Mitgift der Mutter oder das Erbe des Vaters – waren weitgehend der Willkür

83 Vgl. *Digeser*, The making of a Christian empire, 2000, S. 135.

84 Ebd., S. 13.

85 Vgl. *McLynn*, Ambrose of Milan, 1994, S. 79 ff..

86 Ebd., S. 291 ff..

des wiederheiratenden Elternparts ausgesetzt. Niemand garantierte, dass ersteheliche Kinder ersteheliche Besitzungen eines Elternteils nicht zu Gunsten nachgeborener Halbgeschwister einbüßten. Die breit diskutierten Aspekte des Kapitels *„Die klassisch-rechtliche Situation der Patchworkfamilie als Ausgangspunkt spätantiker Korrekturen"* müssen hier nicht wiederholt werden.

Zu klären bleibt in diesem Kapitel, inwieweit spätantike Vererbungs- und Verwaltungsmechanismen diesem Mangel nachkamen und Elternteile in Form von Gesetzen an ihre sittliche Pflicht gegenüber erstehelichen Kindern erinnerten. Als Vermögenskomponenten, die in diesem Zusammenhang besonders im Fokus stehen müssen, dürfen somit neben der bereits erwähnten Mitgift (*dos*) und der Eheschenkung (*donatio propter / ante nuptias*) auch weitere Güter und Besitzungen wie die *bona paterna* und *bona materna* nicht außen vor bleiben.

Das spätantike Recht differenzierte nicht nur penibel zwischen diesen Besitztümern, sondern unterschied darüber hinaus auch zwischen verschiedenen Formen der Besitzausübung. Neben der plausiblen Trennung nach Eigentum einerseits oder einer bloßen Besitzverwaltung andererseits gliederte sich die Besitzverwaltung weiter in jene mit und jene ohne Nutznießung durch den Verwalter.

Dieser reichhaltige Fundus an verschiedenen Besitz-, Eigentums- und Verwaltungsmodellen hat den Vorteil, flexibel auf die jeweiligen Gegebenheiten individueller Familiensituationen und -konstellationen reagieren zu können. So stehen Gewährung und Verweigerung einzelner Eigentums- und Besitzrechte in Korrelation zu Scheidungsschuld, Verwitwung und Wiederverheiratung.

Neben der blanken Darstellung der Regulierungssystematik soll im Rahmen dieses Kapitels insbesondere darauf eingegangen werden, welche Veränderungen im emotionalen Miteinander der spätantiken Patchworkfamilie aufgrund der jeweiligen Bestimmungen zu erwarten gewesen sein werden. Denn nicht zuletzt muss das alltägliche Zusammenleben zwischen Halb- und Stiefverwandten auch zu einem großen Teil von der Qualität der sensitiven Integration abgehangen haben, die nicht zuletzt von potentiellen Größen wie Neid und Konkurrenzdenken determiniert sein kann.

a) Die Vererbung und Verwaltung von *bona materna* und *bona paterna*

Johannes Chrysostomos prophezeit bisweilen, Halbwaisen müssten mitansehen, wie alle ehemaligen Vermögenswerte ihres Vaters in die Hand und den Verwaltungsbereich des Stiefvaters wanderten, sobald die verwitwete Mutter erneut geheiratet habe. Hieronymus weiß um das – seiner Auffassung nach – immer noch herrschende Klischee der bösen Stiefmutter, zu deren Charakterzügen es gehöre, Stiefkinder (finanziell) zu benachteiligen. Caesarius von Arles warnt vor einer zweiten Ehefrau, die das Vermögen der ersten an sich reiße.[87]

In der Tat lassen sich die Bedenken des Chrysostomos zumindest mit der bereits thematisierten spätantiken Aufwertung verwitweter Mütter bezüglich tutorischer und vermögensverwalterischer Kompetenzen erklären. Eine Mutter, die die Verwaltung des Mündelvermögens übernahm, bot ihrem zweiten Ehemann eine größere Angriffsfläche für dessen missbräuchliches Handeln als es noch vor dem Hintergrund der Bestellung eines familienexternen Tutors nach klassischem Recht möglich war. Auf Details wird hier noch zurückzukommen sein.

Was allerdings die Aussagen des Hieronymus oder Caesarius betrifft, so muss doch stark von einem Anachronismus deren Bedenken ausgegangen werden, der allein dem Ansinnen geschuldet war, dem Schreckensbild *Wiederverheiratung* größeres Gewicht zu verleihen.

Denn konnten zwar fürwahr Väter noch nach klassischem Recht mit ihrem eigenen Vermögen sowie mit jenem, das nicht emanzipierte Kinder von ihrer Mutter geerbt hatten, abgesehen von Pflichtanteilen, willkürlich verfahren und öffneten schmeichlerischen Ambitionen ihrer zweiten Ehefrau somit Tür und Tor,[88] so setzte doch bereits mit Konstantin eine ausführliche Familiengesetzgebung und umfassende Beschäftigung mit Vermögensfragen ein, welche die (finanzielle) Verbundenheit zwischen Vater oder Mutter auf der einen Seite und deren leiblichen Kindern andererseits stärkte.

319 n. Chr. bestimmt ein konstaninisches Gesetz Prozedere und Bedingungen des väterlichen/ehemannschen Erbantritts, wenn dieser die Güter der Frau/Mutter im Namen seiner Kinder erhalte.[89] Um komplizierten und wohl auch missbrauchbaren Vorgängen entgegenzuwirken,[90] wurde detailliert geregelt, dass ein Vater lediglich ein Nießbrauchrecht am Vermögen seiner Ehefrau innehatte, sollte diese verstorben sein, während die gemeinsamen Kinder noch in der väterlichen Gewalt standen. Dieses Nießbrauchrecht war, wie Bretone[91] richtig interpretiert, zeitlich begrenzt

87 Siehe das Kapitel V.2: *Defizitäre Lebensumstände spätantiker Patchworkfamilien aus christlicher Sicht.*

88 Insofern eine Mutter keine *condicio emancipationis* verfügt hatte, konnte das von ihr an die Kinder vererbte Vermögen vom Vater einbehalten und an Stiefmutter und Stiefkinder weitergegeben werden.

89 Cod. Theod. 8.18.1 (319 n. Chr.); siehe hierzu auch *Fögen*, Muttergut, 1992, S. 18 f..

90 Siehe die Einschätzung bei Max *Kaser* zur *cretio*: *Kaser*, Privatrecht II, S. 525, hier: Anm. 16 u. 17.

91 Vgl. *Bretone*, La nozione romana di usufrutto II, 1967, S. 83 ff.; *Bretone* bezeichnet die Rechte des Vaters an besagtem Vermögen des Kindes als ausschließlich zeitlich begrenzten

bis zum Zeitpunkt, da die Kinder per Emanzipation durch den Vater eigenständig geschäftsfähig wurden.

Unter den Kaisern Gratian, Valentinian II. und Theodosius I. wurden Bestimmungen bezüglich des mütterlichen Erbes auch auf diejenigen Erbanteile ausgeweitet, die ein Kind von Groß- oder gar Urgroßeltern aus der mütterlichen Linie vererbt bekommen hatte. Vermögenskomponenten allerdings, die von familienexternen Personen an die Kinder vermacht wurden, fielen in den uneingeschränkten Eigentumsbereich des Vaters.[92]

Das umfangreiche Schutzpaket für mütterlichen Familienbesitz aus der Hauptlinie wurde später unter den Kaisern Honorius (Westen) und Arcadius (Osten) bestätigt.[93]

Eine genaue Betrachtung der nachhaltigen konstantinischen Erbrechtsreform verdeutlicht den umfangreichen und erschöpfenden Charakter dieser Schutzbestimmungen, die beinahe jede Vererbungssituation mit ihren entsprechenden Eventualitäten miteinbezogen und penibel regelten. Denn die neuen Gesetze sollten gelten, ganz gleich auf welche Weise Kinder von ihrer verstorbenen Mutter geerbt hatten. Sei es testamentarisch mit oder ohne *condicio emancipationis* oder auf intestarischem Wege. Das Gebrauchsrecht[94] des Vaters beinhaltete kein Veräußerungsrecht.[95] Die Verwaltung des Kindervermögens sollte der Gewalthaber mit größter Sorgfalt und stets im Interesse des Kindes gestalten,[96] damit nach erfolgter Emanzipation der Kinder das Vermögen möglichst ungeschmälert in den Besitz der nun Gewaltfreien überging.[97] Zur sicheren und sorgsamen Vermögensverwaltung des Vaters gehörte auch, dass er bei jeglicher Vermögensveräußerung sicherstellte, dass es sich auch tatsächlich um seine eigenen Besitzkomponenten handelte, er also nicht versehentlich Vermögenswerte der Kinder feilbot. Auch demjenigen, dem etwas durch den Gewalthaber/Vater übereignet wurde, riet das Gesetz an, zunächst Nachforschungen anzustellen, ob der Ge-

---

Nießbrauch. (S. 83 f.: „*Regime, che escludeva* […] *il definitivo acquista di quei beni da parte del* pater, *riservandone a lui il solo godimento temporaneo.*").

92 Cod. Theod. 8.18.6 (379 n. Chr.).

93 Cod. Iust. 6.60.2 (395. n. Chr.); Cod. Theod. 8.18.7 (395. n. Chr.).

94 Zu ersten Entwicklungsstufen des Ususfructus bereits in klassischer Zeit und seinen unterschiedlichen Erscheinungsformen/Bezeichnungen in weströmischen Rechtstexten siehe ausführlicher *Levy*, West Roman vulgar law, 1951, S. 34 ff..

95 Cod. Theod. 8.18.1.1.

96 Cod. Theod. 8.18.1.3.

97 Cod. Theod. 8.18.1.2: Geschah diese Emanzipation nicht durch den Tod des Vaters, sondern bereits auf seinen Entschluss hin schon zu dessen Lebzeiten, sollten die Kinder ihm ein Drittel des mütterlichen Vermögens als Dankesgeste für seine gewissenhafte Vermögensverwaltung überlassen. Dieses Drittel stand dann zu dessen freier Verfügung und unterstand nicht dem Veräußerungsverbot. Cod. Theod. 8.18.2 (319 n. Chr.) geht davon aus, dass ein liebender Vater selbstverständlich das erhaltene Drittel an seine Kinder zurückgebe.

walthaber/Vater auch wirklich zur Veräußerung berechtigt war. Denn sollten die rechtswidrig benachteiligten Kinder im Nachhinein vom Beschenkten ihr Vermögen zurückfordern, konnte er keine rechtlichen Schritte gegen sie einleiten, sondern musste das Erhaltene herausgeben.[98] Deutlich ist an diesen Bestimmungen das staatliche Bestreben einer weitestgehenden Absicherung von Kindern abzulesen.

Mag dies alles zwar die vermögensbezogene Bindung zwischen Mutter und Kind posthum aufrechterhalten haben – durch den Tod wird in erblicher Hinsicht die mütterliche Linie zwischen Vor- und Nachfahren nicht unterbrochen –, so führte es doch gleichzeitig zu einer fortschreitenden Ausgliederung der Vaterposition im finanzrechtlichen Familienverband. Denn schließlich gewährten obige Gesetze einem Vater „nur" dann Nutzungsrechte am Vermögen der verstorbenen Frau, wenn die gemeinsamen Kinder zum Zeitpunkt des Todes ihrer Mutter noch in der väterlichen Gewalt gestanden hatten. Waren sie aber bereits vorher emanzipiert worden, traten sie direkt das mütterliche Erbe an, ohne dass der Vater weitere Nutzungsrechte besaß.

Regularien des Erbrechts, verstanden als Indikator emotional-familiärer Bindungen, wiesen in diesem Fall auf ein nur schwach ausgeprägtes bzw. interpretiertes eheliches Band zwischen Ehemann und Ehefrau hin.

Die weitere Betrachtung eben dieses Aspekts über die Jahrhunderte der Spätantike hinweg zeugt dann – ganz gegenteilig – von einer aufgewerteten Beurteilung des Ehebandes, das über den Tod der Frau hinaus durch aufrechterhaltene Vermögensnutzungsrechte des Mannes manifestiert wurde. Selbst wenn die Kinder beim Tod der Mutter bereits emanzipiert waren, sollte bald (430 n. Chr.) der Vater trotzdem gewissen Nutzen am Erbe der Mutter/Ehefrau haben. Explizit wird die Höhe der väterlichen „Anteile" z. B. auch für den Fall geregelt, dass ein Teil der Kinder bereits emanzipiert, ein anderer jedoch noch unter *patria potestas* stand. Gleichermaßen wird zudem die Vererbung durch Großeltern der mütterlichen Linie dergestalt detailliert reguliert.[99]

Auch ohne all diese Gesetze hier im Detail darstellen zu müssen, zeigt dies eine angestrebte Balance zwischen dem Willen, Kindern mütterliches Vermögen zu garantieren und der Ansicht, einem Ehemann auch nach dem Tod der Frau Nutzungsrechte einräumen zu müssen. Schließlich waren die Besitzungen der Ehefrau über die Dauer der Ehe hinweg gemeinsam genutzt worden. Gerade die Sonderbestimmung für den Fall, dass die gemeinsamen Kinder bereits emanzipiert waren, zeigt, dass der Staat hier explizit auf die Verwitwung nach einer lang andauernden Ehe eingeht. Die vermögensrechtliche Aufwertung des Vaters führt jedoch in keinem Fall zum Nachteil für die gemeinsamen Kinder. Gegenstand der Bestimmungen war lediglich das

98 Cod. Iust. 6.60.1 (319 n. Chr.).

99 Cod. Theod. 8.18.1.3; Cod. Iust. 6.60.3.(426 n. Chr.); Cod. Theod. 8.18.9.

Nießbrauchrecht; niemals wurden die Rechte des Vaters auf das Kindervermögen an sich ausgeweitet.[100]

Interessant ist, dass die staatliche Gesetzgebung in ihrem Bemühen, die Interessen und sittlich berechtigten Ansprüche einzelner Familienmitglieder auszutarieren, dem Tatbestand der väterlichen Wiederverheiratung gesonderte Aufmerksamkeit schenkt, denn der rechtlich verankerte Schutz des Kindervermögens aus der mütterlichen Linie vor missbräuchlichem Gebrauch durch den Vater wurde, den besonderen Umständen in Stieffamilien entsprechend, noch erweitert. Für den Fall, dass der Vater erneut heiratete, reduzierten sich seine Besitzrechte am mütterlichen Vermögen auf die eines Tutors. Das Nießbrauchrecht erlosch damit. Die Begründung für diese Erweiterung, wie sie unter Konstantin ins Leben gerufen wurde, darf hier für sich sprechen:

„*Es ist berichtet worden, dass sich gewisse Väter, nachdem sie vom ersten Eheband getrennt waren, anschickten, die Kinder unter Missachtung blutsverwandtschaftlicher Barmherzigkeit zu ruinieren und, nachdem sie erneut geheiratet hatten, für sich selbst eine größere Kompetenz bezüglich der Angelegenheiten der Kinder beanspruchten.*“[101]

In nicht-juristischem Deutsch beschreibt obige Passage soviel, als dass Väter in zweiten Ehen eher entgegen der Interessen ihrer ersteheIichen Kinder handelten, als wenn sie unverheiratet blieben. In der Konsequenz dieser Erkenntnis schickte sich Konstantin an, alle väterlichen Kompetenzen, denen potentiell die Gefahr missbräuchlichen Handelns inneliegen könnte, im Moment der erneuten Heirat eines Vaters zu streichen. Das Nießbrauchrecht, das dem Vater die Möglichkeit gab, Vermögenswerte der ersten Ehefrau (missbräuchlich) mitzubenutzen, erlosch somit. Konstantin spricht davon, Väter hätten oftmals die Grenze der Nutznießung überschritten und das Kindervermögen uneingeschränkt als ihr Eigenes angesehen und verwendet. Der „Amtsstatus“ des Vaters wechselte von nun an von dem eines nutznießenden Vermögensverwalters in den eines bloßen Tutors.[102]

Das ist insbesondere auch deshalb bemerkenswert, da hierdurch nicht nur die Art der Vermögensverwaltung abgeändert wurde, sondern auch deren Dauer. Hätte ein Unverheirateter an der Vermögensnutzung seiner Kinder solange partizipieren können, bis er sie emanzipierte, so beschränkte sich die Tutorschaft auf die Zeit bis zum Erreichen der Geschäftsfähigkeit seines Mündels/Kindes.

---

100 Cod. Iust. 6.60.3 (426 n. Chr.); Cod. Theod. 8.18.9.

101 Cod. Theod. 8.18.3 (334 n. Chr.): „*Insinuatum est quosdam patres principalis coniugii copulatione destitutos in perniciem filiorum ultra misericordiam sanguinis properare et receptis deinceps aliis matrimoniis maiorem sibi in rebus filiorum vindicare personam.*“

102 Cod. Theod. 8.18.3.

Um die Tragweite dieser konstantinischen Wiederverheiratungsklausel in ihrer Gesamtheit zu erfassen, ist es unerlässlich, auch jene Reformen zu erwähnen, die Konstantin für das Tutorenamt auf den Weg brachte, galten diese doch von nun an auch für die Geschäftsbeziehung zwischen einem wiederverheirateten Vater und seinen Kindern. Die Bestimmungen für tutorische Verwaltungskompetenzen verschärften sich drastisch zu Gunsten des Mündels. Einem Tutor wurde die Veräußerung quasi jeglicher Vermögensanteile des Mündels verboten. Gold, Silber, Edelsteine, Kleidung, städtische Sklaven und Gebäude durften unter keinen Umständen verkauft werden. Für die Veräußerung ländlicher Sklaven und Gebäude sowie die Stellung einer Mitgift aus dem Mündelvermögen konnte gerichtlich eine Erlaubnis eingeholt werden. Der ungenehmigte Verkauf von Besitzungen wurde schlicht als nicht gültig betrachtet, ausgenommen es handelte sich um abgetragene oder schmutzige Kleidung sowie überflüssige Tiere.[103] Zum Mündelvermögen gehörende Bestände sollten gerichtlich per Inventur erfasst werden. Die Veräußerung mobiler Gegenstände fand ihre Berechtigung nur für den Fall, da der Unterhalt des Mündels durch die Erträge aus ländlichen Gütern nicht gesichert werden konnte bzw. gar keine Immobilien vererbt worden waren.[104] Dies führte somit zur detaillierten Beschneidung der Rechte des Tutors am Mündelvermögen, sodass ihm wenige Möglichkeiten blieben, zu Ungunsten seines Mündels zu handeln. Für Mündelwerte, die durch seine Schuld verlorengegangen waren, haftete der Tutor mit seinem eigenen Besitz.[105]

Die hypothekarische Belastung des Tutorenvermögens war im Falle eines wiederverheirateten Vaters im Tutorenstatus natürlich ein zweischneidiges Schwert. Denn letztlich wurde der Verlust des Mündelvermögens, wenn er durch missbräuchliches Handeln des Vaters verschuldet war, nicht wirklich durch den Griff in dessen eigenes Vermögen kompensiert. Schließlich handelte es sich bei den väterlichen Vermögenswerten ohnehin um das zukünftige Erbe dessen Kinder. Auf die Familienkonstellation einer Patchworkfamilie kann das System dennoch eine abschreckende Wirkung ausgeübt haben. Eine Stiefmutter hatte fortan keinen großen Nutzen mehr, wenn sie ihren Ehemann überzeugte, sich am mütterlichen Vermögen seiner erstehelichen Kinder zu vergreifen und dieses etwa den gemeinsamen, zweitehelichen Kindern zu übertragen. Denn der gleiche Betrag wurde – wenn alles mit rechten Dingen zuging – aus dem väterlichen Vermögen als Kompensation abgeschöpft und den erstehelichen Kindern rückerstattet. Er fehlte somit, wenn es an die Erbausschüttung an die zweitehelichen Kinder ging. Den schmeich-

103 Cod. Iust. 5.37.22 (326 n.Chr.); siehe ähnlich: Cod. Theod. 3.32.1 bzw. 2 zum Aspekt ländlicher Güter; außerdem zu weiteren Veräußerungsbestimmungen: Cod. Theod. 3.30.2.

104 Cod. Theod. 3.30.6 (396 n.Chr.).

105 Cod. Theod. 3.30.1 (314 n.Chr.).

lerischen und erbschleicherischen Ambitionen einer Stiefmutter, die nur den Vorteil ihrer eigenen Kinder im Kopf hatte, wurde somit tatsächlich ein Riegel vorgeschoben.

Mit dem an die Wiederverheiratung eines Vaters gekoppelten Nießbrauchs- und weitgehenden Rechtsverlusts an den *bona materna* tritt bereits mit Konstantin ein vorher nicht dagewesener Schutz finanzieller Interessen von Kindern in Stieffamilien ein. Die mütterlichen Vermögenswerte kommen nun auf jeden Fall den Kindern der entsprechenden Ehe zu. Angst vor Vermögensverlust, feindselige Verhältnisse zwischen Stiefgeschwistern und Beargwöhnung des stiefmütterlichen Einwirkens auf den Vater konnten ihren Ursprung nun nicht mehr in einer rechtlich unzureichenden Klärung der *bona-materna*-Frage finden.

Der Schutz des Kindervermögens aus der mütterlichen Linie vor dem missbräuchlichen Zugriff des Vaters blieb seit Konstantin weitgehend bestehen, auch wenn zeitweise einzelne Detailbestimmungen zurückgenommen wurden. Jene Rechtsverluste z.B., mit denen speziell erneut heiratende Witwer sanktioniert werden sollten, fanden im oströmischen Reich unter Kaiser Leo I. 468 n.Chr. ihre Abschaffung. Ein Vater behielt demnach den Nießbrauch am mütterlichen Vermögen seiner Kinder auch in dem Fall, dass er seinen Kindern eine Stiefmutter vorsetzte. Auch wenn hierdurch die Rechte des erneut verheirateten Vaters am Vermögen seiner Kinder wieder aufgewertet wurden, kann hier keineswegs von einer Rechtssituation gesprochen werden, die identisch mit der Klassischen oder Vorkonstantinischen wäre. Nach wie vor war dem Vater verboten, Vermögenswerte zu veräußern oder in der Form damit umzugehen, dass den Kindern ein Verlust des ihnen zustehenden Erbes drohte.[106] Kinder in Stieffamilien waren bei weitem nicht mehr dergestalt schutzlos und einzig vom sittlich-moralischen Handeln ihres Vaters abhängig, wie es noch in klassischer Zeit der Fall war.

Es bleibt insgesamt festzuhalten, dass auch bei allen späteren Sonderregelungen, die einen verwitweten Vater teilweise wieder rechtlich aufwerteten – z.B. in Form eines Nießbrauchrechts am Vermögen bereits emanzipierter Kinder – die Rechtsposition eines gewaltunterworfenen Kindes seinem Vater gegenüber niemals mehr hinter jene zurücktrat, die durch Konstantin geschaffen worden war.

Mit Justinian, der erneut die verschiedenen Formen der Besitzausübung mit all ihren zugehörigen Rechten, Pflichten und Verboten umfangreich klären wird – um noch vorhandene Unklarheiten zu beseitigen, wie der Gesetzestext lautet[107] –, setzt zudem eine Neubewertung der Persönlichkeitsstellung eines minderjährigen Kindes gegenüber seinem Gewalthaber ein. Diese

---

106 Cod. Iust. 6.60.4.

107 Cod. Iust. 6.61.8: „[…] *variae altercationes exortae sunt et varios eventus variosque con-*

äußert sich zum einen in der Tatsache, dass das gewaltunterworfene Kind selbst darüber entscheiden konnte, ob es ihm zugedachte Erbanteile antreten wollte oder nicht. Der Wille des minderjährigen Kindes wurde dabei höher eingestuft als der seines Vaters. Wollte das Kind das Erbe nicht antreten, konnte der Vater es für sich selbst beanspruchen. Das bedachte Kind durfte zudem gegen den Willen seines Vaters ein Erbe antreten und sich selbst gerichtlich einen Tutor/Kurator bestellen lassen, wenn der Vater sich weigerte, die Vermögensverwaltung zu übernehmen. Nur wenn Vater und Kind gleichermaßen das Erbe antreten wollten, kam dem Kind üblicherweise der Status des Besitzenden, dem Vater der des gewissenhaften und mit Nießbrauch ausgestatteten Verwalters zu.[108]

Zum anderen äußerte sich die Aufwertung des kindlichen Persönlichkeitsstatus auch in einer rechtsterminologischen Reform.[109] Zwar blieb es im Ergebnis bei einer geteilten „Besitzausübung" zwischen Vater und Kind mit unterschiedlichen Rechten, nur gestand Justinian[110] rein rechtsterminologisch dem Elternteil keine Form der Besitzausübung mehr zu, denn, wie Bretone richtig interpretiert: *„Di tutti i beni che gli siano pervenuti* 'ex liberalitate fortunae vel laboribus suis', *Giustiniano attribuisce il dominium al filius familias,* 'ad exemplum tam maternarum quam ex nuptialibus causis adquisitarum rerum'*; il* pater, *o l'*avus *o il* proavus, *saranno titolari del solo usus fructus.*"[111] Der Vater war nun also lediglich noch *fructuarius*, das eigentliche *dominium* lag jedoch beim Kind.[112]

An dieser Stelle darf auf einen Befund hingewiesen werden, der im Rahmen dieser Arbeit noch bezüglich der *SC Orfitianum* und *Tertullianum* herauszuarbeiten sein wird.[113] Der Versuch einer Rekonstruktion des Originaltextes dieser Beschlüsse wird die Frage aufwerfen, inwiefern die Klausel *„tametsi in aliena potestate erunt"* als genuin kaiserzeitlich zu betrachten ist und damit gewaltunterworfenen Familienmitgliedern bereits vor Konstantin ein eigenständiges Erbrecht gewährte. Wäre dies der Fall, hätten bereits seit Ulpian Kinder ihre Mütter und Mütter ihre Kinder intestarisch beerben können, ob-

---

tinent tractatus et semper in iudiciis versantur, necesse est utiliter et apertissime omnia dirimere."

108 Cod. Iust. 6.61.8.1.

109 Cod. Iust. 6.61.6.

110 *Fögen* (Muttergut, 1992, S. 18 f.) sieht hierin keine Weiterentwicklung, sondern bezeichnet es vielmehr als Bestätigung der konstantinischen Rechtspraxis. Allerdings geht *Fögen* wohl davon aus, es habe zwischenzeitlich eine Interimsrechtspraxis geherrscht, die Justinian per Interpolation beseitigte.

111 *Bretone*, La nozione romana di usufrutto II, 1967, S. 84 f..

112 Siehe zum Thema auch *Levy*, West roman vulgar law, 1951, S. 74 f.; sowie *Kaser*, Privatrecht II, 1975, S. 181.

113 Siehe unten in diesem Kapitel.

wohl sie noch in väterlicher Gewalt standen. Nunmehr, nach Betrachtung weiterer spätantiker Rechtstexte, kann die noch auszuführende Vermutung bestärkt werden, es handele sich bei dieser Klausel um eine spätantike (justinianische) Interpolation. Warum sollte sonst zwischen Konstantin und Justinian die Position des gewaltunterworfenen Kindes gegenüber seinem Vater gestärkt werden, wenn ihm seit Ulpian ohnehin das uneingeschränkte Recht des eigenmächtigen Erbantritts gewährt wurde. Dass mit Konstantin das System einer Besitzteilung zwischen kindlichem Eigentum und väterlicher Nutznießung und Verwaltungskompetenz eingeführt werden musste, kann doch nur bedeuten, dass vormals ein Kind relativ schutzlos dem Gebaren seines Gewalthabers ausgeliefert war; dies eben deshalb, da der Vater und nicht das Kind als eigentlicher Eigentümer des angetretenen mütterlichen Erbes angesehen wurde. Die Klausel, ein Kind erbe in seinem eigenen Namen, auch wenn es noch in der Gewalt eines anderen stehe, darf mit Sicherheit nicht als kaiserzeitlich-ulpianisch angesehen werden.

Die detaillierte Analyse von Vererbungs- und Verwaltungsmechanismen bezüglich der väterlichen Vermögenswerte in Patchworkfamilien, also der *bona paterna*, darf weniger ausführlich erfolgen.

Wie bereits angedeutet, könnte der Mangel an bösen Stiefvätern in Rechtstexten und fiktionaler Literatur der klassischen Zeit als Konsequenz einer weitgehenden Gütertrennung zwischen verwitweten Müttern und deren verwaisten Kindern zu sehen sein. Das klassische System der tutorischen oder kuratorischen Vermögensverwaltung, von der eine Witwe weitgehend ausgeschlossen war, machte es einer Wiederverheirateten – rein theoretisch[114] – schwer, missbräuchlich auf die von väterlicher Seite geerbten Besitztümer ihrer Kinder zuzugreifen. Umso weniger konnte ihr zweiter Ehemann, der Stiefvater der Kinder, Einfluss auf die Verwendung des Kindervermögens nehmen. Eine finanzielle Schädigung seiner Stiefkinder zu Gunsten seiner eigenen war somit nur schwer möglich.

Wie immer muss zwischen Rechtstheorie und Rechtspraxis unterschieden werden. Denn waren zwar Witwen oder Frauen schlechthin nach klassischem Recht von der Übernahme einer Vormundschaft ausgeschlossen, sind durchaus einige Hinweise darauf zu finden, dass in der Praxis entgegen diesem Verbot gehandelt wurde. Sowohl die Vermögensverwaltung als auch einige Vertretungen in Rechtsprozessen wurden nachweislich von Frauen anstatt von bestellten männlichen Vormündern übernommen. Zudem entwickelte sich die Tendenz, Müttern größere Kompetenzen in den geschäftlichen und finanziellen Angelegenheiten ihrer Kinder zuzugestehen. Neben der Möglichkeit einer fideikommissarischen Erbeinsetzung der Witwe

---

114 Zum Phänomen der „Vormundschaft“ durch Witwen siehe ausführlich *Krause*, Stellung von Waisen, 1995, S. 113ff..

zugunsten ihrer Kinder[115] konnte eine Mutter zudem beratend und verwaltungstechnisch dem Tutor der Kinder zur Seite gestellt werden, wenn der Vater das gewünscht hatte.[116] Die Tutel an sich durfte eine Mutter nach klassischem Recht jedoch nicht übernehmen. Dies galt auch für den Fall, dass der verstorbene Ehemann dies ausdrücklich gewünscht hatte. Das Amt des Tutors an sich war Männern vorbehalten.[117]

Die Betrachtung des Gesetzes, das Konstantin 333 n.Chr. zur Stärkung der Mündelrechte gegenüber Tutoren erließ, vermittelt allerdings den Anschein, allein jene defacto-Kompetenzen einer Mutter hätten in klassischer Zeit bereits zu Benachteiligungen ersteherlicher Kinder geführt. In seiner Begründung für das entsprechende Gesetz offenbart Konstantin: *„Das Gesetz hat nämlich nicht nur Kinder gegenüber Tutoren im Blick, sondern auch gegenüber zügellosen und maßlosen Frauen, welche meistens den neuen Ehemännern nicht nur Dinge der Kinder, sondern auch deren Leben hingeben.“*[118]

Die Notwendigkeit, den Einfluss wiederverheirateter Mütter auf die Verwaltung des Kindervermögens zu begrenzen bzw. missbräuchlich wirtschaftende Tutoren hypothekarisch in die Pflicht zu nehmen, schien somit zu Beginn der spätantiken Epoche durchaus gegeben gewesen zu sein.

Neben dieser auf Tutoren bezogenen Gesetzgebung, schlug die spätantike Rechtsentwicklung zudem – wie schon im Falle der Vaterposition – den Weg der Balance zwischen Kinderschutz und Mutterinteressen ein. Denn im Allgemeinen schloss die spätantike Rechtsentwicklung an die bereits in klassischer Zeit feststellbare Tendenz an, Müttern mehr Kompetenzen in der Erziehung und Vermögensverwaltung ihrer Kinder zuzugestehen. Unter welchem Kaiser konkret Frauen zur Übernahme des Tutoren-Amtes wirklich

115 Dig. 36.1.76(74).1 (Paulus): Fabius Antoninus enterbt zunächst seinen Sohn und seine Tochter und vererbt jegliches Vermögen an seine Frau. Diese sollte es an den gemeinsamen Sohn weitergeben, sobald dieser das zwölfte Lebensjahr erreicht hatte. Starb dieser früher, sollte die gemeinsame Tochter bedacht werden.; auch Dig. 38.17.2.46 (Ulpianus) erwähnt eine solche fideikommissarische Erbregelung. Wenn der verstorbene Vater gar festsetzt, dass die Mutter keine Tutoren für ihren Sohn bestimmen muss, bleibt die Vermögensverwaltung bei der Mutter.

116 Zur Kompetenz der Mutter, nach klassischem Recht Geschäfte für ihre Kinder abzuschließen, siehe Dig. 3.5.30 (31).6 (Papian); Dig. 26.7.5.8 (Papinian/Ulpian); dazu auch: *Kübler*, Über das ius liberorum, 1910, S. 176–195.

117 Dig. 26.2.26 (Papinian); Cod. Iust. 5.35.1 (224 n.Chr.); Zur Frage, welcher Verwandte des Kindes das höchste Anrecht auf die Tutel besaß, siehe: Dig. 26.4.10.1 (Hermogenianus): Selbst die im Verwandtschaftsgrade am nächsten stehenden weiblichen Verwandten eines Kindes wurden zu Gunsten männlicher, aber weiter entfernter Verwandter, außen vor gelassen.

118 Cod. Iust.: 5.37.22.5: *„Lex enim non solum contra tutores, sed etiam contra feminas immoderatas atque intemperantes prospexit minoribus, quae plerumque novis maritis non solum res filiorum, sed etiam vitam addicunt.“*

gesetzlich zugelassen wurden, ist nicht rekonstruierbar.[119] Ein Gesetz aus dem Jahr 390 n. Chr. erlaubte erstmals nachweislich, dass Witwen die Tutel für ihre Kinder und die damit verbundenen Kompetenzen der Verwaltung des väterlichen Mündelvermögens unter bestimmten Umständen beantragen konnten.[120] Dies war jedoch nur in dem Falle möglich, dass die Witwe versicherte, nicht wieder heiraten zu wollen, denn „*Frauen, die, nachdem sie ihre Männer verloren haben, um der Verwaltung der Geschäfte ihrer Kinder wegen die Tutela beantragen, mögen vor der Bestätigung, dass ihnen dieses Recht zukommt, einräumen, dass sie zu keiner anderen Ehe kommen werden.*“[121]

Die Vehemenz, mit der spätantike Gesetzgeber der Gleichzeitigkeit von Tutela und Wiederheirat entgegenzutreten versuchten, zeigt sich in einer vergleichenden Betrachtung des Gesetzestextes, wie er im Codex Iustinianus überliefert ist. Dort ist die Forderung nach dem bloßen Keuschheitsversprechen kompilatorisch durch die Bedingung einer eidlichen Versicherung – *sacramento praestito* – ersetzt worden.[122] Justinian selbst strich aber per Novella jene Verschärfung 539 n. Chr. wieder.[123]

Natürlich waren Bedingungen wie Ledigkeitsversprechen oder Ledigkeitseid keine Garantie dafür, dass eine Mutter nicht doch zum zweiten Mal heiratete. Zwar wurde diese potentielle erneute Heirat nicht etwa mit dem Verlust des Tutorenamtes geahndet, doch ging die Gesetzgebung dennoch auch auf die besonderen Umstände in Stieffamilien ein: Sollte die Mutter entgegen ihrer Versicherung dem Werben eines Mannes um erneute Heirat erliegen, galt das Vermögen dieses zweiten Ehemannes als Rückversicherung für allen

---

119 Zur unterschiedlichen de-jure u. de-facto-Handhabung der mütterlichen Vormundschaft und Vermögensverwaltung siehe ausführlich *Kübler*, Über das ius liberorum, 1910, S. 176–195. *Kübler* weist nach, dass Mütter, trotz dass sie rein rechtlich gesehen nicht die Kompetenz der Vormundschaft innehatten, de facto bereits Einfluss auf die Vermögensverwaltung ihrer Kinder ausüben konnten. Desweiteren schien für Gräkoägypterinnen, die das römische Bürgerrecht erlangt hatten, die Vormundschaftskompetenz entsprechend dem gräkoägyptischen Recht aufrecht erhalten worden zu sein.

120 Vgl. *Taubenschlag*, Die *materna potestas* im gräko-ägyptischen Recht, 1929, S. 127 f.; Besagtes Gesetz regelt die Situation, dass weder ein testamentarisch bestimmter Vormund noch ein gesetzlich festgesetzter existierten. Nur dann dürften Witwen die *tutela* über ihre Kinder beantragen. Taubenschlag vergleicht personenrechtliche und vermögensrechtliche Kompetenzen von Frauen, wie sie sich im römischen Recht entwickelten, mit denen im gräko-agyptischen Recht. Demnach sei zwar das römische Recht, was die Kompetenzen der Vermögensverwaltung einer Witwe betraf, fortschrittlich, hinke dem gräko-ägyptischen Recht jedoch in personen-rechtlichen Fragen – z. B. Einfluss der Mutter auf die Eheschließung der Tochter – weit hinterher.

121 Cod. Theod. 3.17.4 (390 n. Chr.): „*Matres, quae amissis viris tutelam administrandorum negotiorum in liberos postulant, priusquam confirmation officii talis in eas iure veniat, fateantur actis ad alias se nubtias non venire.*“

122 Cod. Iust. 5.35.2 (390 n. Chr.).

123 Nov. Iust. 94.2.

finanziellen Schaden, der den Mündeln/Kindern durch die zweite Ehe der Mutter erwachsen könnte.[124] Dass Tutoren darüber hinaus mit ihrem eigenen Vermögen für eventuell durch ihre Schuld verlorengegangenes Mündelvermögen hafteten, wurde, wie schon erwähnt, bereits unter Konstantin festgesetzt.[125] Davon betroffen waren jetzt selbstverständlich auch Mütter im Tutorenamt.

Derartige Bestimmungen, die in jedem Fall einen Schutz des Mündelvermögens in Form von Hypotheken auf das mütterliche und stiefväterliche Vermögen gewährleisteten, blieben durch die spätantiken Jahrhunderte hinweg bestehen und wurden unter Justinian noch verschärft: Eine weitere Ehe der Mutter, trotz des geleisteten Eides, nicht wieder heiraten zu wollen, führte dazu, dass sie nicht die Erbfolge antreten durfte, sollte eines ihrer Kinder minderjährig sterben.[126] Sollte ein zweiter Ehemann somit auf die Idee kommen, ein ungeklärter Todesfall seines Stiefkindes würde der Mutter und letztlich den Mitgliedern der „zweiten Familie" finanzielle Vorteile verschaffen, so hatte er sich geschnitten. Das Vermögen kam nicht in die Verfügungsgewalt der Mutter. Generell blieb es aber einer Mutter stets freigestellt, einen familienexternen Tutor für ihr ersteheliches Kind zu bestellen. Dann ging sie nicht das Risiko ein, für Misswirtschaft haften zu müssen oder aus der Erbfolge des Kindes herauszufallen.[127]

Der Vollständigkeit halber muss erwähnt werden, dass rein rechtlich gesehen die Beerbung eines Kindes durch die Mutter ohnehin nur unter den Umständen stattfinden konnte, dass die Mutter das *ius liberorum* besaß und darüber hinaus selbst bereits emanzipiert war. Ansonsten beerbte die Mutter ihr Kind für ihren Gewalthaber, also für den mütterlichen (Groß-)Vater. Wie an anderer Stelle in dieser Arbeit dargestellt wird, war der eigenmächtige Erberwerb einer gewaltunterworfenen Mutter wohl erst seit Justinian möglich.[128]

So verwundert es nicht, wenn noch Libanius das Szenario beschreibt, eine befreundete Witwe müsse sich das Recht auf das Erbe ihres minderjährig verstorbenen Sohnes erstreiten, denn deren eigener Vater habe rechtmäßig alles an sich genommen. Besagte Witwe, die in zweiter Ehe mit dem Libaniusfreund Macedonius verheiratet war, hoffte nun auf den Einfluss und die Überzeugungskünste des Libanius und seiner Bekannten.

---

124 Cod. Theod. 3.17.4.2; Cod. Iust. 5.35.2; bestätigt 439 n. Chr. unter Theodosius II. (Osten) u. Valentinian III. (Westen) (Nov. Theod. 11.3; Cod. Iust. 8.14.6 (439 n. Chr.)).

125 Cod. Theod. 3.30.1 (314 n. Chr.); nachweislich auch für die Rechtsverhältnisse unter Justinian: Cod. Iust. 5.30.5.2 (529 n. Chr.); Nov. 118.5 (543 n. Chr.).

126 Nov. Iust. 22.40.

127 Nov. Iust. 22.40.

128 Siehe unten in diesem Kapitel.

Zwar weist der Libaniusbrief auf die geltende Rechtslage hin, indiziert aber, es gehöre wohl zum guten Ton, in solchen Fällen der Mutter das Sohneserbe zu überlassen, obwohl die Mutter noch gewaltunterworfen war. So baut Libanius darauf, der mütterliche Großvater würde von seinen Ansprüchen ablassen, wenn er durch diese ehrvolle Handlung sein Prestige steigern könne.[129]

Es ist also mit Libanius nicht auszuschließen, dass bereits vor Justinians noch aufzuzeigender Gesetzesreform vermehrt Mütter in den Genuss kamen, ihre erstehelichen Kinder zu beerben, auch wenn sie selbst noch nicht emanzipiert waren. Heirateten sie daraufhin erneut, so war das Kindervermögen, das ja durchaus Bestandteile des erstehemannschen Erbes beinhalten konnte, fest in der Hand der Mütter und somit auch den Einflüssen eines zweiten Ehemannes ausgesetzt.

Lässt man diesen Sonderfall außen vor, so bleibt als Fazit zum spätantiken Vererbungs- und Verwaltungsrecht festzuhalten, dass – vergleichbar mit den *bona materna* – auch die vom Vater ererbten Vermögenswerte keinen Grund für ersteheliche Kinder darstellen mussten, in Stieffamilien die Gefahr ökonomischer Einbußen zu befürchten – immer vorausgesetzt natürlich, dass die im spätantiken Rechtssystem verankerten Schutzmechanismen auch tatsächlich im Alltag griffen. Das Verhältnis zwischen Stiefkindern und Stiefvätern sowie zwischen Stiefgeschwistern untereinander dürfte nicht von Unrechtsbefürchtungen und Sich-Benachteiligt-Fühlen geprägt gewesen sein, was den Umgang mit väterlichen und mütterlichen Erbvermögen betraf.

Diese Einschätzung drängt sich zudem deshalb auf, da das spätantike Erb- und Vermögensverwaltungsrecht generell den Anschein eines flexiblen Systems macht, das aufgrund seiner zahlreichen, detaillierten Bestimmungen mühelos für verschiedenste Familienkonstellationen adaptierbar war. Bestimmungen, deren umfassende Darstellung den Rahmen dieser Arbeit sprengen würde.

Denkt man nur zurück an die Begebenheit des Donidius, wie sie von Sidonius berichtet wird, so finden sich im spätantiken Rechtssystem gleich mehrere Ansätze, die Sidonius' Beschreibung plausibilisieren. Wie im Rahmen dieser Arbeit erwähnt, hatte Donidius durch das Verschulden seines Stiefvaters ein altehrwürdiges Familiengrundstück – sein Vaterhaus – an eine Patrizierfamilie eingebüßt. Er schätzte die Chancen aber als gut ein, ohne größere Probleme seine Rechtsansprüche auf das Gut geltend machen zu können.[130]

Und tatsächlich stimmt diese Einschätzung mit den Erkenntnissen überein, wie sie in diesem Kapitel gewonnen werden konnten. Sollte in der Tat Donidius' Stiefvater auf Wunsch der Mutter als Verwalter des väterlichen

129 Lib., epist. 673 (Förster).

130 Siehe das Kapitel VI.2: *Realhistorische Patchworkzeugnisse.*

Gutes mit-fungiert haben, vielleicht sogar nach dem Tod der Mutter tutorische oder curatorische Kompetenzen übernommen haben, so waren seinem Wirtschaften mehrere Grenzen gesetzt. Zum einen sieht das spätantike Recht vor, dass sich Käufer wie Verkäufer rückzuversichern hatten, inwieweit der Verkäufer tatsächlich zum Verkauf der jeweiligen Sache berechtigt war. War der Verkäufer nur Verwalter, nicht aber Eigentümer, so konnten die eigentlichen Eigentümer der Sache den Kauf im Nachhinein unentgeltlich als wirkungslos erklären und die Sache zurückfordern.

Zwar bezieht sich dieses Gesetz[131] speziell auf den Fall, wenn ein Vater das mütterlich ererbte Vermögen der Kinder verwaltete, doch kann davon ausgegangen werden, dass identische Rechtsprinzipien auch gegenüber Müttern im Tutorenamt oder familienexternen Tutoren und Verwaltern – wie es beispielsweise ein Stiefvater wäre – galten. Sowohl der Stiefvater des Donidius als auch die Käufer des Familiengrundstückes hätten dann also rechtswidrig gehandelt, da sie (vorsätzlich) nicht eruiert hatten, inwieweit der Verkauf/Kauf überhaupt stattfinden durfte. Donidius hatte einen Herausgabeanspruch.

Neben dieser allgemeinen Regel hält das spätantike Rechtssystem noch ein weiteres Gesetz parat, das für Donidius Angelegenheit Anknüpfungspunkte gibt. In Cod. Iust. 5.37.22[132] wird von Konstantin 326 n. Chr. explizit geregelt, der Verkauf des Elternhauses, in dem der Vater gestorben war und die Kinder aufwuchsen, sei durch einen Tutor nicht zulässig. Der Familienbesitz sollte auf diese Weise zusammengehalten werden. Auch wenn es sich bei Donidius' Stiefvater kaum um dessen Tutor gehandelt haben mag – Donidius selbst war ein erwachsener Mann – so ist vorzustellen, dass ein identischer Schutz altehrwürdigen Familienbesitzes auch im Rahmen anders gearteter Verwaltungs- und Veräußerungstätigkeiten griff.

Dieses kurze Anwendungsbeispiel möchte die theoretische Kraft spätantiker Familiengesetzgebung zu *bona materna* und *bona paterna* verdeutlichen. Sie führte zu einer Entspannung des patchworkfamiliären Miteinanders, da neu hinzugekommene Familienmitglieder – Stief- und Halbverwandte – nicht als schmarotzende Konkurrenten wahrgenommen werden mussten.

---

131 Cod. Iust. 6.60.1 (319 n. Chr.).

132 Cod. Iust. 5.37.22 (326 n. Chr.): „*Nec vero domum vendere liceat, in qua defecit pater, minor crevit, in qua maiorum imagines aut videre fixas aut revulsas non videre satis est lugubre. Ergo et domus et cetera omnia immobilia in patrimonio minorum permaneant, nullumque aedificii genus, quod integrum hereditas dabit, collapsum tutoris fraude depereat.*“

b) Die Entwicklung des *SC Orfitianum* als Ausdruck verbesserter Mutter-Kind-Bindung

Vor dem Hintergrund mehrfach angesprochener Erbantrittskompetenzen, wie sie einem gewaltunterworfenen Kind oder einer gewaltunterworfenen Mutter zu- bzw. abgesprochen wurden, soll dieses Kapitel die Darstellung einer spätantik vonstattengehenden Rechtsreform auf diesem Gebiet leisten. Es kann nicht ausbleiben, dabei bisher erbrachte Forschungsansichten zur Genuität einzelner Gesetzespassagen anzuzweifeln.

Nach klassischem Recht erübrigen sich zunächst Fragen nach Direktvererbungen zwischen einer Mutter und ihrem unemanzipierten Kind, da in diesem Falle die Gewaltunterworfenen nicht für sich, sondern lediglich für ihren Gewalthaber – in der Regel also für den Vater – erben konnten.[133] Dieses Prinzip ist explizit auch für den Antritt einer Erbschaft durch ein bedachtes gewaltunterworfenes Kind artikuliert: „*Wer nämlich in unserer Hausgewalt ist, kann in eigener Person nichts als Eigentum haben. Wenn er daher zum Erben eingesetzt ist, kann er nur auf unseren Befehl die Erbschaft antreten; und wenn er sie auf unseren Befehl angetreten hat, wird die Erbschaft für uns ebenso erworben, wie wenn wir selbst zu Erben eingesetzt worden wären; und dementsprechend wird natürlich ein Vermächtnis durch sie für uns erworben.*“[134] Insofern entpuppte sich das 178 n. Chr. erlassene *SC Orfitianum*, welches bekanntlich Kindern ein intestarisches Erbrecht auf das Vermögen ihrer Mutter sicherte, als Pyrrhussieg. Denn waren die Kinder noch in der Gewalt des Vaters und hatte die Mutter nicht testamentarisch anderes verfügt, wanderte ihr Vermögen auf direktem Wege in die Verfügungsgewalt des verwitweten Ehemannes. Heiratete dieser erneut oder stand er bereits in einer zweiten Ehe und hatte mit obigem Erbvorgang glücklicherweise das Vermögen seiner Exfrau in die Hände bekommen, konnte niemand dafür garantieren, dass die den erstehelichen Kindern zugedachten Besitzungen der Mutter später tatsächlich einmal an sie weitergegeben würden.

Die Rekonstruktion eben dieser misslichen Erbrechtslage der klassischen Zeit gestaltet sich tückisch und führte zu Fehlaussagen, betrachtete man ausschließlich jene Gesetze, die durch die Justinianischen Digesten-Sammlung oder den Codex Iustinianus überliefert wurden.

In der justinianischen Version liest sich die Bestimmung des SC Orfitianum schließlich wie folgt: „*Sacratissimi principis nostri oratione cavetur, ut*

133 Paul. sent. 5.2.2.

134 Gai. 2.87: „*ipse enim qui in potestate nostra est nihil suum habere potest. et ideo si heres institutus sit, nisi nostro iussu hereditatem adire non potest; et si iubentibus nobis adierit, hereditas nobis adquiritur proinde atque si nos ipsi heredes instituti essemus; et convenienter scilicet legatum per eos nobis adquiritur.*“ (Übersetzung nach *Manthe*, Gaius Institutiones, 2004.).

matris intestatae hereditas ad liberos, tametsi in aliena potestate erunt, pertineat.“[135] Demnach sollte – wie auch immer – sichergestellt werden, dass eben nicht der Gewalthaber eines unemanzipierten Kindes das mütterliche Erbe an sich nahm, sondern das Kind für sich Vermögen erwarb – ganz entgegen der rechtlichen Tradition. Es drängt sich der Gedanke auf, es handle sich bei dem Einschub „tametsi in aliena potestate erunt“ um nicht weniger als eine Interpolation spätantiker Prägung. Der Text basiere laut Digestentitulierung auf Gaius' *Ad senatus consultum Orphitianum*, dessen Originalwortlaut jedoch nicht mehr nachprüfbar ist, da dieses Spätwerk nicht überliefert wurde. So kann die Urform des Senatsbeschlusses nicht rekonstruiert werden. Zeitlich am nächsten zum 178 n. Chr. erlassenen *Orfitianum* liegt das wohl fälschlicherweise Ulpian zugeschriebene *Ulpiani liber singularis regularum. Der Text, „der im Jahre 180 n. Chr. oder wenig später niedergeschrieben wurde,* [bildet] *ein wichtiges Dokument der spezifisch klassischen Tradition des Römischen Rechts.*“[136] Die Bestimmungen des SC Orfitianum lauten hier: *„Die Erbschaft einer ohne Testament verstorbenen Mutter stand nach dem Zwölftafelgesetz nicht den Kindern zu, weil Frauen keine Hauserben haben; später aber ist aufgrund einer im Senat vorgetragenen Rede Kaiser Antoninus und Commodus bestimmt worden, dass auch ohne Eintritt in die eheliche Gewalt die gesetzliche Erbfolge nach den Müttern den Kindern zustehe, bei Ausschluss der Vaterblütigen und der übrigen Agnaten.*“[137] Die Ergänzung, dies gelte auch dann, wenn die Kinder in der Gewalt eines anderen stünden, also noch nicht oder nicht mehr emanzipiert seien, findet sich hier nicht.

Das gleiche Bild ergibt ebenso ein Blick auf die Erbregeln des *SC Orfitianum*, wie sie sich in den *Pauli Sententiae* erhalten haben. Zwar finden sich dort allerhand detaillierte Regeln zum Erbantritt[138] oder den bürgerrechtlichen Voraussetzungen eines Erben,[139] doch erwähnt keine Silbe das Sonderrecht eines Gewaltunterworfenen zum Eigenerwerb des Muttervermögens. Generell bieten die „paulinischen“ Passagen lediglich Hinweise auf Sonder-

---

135 Dig. 38.17.9: *„Auf Anordnung unseres heiligsten Kaisers wurde bestimmt, dass die Erbschaft einer intestarisch verstorbenen Mutter den Kindern zukommen solle, auch wenn sie in der Gewalt eines Anderen stehen sollten.*“

136 *Avenarius*, Einzelschrift, 2005, S. 8.

137 Ulp. (reg.) 26,7: *„Ad liberos matris intestatae hereditas ex lege duodecim tabularum non pertinebat, quia feminae suos heredes non habent; sed postea imperatorum Antonini et Commodi oratione in senatu recitata id actum est, ut sine in manum conventione matrum legitimae hereditates ad filios pertineant, exclusis consanguineis et reliquis agnatis.*“ (Übersetzung nach *Avenarius*, Einzelschrift, 2005.).

138 Ein Sohn bekam das Erbe seiner intestarisch verstorbenen Mutter nicht automatisch zugesprochen, sondern musste es gerichtlich einfordern. (Paul. sent. 4.10.4).

139 Es durften nur Kinder das Erbe antreten, die das Römische Bürgerrecht besaßen. (Paul. sent. 4.10.3)

fälle wie z.B. das intestarische Erbrecht eines *spurius* – welches aufgrund dessen Vaterlosigkeit ohnehin griff – oder das nichtexistente Erbrecht einer Sklavin. Allein sollten Aussagen aus den *Pauli Sententiae* aufgrund deren zweifelhaften Verfasserschaft und der Einbettung in eine von Interpolationen geprägten Rezeptions- und Entwicklungsgeschichte[140] nicht zu hoch bewertet werden.

Festzuhalten bleibt hingegen, dass eine explizite Befähigung zum Eigenerwerb für gewaltunterworfene Kinder erst in den durch Justinian gesammelt kodifizierten oder in Auftrag gegebenen Rechtstexten artikuliert und greifbar ist. So ergänzen Justinians *Institutiones*, dass Sohn sowie Tochter auch dann in den Genuss der mütterlichen Erbschaft gelangten, wenn sie Gewaltunterworfene eines Anderen seien.[141] Die Frage, ob es sich bei den justinianischen *Orfitianum*-Versionen um interpolierte Texte handelt oder ob nicht umgekehrt die außerhalb des *Corpus Iuris Civilis* überlieferte, ulpianische und paulinische Textgestalt über die Jahrhunderte hinweg eine Kürzung erfuhr, wird sich nicht restlos klären lassen.

Marianne Meinhart will in ihrer 1967 erschienenen Habilitationsschrift[142] die obige Digestenstelle – *„Sacratissimi principis nostri oratione cavetur, ut matris intestatae hereditas ad liberos, tametsi in aliena potestate erunt, pertineat.“* (Dig. 38.17.9) – komplett aus dem originalen Wortlaut des SC Orfitianum geschöpft wissen. Ihre Argumentation erzielt dabei allerdings kein unanzweifelbares Ergebnis. Sie sieht es aufgrund des Ausdruckes *„oratione cavetur“* als erwiesen an, dass Gaius bei seiner Niederschrift des *liber singularum ad senatus consultum Orfitianum*[143] den Ursprungstext des Senatsbeschlusses übernommen hatte.[144] Allerdings zieht sie nicht die Möglichkeit in Betracht, spätere Kompilatoren könnten der Textstelle Passagen hinzugefügt haben, so nämlich besagtes *„tametsi in aliena potestate erunt.“*[145] Einerseits ist Meinhart vor dem Hintergrund einer philologischen Analyse bezüglich dieses Textstücks der Meinung, es handele sich um einen Textabschnitt genuin aus der Feder des Gaius. Andererseits weist sie auf die Tatsache hin, eine beinahe identische Textpassage finde sich auch in Dig. 38.17.6,[146] obwohl diese Stelle nicht auf Gaius, sondern auf Paulus zurückgehe. Sie kommt zu

---

140 Siehe hierzu den gelungenen Forschungsabriss von *Liebs*, Die Rolle der Paulussentenzen, 2008.

141 Inst. Iust. 3.4.

142 Die Senatusconsulta Tertullianum und Orfitianum in ihrer Bedeutung für das klassische römische Erbrecht, Graz 1967.

143 Generell zur Verfasserschaft des Gaius bezüglich des *liber singularum ad senatus consultum Orfitianum* siehe: *Nelson*, Überlieferung, 1981, S. 351.

144 Vgl. *Meinhart*, Senatusconsulta, 1967, S. 142 f..

145 Dies mutet seltsam an, stellt sie doch genau diese Frage zuvor in den Raum, als sie die justinianische Institutionenstelle zum selbigen Sachverhalt anführt (Inst. Iust 3.4).

146 „[...] *etiamsi in aliena potestate sit*“.

der Annahme, die Stelle *„tametsi in aliena potestate erunt"* gehöre wohl zum Originalwortlaut des *SC Orfitianum*. Dieser Wortlaut habe sowohl Gaius als auch Paulus vorgelegen.[147]

Stichhaltig ist diese wechselhafte Argumentation Meinharts nicht. Zudem fragt man sich, warum der Rest des *Orfitianum*-Wortlauts bei Gaius und Paulus komplett unterschiedlich überliefert ist, wo den beiden Juristen doch der gleiche, nämlich – laut Meinhart – originale Beschlusstext vorgelegen haben soll.[148] Meines Erachtens weist die beinahe identische Passage *„tametsi in aliena potestate"* (Gaius) bzw. *„etiamsi in aliena potestate"* (Paulus), wie sie bei den in den Digesten kodifizierten Gaius- und Paulusstellen nachzuweisen ist, vielmehr auf die Tatsache hin, dass in beiden Fällen die gleichen, spätantiken Kompilatoren am Werke gewesen waren. Auch weist Meinhart nicht auf den Umstand hin, dass sich ein *„tametsi in aliena potestate erunt"* nicht in jenen außerhalb des Corpus Iuris Civilis überlieferten paulinischen Sentenzen oder den ulpianischen Regulae findet. Ein weiteres Indiz für eine justinianische Kompilation.

Es muss also von einer Veränderung der Rechtslage im Laufe der Spätantike ausgegangen werden. Und auch vor dem Hintergrund anderer nachweisbarer, vermögensrechtlicher Besserstellungen der Mutter-Kind-Beziehung in der Spätantike, wie sie im Verlauf dieser Arbeit bereits aufgezeigt wurden und noch werden, liegt die Vermutung nahe, Justinian habe die Bestimmungen des *SC Orfitianum* dergestalt verändern lassen, dass eine intestarische Vermögensweitergabe nun nicht mehr nur an emanzipierte, sondern auch an gewaltunterworfene Kinder möglich und garantiert war. Es lässt sich also auf eine im Laufe der Spätantike erbrechtlich unterstützte Harmonisierung des Familienlebens in einer Patchworkfamilie hinweisen: Mussten nach klassischem Recht ersteheliche Kinder noch die Schmeicheleien der Stiefmutter fürchten, die den Vater davon überzeugen konnte, die *bona materna* den zweitehelichen Halbgeschwistern zu vermachen etc., so war dieses Gefahrenpotential nach spätantikem Recht getilgt und wirkte sich somit positiv auf das Miteinander zwischen Halbgeschwistern aus, die vormals noch Erbkonkurrenten waren. Kritiker könnten fragen, warum eine derartige Aufweichung des väterlichen Anrechts zu Gunsten der rechtlichen Mutter-Kind-Bindung nicht auch im umgekehrten Fall vonstattengegangen sei, für den Fall nämlich, dass ein Kind intestarisch verstarb. Denn in der Tat beerbte eine Mutter nach dem *SC Tertullianum* ihr Kind nur dann, wenn das Kind selbst zum Zeitpunkt seines Todes bereits emanzipiert gewesen war. Ansons-

147 *Meinhart*, Senatusconsulta, 1967, S. 144f..

148 Sowohl Dig. 38.17.6 als auch Dig. 38.17.9 regeln die Erbnachfolge von Kindern nach Müttern. Korrekt weist *Meinhart* auf die schon von Mommsen vorgeschlagene Veränderung von *„Filii mater"* in *„Filius matris"* in Dig. 38.17.6 hin, die aus der Erbnachfolge der Mutter hinter dem Sohn eine Nachfolge des Sohnes hinter der Mutter macht.

ten war dessen Vater der nächste Erbberechtigte – diese Bestimmung findet sich sowohl in den zeitnahen *Ulpiani liber singularis regularum*[149] als auch in den spätantiken Digesten[150] und Institutionen.[151]

Dass sich auch im Laufe der Spätantike an der Position des Kindsvaters in diesem Falle nichts änderte, liegt in der einfachen Tatsache begründet, dass es sich bei Vermögenswerten eines gewaltunterworfenen Kindes ohnehin in der Regel um jenes vom Vater gewährte *peculium* handelte. Welches Anrecht sollte eine Mutter auf diese Habseligkeiten besitzen? Es ist also nur logisch, dass diese Besitzungen als erstes an den Kindsvater zurückfielen.[152]

Dennoch lässt sich die These der verbesserten vermögensrechtlichen Mutter-Kind-Bindung auch durch einen Blick auf die Entwicklung des *SC Tertullianum* erhärten. Auch diese scheint eine Aufweichung väterlicher Kompetenzen zu Gunsten der Mutter während der Spätantike zu indizieren. Allerdings betraf diese Aufweichung nicht die Position des Kindsvaters, wie eben gesehen, sondern den Vater der intestarisch erbenden Mutter. Hier verhielt es sich ähnlich wie schon beim *SC Orfitianum*:

Der klassische Gesetzestext nach Ulpian spricht aus, dass eine Mutter, *„wenn sie das ius liberorum besitzt, als Freigeborene als Mutter von drei Kindern, als Freigelassene als Mutter von Vieren, nach dem Senatusconsultum Tertullianum rechtmäßige Erbin wird.“*[153] Sollte die Mutter selbst noch gewaltunterworfen sein, wird sie das ihr zufallende Erbe des intestarisch verstorbenen Kindes nicht für sich, sondern für ihren Gewalthaber erwerben. Zumindest ist in der ulpianischen Fassung nichts Gegenteiliges aufgeführt. Anders hingegen lautet die Regelung in den spätantiken Justinianischen Institutionen: Es wird bestimmt, *„dass eine freigeborene Mutter von drei Kindern und eine freigelassene von Vieren als Erbin der Güter von Söhnen oder*

149 Ulp. (reg.) 26,8.

150 Dig. 38.17.2.15.

151 Inst. Iust. 3.3.3.

152 Leicht missverständlich erwähnt Inst. Iust 3.3.5, entgegen der ursprünglichen Bestimmungen solle nun die Mutter eines intestarisch verstorbenen Kindes als Haupterbin gelten. In den darauf diskutierten Ausnahmen wird sodann die Verteilung des Erbes zwischen Geschwistern des Verstorbenen und der Mutter beschrieben. Aus dem Fehlen des Vaters als potentiellem Erben dessen Ausschluss aus dem intestarischen Erbvorgang im Verlauf der Spätantike zu schließen, wäre hingegen falsch: Das Rechtsszenario geht offensichtlich davon aus, es seien ohnehin nur noch Mutter und/oder Geschwister des Verstorbenen am Leben und diskutiert für diesen speziellen Fall die Verteilung des Erbes. Die Annahme, Inst. Iust 3.3.5 beziehe sich auf den Fall, der Vater sei bereits vorverstorben, wird auch durch die Tatsache gestützt, dass unmittelbar im Anschluss Inst. Iust. 3.3.6 Strafen für eine Mutter anführt, welche ihren Kindern innerhalb eines Jahres keinen Tutor bestellt hatte. Es muss sich also um eine Familie handeln, in der der Vater bereits verstorben war.

153 Ulp. (reg.) 26,8: *„si ius liberorum habebat, ingenua trium, libertina quattuor, legitima heres fit ex senatus consulto Tertulliano.“*

Töchtern, die intestarisch verstorben sind, herangezogen werde, und dies auch, wenn sie in der Gewalt eines Verwandten ist.«[154] Die neu hinzugekommene Passage lässt in ihrer Relation zur ursprünglichen Gesetzeslage vermuten, erst im Laufe der Spätantike sei einer gewaltunterworfenen Mutter das Recht zugekommen, Vermögen ihres verstorbenen Kindes für sich zu erwerben, wie es seit Hadrians Zeit bereits emanzipierten Müttern möglich war.[155] Und es dürfte nicht von Ungefähr kommen, dass eben jene spätantike Gleichstellung von Emanzipierten und Gewaltunterworfenen, was die reziproke, intestarische Vererbung zwischen Mutter und Kind anging, ebenso am *SC Orfitianum* indiziert werden kann.

Die potentiellen Rechtsreformen, wie sie dieser Abschnitt zu den *Senatusconsulta Orfitianum und Tertullianum* vermutete, bestätigten eine Verbesserung der vermögensbezogenen Mutter-Kind-Bindung bis in die Justinianische Zeit.

c) Eheschenkung und Mitgift als familiendefinierter Vermögensanteil

Im Rahmen des Kapitels *„Die klassisch-rechtliche Situation der Patchworkfamilie als Ausgangspunkt spätantiker Korrekturen"*, welches das Scheidungs- und Erbrecht der Kaiserzeit abhandelte, wurde auf bestimmte Formen der Scheidung sowie Verwitwung hingewiesen, die durchaus in festgelegten Verteilungsregeln der Mitgift unter den Ehegatten mündeten.[156] Darüber hinausgehend aber existierten nach klassischem Recht keineswegs juristisch festgelegte Bestimmungen, die auf die rechtmäßige oder sittlich angebrachte Verwendung dieser Mitgift durch den/die begünstigte(n) Vater/Mutter abzielten. Dies mochte in Fällen, da Vater oder Mutter nicht erneut heirateten, kein Problem dargestellt haben. Die erstehelichen und gleichzeitig einzigen Kinder eines Elternteils dürften nach deren Ableben die Haupterben gewesen sein. Die ersteheliche Mitgift ging somit an die erstehelichen Kinder.

Problematischer muss man sich nach klassischem Rechtsprinzip die Situation in Patchworkfamilien vorstellen, da für einen wiederverheirateten Elternteil rein rechtlich gesehen kein Hinderungsgrund bestand, ersteheliche

---

154 Inst. Iust. 3.3.2: *„ut mater ingenua trium liberorum ius habens, libertina quattuor ad bona filiorum filiarumve admittatur intestatorum mortuorum, licet in potestate parentis est."*

155 Es ist bedauerlich, dass die groß angelegte, analytische Habilitationsschrift Marianne *Meinharts* (Die Senatusconsulta Tertullianum und Orfitianum) an keiner Stelle auf den Umstand dieser Textverschiedenheit eingeht.

156 Zur Frage nach dem Prozedere der *dos*-Rückerstattung nach klassischem Recht und der Einbehaltung/Auszahlung von Zinsfrüchten siehe: *Stiegler*, Divortium, 1999, S. 431 ff. sowie *Söllner*, Vorgeschichte, 1969, S. 116 ff.; Einen Überblick zur Situation des Scheidungsrechts vor Konstantin bietet *Memmer*, Ehescheidung, 2002, S. 490 f..

Mitgiftsanteile an Kinder der zweiten Ehe zu vererben bzw. für diese aufzuwenden. Umso größer muss hier die gefühlte Benachteiligung von Kindern aus erster Ehe eingeschätzt werden, handelte es sich doch bei einer Mitgift um ehedefiniertes Vermögen, das mit ihrer eigenen Person in direktem Zusammenhang stand. Schließlich war die Mitgift einst um jener Ehe willen gestellt worden, aus der sie – die Kinder – letztlich hervorgegangen waren.

Desweiteren – wie ebenfalls mehrfach angesprochen wurde – stellen frei vererbbare Vermögensanteile immer eine Komponente dar, die das familiäre Miteinander entscheidend mitbestimmen können. Wer rein rechtlich gesehen Aussicht hat, etwas zu erben, tut gut daran, sich gut im Familienleben zu positionieren und in besseres Licht zu rücken als z. B. Halbgeschwister. Frei vererbbare Vermögensmasse kann einen Zankapfel und eine Größe darstellen, um derentwillen konkurriert wird. Dies zeigen nicht zuletzt die bereits angedeuteten und noch auszuführenden familienrechtlichen Abgründe einer *querela inofficiosi testamenti*, die den Beteiligten abverlangte, möglichst plausibel darzustellen, warum die eigene Person bezüglich des Verstorbenen erbwürdiger als der eigene (Halb-)Bruder oder der Onkel etc. war. Derartigen auf ökonomischen Erfolg ausgerichteten Verhaltenweisen einzelner Mitglieder einer Patchworkfamilie beugten spätantike Erbregelungen indirekt vor, indem sie die Besitzrechte eines wiederheiratenden Elternteils an ersttehelichen Gütern detailliert definierten.

Wurden in den vorangehenden Kapiteln jene Vermögenswerte angesprochen, die zwar direkt von Eltern an (minderjährige) Kinder übergingen, dann aber zunächst in der Verwaltungskompetenz des überlebenden Elternteils standen, soll nun der Verbleib solcher Vermögenswerte angesprochen werden, die nach Scheidung oder Verwitwung zwischen den Ehepartnern selbst wechselten. Dabei handelt es sich jeweils sowohl um Eheschenkung und Mitgift sowie um jegliche andere Besitztümer, welche zu Zeiten der Ehe zwischen Mann und Frau ausgetauscht wurden. Das Kapitel zur spätantiken Scheidungsgesetzgebung ist auf die detaillierten Regelungen der Mitgifts- und Eheschenkungsrückerstattung (teilweise oder ganz) bereits eingegangen. Das vorliegende Kapitel widmet sich der Frage, welche sittlichen Verpflichtungen Eltern juristisch auferlegt wurden, wenn es darum ging, diese Ehegüter unter erst- und zweitehelichen Kindern zu verteilen.

Zunächst betroffen von derartigen Regelungen zur Besitzausübung waren wiederheiratende Frauen und die ihnen zugekommenen Vermögensanteile aus ersten Ehen.

Anders als nach klassischem Recht wurde unter Theodosius I. 382 n. Chr. obligatorisch geregelt, eine erneut heiratende Witwe besäße an besagtem Vermögen – also Eheschenkung und alles andere, was sie bereits zu Lebzeiten des Mannes oder durch dessen Tod geschenkt bekommen oder ererbt hatte – lediglich das Recht der *possessio*. Wenn nicht an die Kinder aus der entsprechenden Ehe – in diesem Fall aus der ersten Ehe – durfte sie an keine

Personen Teile dieses Vermögens veräußern. Welchem ihrer Kinder aus erster Ehe sie das Vermögen – ungeschmälert – zukommen lassen wollte, lag in ihrem eigenen Ermessen.[157] Lediglich die Eheschenkung des Mannes musste unter allen Kindern dieser Ehe aufgeteilt werden.

Damit war es einer wieder verheirateten Mutter nicht möglich, Kinder aus nachfolgenden Ehen mit Vermögenswerten aus einer vorangegangenen Ehe zu bereichern. Explizit wurde dieses Vorgehen verboten, denn *„nicht mögen derartige Frauen erwarten oder die Kompetenz haben, irgendetwas aus diesem Vermögen an eine beliebige außenstehende Person oder an einen aus einer anderen Ehe Nachgefolgten zu veräußern.“*[158]

Sollte durch betrügerische Vorkommnisse etwas aus dem ehemannschen Vermögen verloren gehen, haftete die Mutter mit ihrem eigenen Vermögen dafür, sodass die Vermögenswerte ungeschmälert in den Besitz der Kinder übergingen.[159] Die Rechte der verwitweten Mutter am Vermögen ihres verstorbenen Ehemannes waren, insofern sie erneut geheiratet hatte, sichtlich eingeschränkt. Auch im Falle, dass ein Kind vor der Mutter starb, richtete sich das Besitzrecht der Mutter am kindlichen Vermögen danach, ob sie erneut heiratete oder nicht. Wenn sie erneut heiratete, verlor sie das Besitzrecht an allen Vermögenswerten, die das verstorbene Kind vom Vater erhalten hatte, an die Geschwister des verstorbenen Kindes. Ihr blieb dann nur der *usus fructus*. Volles Besitzrecht hatte sie nur, wenn sie nicht ein weiteres Mal heiratete.[160]

Was die Benutzungsrechte einer wiederverheirateten Witwe an den Vermögenswerten ihres ersten Ehemannes betraf, so ist die Situation nicht eindeutig rekonstruierbar bzw. datierbar.

Im Codex Theodosianus wird 382 n. Chr. geregelt, eine Witwe habe das Recht *„possidendi tantum in diem vitae“*, also ein lebenslanges Besitzrecht.[161] Das gleiche Gesetz ist allerdings in der Fassung des Codex Iustinianus an entscheidender Stelle verändert. Dort räumt die Passage *„possidendi tantum* ***ac fruendi*** *in diem vitae“*[162] einer Witwe, obwohl sie erneut geheiratet hatte, auch das Recht der Benutzung und Fruchtziehung mit ein – und dies pauschal bezüglich allen ehemaligen, ehemannschen Gütern.

---

157 Cod. Theod. 3.8.2 (382 n. Chr.); *Vaccari*, Scritti di storia del diritto privato, 1956, S. 63 f..

158 Cod. Theod. 3.8.2: *„Nec quidquam eaedem feminae ex isdem facultatibus abalienandi in quamlibet extraneam personam vel successionem ex alterius matrimonii coniunctione susceptam praesumant atque habeant potestatem.“*

159 Cod. Iust. 5.9.3 (382 n. Chr.); *Brendileone*, Scritti di storia del diritto privato Italiano, 1931, S. 135 f..

160 Cod. Theod. 5.1.8 (426 n. Chr.).

161 Cod. Theod. 3.8.2 (382 n. Chr.).

162 Cod. Iust. 5.9.3.

Es ist davon auszugehen, diese Justinianische Ergänzung beschreibe tatsächlich die Situation bereits am Ende des vierten nachchristlichen Jahrhunderts, wie sie für kurze Zeit vorzufinden gewesen sein wird. Denn die Rechtsentwicklung nach 382 n. Chr., dem Jahr der erstmaligen Thematisierung einer Korrelation zwischen Benutzungsrechten und Wiederverheiratungen, geht dann in eine andere und zugleich differenziertere Richtung und ist bestrebt, sich von den vormals pauschalen Verhältnissen abzugrenzen. So setzt bereits zehn Jahre später eine Untergliederung des ehemannschen Besitzes in Eheschenkung und restliche Vermögenswerte ein. Und während eine Witwe, auch im Falle einer erneuten Heirat, Besitz- und Nutzungsrechte an der Eheschenkung innehielt, verlor sie durch die zweite Ehe das Nutzungsrecht an den restlichen Gütern des verstorbenen Ehemanns.[163]

Dieses System der Differenzierung setzte sich über die Jahrhunderte fort und fand fortan mehrmals im Osten und im Westen gesetzliche Bestätigung, sei es 398 n. Chr. unter Arcadius und Honorius[164] oder 412 n. Chr. unter Honorius und Theodosius II..[165]

Inwieweit diese theoretischen Bestimmungen zur Unterscheidung zwischen Besitzen und Benutzen von *bona paterna* einerseits und Eheschenkung andererseits auch praktisch im Familienalltag umgesetzt wurden, ist nicht rekonstruierbar. Doch ist schwer vorstellbar, dass eine wiederverheiratete Frau tatsächlich nur von den Diensten jenes Sklaven Gebrauch machte, den ihr der erste Ehemann per Eheschenkung zugedacht hatte, während die restlichen Sklaven im Haus sie nicht bedienen durften, da diese zu den *bona paterna* gehörten. Die gleiche Frage stellt sich auch bei landwirtschaftlichen Nutzgegenständen oder Mobilien im Haus. Vielmehr ist davon auszugehen, in der Praxis seien solche Dinge weiterhin gemeinsam genutzt worden.

Vielleicht waren es solche Gründe der mangelnden Realisierbarkeit dieser Bestimmungen, die Justinian später dazu veranlassten, die Beschränkung des Nutzungsrechtes auf die Eheschenkung wieder aufzuheben. Er erließ ein Gesetz, nach dem einer Mutter der Nießbrauch an jeglichem Vermögen des verstorbenen Ehemannes auch dann zugesprochen bleiben sollte, wenn sie erneut heiratete. Das Gesetz erwähnt, dass dies nach vorherigem Recht nicht der Fall gewesen sei,[166] was darauf schließen lässt, dass die Bestimmungen von und seit 398 n. Chr. eine gewisse Bekanntheit in der Gesellschaft erlangt hatten. Auch indiziert diese Wiedereinführung des mütterlichen Nutzungsrechtes an allen erstehelichen Gütern, dass der Staat nichtsdestotrotz davon

---

163 Cod. Iust. 5.10.1 (392 n. Chr.).

164 Cod. Theod. 3.9.1.

165 Cod. Theod. 3.8.3.

166 Nov. Iust. 22.32: „[…] *ante nos quidem dicebat lex* […]“ – „[…] *vor uns sagte ja das Gesetz* […]“; bzw.: „*Hoc enim videbatur legi.*“ – „*Dies nämlich schien nach dem Gesetz.*“; siehe auch die Bestätigung in Nov. Iust. 98.1.

ausging, die väterlichen Vermögenswerte würden später auf jeden Fall den erstehelichen Kindern zukommen. Der Schutzfaktor des Veräußerungsverbots, dem eine wiederheiratende Mutter ja weiterhin unterlag, schien ausreichend zu sein, um die erneute Einräumung des Nutzungsrechtes nicht als Gefahr für die Kinder der entsprechenden Ehe anzusehen.

Der Schein trügt, diese Gesetzesentwicklung unter Justinian schaffe für Witwen keine wesentlichen Anreize mehr, unverheiratet zu bleiben, da doch nun die Nutznießung an allen ehemannschen Gütern trotz einer zweiten Ehe aufrechterhalten blieb. Denn Justinian regelte zudem, eine Witwe, wenn sie unverheiratet bleibe, sei besser gestellt als jene, die erneut geheiratet habe. Dies solle dadurch gewährleistet werden, dass sie nicht nur die Nutznießung der vollen Eheschenkung genießen, sondern zudem einen Kindesanteil davon als eigenen Besitz betrachten dürfe.[167] Als Eigentümerin war ihr somit auch die freie Verfügung inklusive Veräußerung gestattet. Der Entschluss zur Einehe wurde demnach mit einer Aufwertung mütterlicher Rechte belohnt: Die Witwe wechselte – zumindest ansatzweise – vom Status der Besitzerin in jenen der Eigentümerin.

Auch hier schuf Justinian zudem eine Balance zwischen mütterlichen Interessen und Kindessicherheit, denn sollte eine Mutter zunächst ihren Anteil veräußern und dann erneut heiraten, so bestimmte er, dass jegliche Veräußerungen von Teilen der Ehe-Schenkung in diesem Fall nichtig würden. Dadurch war gesichert, dass die Vermögenswerte der Eheschenkung den Kindern der ersten Ehe ungeschmälert zukamen.[168]

Trotz der erwähnten „Belohnung“ Einmalverheirateter in justinianischer Zeit, wäre es vermessen, der spätantiken Gesetzesentwicklung allzu christliche Intentionen zu unterstellen. Vielmehr darf auch hier – wie schon bezüglich der Scheidungs- und Wiederverheiratungsgesetzgebung – der Wille vermutet werden, Familienmitglieder zu sittlich angebrachtem Handeln zu bewegen. So erlassen Honorius und Theodosius ebenso Schutzbestimmungen, welche Familienmitglieder der zweiten Ehe im Blick hatten. Eine Mutter war verpflichtet, die Eheschenkung, die sie vom zweiten Ehemann erhalten hatte, ausschließlich jenen Kindern zukommen zu lassen, die dieser zweiten Ehe entsprungen waren.[169] Keineswegs wurden also die Belange zweiter Ehen als weniger schützenswert angesehen. Keineswegs ging es um ein in Paragraphen gegossenes Eineheideal.

Es würde den Rahmen dieser Arbeit sprengen, alle Detailregelungen zum Besitz-, Benutzungs- und Vererbungsrecht darzustellen, wie sie im Laufe der spätantiken Jahrhunderte allein bezüglich *bona paterna* und Eheschenkung

---

167 Nov. Iust. 127.3; *Fögen* schließt nicht aus, die Belohnung der monogamen Lebensform habe auch für rechtmäßig Geschiedene gegriffen. (*Fögen*, Muttergut, 1992, S. 19.).

168 Nov. Iust. 22.24.

169 Cod. Iust. 5.9.4 (422 n. Chr.).

erlassen wurden. Bereits der Detailreichtum an sich zeigt aber ein nicht abreißendes Bestreben der Gesetzgeber, Familienstreitereien, die sich um Erbkomponenten drehten, zu minimieren und gleichzeitig eine scheinbar übergeordnete Ansicht von familienethischem Handeln zu manifestieren. Neben dieser inneren Ausgewogenheit des familiären Lebens gehört zudem der erbrechtliche Schutz des Gebildes an sich zum Dauerthema der Gesetzgebung.

Allein anhand einer Majorianischen Novelle ist diese Gleichzeitigkeit der Bestrebungen abzulesen. So regelt Majorian penibel, nunmehr sollten alle (ersteheIichen) Kinder zu gleichen Teilen von der Mutter bedacht werden, wenn sie die (ersteheIichen) väterlichen/ehemannschen Vermögenswerte verteile. Habe diese Regelung vorher nur für die Eheschenkung des Mannes gegolten, sei nun das gesamte ehemannsche Vermögen davon betroffen.[170] Im gleichen Atemzug möchte es Majorian nicht versäumen, erneut auf die Gefahr werbender Schmeichler hinzuweisen. Ersteheliche Kinder hätten das Recht der Rückforderung, wenn ihre Mutter dem Umgarnen eines (zweiten) Mannes erlegen sei und ihm das ersteheliche Vermögen vermacht habe.[171]

Als Fazit zu den praktischen Auswirkungen der spätantiken Gesetzgebung bleibt festzuhalten, dass ab dem späten vierten nachchristlichen Jahrhundert *bona paterna* und Eheschenkung, die einer Mutter vermacht wurden, auf jeden Fall nach deren Tod den Kindern der entsprechenden Ehe zukamen – zumindest insofern alles mit rechten Dingen zuging. Veräußerungsverbot und Nutzungseinschränkung im Wiederverheiratungsfall schoben missbräuchlichen Prozessen innerhalb einer Patchworkfamilie einen wirksamen Riegel vor.

Kinder in Stieffamilien erfuhren hier eine besondere Berücksichtigung. Ihre Stief- und Halbgeschwister mussten sie nicht als Konkurrenten um den ehemaligen Besitz ihres eigenen Vaters sehen. Der Stiefvater musste nicht misstrauisch beäugt werden. Stiefgeschwister und Stiefväter hatten theoretisch keine Möglichkeit, in den Besitz jener Vermögenswerte zu gelangen, die in Form von *bona paterna* oder Eheschenkung der verwitweten Mutter zugekommen waren. Zu erwähnen ist aber auch, dass Sorgen und Ängste, wie sie Johannes Chrysostomos und andere beschreiben,[172] durchaus reali-

---

170 Nov. Mai. 6.8 (458 n.Chr.); Nov. Sev. 1 (463 n.Chr.); Im östlichen Teil des Römischen Reiches kommt es erst unter Justinian zur Gleichberechtigung aller Kinder derselben Ehe: Nov. 2.1. (535 n.Chr.) sieht dies zunächst für die Eheschenkung vor: Da alle Kinder einer ersten Ehe gleichsam Schaden durch die erneute Heirat ihrer Mutter nähmen, müssten sie auch zu gleichen Teilen aus der Eheschenkung des ersten Mannes bedacht werden.
Nov. 22.25 (536 n.Chr.) nennt die gleiche Regelung für jegliches Vermögen, welches einer Mutter aus ihrer ersten Ehe zukam.

171 Nov. Mai. 6.8 (458 n.Chr.).

172 Siehe das Kapitel V.2: *Defizitäre Lebensumstände spätantiker Patchworkfamilien aus christlicher Sicht.*

stische Einschätzungen sein können. Die mangelnde Realisierbarkeit der Untergliederung von Besitz und Nutzung von *bona paterna* und Eheschenkung im Familienalltag wird tatsächlich dazu geführt haben, dass Kinder sahen, wie Stiefväter die Güter ihres Vaters mitbenutzten – wohingegen eine Veräußerung zu ihren Ungunsten rechtstheoretisch nicht zu erwarten war.

Die eben dargestellten erbrechtlichen Entwicklungen zu mütterlichen Rechten an Eheschenkung und *bona paterna* finden ihre Relevanz in stiefverwandtschaftlichen Verhältnissen, die durch eine erneute Heirat der Mutter zustande gekommen waren. War dies der Fall, dann drohte, wie gesehen, ersteehelichen Kindern ab dem späten vierten Jahrhundert kein finanzielles Unheil mehr.

Doch wie verhielt es sich, wenn eine erneute Heirat des Vaters den Kindern aus erster Ehe Halb- und Stiefverwandte an die Seite stellte? Wurden die Rechte des Vaters an Mitgift und *bona materna* im Laufe der Spätantike in gleicher Weise eingeschränkt wie die mütterlichen Zugriffskompetenzen auf Eheschenkung und *bona paterna*? Inwieweit konnte ein Vater über jene Besitzungen verfügen, die ihm aus Anlass der Ehe oder von Todes wegen von seiner Frau überlassen wurden? Setzt sich die Aufweichung der patrialen Autorität, der Amtsgewalt des *paterfamilias*, wie sie bereits im Sorgerecht oder der Verwaltung des Kindervermögens beobachtet werden konnte, auch in Vermögensteilen fort, die ihm direkt von seiner Frau vermacht wurden?

Gerade in Anbetracht einer deutlich dominanteren Position des Mannes als der einer Frau innerhalb der Familie verwundert es nicht, dass die erfolgreiche Einschränkung väterlicher Rechte einen weitaus größeren Zeitraum in Anspruch nahm als das gleiche Phänomen im Falle der Mutter. Dies heißt aber nicht, der Wille zur Gleichbehandlung zwischen Mann und Frau in erbrechtlichen Fragen wäre nicht frühzeitig Kernbestand der Gesetzgebung gewesen. So artikuliert jenes Gesetz des Theodosius I. (382 n. Chr.), welches erstmals eine Witwe rechtlich verpflichtete, ihre ererbten Vermögensanteile ungeschmälert den Kindern – jeweils der ersten oder zweiten … Ehe – zukommen zu lassen, den identischen Wunsch auch bezüglich eines Witwers: „*Wir wollen, dass Ehemänner nach selbigem Beispiel sowohl an die* pietas *als auch an das Gesetz erinnert werden. Auch wenn wir sie nicht anketten durch eine Fessel wie z. B. die einer auferlegten strengen Sanktion, hindern wir sie dennoch durch das Recht der* religio, *damit sie wissen, dass von ihnen durch die Berücksichtigung des Gerechtigkeitssinns eben jenes erwartet wird, was den Müttern durch die Notwendigkeit, das Beschlossene zu beachten, befohlen wird.*“[173]

---

173 Cod. Theod. 3.8.2.3: „*Simili etiam ammoneri maritos volumus et pietatis et legis exemplo; quos, etsi vinculo non adstringimus velut inpositae severius sanctionis, religionis tamen iure*

Unverklausuliert bedeutet diese Passage nicht weniger, als dass sich Männer moralisch verpflichtet fühlen sollten, ihr Ererbtes den Kindern einer jeweiligen Ehe zukommen zu lassen. Rechtlich verpflichtet, wie es eine Witwe war, waren sie hingegen nicht.

Diese moralisch gebundene Entscheidungsfreiheit eines Witwers wechselte erst unter Theodosius II. (439 n. Chr.) in eine rechtliche Obligation. So bestimmte Theodoisus II., „*dass unter den selben Umständen auch der Ehemann das von den ehefrauschen Gütern, was ihm, nachdem die Ehe durch den Tod der Ehefrau aufgelöst worden ist, zugefallen war, den gemeinsamen Kindern bewahre* […].“[174] Anders gesprochen: Jene Teile der Mitgift und der *bona materna*, die einem Witwer aus erster Ehe zugekommen waren, mussten nun nach gleichem Verfahren für die Kinder der entsprechenden Ehe aufbewahrt werden, wie es bereits für eine Witwe geregelt war. Ebenso sollte mit jenen Gütern verfahren werden, die nicht durch den Tod der Ehefrau, sondern durch deren Scheidungsschuld in den Besitz des Mannes gekommen waren.[175]

Dem Vater war zwar das Besitz- und Benutzungsrecht am ehefrauschen Vermögen zugesprochen (er durfte Geschäfte im Sinne seiner Kinder führen), zur familienexternen Veräußerung war er aber nicht befugt. Aufteilen konnte er das Vermögen nur unter seinen erstehelichen Kindern, wobei er nach eigenem Ermessen portionieren konnte.[176] Im Gegensatz zur Mutter, die zur gleichmäßigen Verteilung der Erbgüter unter ihren Kindern verpflichtet war, verlor der Vater somit die Kompetenz der Bevorzugung nicht. Es ist meiner Meinung nach zu vermuten, hier sei das konzeptuelle Prinzip des *paterfamilias* aufrechterhalten worden. Einem Vater wird daran gelegen sein, die vorhandenen familiären Vermögenswerte nicht allzu sehr zu zerschlagen. Ihm blieb entsprechend seinem eigenen Vermögen die Möglichkeit, hier quasi einen Haupterben zu benennen, der die Verantwortung für den Familienbesitz übernehmen sollte. Nur so ließe sich erklären, warum einer Mutter das Recht der Bevorzugung und Benachteiligung unter erstehelichen Kindern abgesprochen wurde, einem Vater hingegen erhalten blieb.

Bemerkenswert ist zudem, dass es bis zur Regierungszeit Justinians nicht zu einer Koppelung des Nutzungsrecht an den Tatbestand der väterlichen Wiederverheiratung gekommen zu sein scheint. So findet sich kein vorjustinianisches Gesetz, welches gesonderte Kompetenzbeschränkungen eines Va-

---

cohibemus, ut sciant id a se promptius sprerari contemplatione iustitiae, quod necessitate propositae observationis matribus imperatur.“

174 Cod. Iust. 5. 9. 5: „[…] *isdem casibus maritum quoque quae de bonis mulieris ad eum devoluta sunt morte mulieris matrimonio dissoluto communibus liberis servare* […]“; Nov. Theod. 14.1.3 (439 n. Chr.).

175 Vgl. *Vaccari*, Scritti di storia del diritto privato, 1956, S. 82 f..

176 Nov. Theod. 14.1.5.

ters für den Fall thematisierte, da er sich entschloss, ein zweites Mal zu heiraten. In vergleichbaren Fällen war Frauen frühzeitig das Nutzungsrecht an den ehemannschen Gütern versagt worden. Inwieweit dieser mangelnde Befund im Fall des Ehemannes allerdings einer fragmentarischen Quellenlage geschuldet sein könnte, ist nicht zu rekonstruieren.

Auffallend ist jedenfalls, dass vorjustinianische Gesetze durchaus auch im Hinblick auf die Rechte des Vaters eine Wiederverheiratungsklausel kannten – wenn auch nicht bezüglich seiner Zugriffsrechte auf die einstigen ehefrauschen Güter. So verlor nach Cod. Theod. 8.18.10 (426 n. Chr.) ein Vater das Eigentum an jenen Besitzkomponenten, die durch den Tod eines seiner minderjährig verstorbenen Kinder in seinen Besitz gekommen waren, in dem Moment, in dem er erneut heiratete.[177] Ihm blieb nunmehr nur noch das Nutzungsrecht. Die Wiederverheiratung wurde somit durchaus in Form von Kompetenzverlust geahndet.[178]

Eine vergleichbare Sanktionierung der väterlichen Wiederverheiratung kann in Form einer Einschränkung ehemannscher Rechte an *dos* und *bona materna* hingegen erst, wie bereits erwähnt, für die Regierungszeit Justinians manifestiert werden. Denn während Nov. Iust. 22.23 festlegt, eine Witwe verliere im Moment einer erneuten Heirat die Eigentumsrechte am ehemaligen Besitz ihres Mannes, verfüge aber nach wie vor über ein Nutzungsrecht – „*usum et fructum*“ –, so spricht das Gesetz im Falle eines Witwers davon, der Mann dürfe keinen Nutzen mehr aus der ehefrauschen Mitgift ziehen, sobald er erneut heirate.[179] Ob ein Wiederverheirateter auch an den übrigen *bona materna* seine Nutzungsrechte verlor, wird hingegen nicht erwähnt.

Dieser kurze Abriss über die spätantike Reformierung ehemannscher Rechte an ererbter Mitgift und *bona materna* bestätigt die Vermutung einer nur schleppend vorangehenden Einschränkung väterlicher Kompetenzen. Zudem bleibt zu bedenken, dass es trotz einer hypothekarischen Belastung des Vatervermögens, welches als Schutzsystem missbräuchliches Wirtschaften kompensieren sollte – bis in die Regierungszeit Justinians hatte sich dieses System nachweislich etabliert[180] –, dennoch weiterhin zu Vermögensverlus-

177 Es handelt sich dabei um ehemalige Vermögenskomponenten der Ehefrau, die diese von Todes wegen an die Kinder vererbt hatte. Nach dem Tod eines der Kinder fiel dessen Erbteil nun dem Vater zu.

178 *Fögen* (Muttergut, 1992, S. 21.) geht davon aus, auch Justinian habe diese Form der Bestrafung eines zweimal verheirateten Vaters als gültiges Gesetz gekannt und bestätigt. Nachweisbar ist dies allerdings nicht, da sich in den von Justinian kodifizierten Gesetzen keine Beschränkung der väterlichen Rechte an den mütterlichen Vermögenswerten eines vorverstorbenen Kindes findet.

179 Nov. Iust 22.23.

180 Justinian erwähnt in Cod. Iust. 5.9.8.4 (529 n. Chr.), es solle mit der Order der hypo-

ten gekommen zu sein scheint. Justinian regelt den Fall, ein verwitweter Vater habe ein zweites Mal geheiratet und die Mitgiftsanteile seiner ersten Frau verschwendet. Bei seinem eigenen Tod war dann nur noch die Mitgift der zweiten Ehefrau existent. Das Gesetz sah nun vor, dass die Kinder aus erster Ehe bei der Vermögensausschüttung bevorzugt würden. Somit hatten sie Anspruch auf die Mitgift der zweiten Ehefrau.[181] Dies zeigt, dass rechtstheoretische Entwicklungen bei weitem nicht als repräsentatives Abbild der herrschenden Familienverhältnisse angesehen werden dürfen.

Im Übrigen handelt es sich bei Justinians Privilegierung erstehelicher Familienmitglieder, welche die Mitgift der Stiefmutter zugesprochen bekamen, nicht etwa um eine christlich intendierte Höherbewertung der ersten Ehe im Vergleich zur zweiten. Die Mitglieder der zweiten Familie sind in Justinians Augen nicht mehr wert als die der ersten. Das Gesetz betont bewusst, dass lediglich der Zeitpunkt des Rechtsgeschäftes ausschlaggebend sei, denn „[…] *quod antiquius est et tempore amplius manere proprium robur habens et privilegium.*“[182]

Unverschuldet Leidtragende sind in diesem Fall die Stiefmutter und deren leibliche Kinder, also die Halbgeschwister der erstehelichen Kinder – wer zu spät kommt, den bestraft das Leben.

d) Rückerstattete Mitgifts- und Eheschenkungsanteile als freie Vermögensmasse

Die seit Konstantin einsetzende Scheidungs- und Wiederverheiratungsgesetzgebung regelte – ansatzweise nach klassischem Vorbild – das System der Mitgifts- und Eheschenkungsrückerstattung je nach Scheidungsschuld und Verwitwung. Für den Fall einer Wiederverheiratung einer/s Witwe/rs oder einer/s unschuldig Geschiedenen stellt sich somit die Frage, welche Verwaltungs- und Veräußerungsrechte der Betroffene bezüglich seiner (ehemals) eigenen, nun rückerstatteten *dos-* und *donatio*-Anteile ausüben durfte. War sie/er den gleichen Einschränkungen unterworfen wie im Falle der ererbten Güter des Ehepartners?

Der nachgewiesene Befund, die Richtlinien spätantiker Gesetzgeber gründeten sich auf einer neuen Vorstellung von familienethischem, sittlichem Vererben, und koppelten damit konsequent ersteheliches Ehegut an ersteheliche Kinder, ließe vermuten, auch bezüglich rückerstatteter *dos-* oder *donatio-*

thekarischen Belastung lediglich bestätigt werden, was bereits zum Kernbestand des alten Gesetzes gehöre.

181 Nov. Iust. 91 (539 n. Chr.).

182 Nov. Iust. 91: „[…] *was älter ist und zeitlich länger andauert, soll besonders gewichtig sein und Privilegierung genießen.*“

Anteile müsse dieses Prinzip gegolten haben. Schließlich war eine Eheschenkung des Mannes ehedefiniert, als dass sie einst aus Gründen einer bestimmten Ehe – *donatio propter nuptias* – gestellt worden war, ganz gleich, ob diese Eheschenkung später aufgrund von Verwitwung oder Scheidung an den Ehemann zurückfiel. So wäre es nachvollziehbar, Kindern der entsprechenden Ehe ein gewisses sittliches Anrecht auf diese rückerstatteten Vermögenswerte zu unterstellen. Dies hätte zur Folge, dass einem Vater oder einer Mutter – ob wiederverheiratet oder nicht – die Veräußerung dieser Komponenten an familienexterne Personen oder Mitglieder einer Zweitfamilie untersagt sein müsste.

Die Theorie deckt sich in diesem Falle nicht mit der Praxis. Nicht etwa, weil zahlreiche gegensätzliche Bestimmungen aus den spätantik-römischen Jahrhunderten zu finden wären, sondern schlichtweg, da obige Annahmen und Analogieschlüsse kaum belegbar sind.

Der *Codex Iustinianus* oder die *Novellae Constitutiones Iustiniani* etwa schweigen sich – in all ihrer Detailversessenheit – diesbezüglich weitgehend aus. So werden in Cod. Iust. 5.17.8.7 (449 n.Chr.) oder Nov. Iust. 117.13 zwar ausführlich jeweils die Rechte des Mannes an der Mitgift sowie die der Frau an der Eheschenkung thematisiert. Keine Korrelation hingegen wird zwischen Frau und Mitgift oder Mann und Eheschenkung geknüpft.

Einigermaßen belegte Aussagen lassen sich erst für das späte fünfte Jahrhundert tätigen: Ein oströmisches Gesetz des Kaisers Zenon aus dem Jahre 479 n.Chr. regelt eindeutig, dass in keinem Fall Väter oder Mütter verpflichtet werden könnten, rückerstattete Teile von Eheschenkung oder Mitgift ihren Kindern zu bewahren. Egal ob verwitwet oder geschieden, ganz gleich ob erneut verheiratet oder nicht, Väter durften über ihre ehemalige Eheschenkung, gewaltfreie Mütter über ihre ursprüngliche Mitgift verfügen wie sie wollten.[183] Die allgemeine Laxheit dieses Gesetzes, welches Scheidungs-, Halbwaisen- und Stiefkindern ohne Unterschied das Anrecht auf besagte mütterliche/väterliche Vermögenswerte gleichermaßen gewährt bzw. vorenthält, überrascht. Schickten sich doch andere Gesetze an, jede nur erdenkliche Familienkonstellation in ihr Regularium miteinzubeziehen.

Ansatzweise lassen sich jedoch in der Tat ähnliche Bestimmungen auch für die Zeit vor jenem Gesetz rekonstruieren. 422 n.Chr. bestimmte Theodosius II., verwitwete Frauen hätten volles Eigentumsrecht an der Mitgift, die an sie zurückerstattet wurde.[184] Das Gesetz enthält jedoch keine Angaben über (schuldlos) geschiedene Frauen, verwitwete oder geschiedene Männer oder thematisiert den Fall der Wiederverheiratung.[185]

183 Cod. Iust. 5.3.18 (479 n.Chr.).

184 Cod. Theod. 3.13.3 (422 n.Chr.).

185 Zu weiteren Rekonstruktionsversuchen römischen Rechts, die sich für das fünfte Jahrhundert vor dem Hintergrund des syrisch-römischen Rechtsbuches ergeben können, siehe:

Neben genuin römischen Rechtstexten bietet sich zudem die Möglichkeit einer vagen Rekonstruktion der Rechtsverhältnisse anhand des *Edictum Theodorici*, jenes Codexes also, der wohl unter dem Ostgotenkönig Theoderich dem Großen um 500 n. Chr. herausgegeben wurde. Die Nachhaltigkeit jenes Gesetzes endete somit spätestens mit Kaiser Justinian, der 554 n. Chr. nicht nur das Ostgotenreich beseitigte, sondern auch dem dort gültigen Rechtssystem ein Ende bereitete.[186]

Nach dem *Edictum Theodorici* wurden Frauen und Männer unterschiedlich behandelt, was ihre Rechte an rückerstatteten Mitgifts- und Eheschenkungsanteilen betraf. An der zurückerstatteten Mitgift hatte eine Witwe oder unschuldig Geschiedene das volle Eigentumsrecht, der Ehemann hingegen hielt an seinen rückerhaltenen Eheschenkungsanteilen nur ein Gebrauchsrecht. Eigentümer waren seine Kinder.[187] Die unterschiedliche Behandlung von Mann und Frau macht insofern Sinn, als dass eine Frau in der Regel mehr von ihrer Mitgift als Versorgungsquelle abhängig war – sollte eine Scheidung oder der Tod des Ehemannes eintreten – als es unter gleichen Umständen beim Mann der Fall war, der nicht in dem Maße auf seine Eheschenkung als Hauptvermögen angewiesen war.[188]

Die *dos* erfuhr nicht nur bezüglich ihrer Rückerstattung eine rechtlich verankerte Garantie, sondern wurde bereits während des Bestehens der Ehe unter einen besonderen Schutz gestellt. Die Rechte des Ehemannes an der Mitgift der Frau beschränkten sich – entsprechend der vielen anderen familiären Vermögenswerte – auf einen Ususfructus. Die Ehefrau blieb während der Ehe eigentliche Eigentümerin ihrer miteingebrachten Mitgift.[189]

Die Regelung, lediglich eine Frau habe volles Eigentum an und damit freie Verfügungsgewalt über ihre zurückerstattete Mitgift, findet sich, wie erwähnt, nur im *Edictum Theodorici*. Zwar kann vermutet werden, das Gesetz fände wie die meisten anderen juristischen Anordnungen seine Grundlage im gängigen römischen Recht – kodifiziert z. B. im *Codex Theodosianus* – doch keineswegs kann sicher gesagt werden, dass konkret jene Bestimmung zu Mitgift und Eheschenkung bereits vor 500 n. Chr. Bestand hatte.

Selb, Bedeutung, 1964, S. 105 ff.. *Selb* beschäftigt sich auch mit weiteren Detailfragen, z. B. jener des Mitgiftsverbleibs, wenn eine Witwe zum Zeitpunkt der Verwitwung noch nicht gewaltfrei war.

186 Vgl. *Liebs*, Die Jurisprudenz im spätantiken Italien, 1987, S. 191 ff..

187 Edictum Theodorici 54.

188 Zur *dos* als Versorgungsgrundlage für die Frau nach beendeter Ehe sowie zur interpretatorischen Einordnung justinianischer Gesetze zur ökonomisch-rechtlichen Aufwertung der Frau siehe *Biondi*, Il diritto romano christiano II, 1952, S. 219 ff.; und speziell zur Witwe: ebd. S. 229 f..

189 Vgl. *Levy*, West roman vulgar law, 1951, S. 81 f..

So ergibt sich für den Bereich der rückerstatteten *dos* oder *donatio* eine breite Palette an möglichen Rechtsgebräuchen. Während Theodosius 422 n. Chr. Frauen volle Eigentumsrechte einräumt, den Mann aber unbeachtet lässt und Zeno 479 n. Chr. für beide Geschlechter volle Rechte proklamiert, ergeben sich durch die Rekonstruktion anhand des *Edictum Theodorici* volle Rechte für die Frau und Nutzungsrechte für den Mann.

Als relativ sicher kann somit lediglich vermutet werden, eine Frau sei bezüglich ihrer rückerstatteten Mitgift keinerlei Einschränkungen unterlegen.

Daran wird auch Justinian 539 n. Chr. nichts ändern, wenn er zumindest für konsensbedingte Scheidungen regelt, weder Vater noch Mutter seien verpflichtet, zurückerstattete Vermögenswerte zum Wohle ihrer Kinder aufzubewahren, heirateten sie nun erneut oder nicht.[190]

Dennoch darf ein wichtiger Punkt nicht unerwähnt bleiben: Nach genuin römischem Recht konnte eine geschiedene oder verwitwete Mutter trotz allem nicht völlig frei über ihr eigenes Vermögen, ihre zurückerstattete Mitgift inbegriffen, bestimmen.[191] Unter Kaiser Leo wurde 472 n. Chr. bestimmt, eine Mutter oder ein Vater, wenn sie erneut heirateten, dürften dem neuen Ehepartner keinen größeren Betrag aus ihrem eigenen Vermögen zukommen lassen, als dem am wenigsten begünstigten Kind der ersten Ehe. Inbegriffen waren hier Schenkungen jeglicher Art.[192] Constantius hatte bereits 358 n. Chr. vorgesehen, dass nach Abzug der zweiten Mitgift aus dem mütterlichen Gesamtvermögen noch mindestens 1/4 des Vermögens den erstehelichen Kindern erhalten bleiben müsse.[193] Damit war gewährleistet, dass Kinder aus früheren Ehen keinen zu großen finanziellen Schaden erlitten, was oft dann drohte, wenn Mütter erneut heirateten und ihrem Ehepartner – dem Stiefvater ihrer Kinder – eine hohe Mitgift stellen mussten.

Geschädigt wurden Kinder zwar allemal durch die erneute Hochzeit des verwitweten Elternteils, doch konnte nun jedes einzelne Kind sicher sein, dass es mindestens soviel vermacht bekommen würde, wie der neue Partner an der Seite der Mutter / des Vaters. Sollte dem neuen Ehepartner tatsächlich mehr zugewandt worden sein als dem am wenigsten begünstigten Kind, würde der Differenzbetrag am Ende unter den Kindern der ersten Ehe gleichmäßig verteilt. Von dieser Regelung profitieren sogar kurzzeitig auch die Kinder der zweiten Ehe, denn Zenon bestimmte 486 n. Chr., dass bei der Aufteilung des besagten Differenzbetrages nun auch zweiteheliche Kinder

---

190 Nov. Iust. 98.2.

191 Jenes Vermögen also, das sich nicht aus der Eheschenkung und nicht aus anderen Vermögensanteilen speist, die ihr vom Ehemann zugekommen waren.

192 Cod. Iust. 5.9.6 (472 n. Chr.).

193 Cod. Theod. 2.21.1 (358 n. Chr.).

miteinbezogen würden.[194] Diese Regelung scherte ohne Zweifel aus dem Prinzip ehedefinierender Schutzmaßnahmen aus: Welchen Grund gab es, zweiteheliche Kinder bei der Verteilung des Differenzbetrages zu berücksichtigen, wo doch zu hoch angesetzte zweiteheliche *dos*- oder *donatio*-Beträge ausschließlich zum Schaden ersteheIicher Kinder führten? So überrascht es nicht, dass Justinian diese ergänzende Bestimmung später per Novelle wieder abschaffte.[195]

Betrachtet man all diese ausführlich dargestellten, staatlichen Richtlinien zum Erbverfahren, so zeigt sich, dass im Laufe der Spätantike beinahe keine Komponente mütterlichen oder väterlichen Vermögens von juristischen Anordnungen unberücksichtigt blieb. Anders als in klassischer Zeit flossen Vermögensanteile wie Mitgift oder Eheschenkung nach Tod oder Scheidung nicht mehr pauschal in das Grundvermögen des verwitweten oder unschuldig geschiedenen Ehepartners ein, sondern waren jetzt auch weiterhin bezüglich ihrer Funktion und ehemaligen Ehezugehörigkeit definiert. Versickerte eine ehefrausche Mitgift nach klassischem Rechtssystem noch im Vermögen eines rechtswidrig geschiedenen Mannes und ging somit in dessen frei verfügbarem Grundvermögen auf, so war die Mitgift nach spätantikem Recht quasi ein wandelbares Rechtsobjekt. Die Verfügungsrechte des Mannes an der Mitgift richteten sich nun sowohl danach, aus welcher Ehe er sie erhalten hatte, als auch danach, ob er unverheiratet blieb oder erneut heiratete. Ein solches detailliert ausgeklügeltes Bausatz-Rechtssystem hielt – zumindest in der Theorie – für jedes Familienszenario ein passendes Modell bereit.

Darüber hinaus zeigt sich das Bemühen, Zuwiderhandlungen vorzubeugen, indem das Grundvermögen – in diesem Fall das des Vaters – hypothekarisch belastet wurde. Ungerechtigkeiten in der Erbausschüttung und Vermögensverwaltung, die speziell in einer Patchworkfamilie häufiger zu erwarten waren, wurde somit kein Raum gegeben. Vermögenswerte konnten nicht von einem Topf in den anderen wandern. Erstehelicher Besitz durfte nicht für Kinder der zweiten Ehe verwandt werden. Überall, wo Vermögensanteile eine bestimmte Familienzugehörigkeit besaßen, behielten sie diese spezielle Brandmarkung bis zu dem Zeitpunkt, da sie im Vermögen der Kinder der entsprechenden Ehe zusammenflossen.

Ein repräsentatives Bild dieser ausufernden, eherechtlichen Detailversessenheit, wie sie sich im Laufe der Spätantike entwickelte, lässt sich anhand Justinians *Novella* 84 zeichnen. Diese beschäftigt sich mit dem Fall, dass ein Vater dreimal geheiratet hatte, wobei aus jeder Ehe Kinder hervorgegangen waren. Während der dritten Ehe verstarb der Vater, seine Witwe heiratete

194 Cod. Iust. 5.9.9 (486 n.Chr.).

195 Nov. Iust. 22.27.

ebenfalls erneut. Auch aus dieser Ehe gingen Kinder hervor. Nun begab sich der Fall, dass ein Sohn aus der dritten Ehe des Mannes kinderlos verstarb. Die Frage, welche besagte Novella aufwirft, betrifft den Verbleib des Vermögens jenes kinderlos verstorbenen Sohnes.[196] Es soll und kann im Rahmen dieser Arbeit keine Antwort gegeben werden.[197] Vielmehr darf jene *Novella* beispielhaft für den im Vergleich zur klassischen Gesetzgebung so andersartigen Zustand spätantiken Familienrechts stehen. Bis hin zu haarspalterischen Erbszenarien, die sich aus gekoppelten stief- und halbverwandtschaftlichen Verhältnissen ergaben, erhielt alles seine gerechte Regelung.

Dieses breite Paket an Schutzmaßnahmen und Garantien schuf ohne Zweifel eine sehr viel entspanntere Wohnatmosphäre in Patchworkfamilien, als es noch zu klassischer Zeit der Fall war. Beargwöhnungen und Konkurrenzdenken unter Halb- und Stiefverwandten, ja Ängste um das leibliche Wohlergehen dürften, zumindest aus ökonomischer Sicht, nicht zum Kernbestand spätantiker Patchworkfamilien gehört haben.

e) Die *querela inofficiosi testamenti*: Ein rechtlich chiffrierter Familienbegriff

Während die vorangegangenen Kapitel zur Klärung von Möglichkeiten und Grenzen mütterlicher und väterlicher Vermögensverwaltung und -vererbung beitrugen, darf nun in aller erdenklichen Kürze auf ein weiteres, problemschwangeres Rechtsinstitut eingegangen werden, auf das im Rahmen dieser Arbeit bereits mehrfach hingewiesen wurde: Die *querela inofficiosi testamenti*.

Dass diese Institution nicht bereits im Rahmen der Beschäftigung mit dem klassisch-römischen Erbrecht analysiert und dargestellt wurde, begründet sich in ihrer weitgehenden Stagnation, betrachtet man zumindest die Weiterentwicklung der Kernbereiche dieser Klagemöglichkeit bis in die spätantiken Jahrhunderte. So können generelle Aussagen über weite Strecken sowohl für die klassische Zeit als auch die Spätantike als geltend betrachtet werden. Auf wesentliche Änderungen im Laufe der spätantiken Jahrhunderte hinzuweisen, muss das Ziel des folgenden Abschnitts sein.

---

196 Nov. Iust. 84.

197 Siehe auch z.B. Nov. Iust. 118.2f.; Anhand dieser Novelle sucht *Fögen* (Muttergut, 1992, S. 20.) die Möglichkeit eines Digamisten aufzuzeigen, der – auch nach justinianischem Recht – in den Besitz der erstehelichen Mitgift kommen konnte, und über diese sodann freie Verfügungsgewalt hatte. Dies geschah, wenn ein Sohn, der die Mitgift seiner verstorbenen Mutter geerbt hatte, kinderlos verstarb. Dessen Vater erbte dann einen Teil der ehefrauschen Mitgift oder die gesamte Mitgift (je nachdem ob weitere ersteheliche Kinder vorhanden waren) als Eigentum und konnte diesen Teil auch an zweiteheliche Familienmitglieder veräußern.

Im Hinblick auf zahlreiche Einschränkungen, was die Vererbung einzelner Vermögenskomponenten betraf, muss es verwundern, die Darstellung einer Testamentsklage als relevant erscheinen zu lassen. Eine Gesellschaft, die familieninhärent nur noch wenig freie Vermögensmasse kannte, dürfte dem Testament als letztem freien Vererbungswillen nur untergeordnete Bedeutung zukommen gelassen haben.

Doch der Schein trügt. Zwar wurden im Rahmen der spätantiken Rechtsentwicklung die (ehemalige) *dos* und die *donatio* sowie die *bona materna* und *bona paterna* des Ehegatten familiendefinitorisch gebunden, doch unterstanden genuine Vermögenswerte, die nicht erst- oder zweitehelich erworben worden waren, keineswegs bindenden Vererbungsregeln. Ein Vater durfte sein eigenes Vermögen testamentarisch weitgehend willkürlich unter erst- und zweitehelichen Familienmitgliedern verteilen. Wie allerdings mit diesem letzten Willen nach dem Ableben des Erblassers umgegangen wurde, fällt in den Bereich der *querela inofficiosi testamenti*.

Dabei lässt die Möglichkeit der Anfechtung eines als pflichtwidrig empfundenen Testamentes durch einen benachteiligten/übergangenen Verwandten – gegen den Strich interpretiert – Rückschlüsse auf die im römischen (Rechts-)Denken verankerte Vorstellung eines sittlich einwandfreien Vererbungsvorgangs zu. Ein Blick auf den zur Klage berechtigten Personenkreis verrät, wen die römische Gesellschaft als besonders familienintegriert und folglich erbwürdig einstufte und wer im Gegenzug im wahrsten Sinne des Wortes außen vor blieb und weniger familienzugehörig schien.

Der methodische Ansatz ist vergleichbar mit der im Jahre 2009 in Fachkreisen aufkeimenden Debatte zur Erbschaftssteuerreform der Bundesrepublik Deutschland, die zum 1.1.2009 in Kraft trat. Im Rahmen dieser Reform wurden Geschwister zu Verlierern familieninhärenter Vererbung. Zwar zählten Geschwister seit jeher zur fernverwandten Steuerklasse II und wurden somit aus erbschaftssteuerlicher Hinsicht nicht wie Ehepartner, Kinder und Enkel zu den nahen Verwandten der Steuerklasse I gezählt,[198] doch wurde 2009 ausschließlich der Steuersatz für Vererbungen unter Geschwistern drastisch erhöht – von 12% auf 30% bzw. 40% auf 50% – und das bei einer nur geringen Anhebung des Steuerfreibetrages.[199] Geschwister rückten damit weg von der Gruppe der Nahverwandten, deren Freibeträge sich deutlich erhöhten, und hin zu der Gruppe der Nichten, Neffen und sogar Fremden der Gruppe III, die jetzt mit dem gleichen Steuersatz und der gleichen Höhe der Freibeträge bedacht wurden wie Geschwister. Eine aufgrund der Erbschaftssteuerfreibeträge günstige, vormalige Zwischenposition zwischen

---

198 Siehe hierzu: http://www.erben-und-steuern.de/steuerklasse.htm; zuletzt aufgerufen am 20.04.2010.

199 Siehe hierzu: http://maklerseite.de/wissen/allgemeines/erbschaftssteuerreform.html; zuletzt aufgerufen am 20.04.2010.

Nahverwandten und ferneren Verwandten bzw. Fremden hatten Geschwister mit der Erbschaftssteuerreform von 2009 somit eingebüßt.

Diese Vereinheitlichung von Fremden und Geschwistern stieß dann auch prompt auf Widerspruch. Der damalige Oppositionspolitiker Hermann Otto Solms (FDP) konstatierte bereits im Vorhinein, „*durch die erbrechtliche Gleichstellung von Geschwistern und Geschwisterkindern mit familienfremden Erben stehe die neue Regelung im krassen Widerspruch zu dem im Grundgesetz verbrieften Schutz von Ehe und Familie.*“[200] Eine nachzuvollziehende Aussage, wurden Geschwister nun doch quasi zu familienfremde(re)n Personen deklariert. Nicht zuletzt aufgrund der nun einsetzenden Protestwelle betroffener Geschwister sah sich der Bundesfinanzhof gezwungen, die Reform im Einzelfalle auf ihre Verfassungskonformität hin zu überprüfen.[201] Zum 1.1.2010 folgte dann als Reaktion die Reform der Reform: Der Steuersatz der Gruppe II wurde gesenkt und damit von der Gruppe der Fremden (III) abgekoppelt.[202]

Versteht man den oben erwähnten, neuzeitlichen Protest als Methode zur Aufdeckung eines gesellschaftlich verankerten Familienverständnisses – repräsentiert in einer rechtlichen Familiendefinition –, so können in Analogie dazu auch die im römischen Erbsystem aufzufindenden Klagemöglichkeiten der *querela inofficiosi testamenti* als Artikulation eines Familienbegriffs verstanden werden. Wem Klagen gegen pflichtwidrige Testamente versagt blieben, der dürfte nach römischem Verständnis nicht zum (erweiterten) Kernbereich der Familie gehört haben. Nun mag dies unter den Umständen einer „Einheitsfamilie“ – verstanden als eineheliche, lebenslang in ihrer Zusammensetzung gleichgebliebene soziale Einheit – keine Überraschungen geboten haben: Verwandte in direkter Linie sowie Geschwister durften gegen das Testament des jeweils Anderen klagen, wenn sie nicht oder nicht ausreichend bedacht worden waren.[203] Für Blutsverwandte, deren Verwandtschaft über den Grad der Bruderschaft hinausging – so z. B. Kinder des Bruders – bestand zwar eine theoretische Klageberechtigung, Ulpian bescheinigt Klagen dieser Familienmitglieder jedoch eine nur geringe Erfolgsaussicht.[204] Fraglich ist, warum Kaser[205] oder Mayer-Maly[206] davon ausgehen, das Recht

---

200 Zitiert nach dem Wiesbadener Kurier vom 31.12.2008 (Internetausgabe nach: http://www.wiesbadener-kurier.de/nachrichten/politik/4990163.htm; zuletzt aufgerufen am 20.04.2010.).

201 Siehe hierzu: Az. II B 168/09.

202 Siehe hierzu die tabellarische Übersicht bei: http://www.finanztip.de/recht/steuerrecht/erbst-07.htm; zuletzt aufgerufen am 20.04.2010.

203 Dig. 5.2.1: „*omnibus enim tam parentibus quam liberis de inofficioso licet disputare.*“

204 Dig. 5.2.1: „*Cognati enim proprii qui sunt ultra fratrem melius facerent, si se sumptibus inanibus non vexarent, cum optinere spem non haberent.*“

205 Vgl. *Kaser*, Privatrecht I, 1971, S. 711.

206 Vgl. *Mayer Maly*, Römisches Recht, 1999, S. 197.

zur querela sei ausschließlich Eltern, Kindern oder Geschwistern vorbehalten gewesen. Ulpian erwähnt doch dezidiert, auch Personen über diesen Verwandtschaftsgrad hinaus hätten ein Klagerecht. Im Folgenden soll mit Krüger[207] davon ausgegangen werden, auch gradferneren Verwandten sei dieses Recht zugestanden worden. Zudem wird auf die Plausibilität „gradferner Klagen" noch eingegangen.

Der Zusammenhang zwischen Verwandtschaftsgrad und Erfolgsaussicht einer Testamentsanfechtung begründet sich aus jenen Kriterien, die ein pflichtwidriges Testament „erfüllen" musste. Denn *„ein Testament pflichtwidrig nennen heißt vortragen, weshalb man nicht enterbt oder übergangen werden durfte."*[208] So geht Ulpian also davon aus, Verwandte, die nicht mindestens verbrüdert mit dem Erblasser gewesen seien, täten sich vor Gericht schwer, ihre eigentliche Erbwürdigkeit nachzuweisen. Oder salopp gesagt: Nie und nimmer war die testamentarische Bedenkung eines Neffen ein Alltagsphänomen, dessen Ermangelung die Richter Zweifel hegen lassen musste an der Gültigkeit des Testaments. So liefert der Jurist Marcellus die eigentliche Absicht der querela inofficiosi testamenti hinterher, wenn er als Fallbeispiel den natürlich anmutenden und im generellen Alltag zu erwartenden Erbvorgang zwischen Vater und Kind nennt. Die Ermangelung eines ebensolchen Erbvorgangs müsse – im Gegensatz zu jenem zwischen fernen Verwandten – die Richter stutzig machen.[209] So zielt die querela deutlich auf den Schutz der Kernfamilie, die sich in diesem Fall durch die Gruppe gegenseitig erbwürdiger und sich generell beerbender Familienmitglieder definiert.

Spricht man von einer generellen Vererbungsnormalität, so thematisiert das römische Recht die Schmeicheleien oder Aufhetzungen der Stiefmutter[210] als eine Komponente, die diese Generellität aushebelte. Wie bereits im Zusammenhang mit Plinius' Verteidigung der Attia Viriola erwähnt,[211] ist jenes von einer Stiefmutter potentiell verursachte Störfeuer – Verdächtigungen, Beargwöhnungen, Verleumdungen und intendierte Umgarnungen des Vaters – nicht zu unterschätzen bei der Beurteilung der Harmonie in Patchworkfamilien. Der Vater könnte – dadurch beeinflusst – von seinem eigentlichen, sittlich erwarteten Vererbungswillen abweichen. Diese Einschätzung findet sich nun in der Klagemöglichkeit bestätigt, die explizit als eine Möglichkeit für Kinder erwähnt wird, die in Patchworkfamilien aufwachsen und hinter Stiefverwandten das Nachsehen hatten.

---

207 Vgl. *Krüger*, Zum römischen Pflichtteilsrecht, 1939, S. 62 ff..

208 Dig. 5.2.3: *„inofficiosum testamentum dicere hoc est allegare, quare exheredari vel praeteriri non debuerit."*

209 Dig. 5.2.3.

210 Dig. 5.2.4: *„novercalibus delenimentis instigationibusve"*.

211 Siehe das Kaptel III.1: *Rückschlüsse auf das Leben in Patchworkfamilien der Kaiserzeit*.

Doch nicht nur patchworkbegründete Störungen der generellen Erbnormalität lassen sich anhand der *querela*-Paragraphen ablesen. Setzt man die Nennung klageberechtigter Personen mit jenem Personenkreis gleich, in dem eine allgemeine Vererbungsroutine stattfand, so ergeben sich für den Bereich der Patchworkfamilie Besonderheiten, die einer Erwähnung bedürfen.

Interessant ist in diesem Zusammenhang noch einmal Ulpians „*Cognati enim proprii qui sunt ultra fratrem melius facerent, si se sumptibus inanibus non vexarent, cum optinere spem non haberent.*" – „*Aber Blutsverwandte des Erblassers, die weiter entfernt verwandt sind als ein Bruder, würden besser tun, sich nicht mit unnützen Aufwendungen zu belasten, da sie keine Aussicht haben, zu gewinnen.*"[212] In die Gruppe der „cognati" fielen neben Vollbrüdern auch Halbbrüder, und zwar unabhängig davon, ob sich deren Verwandtschaft über den Vater oder die Mutter definierte. Denn dass lediglich ein (1) gemeinsamer Elternteil zur Kreierung der Kognation von Nöten war, ergibt sich aus Ulpians expliziter *cognatio*-Definition, die unter *cognati* jene versteht, die „*quasi ex uno nati*" sind oder „*quasi commune nascendi initium*"[213] haben. So wurde mit der *querela* Halbbrüdern zumindest theoretisch das Recht eingeräumt, die Testamente des jeweils anderen anzufechten. Explizit ausgenommen von diesem Recht wurden sie jedenfalls nicht.

Inwieweit dieser klassisch-römische Rechtsschutz tatsächlich auf eine kernfamiliäre Bindung zwischen Halbbruder und Halbbruder hindeutet, der auf erbrechtlichem Wege eine gewisse Wertigkeit bewahrt wurde, bleibt zu hinterfragen. Anders ausgedrückt: Repräsentiert diese Klagemöglichkeit eines Halbbruders eine relevante Quantität an Vererbungen unter Halbbrüdern? Sollten Halbbrüder deshalb nicht von dieser Klagemöglichkeit ausgeschlossen werden, weil es in der Tat nicht selten zu gegenseitigen Vererbungen dieser Verwandten kam? Das wiederum würde auf eine gewisse Patchworkharmonie unter Halbgeschwistern hindeuten. Oder zählt Ulpian Halbbrüder zu jener Gruppe von Verwandten, die zwar theoretisch eine Klagemöglichkeit besaßen, aufgrund ihrer Exotik praktisch aber keine Aussicht auf Erfolg? Ohnehin bleibt zumindest für die klassische Zeit die Frage nach Vererbungshäufigkeit eher für jene Halbbrüder zu stellen, die sich über den Vater definierten und gemeinsam aufwuchsen, als für jene mütterlichen, die zwar rein rechtlich den Tatbestand der *cognatio* erfüllten, aber weitaus seltener mit ihrer geschiedenen Mutter und deren weiteren Kindern – ihren Halbgeschwistern – zusammenlebten. Nach dem Motto „*aus den Augen aus dem Sinn*" wird es hier seltener zu gegenseitigen testamentarischen Begünstigungen gekommen sein.

---

212 Dig. 5.2.1.

213 Dig. 38.8.1.1; siehe auch die Definition bei Gai. 1.156: „*At hi, qui per femini sexus personas cognatione coniunguntur, non sunt agnati, sed alias naturali iure cognati.*"

Interessant ist vor diesem Hintergrund, dass Konstantin im Jahre 319 n. Chr. jenen Halbgeschwistern, die sich über gemeinsame Mütter definierten, ihre Klagemöglichkeit entzog, während er sie für alle anderen „Geschwisterarten“ aufrecht erhielt.[214] Diese Entwicklung korreliert keineswegs mit dem Befund, wie er im Rahmen dieser Arbeit bezüglich der mütterlichen Sorgerechtskompetenz nachgewiesen wurde. Warum nahm Konstantin den *uterini* das Klagerecht, wenn doch zunehmend Mütter das Sorgerecht über ihre erstehelichen Kinder übernahmen und damit vermehrt Haushaltsstrukturen anzunehmen waren, in denen *uterini* unter einem Dach wohnten? Mit Sicherheit werden sich in der Spätantike *uterini* öfter beerbt haben, wodurch dies also zu den gängigeren Phänomenen gehörte, als noch zur Kaiserzeit. Dass *uterini* dennoch die Klagemöglichkeit verwehrt blieb bzw. wurde, kann nur bedeuten, dass die tatsächliche, kernfamiliäre Aufwertung dieser Verwandtschaftsbeziehung aus unerklärlichen Gründen nicht dem rechtsdefinitorischen Familienbegriff entsprach. Nicht auszuschließen ist, dass Konstantin hier all jenen getrennt aufwachsenden Halbbrüdern den Wind aus den Segeln nehmen wollte, die unverhältnismäßige Testamentsanfechtungen gegen ihre verstorbenen *uterini* anstrebten, mit denen sie nicht viel mehr verband als der Uterus ihrer Mutter.

Zudem muss dieses konstantinische Gesetz nicht unbedingt als dezidiert gegen *uterini* gerichtet verstanden werden. Auch Vollbrüdern war eine Testamentsanfechtung seit Konstantin nur noch dann gestattet, wenn ihnen eine ehrlose Person oder ein Freigelassener vorgezogen worden war.[215]

Dass von jeher Stiefgeschwister von der Gruppe der Klageberechtigten ausgeschlossen waren, kann als Skizzierung mangelnder Relevanz verstanden werden, wie sie aus demographischer, familienbegrifflicher und wohl auch emotionaler Hinsicht zu vermuten ist.[216]

Neben dem methodischen Ansatz, den Personenkreis Klageberechtigter zur Rekonstruktion kernfamiliärer Bindungen auszuwerten, verlangt die Beschäftigung mit der *querela inofficiosi testamenti* noch eines weiteren Gedankenansatzes. Denn mag diese Klagemöglichkeit auf der einen Seite all jenen, die tatsächlich ungerechtfertigterweise enterbt wurden, einen Weg aufgetan haben, zu ihrem Recht zu kommen, so bot sich die Versuchung der Testamentsanfechtung wohl auch vielen zurecht Enterbten an. Diese sorgten mit ihrem Prozessieren für einen unangenehmen Showdown nach dem Ableben

214 Cod. Theod. 2.19.1.

215 Cod. Iust. 3.28.27.

216 Das Szenario, eine bekinderte Witwe heirate einen bekinderten Witwer oder Geschiedenen, worauf deren Kinder sich späterhin gegenseitig als Erben einsetzen, gehörte wohl eher in den Bereich der Exotik, als dass es römische Rechtsgelehrte als thematisierungswürdig erachteten.

eines (Halb-)Verwandten. Da es für den Kläger nachzuweisen galt, *„der Erblasser scheine gewissermaßen nicht bei klarem Verstand gewesen zu sein, als er das ungerechte Testament errichtete,"*[217] wird er sich bemüht haben, im Testament begünstigte Verwandte als Denunzianten oder Intriganten zu diffamieren, die den Erblasser zu ihren Gunsten beeinflusst hätten. Diese wiederum werden gut daran getan haben, schlechte Eigenschaften oder böse Machenschaften des Klägers zu (er-)finden, die dessen Enterbung vor Gericht plausibel erscheinen ließen. Ruft man sich erneut die von Plinius übertrieben gemalten Bilder einer solchen *querela*-Gerichtsverhandlung vor Augen, so bildet sich vor dem inneren Auge die Vorstellung eines Rosenkrieges, bei dem viel schmutzige Wäsche gewaschen wurde. Das ohnehin als widrig einzustufende Verhältnis zwischen Halbverwandten in Patchworkfamilien wird hier Treiber und Opfer der juristischen Debatten zugleich. Es ist nicht auszuschließen, dass allein die Vorstellung, im nahenden Prozess würden schmutzige Details aus dem Privat- und Geschäftsleben zur Sprache gebracht, die beklagten Testamentserben oft zu einem außergerichtlichen Vergleich bewog.

So berichtet wiederum Plinius von einem gewissen Curianus, der von seiner Mutter enterbt worden war und nun gegen die im Testament Bedachten klagte. Als der Prozess vor der Tür stand, baten die Beklagten Plinius darum, mit Curianus außergerichtlich zu verhandeln. Anscheinend hatten diese Erben in der Vergangenheit mit den falschen politischen Freunden verkehrt, was ihnen nun zum Verhängnis hätte werden können, wäre diese Bekanntschaft im Prozess thematisiert worden. Selbstverständlich erreicht Plinius mit Curianus eine außergerichtliche Lösung, die alle Beteiligten zufriedenstellt.[218]

Auch in diesem Punkt erfährt das Rechtsinstitut der *querela* im Laufe der Spätantike eine Entschärfung, insofern nach und nach festgesetzte Enterbungsgründe die Möglichkeit der Übergehung einzelner Verwandter minimierten. Handelte es sich dabei sowohl im weströmischen wie im oströmischen Reich[219] zunächst noch um vage Charakterdefizite wie Ehrlosigkeit und Undankbarkeit gegenüber dem Erblasser, öffentliche Lästerei oder Unterstützung privater oder politischer (?) Feinde[220] – Tatbestände, die ohne größere Schwierigkeiten von einer Stiefmutter erlogen werden konnten –, so setzte mit den justinianischen Novellen die Katalogisierung ausschließlicher Gründe ein:

---

217 Dig. 5.2.5: *„ut videatur ille quasi non sanae mentis fuisse, cum testamentum inique ordinaret."*

218 Plin., epist. 5,1,9.

219 Vgl. *Kaser*, Privatrecht II, 1975, S. 518.

220 Cod. Theod. 2.19.2 (321 n. Chr.); Cod. Iust. 3.28.28.

Bei diesen Tatbeständen handelte es sich um „alte Bekannte". Viele der unter Justinian festgesetzten Enterbungsgründe entsprachen jenen sich im Laufe der Spätantike entwickelnden Gründen, die einen Ehepartner zur Scheidung berechtigten. Die angeführten Enterbungsgründe wurden unter dem Oberbegriff „Undankbarkeit" zusammengefasst. Unter dieser „Undankbarkeit" der nächsten Angehörigen dem Erblasser gegenüber verstand das Gesetz nicht nur familienexterne oder -interne kriminelle Vergehen, sondern vor allem respektloses Missverhalten, welches das soziale und harmonische Gerüst einer Familie unterlief. Zu ersteren Enterbungsgründen gehörten drastische Verbrechen, die den Rahmen des legalen Handelns längst verlassen hatten: Ein *maleficus* – ein Ruchloser, der auch mit Zaubermitteln hantierte – oder jemand, der mit *maleficis* verkehrte, durfte ebenso enterbt werden wie ein Kind, das den Eltern z. B. mit Gift nachgestellt hatte.

Größeres Gewicht legte das Gesetz Justinians allerdings auf unfamiliäres Verhalten des Kindes: Es sollte nicht die Hand erheben gegen seine Eltern oder sie krimineller Handlungen beschuldigen. Missachtung der Fürsorgepflicht eines Kindes einem (geistes-)kranken Elternteil gegenüber zählte ebenso als „Undankbarkeit" wie der Umgang mit unehrenhaften Personen, z. B. Schauspielern, wenn er gegen den Willen der Eltern erfolgt war. Unterließ es ein Kind, einen verhafteten Elternteil freizukaufen, obwohl es dazu die Möglichkeit hatte, durfte es enterbt werden.[221] Nach obigem Gesetz berechtigten ebenso extrem unterschiedliche Einstellungen zum christlich katholischen Glauben zwischen Eltern und Kindern zur Enterbung durch den elterlichen Erblasser. Beischlaf des Sohnes mit der Stiefmutter wurde gleichermaßen erbrechtlich geahndet.[222] Die in klerikalen Quellen zumindest teilweise artikulierten Bedenken, zwischen Mitgliedern einer Stieffamilie könnte es zu schändlichem Inzest kommen, haben ihren Einschlag nun in staatsrechtlichen Texten gefunden, nachdem sie bereits lange als christliche Verbote auf Konzilien manifestiert wurden.

Die Eingrenzung der Enterbungsgründe auf einige konkrete (Straf-)Tatbestände nahm der kriminellen Energie erbgieriger Stiefverwandter den Wind aus den Segeln. Willkürliche, pauschale Anschuldigungen gegenüber erstehelichen Kindern, die ein umgarnter Vater vormals auf Anraten seiner zweiten Ehefrau testamentarisch als Enterbungsgrund nennen konnte, waren unter Justinian nicht mehr möglich. Auch taten sich übergangene zweite Ehepartner bzw. Stiefverwandte nun schwerer, das Testament eines Erblassers posthum anzufechten: Denn hatten sie nicht konkrete Beweise für oben festgesetzte Verhaltensweisen, mit denen sie einen Richter überzeugen konnten,

221 Nov. Iust. 115.3.

222 Siehe zu den Tatbeständen, die ein Kind berechtigten, seine Eltern ausdrücklich testamentarisch zu enterben: Nov. Iust. 115.4.

ein im Testament begünstigtes Stiefkind sei in Wirklichkeit erbunwürdig, so blieb das Testament gültig.

Insofern durch die Eingrenzung der Enterbungsgründe tatsächlich die Häufigkeit an *querelae* abnahm, kann der justinianischen Reform durchaus die Fähigkeit der Harmonisierung des Patchworkalltags zugesprochen werden. Gegenseitige, willkürliche Anschuldigen unter Stiefverwandten – zu Lebzeiten des Erblassers oder posthum – dürften weitgehend passé gewesen sein. Dass sich – ganz nebenbei – in den staatlich anerkannten Enterbungsgründen der Wille widerspiegelt, nur unsittliche bis unchristliche Verhaltensweisen der Verwandten als gravierende Argumente antifamiliären und somit erbunwürdigen Gebarens gelten zu lassen, darf nicht unerwähnt bleiben.

Das Streben nach Harmonisierung familiärer Verhältnisse im erbrechtlichen Sinne zeigt sich auch in weiteren spätantiken Veränderungen der *querela*. So änderten sich die Voraussetzungen, die einen Enterbten überhaupt erst zur Klage berechtigten. Nach klassischem Recht hatte derjenige aus dem Verwandtenkreis, der im Testament komplett enterbt oder zu wenig bedacht worden war, die Möglichkeit zur Klage. Zu dieser Gruppe gehörten alle diejenigen, die unter dem Umstand einer prätorischen Erbfolge berufen worden wären. Sie galten dann als übergangen, wenn ihnen der Erblasser in seinem Testament nicht mindestens 1/4 des Betrages hinterlassen hatte, den sie im Falle einer intestarischen Erbfolge bekommen hätten. Dabei ersetzten Schenkungen, die zu Lebzeiten in entsprechender Höhe getätigt worden waren, das Pflichtviertel und schlossen den Beschenkten vom Klagerecht aus.[223] In oben erwähnter außergerichtlicher Einigung zwischen Plinius, einem gewissen enterbten Curianus und bedachten Testamentserben ködert Plinius Curianus mit eben jenem Anteil. Mit dem Argument, Curianus hätte nicht klagen können, wenn ihm seine Mutter das Pflichtviertel hinterlassen hätte, bewegt er Curianus, für den Erhalt seines Pflichtanteils die Klage gegen die Haupterben fallen zu lassen.[224]

Dieses Phänomen, gerichtliche Fehden durch außergerichtliche Einigungen zu umgehen, setzt sich in den spätantiken Jahrhunderten in Form einer flexiblen Rechtsreform fort. Zwar blieb die ursprüngliche Höhe des Pflichtteils von 1/4 des intestarischen Erbanteils im weströmischen Reich bestehen,[225] dessen Unterschreitung im Testament veranlasste den Benachteiligten jedoch nicht mehr zwangsläufig zu einer Testamentsanfechtung. Ihm blieb die einfachere und im Ergebnis wohl auch harmonischere Alternative, sich von seinen Miterben den Differenzbetrag, der zu besagtem Viertel fehlte, auszahlen zu lassen, ohne dass er eine groß angelegte Testamentsklage an-

223 Dig. 5.2.8.6.

224 Siehe oben sowie: Plin., epist. 5,1,9.

225 Cod. Theod. 2.19.4 (361 n. Chr.).

streben musste.[226] Eine solche „außergerichtliche Einigung“ konnte allen Beteiligten einiges an Ärger ersparen.

Ähnlich entwickelte sich die Sachlage im oströmischen Reich. Hier war benachteiligten Erben überhaupt nur eine Testamentsanfechtung erlaubt, wenn sie vollkommen übergangen worden waren. Als enterbt zählte nur, wer tatsächlich leer ausgegangen war. Wie nach westlichem Recht hatte der zu wenig Bedachte ansonsten die Möglichkeit, sich den Differenzbetrag auszahlen zu lassen.[227] Unter Justinian wird der Pflichtteil auf ein Drittel bzw. auf die Hälfte des intestarischen Erbanteils erhöht (je nach Anzahl der Abkömmlinge des Erblassers).[228] Zudem bestätigt auch Justinian 542 n. Chr., der Pflichtanteil könne sich aus Teilen des testamentarisch hinterlassenen Erbes und ergänzenden Schenkungen zu Lebzeiten zusammensetzen.[229]

Sowohl die west- als auch die oströmische Gesetzgebung verfolgen mit diesen Maßnahmen das Ziel, die komplette Nichtigmachung des Testamentes durch alternative und individuelle Einigungen zwischen den Klägern zu umgehen. Im Endeffekt dürfte dies zu einer deutlichen Minimierung groß angelegter Verwandtschaftsfehden – auch unter Stiefverwandten – geführt haben.

Neben der Aufdeckung der (minimierten) Konfliktträchtigkeit dieser enterbungsgekoppelten Klagemöglichkeit lädt das System der Pflichtviertelbedenkung dazu ein, generelle – auch positive – Einschätzungen des römischen Familienbegriffs zu tätigen. Das römische Rechtsdenken – und gleichbedeutend damit das römische Familienverständnis – brachte Personen, auch wenn sie nur durch patchworkartige Verhältnisse in irgendeiner Form biologisch und rechtlich in die Verwandtschaft einbezogen waren, eine gewisse gegenseitige Erbwürdigkeit entgegen. Die Gewährung eines Pflichtviertels war gleichbedeutend mit einem gewissen Grad familiärer Zugehörigkeit. Diese Miteinbeziehung gradfernerer bzw. Halbverwandter ist zudem insofern bemerkenswert, als dass die Gültigkeitskriterien eines rechtmäßigen Testamentes ja nur die Enterbung eines Haussohnes[230] unter expliziter namentlicher Nennung vorsahen. Alle bereits darüber hinausgehenden *sui he-*

---

226 Pauli sententiae receptae 4.5.7; siehe zur zeitlichen Zuordnung des Gesetzes *Kaser*, Privatrecht II, 1975, S. 517; hier auch weiterführende Literatur.

227 Cod. Iust 3.28.30 (528 n. Chr.).

228 Nov. Iust 18.1 (536 n. Chr.): Sind vier Kinder intestarisch erbberechtigt, betrüge ihr intestarischer Erbanteil demnach 1/4 des gesamten Erbes. Der Pflichtanteil ist bei vier Kindern 1/3 des intestarischen Erbanteils, demnach 1/12 des gesamten Erbes. Sind mehr als vier Kinder intestarisch erbberechtigt, erben sie jeweils die Hälfte des intestarischen Erbteils. Bei fünf Kindern demnach 1/10 (1/2 x 1/5 = 1/10).; siehe für die Berechnung nach klassischem Recht: Dig. 5.2.8.8.

229 Nov. Iust. 115.3.

230 Ulp. (reg.) 22,20; auch Gai. 2.123: *„Item, qui filium in potestate habet, curare debet, ut eum vel heredem instituat vel nominatum exheredet.“*

redes sowie ohnehin jegliche anderen Verwandten konnten hingegen *inter ceteros*[231] enterbt oder als gänzlich Unerwähnte übergangen werden. Damit waren jene übergangenen Verwandten somit im eigentlichen Sinne zwar *aus den Augen* und *aus dem Sinn* des Testators, das römisch-rechtliche Familienverständnis betrachtete sie dennoch insofern als integriert, als dass ihnen ein Pflichtteil[232] zukommen sollte. Der Umstand der automatischen Erbeinsetzung bestimmter im Testament unerwähnter Personen spielt somit auf derselben Klaviatur wie die generelle Gewährung der Klagemöglichkeit an Verwandte (auch an gradferne), die nicht mindestens 1/4 des intestarischen Anteils bekommen hatten. Nur mit dem Unterschied, dass im letzteren Fall kein Automatismus griff, sondern die Enterbten selbst aktiv werden mussten, um zu ihrem Recht zu kommen.

Nach all diesen hypothesenbelasteten Rekonstruktionen patchworkfamiliärer Verhaltensmuster nach dem Tod eines Familienmitglieds soll abschließend hinterfragt werden, für welche Enterbten überhaupt die Aussicht bestand, mit einer Testamentsanfechtung einen für sie positiven, neuen Vererbungsvorgang zu initiieren. Dies steht nicht zuletzt in unmittelbarem Zusammenhang mit der Frage nach der Häufigkeit an derartigen Rosenkriegen. Zwar konstatiert Ulpian, „*Klagen wegen pflichtwidrigen Testaments*“[233] seien generell häufig, dies sagt aber nichts darüber aus, welche Familienmitglieder überhaupt von ihrer Klagemöglichkeit Gebrauch gemacht haben werden. Um diese Frage zu beantworten, soll ein kurzer Blick auf die Erbenklassen, wie sie der prätorischen Erbfolge der *bonorum possessio intestati* zugrunde lagen, genügen. Dieser Blick wird oben angestellte Vermutung bestätigen, zwischen der Klagehäufigkeit eines Halbbruders väterlicherseits und der eines Halbbruders mütterlicherseits habe ein deutlicher quantitativer Unterschied bestanden. Denn da eine erfolgreich durchgeführte Testamentsanfechtung das Testament entkräftete[234] und einen Erbvorgang nach prätorischer Erbfolge bzw. *ius civile* einleitete,[235] wird nur derjenige eine Klage angestrebt haben, der im Rahmen dieser nun einsetzenden Erbausschüttung überhaupt mit Erbanteilen rechnen konnte.

---

231 Gai. 2.128: „*Ceterae vero liberorum personae vel femini sexus vel masculini satis inter ceteros exheredantur, id est his verbis: CETERIS OMNES EXHEREDES SUNTO, quae verba statim post institutionem heredum adici solent.*“

232 Ulp. (reg.) 22,17; auch Gai. 2.124: „*Ceteras vero liberorum personas si praeterierit testator, valet testamentum, sed praeteritae istae personae scriptis heredibus in parten adcrescunt* [...].“

233 Dig. 5.2.1: „*Sciendum est frequentes esse inofficiosi querellas*“

234 Dig. 5.2.8.16.

235 Vgl. *Kaser*, Privatrecht I, 1971, S. 710.

So scheinen Testamentsanfechtungen von enterbten Kindern gegen die/den testamentarisch eingesetzte(n) Stiefmutter/Stiefvater plausibel. Denn nach prätorischer Erbfolge hatten zunächst die Kinder als *sui heredes* in der Klasse I der *unde liberi* die Möglichkeit bekommen, das Erbe des verstorbenen Elternteils anzutreten.[236] Als besonders enge Verwandte wurde ihnen eine ausgiebige Antragsfrist von einem (1) Jahr gewährt.[237] Ehegatten hingegen kamen erst in der vierten und letzten Klasse zum Zuge,[238] also nur dann, wenn alle vorherigen Klassen ihre Fristen zum Erbantritt nicht genutzt hatten.[239] Gegen Stiefeltern zu prozessieren, lohnte sich somit, denn den enterbten Kindern wurden in der prätorischen Erbfolge keine anderen Personen vorgezogen.

Ganz anders verhielt es sich hingegen bei Halbbrüdern. Hatte ein Mann das Testament seines agnatischen, also über den Vater definierten Halbbruders erfolgreich angefochten,[240] hieß das noch lange nicht, dass er sein intestarisches Erbe im Rahmen der prätorischen Erbfolge dann komplett antreten durfte. Zunächst musste er darauf hoffen, potentielle Kinder oder Eltern des Verstorbenen würden ihre Antrittsfrist versäumen, dann erst konnte er sich die Erbschaft mit anderen Personen seiner Klasse II teilen, nämlich dem *proximus agnatus* und anderen gradnahen Agnaten des Verstorbenen.[241] Ein Halbbruder wird also nur in für ihn besonders günstigen Fällen zur Testamentsanfechtung geschritten sein. Dann nämlich, wenn er darauf spekulierte, die vor ihm zum Zuge kommenden Verwandten würden auf Grund etwa von wohnorts- oder berufsbedingter Abwesenheit ihre Antragsfrist nicht wahrnehmen können oder wollen, oder aber, wenn diese bereits verstorben

---

236 In dieser Gruppe werden auch die männlichen Vorfahren eines Verstorbenen berufen. Mütter als nach dem SC Tertullianum intestarisch Erbberechtigte werden erst in der Gruppe II der *unde legitimi* berufen.

237 Dig. 38.9.1.12; durch diesen langen Zeitraum war es letztendlich auch posthum geborenen Kindern möglich, das Erbe ihres verstorbenen Vaters anzutreten. (Dig. 37.9.7).

238 Dig. 38.6.1: „*Sed successionem ab intestato in plures partes divisit: fecit enim gradus varios, primum liberorum, secundum legitimorum, tertium cognatorum, deinde viri et uxoris.*“; Dig. 38.11 schließt Konkubinen aus, da eine rechtmäßige Ehe vorgelegen haben und diese zum Zeitpunkt des Todes des Erblassers auch Bestand gehabt haben muss.

239 Im Gegensatz zu den gradnahen Verwandten kam allen gradferneren in ihrer Gruppe jeweils nur eine Antragsfrist von hundert Tagen zu. (Dig. 38.9.1.9).

240 Gai. 3.10: „*Vocantur autem ‚adgnati', qui legitima cognatione iuncti sunt. Legitima autem cognatio est ea, quae per virilis sexus personas coniungitur. Itaque eodem patre nati fratres agnati sibi sunt, que etiam ‚consanguinei' vocantur, nec requiritur, an etiam matrem eandem habuerint.*“

241 Dass es sich bei den Personen der Klasse II tatsächlich ausschließlich um Agnaten, nicht aber um Cognaten handelte, geht aus den Bestimmungen in Dig 38.7.5 hervor. Hier betont Modestin, „*Inter adgnatos et cognatos hoc interest, quod in adgnatis et cognati continentur, in cognatis non utique et adgnati.*“ Zudem werden Cognaten erst im Folgeparagraph 38.8 abgehandelt, der mit dem Titel *Unde cognati* überschrieben ist.

waren.[242] Eine letztlich noch schwächere Aussicht auf Erfolg hatte ein *uterinus*, also ein über die Mutter definierter Halbbruder. Als nicht agnatisches „Mitglied" der Klasse der *unde cognati* (III)[243] wurden ihm in der prätorischen Erbfolge alle Personengruppen aus Klasse I und II vorgezogen.

Der Jurist Scaevola exerziert einen solchen Fall anhand mehrerer Halbschwestern durch: Eine wohl fiktive Person namens Titia war ohne Testament verstorben und hatte eine Halbschwester namens Septicia – *„diverso patre natam"* – und ihre Mutter hinterlassen, welche *„ex alio marito"*[244] schwanger war. Die Mutter trug somit eine weitere Halbschwester der Verstorbenen aus. Scaevola bejaht die Möglichkeit, dass jene nachgeborene Halbschwester das Erbe der Titia antreten könne. Es müsse allerdings der Fall vorliegen, dass die schwangere Mutter vom Erbschaftsantritt ausgeschlossen sei.[245] Die Mutter könne dann zwar trotzdem das Erbe antreten, aber nur im Namen der Tochter.[246] Mit der posthum geborenen Halbschwester wird Septicia somit das Erbe der Titia geteilt haben, denn beide wurden sie als *uterina* – und damit als Cognaten – in der Klasse III berufen. Gleichgradige Cognaten erbten zu gleichen Teilen.[247] Was die Gründe für den Erbausschluss der Mutter betrifft, so würde eine Eruierung hier zu weit führen. Mit der Geburt der dritten Tochter hatte die Mutter ja eigentlich die Voraussetzungen des *ius trium liberorum* erfüllt, fiel damit durch das *SC Tertullianum* in die Klasse II der *unde legitimi* und wäre somit ihren beiden überlebenden Töchtern in der prätorischen Erbfolge vorgezogen worden.[248] Warum dies nicht geschah, bleibt offen. Dieses Beispiel zeigt zumindest, dass letztlich auch *uterinae* Aussicht auf gegenseitige Beerbung haben konnten.

---

242 In der von Valerius Maximus erwähnten, erfolgreich verlaufenen Testamentsanfechtung durch einen Vollbruder dürften die im Prozess unterlegenen ehemaligen Haupterben keine Familienangehörigen gewesen sein. Valerius Maximus bezeichnet sie als *„alieni et humiles"*. (Val. Max. 7,8,4).

243 Siehe zu den verschiedenen Verwandten dieser Gruppe Dig. 38.8.

244 Dig. 38.8.10.

245 Dig. 38.8.10: *„si mater hereditate exclusa est"*.

246 Interessant ist hier der Umstand, dass Scaevola die zweite verbliebene Halbschwester namens Septicia nicht explizit als weitere Erbin erwähnt. Dies kann nur der Hinfälligkeit der Erwähnung geschuldet sein und wird nicht bedeuten, die erste Halbschwester sei vom Erbantritt ausgeschlossen. Scaevola hält die Erwähnung der zweiten Halbschwester wohl für überflüssig, da es ihm nur darum ging, darzulegen, auch eine vom Erbantritt ausgeschlossene Mutter könne ein Erbe stellvertretend antreten, wenn die eigentliche Erbin noch nicht geboren ist. Er ist also lediglich gewillt, die besonderen Umstände der Postuma und deren Rechtsschutz zu skizzieren.

247 Dig. 38.8.1.10: *„Gradatim autem admittuntur cognati ad bonorum possessionem: ut qui sunt primo gradu, omnes simul admittuntur."*

248 Dig. 38.7.2.4: *„Denique mater, quae ex senatus consulto venit Tertulliano, item qui ex Orphitiano ad legitimam hereditatem admittuntur, hanc bonorum possessionem petere possunt."*

Was allerdings gerichtliche Fehden zwischen Stiefmüttern und Stiefkindern betraf, so muss ein deutlicher Unterschied in der Klagehäufigkeit angenommen werden. Aus der Tatsache, dass Ehegatten in der prätorischen Erbfolge erst mit der letzten Gruppe (IV) berufen wurden, ergibt sich die Annahme, Stiefmütter hätten nur äußerst selten versucht, das Testament ihres Mannes anzufechten, wenn dieser den erstehelichen Nachwuchs allzu großzügig bedacht haben sollte. Denn im Rahmen der folgenden intestarischen Erbausschüttung würden sie ohnehin den Kürzeren hinter ihren Stiefkindern ziehen. Dies unterschied sich somit deutlich von den erfolgversprechenden Rechtsmitteln übergangener Kinder gegen die begünstigte Stiefmutter. Die Hintanstellung der (zweiten) Ehefrau im intestarischen Erbrecht hinter quasi jegliche anderen Verwandten des verstorbenen Ehemannes bleibt über die spätantiken Jahrhunderte[249] hinweg bis in die justinianischen Novellen bestehen. Vor diesem Hintergrund ist hier nicht mit einem etwaigen Klageanstieg geschasster Stiefmütter zu rechnen, die gerechter- oder ungerechterweise vom Ehemann nicht bedacht worden waren. Justinian wird einer Ehefrau zumindest ein Viertel der Erbschaft neben ihren Kindern einräumen, wenn sie weder mit *dos* noch mit Eheschenkung ausgestattet war.[250]

Was die tendenzielle Aufwertung anderer Verwandtengruppen in der intestarischen Erbfolge betrifft, so würde eine ausführliche Darstellung der ost- und weströmischen Entwicklung den Rahmen dieser Arbeit sprengen. Zusammenfassend darf diesbezüglich mit Max Kaser erwähnt werden, dass die spätantike Epoche eine schrittweise Gleichstellung cognatischer und agnatischer Verwandter anstrebte, ohne diese aber tatsächlich erreicht zu haben.[251] Die Aufrückung jener Verwandter, deren familiäre Bindung sich durch die Mutter oder Schwester definierte, aus der Klasse der *unde cognati* in jene der *unde legitimi* ging nur schleppend voran.[252] Nicht wirklich kann somit von einer spätantiken intestarischen Erbwürdigkeit eines(r) *uterinus/a* gesprochen werden, die „um Klassen besser" gewesen wäre als noch in der Kaiserzeit.

249 Cod. Theod. 4.21.1.1 (395 n.Chr.); Cod. Iust. 8.2.3; Cod. Theod. 5.1.9 (428 n.Chr.); Cod. Iust. 6.18.1; siehe auch *Kaser*, Privatrecht II, 1975, S.507.

250 Nov. Iust 53.6 (537 n.Chr.).

251 Vgl. *Kaser*, Privatrecht II, 1975, S.498.

252 Ebd., S.497–512.

3. Bewertung spätantiker Rechtsreformen in Theorie und Praxis

Ein Rückblick auf jene zahlreichen spätantiken Gesetze, die quasi sämtliche Erbangelegenheiten und Familienkonstellationen behandeln, ist nur schwer durch ein einheitliches Fazit abzurunden. Doch bei aller juristischen Tendenz, penibel und detailversessen jeden Vermögenstransfer rechtsgeschäftlich zu definieren, lässt sich deutlich ein gemeinsamer Nenner erkennen: Festigung (kern-)familiärer Bindungen.

Das Bewusstsein für den Wert der sozialen Einheit *Familie* offenbart sich im staatsrechtlichen Bemühen, die Bindungen zwischen einzelnen Familienmitgliedern unter einen besonderen Schutz zu stellen, und zwar lebenslang. Wer innerhalb einer Ehe Mutter oder Vater geworden war, trug nach spätantikem Recht die daraus resultierenden erbrechtlichen Konsequenzen bis zu seinem Tod, egal ob die Ehe vorher bereits geschieden oder durch den Tod des Ehepartners gelöst worden war. Als indirektes Ergebnis beeinflusst dieses staatliche Bemühen somit auch das Leben in Patchworkfamilien. Bindungen zwischen einem Kind und seinen Eltern blieben – zumindest als Rechtsgeschäft – bestehen, ganz gleich, in welcher Weise die ursprüngliche Kernfamilie auseinandergerissen und neu zusammengewürfelt wurde. Die juristisch manifestierte Garantie, dass Kinder in Patchworkfamilien sicherlich jene Vermögenswerte vererbt bekämen, die speziell als Vermögenswerte ihrer Ursprungsfamilie definiert waren, bot im Ergebnis einen finanziellen Schutz der Kinder, war aber darüber hinaus doch vor allem die in Paragraphen gegossene lebenslange Sicherung ehemaliger kernfamiliärer Zusammengehörigkeit.

Der Staat griff hier intensiv in den ursprünglich als eher privat verstandenen Bereich der Familie ein. Nicht mehr der Privatmann entschied, welche Vermögensanteile er welchem Familienmitglied zukommen ließ. Die Gefahr, dass ein Vater oder eine Mutter in Patchworkfamilien die sittliche Pflicht gegenüber ersttehelichen Kindern vergaß, war gebannt. Während Mütter schon längst juristisch verpflichtet waren, wurden Väter zunächst noch moralisch mahnend dazu aufgefordert, Kindern das ihnen rechtmäßig zustehende Erbe zu bewahren; später wurde aus dieser Mahnung eine Anordnung. Verpflichtend aufoktroyierte der Staat dem Privatmann seine Vorstellung von gerechter Vermögensverteilung und damit seine Einstellung zum schützenswerten sozialen Gebilde *Familie*.

Gerade hier zeigt sich die Relevanz jener Gesetze für Patchworkfamilien, die ganz natürlicherweise die Gefahr unsittlicher Ungerechtigkeiten in sich trugen. In Stieffamilien lag somit die Schnittstelle zwischen rechtsgeschäftlichen Vorgängen und emotionalem Miteinander. Die staatlichen Erbgesetze nahmen einem wieder verheirateten Elternteil den Wind der willkürlichen Bevorzugung und Benachteiligung aus den Segeln. Der Elternteil musste seine Vermögenswerte weitestgehend nach staatlichen Regeln transferieren, konnte seine Entscheidungen nicht abhängig davon machen, welches seiner erst- oder zweitehelichen Kinder ihm erbwürdiger erschien. Das entspannte das Zusammenleben in Patchworkfamilien ungemein, da dadurch, anders als noch nach klassischem Recht, einzelne Familienmitglieder nicht mehr dazu aufgefordert wurden, ihr Verhalten danach auszurichten, wie sie sich am ehesten in der Erbgunst des Erblassers positionieren bzw. Stiefgeschwister oder -elternteile verdrängen konnten. Zu Streitereien, Beargwöhnung, Ängsten und Konkurrenzdenken dürfte, wenn jene ab dem späten vierten Jahrhundert sich sukzessive entwickelnden Gesetze im Alltag konsequent umgesetzt wurden, keine Vermögenskomponente mehr Anlass geboten haben.

Jene Gesetze, die als eigentliches Ziel eine juristische lebenslange Festigung kernfamiliärer Bindungen verzeichnen, beeinflussten also nachhaltig das Zusammenleben in Patchworkfamilien.

Neben dem Erbrecht an sich wurde die *Querela inofficiosi testamenti* zunächst als weiteres Moment innerfamiliärer Fehden angesprochen, konnte aber im Rahmen der Untersuchung als Rechtsinstitut festgemacht werden, das die spätantiken Bestrebungen zur Harmonisierung des Familienlebens mittrug. Mit Sicherheit muss in der Kaiserzeit die Beweislast eines Enterbten zu heftigen emotionalen Auseinandersetzungen vor Gericht geführt haben, da dessen Argumentation darauf ausgerichtet war, nicht er, sondern vielmehr jene im Testament Bedachten würden erbunwürdige Makel aufweisen. Unter den widrigen Umständen einer Patchworkfamilie dürfte dieses Rechtsinstitut umso mehr zu Streit geführt haben. Doch beinahe untypisch im Vergleich zur erbrechtlichen Staatsdoktrin entwickelte sich im Verlauf der Spätantike die Tendenz, Testamenten weitestgehend ihre Gültigkeit zu erhalten und damit postmortalen Familienstreitigkeiten vorzubeugen. Bot eine *Querela inofficiosi testamenti* in klassischer Zeit noch einen probaten Weg, Testamente anzufechten und im Ergebnis als ungültig zu erklären, verschärften sich im Westen wie im Osten des römischen Reiches allmählich die Voraussetzungen einer solchen Klage. Neben festgesetzten Enterbungsgründen, die kriminellen Phantasien benachteiligter Stiefverwandter einen Riegel vorschoben, vor Gericht pauschal eine Erbunwürdigkeit bestimmter Erben anzuprangern, ermöglichte die Alternative des Differenzausgleichs außergerichtliche Einigungen.

Zudem konnte epochenunabhängig festgestellt werden, dass die Klageberechtigung theoretisch zwar einem großen Verwandtschaftskreis zukam, die generelle Aussage Ulpians, Klagen wegen pflichtwidrigen Testaments seien häufig gewesen, hingegen nicht für alle Verwandte gleichermaßen zugetroffen haben konnte. Da im Anschluss an eine erfolgreiche Testamentsanfechtung eine Erbausschüttung nach intestarischem/prätorischem Muster folgte, wird sich die Klage nur für jene Verwandte gelohnt haben, die in den vorderen prätorischen Klassen berufen wurden. So konnte im Rahmen dieser Untersuchung eine Klage gegen die Stiefmutter als plausibel, eine gegen Stiefkinder hingegen als aussichtslos definiert werden. Klagen unter (Halb-) Geschwistern werden je nach dem Vorhanden- und Vorortsein anderer, potentiell präferierter Verwandter vorgekommen sein. Zudem hing der Erfolg der Klage davon ab, ob ein *Uterinus* oder ein über den Vater definiertes Halbgeschwister klagte. Eine intestarische Aufwertung cognatischer Verwandter fand zudem auch in den spätantiken Jahrhunderten nur unvollkommen statt.

Die Entwicklungslinien im Scheidungs-, Wiederverheiratungs-, Sorge-, Vererbungs-, und Verwaltungsrecht, wie sie im Rahmen dieser Arbeit zahlreich, aber keineswegs erschöpfend dargestellt wurden, ergeben in der Rückschau betrachtet zumindest teilweise ein konfuses Bild ohne kausales Gesamtgerüst. Detailreiche gesetzliche Neuerungen erfuhren in oft kurzen Zeiträumen Vertiefungen, Verschärfungen und Abschaffungen. Hinzu kommt eine oft zeitversetzte, wenn nicht gänzlich abweichende Gesetzesentwicklung in Ost- und Westrom. Dies alles lässt – ähnlich wie bezüglich kirchlicher Ehemoralvorschriften – die Frage nach der Durchsetzungsstärke jener Gesetze auf der Alltagsebene stellen.

Repräsentieren die Änderungen der familienrechtlichen Gesetzeslage zwischen Diokletian und Justinian lediglich theoretisch-juristisch greifbare Trends oder kann von tatsächlichen Auswirkungen der Paragraphen auf die Praxis des familiären Zusammenlebens ausgegangen werden? Wenn im Deutschland des 21. Jahrhunderts die Verteilung der Sorgerechtskompetenz für nichteheliche Kinder per Gesetz einer neuen Regelung unterworfen wurde und die starke Position alleinerziehender Mütter damit eine entscheidende Schwächung erfuhr, so wird dies – wenn auch nicht ad hoc – in absehbarer Zukunft zu einer Veränderung der demographischen Situation führen. War es bisher einem Vater nicht möglich, gegen den Willen der Mutter das Sorgerecht für sein uneheliches Kind zu erlangen, so räumte ihm das Bundesverfassungsgericht am 21. Juli 2010 das Recht ein, die Familiensituation gerichtlich überprüfen zu lassen. Deutsche Familiengerichte können nunmehr die Rechte der Mutter zugunsten des Vaters beschränken.[253] Und wie die mediale Infrastruktur eine schnelle und breite „Benachrichtigung" lediger

253 BVerfG, 1 BvR 420/09 vom 21.7.2010: *„Es verletzt das Elternrecht des Vaters eines nichtehelichen Kindes aus Art. 6 Abs. 2 GG, dass er ohne Zustimmung der Mutter generell von der Sorgetragung für sein Kind ausgeschlossen ist und nicht gerichtlich überprüfen lassen kann, ob es aus Gründen des Kindeswohls angezeigt ist, ihm zusammen mit der Mutter die Sorge für sein Kind einzuräumen oder ihm anstelle der Mutter die Alleinsorge für das Kind zu übertragen."*

Väter gewährleistet und von diesen Reformen berichtet, fördert eine große Anzahl kompetenter und seriöser Rechtsbeistände und Gerichte den Wandel deutscher Alleinerziehungshaushalte.

Sehr wohl konnten im Rahmen dieser Arbeit Anzeichen für Änderungen im sozialen Alltag auch spätantiker Patchworkfamilien vorgefunden und aufgeführt werden, die auf eine gewisse Durchsetzungskraft gesetzlicher Neuerungen schließen ließen. Neben dem mangelnden Befund finanzieller Konflikte bzw. der Rekonstruktion erfolgreich vonstattengehender juristischer Konfliktlösungen durfte zudem das gehäufte Erscheinen des Stiefvaters auf der demographischen Bildfläche als Indiz veränderter Familienkonstellationen und -umstände genannt werden. Es bleibt aber zu bedenken, dass der Beginn vieler wesentlicher versorgungs- und vererbungsrechtlicher Reformen „erst" in das Ende des vierten Jahrhunderts zu datieren sind und vor diesem Hintergrund Befunde harmonischer Patchworkszenarien zum Teil anachronistisch anmuten. Die mit Konstantin einsetzende rechtliche Aufwertung der Situation erstehelicher Familienmitglieder in Stieffamilien stellt doch lediglich den Beginn einer Entwicklung dar, die erst gut zwei Jahrhunderte später abgeschlossen sein wird. Hingegen zu schließen, insofern für einen bestimmten Zeitraum kein (kodifiziertes) Gesetz vorliege, dürfe auch nicht mit entsprechenden sozialhistorischen Gegebenheiten gerechnet werden, wäre zu kurzsichtig. Vielmehr dürfen doch Gesetzesinitiativen als zugleich Motor für und Reaktion auf gesellschaftliche Gegebenheiten gesehen werden. Ähnlich wie die Mischna als kodifizierte Form des ihr chronologisch vorgelagerten jüdischen Gedankenguts betrachtet werden kann, ist es nicht verfehlt, Befunde patchworkartiger Harmonie und somit mentale Trends des beginnenden und mittleren vierten Jahrhunderts als repräsentiert in der späteren Gesetzeslage anzunehmen.

Dennoch darf – auch vor dem Hintergrund der Forschung – wohl kaum von einer generell proportionalen Beziehung zwischen Recht und Alltagssituation ausgegangen werden, kann doch die spätantik-römische Verwaltung neben einem zahlenmäßig unterbesetzten Beamtenapparat als vor allem qualitativ unterminiertes Gebilde verstanden werden. Amtspflichtverletzungen[254] bishin zur Korruption[255] sowie eine durch MacMullen[256] oder Veyne[257] nachgewiesene effektivitätshemmende und -gehemmte Verwaltungssprache an sich zeichnen das Bild einer stark unteradministrierten Epoche. Zudem darf wohl die Rolle städtischer Beamter als Ansprechpartner in rechtlichen Fragen nicht überschätzt werden, auch wenn Noethlichs[258] eher

254 Vgl. *Noethlichs*, Beamtentum und Dienstvergehen, 1981, S. 228 f..
255 Vgl. *Schuller*, Grenzen des spätrömischen Staates, 1975, S. 1–21.
256 Vgl. *MacMullen*, Roman Bureaucratese, S. 364–378.
257 Vgl. *Veyne*, Clientèle et corruption au service de l'État, 1981, S. 339–360.
258 Vgl. *Noethlichs*, Beamtentum und Dienstvergehen, 1981, S. 219.

pauschale Einschätzung der spätantiken Stadt als einer in verwaltungstechnischer Hinsicht blasser werdenden Institution allein mit Cecconi[259] oder Marazzi[260] regional und graduell zu differenzieren ist. Mit Sicherheit aber kann die gewandelte Beziehung zwischen theoretischer spätantiker Gesetzgebung und praktischer Rechtssprechung auf sozialer Ebene im Vergleich zur klassischen Zeit mit Martin korrekt beschrieben werden, wenn er konstatiert, *„der Bruch zwischen der Kaiserzeit und der Spätantike besteht darin, dass der Staat seine Regelungsbereiche massiv ausdehnt, ohne dass seine Diener durch traditionelle Autorität abgedeckt waren,* [...] *um Verhaltensformen eines allein der Allgemeinheit verpflichteten Beamtentums entstehen zu lassen.“*[261] Dass Jill Harries nicht zuletzt eben aufgrund dieser Ausdehnung des Rechts auf gesellschaftlich artikulierte Nöte sowie aufgrund ihrer Meinung nach zahlreicher, einflussreicher, lokaler Gruppen davon ausgeht, *„that the Roman law in Late Antiquity was more frequently invoked and effectively enforced than at any previous period in Roman imperial history,“*[262] zeigt nur die große Bandbreite möglicher Interpretationen.

Eine Durchexerzierung dieser generellen Forschungsmeinungen zur spätrömischen Bürokratie am Beispiel einzelner, konkreter Scheidungs- oder Vererbungsgesetze, bezogen etwa auf spezifische Regionen „des spätantiken römischen Reiches“ ist aufgrund einer nur spärlichen sowie zeitlich und regional stark gestreuten Quellenlage nicht möglich. Wer vermag einen oder gar mehrere Belege dafür zu recherchieren, die Bestimmung des Theodosius II. von 439 n.Chr., die einen Vater anwies, die ihm zugekommenen *bona materna* den gemeinsamen Kindern zu bewahren, habe durch Provinzstatthalter in *Raetia* Durchsetzungskraft verliehen bekommen?[263] Und wie verhielt es sich mit der tatsächlichen Umsetzung dieses Gesetzes zeitgleich in Nordafrica? Derartig gezielte Fragen sind durch die Befunde dieser Arbeit nicht beantwortbar.

Es muss nicht weiter erwähnt werden, dass die papyrologisch greifbare Situation Ägyptens in diesem Punkt eine Ausnahme darstellt. „Zahlreich“ auffindbare Eheverträge, Scheidungsurkunden und Testamente boten der Forschung Anlass, spätantike Gesetzesvorschriften zu Wiederverheiratung und

---

259 Vgl. *Cecconi*, Crisi, 2006, S. 285–318.

260 Vgl. *Federico*, Cadavera urbium, nuove capitali e Roma aeterna, 2006, S. 33–67.

261 *Martin*, Spätantike und Völkerwanderung, 2001, S. 195.

262 *Harries*, Law and Empire in Late Antiquity, 1999, S. 98.

263 Die als plakativ zu verstehende Wahl des Beispiels *Raetia* entpuppt sich insofern als Fehlgriff, als dass Elisabeth *Meyer Marthaler* nachgewiesen hat, dass in der *Lex Romana curiensis* weite Teile des römischen Gewohnheitsrechts weitergetragen werden. Dort sind wenige germanische Komponenten enthalten. Dies lässt auf eine gewisse vormalige Wirksamkeit genuin römischen Rechtes schließen, auch wenn die Befolgung einzelner familienrechtlicher Details nicht nachweisbar sein dürfte. (*Meyer Marthaler*, Römisches Recht, 1968, S. 16 f..).

Vererbung (in Patchworkfamilien) auf den Grad ihrer Durchsetzung hin zu überprüfen. Bemerkenswert ist, dass allein die Reduktion der Untersuchung auf das spätantike Ägypten die Forschung unterschiedliche Bewertungen des römischen Rechts zutage fördern lässt.

So vermutet Arthur Schiller,[264] die Existenz und Frequentierung ziviler Gerichtshöfe zur Klärung etwa von Erbstreitereien dürfe nur äußerst gering eingeschätzt werden. In Bezugnahme auf Seidl[265] mahnt er an, es fände sich für den Zeitraum zwischen 500 n. Chr. und 641 n. Chr. mit *P. Mon 6* nur ein einziger papyrologischer Hinweis auf zivile Prozesse. Zwar habe es zahlreiche staatliche Gerichtshöfe gegeben, die sich mit Steuer- und Verwaltungsangelegenheiten beschäftigt hätten, zivile Angelegenheiten wie Erbstreitigkeiten etc. wären hingegen nicht vor bzw. mit Hilfe von staatlichen Behörden ausgefochten worden. Schiller begründet dies mit dem Vorhandensein regionaler Mechanismen, die eine Umsetzung staatlicher Gesetzgebung und Rechtssprechung irrelevant erscheinen ließen. An die Stelle staatlicher Gerichte traten Mediatoren oder Schiedsrichter, groß angelegte Erbprozesse erübrigten sich aufgrund privater, außergerichtlicher Einigungen in Form von kompensatorischen Schenkungen an Enterbte oder wenig Bedachte.[266]

Doch während Schiller eine solche Diskrepanz zwischen Staatsrecht und regionalen Mechanismen erst für die Zeit ab Justinian als deutliches Phänomen erkennen will[267] – begründet in der zunehmenden Christianisierung justinianischer Gesetzgebung –, vertritt Steinwenter[268] die These einer Abkopplung, die bereits seit dem Codex Theodosianus erfolgt sei. Zudem bezieht Steinwenter seine These der mangelnden Durch- und Umsetzung staatlichen Rechts – und auch hier widerspricht er Schiller – insbesondere auf all jene im *Corpus Iuris Civilis* kodifizierten Digesten. *„Die Frage, ob jemals ein Urteil auf Digestenstellen gestützt worden ist, lässt sich aus den Papyri apodiktisch nicht entscheiden.“*[269] Demgegenüber seien Codex und Novellen in Ägypten grundsätzlich als geltendes Recht angesehen worden.[270] Zumindest in ersterem Punkt findet Steinwenter einen Fürsprecher in Keenan, der keineswegs von einer dominanten, staatsrömischen Gesetzgebung ausgeht, die für das spätrömische Ägypten als bindend aufgefasst worden sei. Ohne Furcht vor Strafe hätten es die Bewohner der Provinz Ägypten nicht immer ganz genau mit der Befolgung des Reichsrechtes genommen.[271]

---

264 Vgl. *Schiller*, The courts are no more, 1971, S. 469 ff..

265 Vgl. *Seidl*, Jurisprudenz, 1954, S. 235 ff..

266 Vgl. *Schiller*, The courts are no more, 1971, S. 495.

267 Ebd., S. 469 ff..

268 Vgl. *Steinwenter*, Briefe, 1957, S. 1 ff..

269 *Steinwenter*, Papyri, 1952, S. 137.

270 Ebd., S. 136.

271 Vgl. *Keenan*, On law and society in late roman Egypt, 1975, S. 237–250.

All jene hier schlaglichtartig dargestellten Einschätzungen, die – ganz im Gegensatz zur (noch) älteren Forschung[272] – den Grad an Praxisgültigkeit spätantiker Familiengesetzgebung eher gering bemessen, dürfen nicht über papyrologische Hinweise hinwegtäuschen, die mehr als nur eine Titulierung als zufällig römisch-ägyptische Parallele verdienen.

So ist Merkleins These durchaus plausibel, die stark ansteigende Zahl byzantinischer Scheidungshomologien, die vornehmlich einvernehmliche Scheidungen bezeugen, sei vor dem Hintergrund des in der Spätantike einsetzenden Verbots einseitiger Scheidungen erklärbar. Um den Sanktionen zu entgehen, die einseitige Scheidungen mit sich brachten, könnten sich Ehepartner zunehmend darauf geeinigt haben, offiziell einvernehmliche Scheidungen vorzunehmen. Die tatsächliche Beeinflussung ägyptischen Scheidungsverhaltens durch römisches Staatsrecht zeige sich auch in dem Umstand, dass für die Zeit nach 566 n. Chr. wieder vermehrt Befunde einvernehmlicher Scheidungen einsetzen – 566 n. Chr. hatte Justinian durch Nov. 140 das zuletzt erlassene Verbot konsensbegründeter Scheidungen wieder aufgehoben.[273] Auch Merkleins Interpretation eines ägyptischen Scheidungsszenarios, wie es in P.Flor. I 93 (569 n. Chr., Antinoe) beschrieben wird, scheint vor dem Hintergrund der justinianischen Gesetzgebung nachvollziehbar: So überließ der an der Scheidung schuldige Ehepartner seiner Exfrau und den ersteheliche Kindern sein Wohnhaus, da sich – nach Nov. Iust 117.7 – Sorgerecht und Unterhaltszahlungen nach der Scheidungsschuld richteten. Sowohl die Erziehungskompetenz als auch die notwendigen Alimente wurden durch die „Hausüberschreibung" der Frau zugesprochen.[274]

Und zu guter Letzt könnte auch die (Wieder-)Einführung einer Konventionalstrafe für versäumte Mitgiftsrückerstattungen, wie sie mit Merklein für das byzantinische Ägypten nachweisbar ist, mit den im Codex Theodosianus kodifizierten, verschärften Sanktionen für unbegründete Scheidungen zusammenhängen.[275]

Das Beispiel des spätantik-byzantinischen Ägypten, familienrechtlich zwar greifbar durch eine Vielzahl ehebezogener, papyrologischer Dokumente, aber dennoch nur mangelhaft und uneindeutig rekonstuierbar, was den Grad der Beeinflussung durch staatliche Familiengesetzgebung betrifft, muss stellvertretend stehen für die Unbeantwortbarkeit der Frage nach konkreten Umsetzungen patchworkbezogener Bestimmungen in Zeit und Raum der römischen Spätantike.

Es darf mit der so oft herangezogenen Wendung geschlossen werden: *Wenn die staatliche Gesetzgebung im Alltag griff*, so zeichnet sich die Spätan-

272 Siehe z. B. *Taubenschlag*, Legislation, 1940, S. 280–295.
273 Vgl. *Merklein*, Ehescheidungsrecht, 1967, S. 47 ff..
274 Ebd., S. 91.
275 Ebd., S. 92 ff..

tike durch eine deutliche Harmonisierung patchworkfamiliärer Lebensumstände aus. Patchworkfamilien in der Spätantike haben wenig gemein mit jenen fragilen und rechtlich unbegleiteten Gebilden der Kaiserzeit, wo das Zusammenleben zu Beargwöhnung, Angst und sozialer Kälte einlud.

Ausblick ins weströmische Frühmittelalter

Die Beleuchtung eines spätantiken Themenkomplexes, wenn sie sich als Ergründung gesamtspätantiker Verhältnisse verstehen will, kommt nicht ohne eine Miteinbeziehung germanischer Strukturen und Herrschaftsgebiete aus, die sich während und unmittelbar nach den spätantiken Jahrhunderten auf römischem Territorium etablierten.

Nicht nur bleibt zu fragen, welche „genuin germanischen" Gewohnheiten und Bräuche des familiären Zusammenlebens einzelne Stämme jeweils mit sich brachten, sondern auch, inwieweit es aufgrund römischer, christlicher oder römisch-christlicher Beeinflussung zu Abänderungen dieser Gewohnheiten kam. Spiegelt sich in der Entwicklung spätantiker Stammesrechte eine gewisse Romanisierung und Christianisierung wider oder endet die römische Familienkultur mit der fränkischen und westgotischen Eroberung? Ist die weströmische Spätantike – familienrechtlich gesehen – prägende Durchgangsstation und Übergangsepoche oder chronologisch wie familiensittlich ein letztes, abgeschlossenes Kapitel vor dem Beginn des Frühmittelalters?

Es erübrigt sich, zu erwähnen, dass der methodische Ansatz zur Rekonstruktion westgotischer und fränkischer Familienstrukturen aufgrund der dürftigen Quellenlage nicht über die Analyse der einschlägigen *Leges* hinausgehen kann. Literarische Quellen etwa, die sich – auch nur in einem Nebensatz – mit dem Phänomen der Wiederheirat oder des Patchwork auseinandersetzten, sind rar, sieht man einmal ab von Gregor von Tours oder in Ansätzen von Prokop oder einigen schmucklosen Chroniken.

Dieses als Ausblick verstandene Kapitel kann keineswegs eine erschöpfende Darstellung der jeweiligen germanischen Familienstrukturen leisten, sondern strebt vielmehr eine Analyse des Patchwork auf die bereits bekannten Gliederungspunkte *Scheidung*, *Wiederverheiratung*, *Sorgerecht* und *Vererbung* hin an. Doch wie bereits im Rahmen der Beschäftigung mit genuin römischen Rechtsentwicklungen gezeigt werden konnte, sind es just diese Kriteriumspunkte, die – gegen den Strich gelesen – die Rekonstruktion eines übergeordneten Familienverständnisses erst ermöglichen.

VIII. Westgoten

Es gestaltet sich schwierig, Ursprüngliches über „den Westgoten an sich“ zu eruieren, versteht man die Umschreibung „Westgote an sich“ als Bezeichnung einer traditionsverhafteten und traditionstragenden, unverfälschten Person. Wie Katherine Fischer Drew korrekt zusammenfasst, ließ sich mit der Etablierung des Westgotenreichs 418 n. Chr. ein Volk, das seit langem mit Römern, römischen Ideen und Mentalitäten in Kontakt lebte, in einer der wohl römischsten Provinzen nieder.[1] Seit und mit der Ansiedlung nahe der Provinz *Dacia* und deren Eroberung im dritten Jahrhundert befanden sich die Westgoten – zumindest theoretisch – dauerhaft in römischer Einflusssphäre und hatten spätestens als gallo-hispanische Föderaten die Gelegenheit, weströmische Lebenspraktiken zu adaptieren. Mit den dortigen Römern lebten sie Seit an Seit, die Verwaltung des westgotischen Königreiches erstreckte sich auf die Belange der Westgoten ebenso wie auf jene der Gallo- und Hispanorömer.[2]

So ist nicht auszuschließen, dass Gesetze und Gebräuche, wie sie im frühest greifbaren, westgotischen Gesetzeswerk, dem *Codex Euricianus*, festgeschrieben sind, bereits Spuren römisch-westgotischer Lebensweisen manifestieren, auch wenn der Codex explizit für die westgotische Bevölkerung des Königreiches erstellt wurde. Die Tatsache, dass es in diesem frühen Codex vor allem darum ging, Formen der Verteilung und Vererbung zugewiesener Landzuweisungen zu regeln, Aspekte also, die in unmittelbarem Zusammenhang mit der ursprünglich ansässigen (römischen) Bevölkerung standen, verstärkt die Wahrscheinlichkeit einer bereits stark vorangeschrittenen Romanisierung westgotischer Vermögens- und Vererbungsmechanismen.[3] Vorläufer des Codex, der um 480 n. Chr. von König Eurich promulgiert wurde, sind zwar – in weit weniger ausführlicher Form – anzunehmen, haben jedoch keinen Eingang in die Überlieferung gefunden. Isidor von Sevilla bezeichnet Eurich gar als ersten Legislator verschriftlichter Gesetze,[4] wenn auch Jordanes von früheren Gesetzen der Westgoten weiß.[5]

1 Vgl. *Fischer Drew*, The Family in Visigothic Law, 1988, S. 1.

2 Ebd., 1988, S. 1 ff..

3 Vgl. *Kampers*, Geschichte der Westgoten, 2008, S. 141.

4 Isid., hist. Goth. 35; siehe auch: Sidon., epist. 8,3,3.

5 Iord., get. 11,69.

Neben der anzunehmenden Vermischung westgotisch gewohnheitsrechtlicher Prinzipien mit traditionell römischem Recht erschwert zudem der Umstand einer lediglich fragmentarischen Überlieferung des *Codex Euricianus* die Rekonstruktion genuin westgotischen Familienverständnisses. Lediglich die Kapitel 276 bis 336 sind überliefert.[6] Welche darüber hinausgehenden Detailregelungen die westgotische Bevölkerung kannte, ist nicht eruierbar.

Ein späterer Abgleich des *Codex Euricianus* mit den knapp zweihundert Jahre später erlassenen *Leges Visigothorum* von Rekkeswinth kann somit keineswegs als einwandfreie Bewertung erfolgter oder nicht-erfolgter Romanisierungsprozesse gelten.

1. Patchwork im *Codex Euricianus*

Trotz der nur spärlichen Anzahl überlieferter *Euricianus*-Passagen lassen sich einige wesentliche Grundelemente des westgotischen Familienrechts des fünften Jahrhunderts erahnen. Deutlich sind Spuren eines einsetzenden, vermögensrechtlichen Schutzmechanismus erstehelicher Familienmitglieder zu erkennen, der bisweilen stark ausgereift ist. Dennoch kann keineswegs bereits von umfassenden Absicherungsmaßnahmen gesprochen werden.

So ist die Verfügung über bestimmte eheliche Güter oder Geschenke nur teilweise an die Kondition der einmaligen Heirat geknüpft. Schenkungen, die eine Frau vom ersten Ehemann erhalten hatte, blieben nach dessen Tod in ihrem Besitz und zu ihrer freien Verfügung, auch wenn sie sich erneut verheiratete. Auch eine Verhaftung dieser Güter an ersteheliche Kinder ist nicht festgeschrieben. Die Wiederverheiratete konnte die erhaltenen Vermögenswerte somit vermachen, wem sie wollte. Demnach war es möglich, dass der zweite Ehemann oder zweiteheliche Kinder zu Ungunsten erstehelicher bedacht wurden.[7]

Lediglich im Falle eines unzüchtigen Lebenswandels – ein Tatbestand, der nicht näher definiert ist – verlor die Witwe *„alles, was sie aus dem Vermögen ihres Gatten erlangt hatte* […] *an die Erben des Schenkers“*[8] – somit dessen Kinder. Weder findet sich in diesem Gesetz eine Abneigung gegenüber zweiten Ehen noch schienen ersteheliche Kinder <u>einer Frau</u> in besonderer Weise als schützenswert angesehen worden zu sein. Der Wahrung der Seriosität

6 Vgl. *Kampers*, Geschichte der Westgoten, 2008, S. 141.

7 Cod. Eur. 3.1.9.

8 Cod. Eur. 3.1.9: *„Sin autem per adulterium seu inhonestam coniunctionem cui se miscuisse convincitur, quidquid de facultate mariti sui fuerat consecuta, totum incunctanter amittat, et ad heredes donatoris legitimos revertatur.“*

halber muss allerdings hinzugefügt werden, dass keine Rückschlüsse auf die Art der ehemannschen Geschenke möglich sind. Es ist nicht ersichtlich, ob es sich dabei lediglich um kleine Aufmerksamkeiten handelte oder tatsächlich um Ehegeschenke um der Ehe willen, also ehedefiniertes Vermögen in Form einer römischen *donatio*. Auf Letzteres könnten oder sollten ersteheliche Kinder ja durchaus ein sittliches Anrecht genießen. Die Tatsache allerdings, dass im weiteren Verlauf der Textpassage von *„allem, was sie aus dem Vermögen ihres Gatten erlangt hatte"* gesprochen wird, lässt darauf schließen, dass auch die Eheschenkung in der freien Verfügung der Witwe verblieb.[9]

Deutlich klarer geregelt sind die Verwaltungskompetenzen des Ehemannes im Falle einer erneuten Heirat. Denn nur *„si non novercam superduxerit"*[10] hatte er zusammen mit seinen Kindern ein Verwaltungs- und Nießbrauchrecht am mütterlichen/ehefrauschen Vermögen. Auch die aus dem Vermögen gezogenen Früchte mussten mit den Kindern zusammen aufgewandt werden. Es bestand keinerlei Veräußerungsrecht, das Muttervermögen musste den gemeinsamen Kindern erhalten bleiben. Veräußerungen waren nur in Form von vorgezogenen Erbausschüttungen an heiratende[11] oder volljährige[12] Kinder zulässig.

Im Falle einer erneuten Heirat aber verlor der Vater sein Nutzungs- und Verwaltungsrecht am mütterlichen Vermögen ad hoc. Die Begründung für diese Maßnahme, wie sie im Codex festgehalten ist, wirft allerdings Fragen auf. Denn nur dadurch, dass der wiederverheiratete Vater bald – *mox* – das Muttergut an seine Kinder herausgebe, garantiere er, *„dass nicht die Kinder, wenn sie mit ihrem Vermögen in ein anderes Haus ziehen, durch Ungerechtigkeiten ihrer Stiefmutter gequält werden."*[13] Schwerlich kann dies bedeuten, der Witwer verlöre mit der erneuten Heirat das Sorgerecht über seine ersteehelichen Kinder, weshalb diese *„in ein anderes Haus"* zogen. Vielmehr wird damit gemeint sein, dass rechtzeitig um eine Gütertrennung zwischen Vater und Kindern Sorge getragen werden sollte und dies nicht erst zum Zeitpunkt geschehe, da die Kinder anlässlich ihrer eigenen Heirat etc. das Haus verließen. Anscheinend fürchtete man Querelen bei der Verteilung der mütterli-

9 Siehe auch: Cod. Eur. 307 zum Prozedere des Schenkens unter Ehegatten.

10 Cod. Eur. 3.2.1: „[...] *wenn er nicht eine Stiefmutter ins Haus führe*".

11 Im Falle der Heirat erhält der Sohn oder die Tochter uneingeschränkt den Anteil am Muttergut, ohne dass der Vater weiterhin ein Nießbrauchrecht besaß.

12 Im Moment, da das Kind das zwanzigste Lebensjahr vollendet, bekommt es die Hälfte seines Muttergutanteils ausbezahlt. Die andere Hälfte darf der Vater auf Lebenszeit beanspruchen, muss sie aber mit seinem Tod ungeschmälert dem entsprechenden Kind zukommen lassen.

13 Cod. Eur. 3.2.1: *„ne, dum filii cum rebus ad domum transeunt alienam, novercae suae vexentur iniuriis."*

chen Gegenstände, wenn sich deren Mitbenutzung durch die Stiefmutter quasi per Gewohnheitsrecht erst einmal eingespielt habe. In der Form der Gütertrennung sollten klare Verhältnisse von Anfang an geschaffen werden, auch wenn Kinder, Vater und Stiefmutter weiterhin unter einem Dach wohnen blieben.

Eine identische Regelung traf auch für die verwitwete Ehefrau zu, allerdings nicht – wie oben gesehen – in Bezug auf eheliche Geschenke, die die Frau zu Lebzeiten des ersten Mannes erhalten hatte, sondern nur bezüglich des ehemannschen Vermögens, wenn es von Todes wegen vererbt wurde. Neben ihren Kindern erhielt eine Witwe lebenslangen Nießbrauch am vererbten Vermögen ihres Mannes. Die Mutter haftete mit ihrem eigenen Vermögen für eventuelle Verluste aus dem Mannesvermögen. Kinder konnten diesbezüglich missbräuchliches Wirtschaften bei städtischen Verantwortlichen anzeigen.

Im Falle einer erneuten Heirat der Witwe war es erstehelichen Kindern gewährt, optional das Nießbrauchsrecht der Mutter am Vatervermögen zu beschränken und die väterlichen Vermögensanteile komplett für sich zu beanspruchen.[14]

Weitere Details zur Witwenheirat, so z. B. zum Sorgerecht, sind nicht rekonstruierbar. Es wird jedoch anzunehmen sein, die Beschränkung des mütterlichen Nießbrauchs habe gerade vor dem Hintergrund stattgefunden, dass die Witwe mit ihren Kindern weiterhin zusammenlebte. Wie im vergleichbaren Fall des erneut heiratenden Vaters sollte missbräuchlicher Einflussnahme durch den zweiten Ehepartner vorgebeugt werden.

Deutlich zeichnet sich in diesen wenigen Bestimmungen das Bestreben ab, ersteheliches Vermögen den berechtigten Kindern zu bewahren. Doch über Nuancen der Vermögenssplittung in Mitgift und Eheschenkung, Formen der Verwaltung, wie beispielsweise die Bestellung eines externen Tutors, oder über nicht greifbare Rechtskonstellationen im Scheidungsfalle kann nur spekuliert werden.

Unabhängig von der Frage, welche Gesetzeskomponenten genuin westgotischen Ursprungs und welche bereits Resultat einer erfolgten Romanisierung waren, lässt sich mit der Systematik des Nießbrauchs oder der hypothekarischen Vermögensbelastung ein hoher Grad an Kompatibilität mit den zeitgleichen, römischen Entwicklungen verzeichnen.

Als Prognose über die Beschaffenheit der weiteren Rechtsgenese im westgotisch-römischen Territorium dürfte vor diesem Hintergrund somit bereits das Resultat der zunehmenden Rechtsvereinheitlichung vorweggenommen werden.

---

14 Cod. Eur. 3.2.2.

2. Westgotisch-römischer Rechtspatchwork

Ohne im Rahmen dieses Rechtsausblicks weiter auf politische oder gesellschaftliche Entwicklungen im westgotisch-römischen *ethnic neighbourhood* eingehen zu können, müssen zumindest Formen der Einebnung interkultureller Gräben angesprochen werden, wie sie im hispanorömischen Frühmittelalter vonstattengingen. Der Übertritt Rekkareds I. zum Katholizismus und damit das Ende des spaltenden Arianismus im Westgotenreich Ende des sechsten Jahrhunderts förderte eine gesellschaftliche und mentale Vereinheitlichung ebenso wie die Aufhebung des Verbots von Eheschließungen zwischen Westgoten und Römern.[15] Gerade Letzteres dürfte Angleichungsprozesse bzw. die Notwendigkeit und den Willen nach gesamtgültigen Familiengesetzen vorangetrieben haben. So wurden *„die ursprüngliche Konkurrenz und Koexistenz der Goten und Provinzialrömer* [...] *durch den Liber Iudiciorum endgültig überwunden.*"[16] Dieses von Chindaswinth und dessen Sohn Rekkeswinth erlassene Gesetzesbuch aus dem beginnenden siebten Jahrhundert vereinheitlichte als Schmelztiegel nicht nur die Gesetzgebungsgenese der westgotischen Vorgänger (Eurich, Alarich II., Leowigild), sondern nahm als allgemeingültiges Rechtswerk nun aller Bürger des westgotischen Reiches auch bewusst hispanorömische Traditionen mit auf. Zudem fanden kirchliche Beschlüsse einzelner Konzilien in Form der königlichen *lex in confirmatione concilii* Einzug ins weltliche Recht.[17] Als ein Regularium, das auch nach der Eroberung des Westgotenreichs durch die Araber für die ansässige christliche Bevölkerung Gültigkeit besaß, trug der *Liber Iudiciorum* mehr als ein Epochenwerk zur Konservierung römischer, westgotischer und christlicher Familienkultur bei.

Ohne hier im Detail jegliche erdenklichen Familienkonstellationen, Erb- und Verwaltungsvorgänge oder Scheidungsszenarien aufführen zu wollen, sei auf den generellen Trend der Vermögenssplittung, Kompetenzenuntergliederung und familienbezogenen Besitzbewahrung hingewiesen, der dem westgotischen Recht des *Liber Iudiciorum* im Maße des genuin römischen zu eigen war. Wenn eine wiederverheiratete Ehefrau Ehebruch an ihrem zweiten Gatten beging, so verstand es sich von selbst, dass ersteheliche Kinder nicht finanziell mitsanktioniert wurden. Zwar verlor die Ehebrecherin ihr Vermögen an ihren zweiten Mann, doch wurde vorher jener Betrag an die Kinder der ersten Ehe ausgeschüttet, der ihnen zustand.[18] Im Übrigen war

15 Vgl. *Fischer Drew*, The Family in Visigothic Law, 1988, S. 3 f..

16 *Kampers*, Geschichte der Westgoten, 2008, S. 253.

17 Ebd., S. 252.

18 Das Vergehen des Ehebruchs wurde weiterhin bei Frau und Mann unterschiedlich geahndet. Ein Mann machte sich nur des Ehebruchs schuldig, wenn er die Ehe eines Anderen

auch ein zweiter Ehemann verpflichtet, die Vermögenswerte, die er aufgrund des Ehebruchs seiner Frau erhalten hatte, den gemeinsamen (zweitehelichen) Kindern zu bewahren.[19]

So können diese Beispiele der Vermögensverhaftung exemplarisch stehen für weitere Kompetenzbeschränkungen z. B. in der *donatio*-Weitergabe der Frau[20] wie für die Betragsbeschränkung, die ein Mann beachten musste, wenn er seiner (zweiten) Braut die *donatio* ausstellte.[21] Dies alles liegt, denkt man zurück an die analytischen Untersuchungen, wie sie im Rahmen dieser Arbeit zur römisch-spätantiken Situation getätigt wurden, durch und durch im römischen Trend. Dies insbesondere, da auch obige Bestimmungen des *Codex Euricianus*, die die Rechte eines Witwers / einer Witwe am Vermögen des verstorbenen Ehepartners zu Gunsten erstehelicher Kinder beschränkten, aufrechterhalten blieben.[22]

Doch das frühmittelalterliche, westgotische Recht führte diese Entwicklung noch weiter: Zielte die Darstellung der römischen *querela inofficiosi testamenti* auf die Nennung minimaler Pflichten, die ein testierender bzw. intestarisch versterbender Elternteil seinen Nachkommen gegenüber wahren musste, wenn es um die Verteilung des eigenen Besitztums ging, so kennt der *Liber Iudiciorum* eine viel tiefergehende und detailliertere Vererbungssystematik.

Denn Sterbenden war es ausschließlich dann gestattet, nach freiem Willen zu vererben, wenn keine Kinder vorhanden waren.[23] Ansonsten unterlag der Vater / die Mutter bezüglich des eigenen Vermögens bereits zu Lebzeiten bindenden Veräußerungsregeln.[24] Einzelne bzw. alle Kinder durften zu Lebzeiten zunächst nur ingesamt mit 1/3 des väterlichen oder mütterlichen Vermögens beschenkt werden. Für familienexterne Personen oder kirchliche Spenden standen generell nicht mehr als 1/5 der verbleibenden 2/3 zur Verfügung.[25] Die Wertgegenstände, die erst- oder zweiteheliche Kinder z. B. anlässlich einer Eheschenkung, eines Hochzeitsgeschenkes etc. bereits zu Lebzeiten eines Elternteils bekommen hatten, wurden nach dem Ableben des Elternteils bei der Verteilung der übrigen 2/3 gegengerechnet, so dass im

---

brach. Dann wurde er dessen Sklave. (Lex. Vis. 3.4.12) Sein Vermögen allerdings verblieb bei seinen Kindern. Außerehelicher Verkehr an sich war hingegen nicht strafbar, es sei denn, er hatte das Objekt seiner Begierde gewaltsam zum Verkehr gezwungen. (Lex. Vis. 3.4.14).

19 Lex. Vis. 3.4.12.

20 Lex. Vis. 4.5.2; Lex. Vis. 3.1.5.

21 Lex. Vis. 3.1.5: Der Betrag durfte 1/10 seines Vermögens nicht übersteigen.

22 Cod. Eur. 3.2.1 und Cod. Eur. 3.2.2 sind im *Liber Iudiciorum* als Lex. Vis. 4.2.13 und Lex. Vis. 4.2.14 kodifiziert.

23 Lex. Vis. 4.2.20.

24 Sollte ein Elternteil intestarisch versterben, erbten nach Lex. Vis. 4.2.1 und 4.2.4 die direkten Nachkommen zu gleichen Teilen.

25 Lex. Vis. 4.5.1.

Endeffekt jedes Kind den gleichen Anteil erbte.[26] Damit wurde, wie Paul King richtig konstatiert, der Löwenanteil des eigenen Familienvermögens nicht nur gerecht, sondern vor allem familienimmanent vererbt.[27] Dass darüber hinaus solche Geschenke bzw. Vermögensanteile, die von einem vorverstorbenen Ehepartner erworben und erhalten worden waren, pflichtgemäß an die Kinder der gemeinsamen Ehe weitergegeben werden mussten, versteht sich dann beinahe von selbst.[28]

Die oben erwähnte Gleichheit erst- und zweitehelicher Kinder in der Verteilung des Vater- und Muttervermögens setzte sich auch in der Beerbung unter Halbgeschwistern fort, wenn auch nicht konsequent. Sollte ein Halbgeschwister versterben und keine Kinder hinterlassen, erbten alle Halb- und Vollgeschwister, die sich über den Vater definierten. Halbgeschwister über die Mütter hatten hingegen kein Erbrecht.[29]

All diese detaillierten Vererbungsregeln zu Gunsten der Kinder, die auch posthum geborene Nachkommen „ungünstige Testamente“ des Erblassers aushebeln ließen,[30] erstaunen, geht man mit King davon aus, dass ein Westgote vor dieser Gesetzesentwicklung mit seinem eigenen Vermögen verfahren konnte, wie ihm beliebte.[31] Kings Einschätzung, der erbrechtliche Schutz des Kindes sei eine Ausdrucksform familiärer *pietas*,[32] die vor allem auf die Umsetzung christlicher Ansichten in weltlichem Recht zurückzuführen wäre – der Wechsel von *patria potestas* zu *pietas* sei ein Resultat von „*Christian humanitarianism*“[33] – dürfte allerdings zu weit gehen. Die Vorrangstellung der Familie in der Erbverteilung, der jetzt auch die Veräußerungskompetenz bezüglich des eigenen Besitzes unterstand, mag zwar kompatibel mit dem christlichen Familienbegriff sein, schwerlich aber von ihm maßgeblich mitbestimmt. Zu deutlich sind doch zunächst die Parallelen zu jenen römischen Rechtstraditionen, die sich bereits in der weströmischen Spätantike entwickelt hatten. Natürlich stand das christliche Pflaster des hispano-romanischen und gallischen Raumes dieser westgotischen Gesetzesgenese bzw. -kodifikation nicht entgegen, doch der eigentliche Input geschah doch sichtlich durch die Adaption römischen Rechtsgutes. Dass dieses römisch-spätantike Rechtsgut aber seinerseits als beeinflusst von christlich-humanitärem

---

26 Lex. Vis. 4.5.3.

27 Vgl. *King*, Law and society, 1972, S. 246.; *King* leistet sich allerdings einen Rechenfehler, wenn er behauptet, 1/5 des Familienerbes dürfe familienextern vererbt werden. Im Gesetz steht eindeutig, dass es sich bei dem familienexternen Anteil lediglich um 1/5 der verbleibenden 2/3 handelt – *extra illam tertiam portionem*.

28 Lex. Vis. 5.2.4.

29 Lex. Vis. 4.5.4.

30 Lex. Vis. 4.2.19.

31 Vgl. *King*, Law and society, 1972, S. 246.

32 Ebd., S. 247.

33 Ebd., S. 223.

und sittlichem Denken angesehen werden kann – eine Entwicklung, die somit bereits Jahrhunderte früher einsetzte –, wurde im Rahmen dieser Arbeit durchaus bejaht.

Darüber hinaus sind Weiterentwicklungen im *Liber Iudiciorum* im Vergleich zum römisch-spätantiken Recht zudem zu undeutlich-christlich bzw. mangelhaft-christlich, als dass ihnen mit King eine christliche Handschrift unterstellt werden könnte. So mutet zwar Lex.Vis. 4.3.3 zunächst wie ein striktes Gesetz gegen Wiederverheiratung nach Verwitwung an, wenn eine erneut heiratende Witwe vom Sorgerecht über ihre Kinder ausgeschlossen wird, doch ist im weiteren Textverlauf des Gesetzes dann doch noch die Möglichkeit der Sorgerechtsausübung durch die Digamistin manifestiert – dann nämlich, wenn keine anderen Verwandten aus der Vaterlinie bereit stehen. Zudem finden sich, wie im Rahmen dieser Arbeit dargelegt, Vorläufer dieser Regelung bereits im römischen Recht – wenn nicht im weströmischen, so doch im oströmischen Codex und Novellengesetz des Justinian.[34]

Ebenso zeugt auch die Beibehaltung einvernehmlicher Scheidungen[35] nicht von einer konsequenten Umsetzung christlicher Moralvorstellungen, insbesondere, da keine Konsequenzen für den Fall einer erneuten Heirat nach Scheidung vermerkt sind. Das christliche Eheverständnis, das das Eheband zwischen Gatte und Gattin als (mindestens) lebenslang untrennbar – also nicht scheidbar – beurteilte, hätte sich spätestens in einer weltlichen Sanktionierung der zweiten Ehe niederschlagen müssen.[36]

Finanz- und personenrechtlich geahndet wurden hingegen lediglich Wiederverheiratungen eines schuldig Geschiedenen oder widerrechtlich Scheidenden. Wer den Ehebruch der Gattin bzw. homosexuelle Abarten des Gatten[37] nachweisen konnte, dem standen nach seiner rechtmäßigen Scheidung keine Hindernisse im Weg, sich erneut zu verheiraten.[38] Immerhin wird das Verbot der Wiederverheiratung für den schuldig geschiedenen Ehemann damit begründet, *„quia tale nefas fieri nequaquam inter christianos oportet"*,[39] und somit explizit auf christliche Beweggründe hingewiesen. Mit dem Hin-

34 Cod. Iust. 5.49.1; Nov. Iust. 22.38.

35 Die Möglichkeit der einvernehmlichen Scheidung wird von *Fischer Drew* (The Family in Visigothic Law, 1988, S. 9 f..) und *King* (Law and society, 1972, S. 235.) stillschweigend als gesetzesimmanent betrachtet, auch wenn sie dort nicht explizit erwähnt ist. *Ziegler* verneint diese These. (Church and State in Visigothic Spain, 1930, S. 152 ff..).

36 Zur Frage nach der generellen Scheidungsfreudigkeit in den germanischen Stämmen und der Kompatibilität germanischer Verhältnisse mit der christlichen Scheidungsmoral siehe auch *Müller Lindenlauf*, Germanische und spätrömisch-christliche Eheauffassung in fränkischen Volksrechten und Kapitularien, 1969, S. 205 ff..

37 Strafbar war es auch, wenn der Ehemann die eigene Ehefrau zum Ehebruch gezwungen hatte oder diesen duldete.

38 Lex. Vis. 3.6.2.

39 Lex. Vis. 3.6.2.

weis, dass der Tatbestand des außerehelichen Verkehrs der Ehefrau sowohl nach genuin römischem Recht als auch nach christlich matthäischem Eheverständnis zur Scheidung und Wiederverheiratung berechtigte, sei das Kapitel zur römisch-christlichen Beeinflussung frühmittelalterlicher Patchworkgesetzgebung abgeschlossen.

Entgegen der Einschätzung von Paul King muss hier ausblickshaft geschlossen werden, dass im Bereich des Ehe- und Familienrechts die westgotische Gesetzgebung des Frühmittelalters zwar deutlich die Prinzipien des spätantik-römischen Familienverständnisses weitertrug, darüber hinaus aber nicht als durch christliche Ansätze wesentlich weiterentwickelt angesehen werden darf.

IX. Diversität im Frankenreich

Die familiäre Situation im Frankenreich der Spätantike und des Frühmittelalters darzustellen bzw. auf Romanisierungsprozesse hin zu überprüfen, hieße, detailliert auf Entwicklungslinien zumindest im burgundischen, salfränkischen, ripuarfränkischen und nicht zuletzt gar langobardischen Familienrecht einzugehen. Denn eine schlechthin „fränkische Familie", deren Grundcharakteristika sich anhand eines einheitlichen und einigenden Codex ablesen ließen, gab es in dieser Form nicht. So können Publikationen wie etwa die Stefan Saars[1] nur verwundern, wenn sie schlaglichtartig Scheidungs- und Wiederverheiratungsbestimmungen aus westgotischem, langobardischem, sächsischem und skandinavischem Recht in einem Atemzug aneinanderreihen, um die frühmittelalterliche Familie zu charakterisieren.

Mit Fischer Drew muss vielmehr auf die Tatsache deutlich unterschiedlicher Regelungen und Romanisierungsgrade allein in den unter fränkischer Herrschaft stehenden Volksstämmen hingewiesen werden, die nicht zuletzt von Zeit und vor allem Ort der Ansiedlung einer Volksgruppe auf römischem Territorium bedingt waren.[2] Eine identische Einschätzung lässt sich mit Mikat[3] im Übrigen auch für den Grad des christlichen Einflusses konstatieren. Die Adaption römischen oder römisch-christlichen Familienverständnisses kann somit in der *Lex Burgundionum* zu einem erheblich größeren Teil festgestellt werden als etwa in den beinahe zeitgleich kodifizierten Gesetzen der Salfranken, die weit weniger von römischer Rechtsbürokratie und -kenntnis profitieren konnten als ihre burgundischen Nachbarn.[4] Und wie abhängig Romanisierungsprozesse von der Intaktheit römisch-rechtlicher Infrastruktur waren, zeigt nicht zuletzt das Beispiel des *Codex Langobardorum*, der – trotz dass die Langobarden im Verlauf des sechsten/siebten Jahrhunderts gar auf italischem Mutterland siedelten – wenige Spuren römischen Rechtsgutes in sich trägt. Die Bestimmungen der justinianischen Gesetzeswerke und ehemals prägende Rechtsinstitutionen waren noch nicht bzw. kriegs- und krisenbedingt nicht mehr in dem Maße Teil des norditalischen, gesellschaftlichen Lebens, als dass von ihnen eine Kraft ausgegangen

---

1 Vgl. *Saar*, Ehe, 2002.

2 Vgl. *Fischer Drew*, The laws of the Salian Franks, 1991, S. 20 f..

3 Zur Frage römischer und christlicher Möglichkeiten der Einflussnahme siehe *Mikat*, Voraussetzungen, 1973, S. 10 ff..

4 Vgl. *Fischer Drew*, The laws of the Salian Franks, 1991, S. 25.

wäre, die langobardischem Rechtsdenken entgegengewirkt hätte.[5] „*Of all the germanic invaders of the empire, with the possible exception of the anglosaxons and the Huns, they may be said to have had a freer hand in politically shaping a new society for themselves than earlier immigrants.*“[6] Nicht zuletzt aufgrund dieser Tatsache sollen im Folgenden die Gesetze der spätsiedelnden Langobarden außen vor gelassen werden, wenn fränkisches Recht auf den Grad seiner Romanisierung und Christianisierung hin untersucht wird.

Dieser einleitende Überblick über die unterschiedlichen Kodifikationsbedingungen fränkischer und fränkisch-unterworfener Volksstämme auf frühmittelalterlichem, römischem Territorium zeigt die Schwierigkeit, im Rahmen eines kurzen Ausblicks erschöpfend eine analytische Darstellung der jeweiligen Wiederverheiratungssituation zu leisten. Dennoch soll nicht versäumt werden, zumindest eine allgemeine Abgrenzung des burgundischen vom genuin fränkischen Familienverständnis zu geben und dabei einschlägig römische Prinzipien der Patchworkorganisation zu nennen.

1. Ausgewogenheit in Burgund

Ähnlich wie im Falle der Westgoten fand auch eine Kodifizierung burgundischen Volksrechts erst lange Zeit nach der Sesshaftwerdung des Stammes auf provinzialrömischem Boden statt.

Bereits unter Honorius waren die Burgunder 413 n.Chr. römische Föderaten geworden und hatten knapp zweihundert Jahre in unmittelbarer Nachbarschaft mit gallo-romanischen Gepflogenheiten gelebt, als unter dem Burgunderkönig Gundobad und dessen Nachfolger Sigismund im frühen sechsten Jahrhundert die Lex Burgundionum erlassen wurde.[7] Auch nach der Eroberung durch die Franken blieb die Lex Burgundionum für den burgundischen Bevölkerungsanteil des Frankenreiches geltend[8] und erhebt somit Anspruch, als relevantes Medium von Konservierung und Transportierung römischen Rechtsgedankengutes thematisiert zu werden.

Mehr als der westgotische *Liber Iudiciorum* bewahrte der burgundische Kodex aber zudem deutliche Komponenten des germanischen Familienverständnisses und schuf burgundischen Familienmitgliedern somit eine germanisch-römische Melange als Lebens- und Verhaltensvorgabe. So setzte sich als germanisches Prinzip die Verpflichtung zur hauptsächlich innerfamiliären Vererbung ebenso durch wie das Verständnis von der Ehe als Kaufge-

5 Vgl. *Fischer Drew*, The Lombard laws, 1973, S.XIff..

6 Ebd., S.XVI.

7 Vgl. *Fischer Drew*, The Germanic Family of the Leges Burgundionum, 1988, S.5f..

8 Vgl. *Fischer Drew*, The Burgundian code book, 1972, S.7.

schäft, im Rahmen dessen die Gewalt über eine Ehefrau und deren Vermögen vom Bräutigam finanziell erstanden wurde. Das Rechtsgeschäft der Eheschließung kam in erster Linie durch die Bezahlung eines *wittimon*[9] an den Brautvater zur Erwerbung der *munt*[10] zustande, der Braut selbst wurde vom Ehemann eine *morgangaba* in Form von Schmuckgegenständen gewährt.[11] Zusätzlich erwähnt die Lex Burgundionum noch eine, der römischen *donatio* ähnliche, *donatio nuptialis*, die der Braut von den Eltern des Bräutigams mit in die Ehe gegeben wurde.[12] Eine römische *dos* der Brauteltern für die Tochter wird zwar von Fischer Drew – ohne Quellenangabe – ebenfalls angenommen,[13] ist aber vor dem Hintergrund einer genauen Codexanalyse nicht verifizierbar.

Die Vermischung römischer und germanischer Rechtstraditionen verdeutlicht sich im Falle der Wiederverheiratung der Ehefrau. So musste die Witwe bzw. die *munt* über sie durch den zweiten Ehemann freigekauft werden, indem er den Verwandten des verstorbenen ersten Ehemannes den Betrag des *wittimon* erstattete.[14] Die restlichen ehemannschen Vermögenswerte, die eine Witwe zur Hochzeit oder von Todes wegen erhalten hatte, wurden ihr – nach römischer Art – zur Nutzung gewährt. Die Güter waren generell familienverhaftet, ihre Nutzung teilweise ohnehin an die Bedingung der einmaligen Ehe gekoppelt. So hatte eine Witwe an ihrer *donatio nuptialis* lebenslanges Nutzungsrecht, trotz dass sie sich erneut verheiratete. Der Betrag musste nach ihrem Tod aber ungeschmälert den erstehelichen Kindern zukommen, die *donatio nuptialis* des zweiten Ehemannes den Zweitehelichen.[15] Demhingegen verlor eine Witwe ihr Nutzungsrecht an allen anderen Gütern des Ehemannes bereits im Moment der erneuten Heirat an die gemeinsamen Kinder.[16] Erstehelichen Kindern drohte also durch die zweite Ehe der Mutter kein finanzielles Unheil.

Freie Verfügungs- und Veräußerungsgewalt hatte eine Witwe nur über Vermögen (Schmuck), das sie selbst erworben oder eheunabhängig geschenkt bekommen hatte. Sie konnte es ungleichmäßig zwischen erst- und zweitehelichen Töchtern wie auch familienextern verteilen.[17] Deutlich

9 Lex. Burgund. 101.

10 Lex. Burgund. 100.

11 Lex. Burgund. 42.2.

12 Lex. Burgund 24.1; 2.

13 Vgl. *Fischer Drew*, The Germanic Family of the Leges Burgundionum, 1988, S. 8.

14 Lex. Burgund. 69.1; Im Falle einer dritten Heirat durfte die Witwe das *wittimon* des dritten Ehemannes sogar selbst behalten. (Lex. Burgund. 69.2).

15 Lex. Burgund. 24.1.

16 Lex. Burgund 74.2.

17 Lex. Burgund. 51.3–5; An dieser Stelle stellt sich die Frage, inwiefern ein zweiter Ehemann verpflichtet war, das Vermögen seiner Frau unter deren erst- und zweitehelichen Kindern aufzuteilen. Mit der *munt* erwarb er ja auch die Verfügungsgewalt über das Vermögen

schimmert aus diesen Bestimmungen sowohl das römische Prinzip der Unterscheidung zwischen Eigentum, Besitz und Nutzung hindurch als auch die Systematik der Kompetenzenkoppelung an die Bedingung der Einehe.

Letzteres wird im burgundischen Codex sogar – anders als im römischen Recht – auf das Gebiet des Sorgerechts ausgedehnt. Axiomatisch wird die Übernahme des Sorgerechtes durch eine Witwe ausgeschlossen, wenn sie sich erneut verheiratete.[18] Allerdings darf hier bezweifelt werden, die Ausschließlichkeit von Sorgerecht und Wiederheirat sei etwa auf eine christliche Ablehnung der zweiten Ehe zurückzuführen. Vielmehr musste das System der *munt*-Gewalt, dem eine Witwe im Falle der erneuten Heirat wieder unterstand – sie wechselte in die Kontrolle des zweiten Ehemannes – mit dem der eigenständig ausgeübten Vormundschaft kollidieren.[19]

Auf ebenso römisch-germanische Weise wurden auch die Rechte des wiederheiratenden Ehemannes beschnitten. Eine sanktionsfreie Scheidung war ihm nur unter den römisch bekannten[20] Umständen ehefrauscher Vergehen im Bereich der Hexerei, der Grabschändung oder des Ehebruchs möglich. Grundlose Scheidung führte zum Verlust des Hauses, des Vermögens und des Sorgerechts an die unschuldig verstoßene Gattin.[21] Die starke germanische Mannesposition scheint durch das Bestreben aufgeweicht, leichtfertige Scheidungen und Wiederverheiratungen einzudämmen. Ein Prinzip, das, wie an anderer Stelle vermutet, bereits unter Konstantin seinen Anfang genommen haben wird.[22]

Aufrechterhalten blieb hingegen die ohnehin schwache Position der burgundischen Frau in Scheidungsfragen: Sollte sie – aus welchem Grund auch immer – ihren Mann verstoßen, wurde sie im Sumpf ertränkt.

Die Tendenz des Schutzes der (ersten) ehelichen Verbindung bestimmte darüber hinaus auch die Verteilung des Erbes im Falle der ehemannschen Wiederheirat und korreliert gleichzeitig mit dem Bestreben der burgundischen Siedler, Familienland möglichst ungeteilt und vor allem familieninhärent zu erhalten. So waren Töchter[23] vom Landerbe generell ausgeschlossen,

---

der Ehefrau. Das Gesetz erlegt der willkürlichen Vermögensverteilung des Mannes, was die Güter seiner Frau betrifft, keine Schranken auf.

18 Lex. Burgund. 69; Lex. Burgund. 85.1.

19 Vgl. *Fischer Drew*, The Burgundian code book, 1972, S. 78 (Fn. 2).

20 Siehe hierzu die Einschätzung *Rüeggers* zur christlichen Familienordnung im burgundischen Recht sowie seine Thesen zu konkreten Adaptierungsprozessen römischer und westgotischer Scheidungsgesetzgebung bei den Burgundern. (*Rüegger*, Einflüsse, 1947, S. 168 ff..).

21 Lex. Burgund. 34.

22 Siehe das Kapitel VII.1: *Wiederverheiratung und Sorgerecht in der Spätantike.*

23 Diese Nachordnung interpretiert *Kroeschell* (Söhne und Töchter im germanischen Erbrecht, 1982, S. 94.) als lediglich bezüglich der *sors* existent: Das Landlos des Vaters, welches dieser von einem gallo-römischen Grundbesitzer zur Verfügung gestellt bekommen hatte, sollten zunächst die Söhne bekommen. Lediglich die sich Gott weihende *puella sanctimonialis* erbte

insofern aus einer Ehe auch Söhne entsprungen waren.[24] Die Verteilung des Landes erfolgte nicht gleichmäßig unter erst- und zweitehelichen Söhnen. Vielmehr teilte ein Vater vor seiner Wiederheirat zu gleichen Teilen sein Land mit den erstehelichen Kindern. Zweiteheliche Söhne partizipierten nur an dem Landstück, das ein Vater für sich zurückbehalten hatte.[25] Im Endeffekt führte dies zu einer Harmonisierung des Patchworklebens, da der eigentliche Vererbungsprozess bereits vor der Schließung der zweiten Ehe abgeschlossen war. Damit dürfte, wie das Gesetz betont, Stiefmüttern der Wind aus den Segeln genommen worden sein, *„ut relicta eius non de privignorum suorum portione quidquam sibi aestimet esse donandum, sed de filiorum suorum proprietate designatam superius accipiat portionem.“*[26]

„The Burgundian inheritance laws reflect their Germanic base as modified by Roman influence.“[27]

2. Vermutungen zum sal- und ripuarfränkischen Familiensystem

Die genaue Rekonstruktion familieninhärenter Prozesse im Scheidungs-, Verwitwungs- und Wiederverheiratungsfall gestaltet sich für den sal- und ripuarfränkischen Bereich unmöglich. Das unter Chlodwig I. 507 n.Chr. herausgegebene salische Recht bzw. jene unter Chlothar II. und Dagobert I. Anfang des siebten Jahrhunderts erlassenen ripuarischen Bestimmungen sind bewusst fragmentiert. Lediglich Bestimmungen, die dem fränkischen Grundrechtsdenken nicht bekannt waren oder entgegenstanden, wurden von den Herausgebern in die Gesetzessammlungen aufgenommen.[28] So finden sich dort mitunter keine ausführlichen Hinweise auf Eheschließungsvorgänge, Scheidungsbefugnisse oder Wiederverheiratungsbestimmungen.[29] Demnach lässt sich über christliche und/oder römische Beeinflussungen des fränkischen Familienverständnisses nur vage spekulieren.[30]

---

hier ein lebenslanges Nutzungsrecht. Bezüglich des restlichen Erbvermögens waren Töchter und Söhne wohl gleichgeordnet.

24 Lex. Burgund 14.1.

25 Lex. Burgund. 1.2.

26 Lex. Burgund. 74.3: *„dass dessen Zurückgelassene nicht etwa glaubt, ihr sei etwas aus dem Anteil ihrer Stiefkinder zu überlassen, sondern dass sie aus dem Vermögen ihrer Söhne den oben erwähnten Anteil bekommt.“*

27 *Fischer Drew*, The Germanic Family of the Leges Burgundionum, 1988, S. 10.

28 Vgl. *Rivers*, Laws of the Salian and Ripuarian Franks, 1986, S. 10.

29 Vgl. *Saar*, Ehe, 2002, S. 341, Anm. 5.

30 Nehlsen geht ohnehin davon aus, in der salfränkischen lex in keiner Weise gültiges und rege rezipiertes Recht vor sich zu haben. (*Nehlsen*, Rechtsaufzeichnungen, 1977, S. 449 ff..).

Auffällig ist zumindest die Tatsache, dass nach den ursprünglichen salischen Bestimmungen beinahe lediglich blutsverwandtschaftliche Verbindungen als inzestuöse Ehen unter Strafe gestellt waren,[31] während nach einer Capitularia Childeberts II. (594 n.Chr.) auch die Ehe mit der Stiefmutter verboten und per Todesstrafe geahndet wurde.[32] Die Notwendigkeit des Verbots lässt zum einen auf eine gewisse Häufigkeit dieses Phänomens in der fränkischen Gesellschaft schließen, weist zum anderen aber auch deutlich auf zunehmende christliche Durchdringung hin, insbesondere, da dem örtlichen Bischof die Angelegenheit vorgebracht werden sollte.

Auch jene anderen spärlichen Regularien aus dem fränkischen Eherecht, die eine Vermögensverhaftung ehedefinierter Komponenten kennen, stammen ausschließlich aus der Zeit der kapitularischen Ergänzungen. So muss sich eine Witwe nach Capitularia III durch 1/10 ihrer ehemanschen *dos* zunächst von den Verwandten des ersten, verstorbenen Ehemannes freikaufen. Der Rest des *dos*-Betrages ist nach ihrem Tod den erstehelichen Kindern vorbehalten und stand – nach dem Tod der Frau[33] – nicht etwa zur Verfügung des zweiten Ehemannes.[34] Ebenso verpflichtete sich ein Witwer, die an ihn zurückgefallene ersteheliche *dos* wie das Vermögen seiner verstorbenen Frau ausschließlich im Sinne der erstehelichen Kinder zu verwalten und zum Zeitpunkt deren Volljährigkeit ihnen auszuzahlen. Eine Verwendung dieses ehedefinierten Vermögens zur Erkaufung einer zweiten Ehefrau war nicht gestattet.[35]

Trotz des oben erwähnten, potentiell christlichen Reflexes des erweiterten Inzestbegriffs im weltlichen Recht wie der familiensittlich anmutenden *dos*-Verhaftung darf eher nicht davon ausgegangen werden, jene übrigen, nicht kodifizierten Rechtsvorstellungen seien von starker christlicher Prägung gewesen. So findet Wolfgang Graf in den fränkischen Bußbüchern – verstanden als Repräsentanten germanisch-fränkischen, gesellschaftlichen Lebens – keine Hinweise auf eine vermehrte Abneigung gegen Wiederverheiratungen. Zweiten Ehen nach Scheidung, Verwitwung oder Frauenraub – letzteres z.B. im *Poenentiale Merseburgense*[36] thematisiert – habe nichts entgegengestan-

31 Pact. Leg. Sal. 13.11.

32 Capit. Childeb. 6.1.2.

33 Zu Lebzeiten der Frau und während des Bestehens der zweiten Ehe stand aber die ersteheliche *dos* in der Verwaltungskompetenz des zweiten Mannes. Die Verwandten des ersten Mannes hatten somit ein gewisses Interesse daran, die Wiederverheiratung der Witwe zu verhindern. Dies insbesondere, wenn die ersteheliche *dos* in Form eines lebenslangen Nießbrauches an bestimmten Vermögensanteilen gestellt worden war. Die Verwandten des verstorbenen ersten Ehemannes fürchteten im Falle einer Wiederverheiratung der Witwe zeitweilige Einbußen. (*Mikat*, Inzestgesetzgebung, 1994, S.72.; *Saar*, Ehe, 2002, S.344f..).

34 Capit. 3.100.1–2.

35 Capit. 3.101.

36 Poenit. Merseb., c. 94 (nach *Wasserschleben*, Bussordnungen, 1851, S.401.).

den.[37] Nichteinmal musste eine Versöhnung stattfinden, wenn die entführte Frau doch wieder zurückkehrte. Sie durfte schlichtweg einen anderen Mann heiraten. Wenn Stefan Saar demhingegen konstatiert, es sei in der breiten fränkischen Bevölkerung ein *„verbreitetes Verhaltensmuster gewesen* [...], *daß Witwen in die Position ihrer verstorbenen Männer einrückten, um an der Seite ihrer Kinder ehelos zu leben,“*[38] dann unterschlägt er in der von ihm herangezogenen Forschungsliteratur den Einschub Wemples, die luxuriöse Entscheidung zur einmaligen Ehe habe vor allem bei Mitgliedern der vermögenderen Bevölkerung vorgelegen. Die weniger begüterte Bevölkerung habe sich notgedrungen vornehmlich für erneute Eheschließungen entschieden und die ersteheIichen Kinder bei den Verwandten des Verstorbenen zurückgelassen.[39] Von einem mental oder faktisch-sozial existierenden, hohen Gut der ersten, verbindlichen Ehe kann auch bei Tranquilla, der Witwe des fränkischen Christen Sichar, nicht die Rede sein. Gregor von Tour berichtet von keinerlei Problemen,[40] die enstanden seien, als Tranquilla ihre Kinder im Stich und bei Sichars Verwandten zurückließ und sodann einen Anderen heiratete.[41]

Jene im *Pactus legis Salicae*[42] festgeschriebenen Verhandlungen über eine Witwenheirat vor Gericht, wie sie Saar[43] u.a. nach Brunner[44] anführt, waren nicht etwa Ausdruck eines – christlich begründeten – retardierenden Moments, sondern dienten dazu, aus dem Kreis der Heiratsanwärter der Witwe einen zweiten Ehemann ohne finanzielle Interessen zu wählen.

Eine derartige, moralische – nicht ökonomische – Gleichgültigkeit gegenüber der Institution der ersten Ehe bzw. Gleichheit zwischen erster und zweiter Ehe könnte auch als Oberprinzip der Vererbung gegolten haben. Zur Verteilung des väterlichen Landes/Besitzes sind keine Bestimmungen erhalten, die auf den Sonderfall der erneuten Heirat eingingen. Lediglich die Nachordnung von Töchtern hinter Söhnen ist bei der Landvergabe greifbar.[45] Insofern könnte davon ausgegangen werden, dass Halbbrüder aus erst- und zweitehelichen Verbindungen – anders als etwa im burgundischen System – zu gleichen Teilen am väterlichen Erbe beteiligt wurden. Anders

37 Vgl. *Graf*, Der Ehebruch im fränkischen und deutschen Mittelalter, 1983, S. 95 ff..

38 *Saar*, Ehe, 2002, S. 341.

39 Vgl. *Wemple*, Women in Frankish society, 1981, S. 61.

40 Hindernisse im Rahmen einer Witwenheirat konnte es allerdings geben, wenn ersteheliche Verwandte sich aus der Befürchtung ökonomischer Einbußen heraus der erneuten Heirat der Witwe entgegenstellten. (*Mikat*, Inzestgesetzgebung, 1994, S. 72.; *Saar*, Ehe, 2002, S. 344 f..).

41 Greg. Tur., Franc. 9,19.

42 Pact. Leg. Sal. 44.

43 Vgl. *Saar*, Ehe, 2002, S. 343 ff..

44 Vgl. *Brunner*, Zu Lex Salica tit. 44, 1894, S. 1292 ff.; siehe auch *Konecny*, Die Frauen des karolingischen Königshauses, 1976, S. 15 f..

45 Capit. 4.108.

als nach römischem Recht waren einem Vater somit die Hände gebunden, eine eventuell willkürliche Begünstigung zweitehelicher Söhne vorzunehmen.

Der fränkisch gebotene Grundsatz der Gleichheit erster und zweiter Ehen sowie eine Verhaftung ehedefinierten Vermögens nach römischer Art könnten in ihrer Kopplung die Ausbildung eines bösen Stiefmutterimages in der fränkischen Gesellschaft des frühen sal- und ripuarfränkischen Mittelalters unterbunden haben.

Das System einer liberalen Scheidungs- und Wiederverheiratungsmöglichkeit, verbunden mit den rechtlichen Schutzmechanismen der Verhaftung ehedefinierten Vermögens und Vererbungsgleichheit ist kein Prototyp. Es prägte auch das Rechtsgebilde der jüdischen Ehe – bevor es gegen Ende des *second commonwealth* zu einer Flexibilisierung althergebrachter Vorstellungen kam …

Schluss

„Alle glücklichen Familien gleichen einander.
Jede unglückliche Familie ist auf ihre eigene besondere Weise unglücklich.“

Unter erneuter Bezugnahme auf Tolstois *Anna Karenina* möchte diese Dissertation unter dem Titel *Patchworkfamilien in der Spätantike – Herleitung und Darstellung eines Familiensystems auf theologischer, emotionaler und rechtlicher Ebene* schließen. Tolstois Vorstellung vom Familienglück als Resultat und Zusammensetzung einzelner, unbedingt günstiger Faktoren kann Pate stehen für das Denkmodell, wie es dieser Arbeit zugrunde gelegt wurde. So fand die Auseinandersetzung mit dem Themenkomplex *Patchworkfamilie* just in Form einer Chiffrierung und Zerteilung des Gebildes *Familie* in einzelne Repräsentanten und Werte statt, die im Rahmen einer Gegenspiegelung jenes Repertoire an ungünstigen Faktoren einer Patchworkfamilie zeichnen können. Im Gegenzug durften Argumente gegen Scheidung und Wiederverheiratung als inverse Artikulation eines Familienideals verstanden werden.

Die Analyse familiärer oder patchworkfamiliärer Gebilde, wie sie in einem Zeitraum vom ersten nachchristlichen Jahrhundert bis in frühmittelalterliche Jahrhunderte stattfand, ermöglichte nicht nur die Darstellung, sondern vor allem die Einbettung und kausale Herleitung sich wandelnder familiärer Werte. So konnte die allmähliche „Entstehung“ eines frühchristlichen Familienbegriffs begründet werden, der sich aus zwei unterschiedlich gearteten Reaktionen auf die religions-politischen Wirren dieser Zeit speist. Denn zum Erfahrungshorizont der ersten Christen gehört zum einen eine Flexibilisierung des jüdischen Familiensystems auf erb- und verwaltungsrechtlicher sowie im Ansatz scheidungsmoralischer Ebene – eine Liberalisierung althergebrachter Vorstellungen, die den theologischen Zustand gegen Ende des *second commonwealth* indiziert. Zum anderen ist die frühchristliche Ehemoral Ausdruck der einsetzenden Naherwartung, die in Konsequenz das Ordnen bzw. Nicht-Eingehen weltlicher Bindungen fordert, um auf das kommende Reich Gottes vorbereitet zu sein. Während letzterer Prozess auf rein theologischer Ebene erfolgt und zunächst über rein theologische Argumentationsformen nicht hinauskommt – die Unlösbarkeit des Ehebandes –, könnte die Aufweichung mosaisch-jüdischer Familienvorstellungen in der Tat sozial greifbare und reaktionsfördernde Auswirkungen gehabt haben. Das Gleichheitsprinzip gegenüber erst- und zweitehelichen Kindern eines Mannes bei der Verteilung des Erbes wurde durch die in Mischna und Talmud greifbaren Entwicklungen ebenso in Mitleidenschaft gezogen wie z.B. die vormals exponierte Stellung von Kindern im Erbrecht nach der Mutter. Eine Aufwertung väterlicher Kompetenzen konnte unter Umständen zu ökonomischen Benachteiligungen erst- oder zweitehelicher Kinder im Rahmen einer Patchworkfamilie führen. Das patchworkfördernde Prinzip des *Seid fruchtbar und mehret euch!*, mosaisch-jüdisch noch begleitet von ökonomischen und alimentaren Schutzmaßnahmen gegenüber Witwen und Kindern betroffener Scheidungs- und Witwenfamilien, trägt im ersten nachchristlichen Jahrhundert konfliktermöglichende Entwicklungslinien in sich.

Einen ähnlichen Erfahrungshorizont ökonomischer Disharmonie bietet den frühen Christen auch die römisch-kaiserzeitliche Patchworkfamilienlandschaft. Neben der reinen Darstellung defizitärer, klassisch-rechtlicher Familiengesetzgebung zielten die entsprechenden Kapitel dieser Arbeit insbesondere auf die Herausarbeitung einer stigmatisierenden Aura, wie sie einzelnen Mitgliedern einer Patchworkfamilie angehaftet haben könnte. Die belletristisch greifbaren und in Deklamationen als juristisches Denkmodell befindlichen Vorstellungen einer kriminell oder libidinös agierenden Stiefmutter konnten als logisch-mögliches Resultat und/oder Klischee rechtlicher und demographischer Bedingungen bestätigt werden.

Der weitaus umfangreichere Teil dieser Arbeit widmete sich der Abgrenzung und Erläuterung familiärer Werte in der Spätantike, wie sie christliche und ansatzweise heidnische Modulationen zur Wiederverheiratung und Patchworkfamilie chiffriert in sich tragen. Deutlich förderte die Quellenanalyse einen Wandel an Motivik und Argumentationsstruktur in christlichen Texten zutage. Das Moment der ökonomischen Benachteiligung und Gefährdung einzelner Stiefverwandter wird nur noch am Rande thematisiert, im Vordergrund steht die Sorge um emotionale Disharmonie. Auffällig distanziert sich der christliche Begriff des stieffamiliären Unheils vom klassischen, klischeegeladenen Axiom der naturhaft schlechten Frau an der Seite des Vaters. Die zweite Frau des Vaters ist nicht zwangsläufig eine Stiefmutter, doch handelt sie nach christlichem Verständnis *stiefmütterlich*, wenn sie Charakterzüge entwickelt, die sie wohl unter den positiven Umständen einer normalen Familie nicht gezeigt hätte. Dass derlei negative Eigenschaften aber prinzipiell jedem Menschen innewohnen und kausal bedingt – auch gegenüber eigenen Kindern – nach außen gefördert werden können, ist die christliche Begründung für die mangelnde Eignung des menschlichen Lebewesens für multiemotionale Gebilde wie Patchworkfamilien. Familientheoretische Schriften der Kirchenväter sowie Predigten und seelsorgerische Erbauungsbriefe zeugen von einer Sichtweise auf familiäres Leben als Aktion und Reaktion, in dem nur unter Wahrung bestimmter sittlicher Verhaltensmuster Harmonie und Familienfrieden gewahrt bleiben können. Als Konsequenz für den patchworkfamiliären Bereich wird das Problem der gerechten Verteilung emotionaler Zuwendungen zwischen erst- und zweitehelichen Familienmitgliedern genannt. Weniger belastet die Familie eine unterstellte aktive Abneigung zwischen dem neuen Partner an der Seite der Mutter / des Vaters und den Stiefkindern als vielmehr das affektive Dilemma des wiederverheirateten Elternparts, das allein durch die passive Anwesenheit des neuen Partners hervorgerufen werden kann.

Die Analyse nicht-christlicher Quellen der Spätantike vermochte es nicht, einen solchen Wandel in der Artikulation familiärer Werte zu verneinen. Zwar schmücken sich jene weltlichen Beschreibungen patchworkfamiliärer Vorkommnisse nicht bzw. nicht übermäßig mit der ausführlichen Thematisierung emotionaler Disharmonien, doch wird auch die Problematik der ökonomischen Gefährdung – wie sie kaiserzeitliche Belege prägte – nicht mehr weitergetragen. Vermögens- und erbrechtliche Verwerfungen spätantiker west- und oströmischer Stieffamilien finden zwar ihre Belege, sind aber stets verbunden mit der Nennung rechtlicher Schutzmechanismen zur (nachträglichen) Linderung und Negierung derartiger Konflikte. Bisweilen konnten sogar im Ansatz Patchworksituationen rekonstruiert werden, in denen das Zusammenleben einzelner Stiefverwandter positiv konnotiert war.

Auffallend an christlichen wie nicht-christlichen Befunden zur Patchworksituation ist die deutlich vermehrte Bezeugung familiärer Spannungen, die der Existenz eines Stiefvaters Rechnung tragen. Das familieninhärente Erscheinen des Stiefvaters auf der demographischen Bildfläche der Spätantike konnte mit ausführlichen Überlegungen zur erweiterten Sorgerechtskompetenz geschiedener und verwitweter Frauen plausibilisiert werden. Zu bedenken bleibt aber stets, dass ein Großteil der spätantiken Quellen nunmal aus christlicher Hand stammt und jene Autoren genrebedingt häufig gegen Wiederverheiratungen insbesondere von Witwen argumentieren.

Anders als noch nach klassischem Recht scheint Frauen dennoch häufiger und selbstverständlicher die Möglichkeit gewährt worden zu sein, ersteheliche Kinder auch nach der Wiederverheiratung selbst zu erziehen, wenn bestimmte personenrechtliche Umstände der Mutter oder ihres neuen Lebenspartners dem nicht entgegenstanden. Geschlechtsunabhängig zeichnen sich aber insbesondere unter Justinian Bestrebungen ab, die Sorgerechtskompetenz an die Bedingung der nicht erneuten Eingehung einer zweiten Ehe zu koppeln. Eine derartig dezidierte Beschäftigung mit dem Phänomen der zweiten Ehe konnte generell für die weltlich-spätantike Gesetzgebung herausgearbeitet werden. Vermögens-, verwaltungs- und erbrechtliche Komponenten aller Couleur finden je nach Zeit und Raum in den Paragraphen seit Konstantin ihre Thematisierung. Bestimmungen zu *dos* und *donatio* – seien sie nach Scheidung oder Verwitwung einbehalten oder rückerstattet – oder zu *bona paterna* und *bona materna* – seien sie direkt an Kinder oder über den überlebenden Ehepartner vererbt – garantieren auf rechtstheoretischer ebene peu à peu die familiensittliche Weitergabe ehedefinierten Vermögens.

Interpolationen im Rahmen der *Senatusconsulta Tertullianum et Orfitianum* dürfen vermutet werden. Auch bezüglich testamentarischer Verfügungen über freie Vermögensmasse stach das spätantike Bestreben der Harmonisierung posthumer Besitzverteilung im Vergleich zum klassischen Recht erkennbar hervor. Die Bestimmungen zur spätantiken *querela inofficiosi testamenti* zeugen von der Favorisierung einer weitestgehenden Aufrechterhaltung eines Testamentes und der Eingrenzung jener Gründe, die zur Anfechtung angebracht werden dürfen. Dass mitunter wohl überhaupt nur eine geringe Gruppe aus dem Kreis der generell Klageberechtigten tatsächlich von diesem Recht Gebrauch gemacht haben wird, das dann aber – wie Ulpian sagt – häufig, zeigte die genaue Rekonstruktion des Vererbungsvorgangs im Rahmen der Testamentsauflösung: Kinder hatten viel größere Aussicht auf Teilhabe an der intestarischen Erbausschüttung des Vatervermögens als etwa zweite Ehefrauen/Stiefmütter.

All jene Bestrebungen der Harmonisierung und Versittlichung (patchwork-)familiärer Vererbung kamen im Rahmen dieser Arbeit nicht herum, Assoziationen zum christlichen Verständnis familiären Miteinanders hervorzurufen. Neben dezidiert christlichen Bestimmungen im weltlichen Recht – Klosteraufenthalt für erneut Heiratende, Enterbung aufgrund unsittlichen Lebenswandels etc. – erscheint es nicht unplausibel, den Drang zur lebenslangen ökonomischen Gerechtigkeit gegenüber erst- und zweitehelichen Kindern auch als Reflex christlicher Anschauungen zum lebenslangen emotionalen Fürsorgeauftrag zu sehen. Beiden „Systemen“ liegt das Bewusstsein für eine uneingeschränkte Verantwortlichkeit gegenüber dem engsten familiären Umfeld zugrunde. Beide „Systeme“ zeichnen sich aus durch die Betonung sittlich angebrachten Verhaltens zur Garantierung emotionalen und ökonomischen Geborgenheitsgefühls und Wohlbefindens.

Probleme bereitete die Einschätzung konkreter weltlich-rechtlicher und christlich-moralischer Prägekraft in der Praxis.

Auch wenn es die Quellenlage nicht gestattet, den Nachweis jener peniblen, theoretischen Rechtssystematik für den praktischen Familienalltag des ost- und weströmischen Reiches zu leisten, so zeugt doch die Rezeption einzelner römischer Bestimmungen in diversen frühmittelalterlichen Leges von einer gewissen Durchsetzungskraft. Prinzipien wie die der Verhaftung ehedefinierten Vermögens und der Splittung in Eigentums- und Besitzverständnis gehen dort mitunter Hand in Hand mit germanischen Vorstellungen vom unteilbaren Familienland, das z. B. bei den Burgundern zum größeren Teil erstehelichen Kindern vorbehalten wird. Von einer Partizipation christlichen Gedankengutes in den weltlichen Leges kann bezüglich der einzelnen germanischen Stämme nur bedingt gesprochen werden.

Die Frage nach der Verankerung ehe- und familienmoralischer Ansichten führte auch im Hinblick auf die spätantik-römische Gesellschaft zu einem ernüchternden Ergebnis. Und dies, obwohl die christliche Argumentationsweise der emotionalen Disharmonie eigentlich, anders als jene wenigen ökonomisch ausgerichteten Warnungen an wohlhabende musterchristliche Witwen, einen breiten Adressatenkreis angesprochen haben müsste. Umso erstaunlicher war es, festzustellen, dass das Zweisäulensystem aus kirchenväterlichen Mahnungen in Predigten, Briefen und Trostschriften einerseits sowie umfangreich nachweisbaren kanonischen Ge- und Verboten andererseits nicht zu bahnbrechenden Wandlungen im Wiederverheiratungsverhalten geführt zu haben scheint.

Die aufgefundenen Belege gemeindechristlicher Auseinandersetzung mit diesem Gedankengut zeugen nur in den wenigsten Fällen von der Bereitschaft zu Rezeption und Verinnerlichung. Weder ahnden kirchliche Vertreter konsequent eherechtliche Verfehlungen – sei es aus Unwissenheit über geltende Gebote oder aus bewusster Nichtbeachtung heraus – noch kommen jene theologischen Neuerungen direkten Weges in der Gemeindeöffentlichkeit an, werden dort akzeptiert oder gar umgesetzt. Selten findet die kirchliche Obrigkeit vor Ort in Gestalt frommer Christen eine eigenständig arbeitende, korrektive Institution, die christlich-familiäre Werte mit Strahlkraft einerseits und Stigmatisierung andererseits in die Haushalte der Nachbarn getragen hätte. Weder mental-rezipiert noch institutionell-insistiert scheint die christliche Ehelehre im Alltag derart präsent gewesen zu sein, als dass Kleriker vor Ort das Verhalten der anvertrauten Gemeinde hätten dirigieren können.

Quellen- und Literaturverzeichnis

Sekundärliteratur:

Amelotti, M., Il testamento romano attraverso la prassi documentale I, Firenze 1966.
Amram, D. W., The jewish law of divorce, 2009 (nach: Philadelphia 1968).
Arjava, A., Paternal Power in late Antiquity, JRS 88 (1998), S. 147–165.
– Divorce in later Roman law, Arctos 22 (1988), S. 5–21.
– Women and law in late Antiquity, Oxford 1996.
Aubin, M., More apparent than real? Questioning the difference in marital age between Christian and non-Christian women of Rome during the third and fourth centuries, AHB 14 (2000), S. 1–13.
Avenarius, M., Der pseudo-ulpianische liber singularis regularum, Göttingen 2005.
– Die pseudo-ulpianische Einzelschrift der Rechtsregeln, Göttingen 2005.
Babo, M., Kirchenasyl – Kirchenhikesie. Zur Relevanz eines historischen Modells im Hinblick auf das Asylrecht der Bundesrepublik Deutschland, Dissertation Eichstätt, Münster 2003.
Bagnall, R. S., Church, State and Divorce in Late Roman Egypt, in: K.-L. Selig u. R. Somerville (Hg.), Florilegium Columbianum. Essays in Honor of Paul Oskar Kristeller, New York 1978, S. 41–61.
Baltensweiler, H., Die Ehe im Neuen Testament. Exegetische Untersuchungen über Ehe, Ehelosigkeit und Ehescheidung, Zürich 1967.
– Die Ehebruchsklauseln bei Matthäus, Theologische Zeitschrift Basel 15 (1959), S. 340–356.
Bauer-Gerland, F., Das Erbrecht der Lex Romana Burgundionum, Berlin 1995.
Bayer, K., Topica, München 1993.
Bees, R., Die Kulturentstehungslehre des Poseidonius, in: W. von Koppenfels u. a. (Hg.), Antike und Abendland, Berlin 2005, S. 13–29.
Berger, A., Encyclopedic dictionary of Roman law, Philadelphia 2004.
Berner, Ch., Jahre, Jahrwochen und Jubiläen. Heptadische Geschichtskonzeptionen im Antiken Judentum, Berlin 2006.
Bettini, M., Affari di famiglia. La parentela nella letteratura e nella cultura antica, Bologna 2009.
Biondi, B., Il diritto romano cristiano II, Milano 1952.
– Il diritto romano cristiano III, Milano 1954.
Blau, L., Die jüdische Ehescheidung und der jüdische Scheidebrief, Budapest 1911.
Böhme, G. u. a., Feuer, Wasser, Erde, Luft. Eine Kulturgeschichte der Elemente, München 2004.
Bonner, S., Roman Declamation in the Late Republic and the Early Empire, Liverpool 1949.
Brger, R. u. a., Texte aus der Umwelt des Alten Testaments, Band I, Gütersloh 1982.
Bornecque, H., Les declamations et les declamateurs d'apres Seneque le pere, Lille 1902.
Boyle, A., Seneca. Oedipus, Oxford 2011.
Bradley, K. R., Remarriage and the Structure of the Upper-Class Roman Family, in: B. Rawson (Hg.)., Marriage, Divorce and Children in Ancient Rome, Oxford 1991, S. 79–98.
– Dislocation in the Roman family, in: K.R Bradley, Discovering the Roman family. Studies in Roman social history, New York 1991, S. 125–155.

Brendileone, F., Scritti di storia del diritto privato Italiano, Bologna 1931.
Bretone, M., La nozione romana di usufrutto II, Napoli 1967.
Bringmann, K., Geschichte der Juden im Altertum, Stuttgart 2005.
- Kaiser Julian, Darmstadt 2004.
Brunner, H., Zu Lex Salica tit. 44. De reipus, Berlin 1894.
Büchler, A., Studies in Jewish history, London 1956.
Carletti, C., Aspetti biometrici del matrimonio nelle iscrizioni cristiane di Roma, Augustinianum 17 (1977), S. 39–51.
Cecconi, G. A., Crisi e trasformazioni del governo municipale in Occidente fra IV e VI secolo, in: C. Witschel u. J.-U. Krause (Hg.), Die Stadt in der Spätantike. Niedergang oder Wandel, Stuttgart 2006, S. 285–318.
Christ, K., Geschichte der römischen Kaiserzeit. Von Augustus bis Konstantin, München 2005[5].
L. Cohn u. a., Philo von Alexandria, Band I, Berlin 1962.
- Philo von Alexandria, Band II, Berlin 1962.
Conring, B., Hieronymus als Briefschreiber, Tübingen 2001.
Cotton, H., Quimron, ‚XHev/Se. ar. 13 of 134 or 135 C.E.. A Wife's Renunciation of Claims', Journal of Jewish Studies 49 (1998), S. 108–118.
Crifo, G., Sul problema della donna tutrice, Bullettino dell'Istituto di Diritto romano 67 (1964), S. 87–166.
Davies, E., Inheritance Rights and the Hebrew Levirate Marriage, Part 1, Vetus Testamentum 31,2 (1981), S. 138–144.
- Inheritance Rights and the Hebrew Levirate Marriage, Part 2, Vetus Testamentum 31,3 (1981), S. 257–268.
Deasley, A., Marriage and Divorce in the Bible and the Church, Kansas City 2000.
Delling, G., Ehebruch, in: RAC 4(1959), Sp. 666–677.
- Ehehindernisse, in: RAC 4 (1959), Sp. 680–691.
- Ehescheidung, in: RAC 4 (1959), Sp. 707–719.
Digeser, E., The making of a Christian empire. Lactantius and Rome, New York 2000.
Dixon, S., The Roman mother, Oklahoma 1988.
Downey, G., Caesarea and the Christian Church, in: The Joint Expedition to Caesarea Maritima (Studies in the History of Caesarea Maritima I, Suppl. Studies 19 (1975), S. 23–42.
Driver, S., A critical and exegetical commentary on Deuteronomy, Edinburgh 1902.
Eck, W., Das Eindringen des Christentums in den Senatorenstand bis zu Konstantin d. Gr., Chiron 1 (1971), S. 381–406.
Elon, M., Jewish Law. History, Sources, Principles. The Jewish Publication Society, Philadelphia 1994.
Epstein, L., Marriage laws in the Bible and the Talmud, Cambridge 1942.
- The Jewish marriage contract, Clark (New Jersey) 2004 (Erstveröffentlichung 1927).
Evans, C. A., Messianic claimants of the fist and second centuries, in: Ders., Jesus and His Contemporaries, Leiden 1995, S. 53–81.
Eyben, E., Fathers and sons, in: B. Rawson (Hg.), Marriage, divorce, and children in ancient Rome, New York 1991, S. 114–141.
Falk, Z., Introduction to Jewish law of the Second Commonwealth, Band II, Leiden 1978.
Fastrich-Sutty, I., Die Rezeption des westgotischen Rechts in der Lex Baiuvariorum. Eine Studie zur Bearbeitung von Rechtstexten im frühen Mittelalter, Köln 2001.
Fatouros, G., Theodori Studitae Epistulae, Pars Prior, Berlin 1991.
- Libanios. Briefe, München 1980.
Fayer, C., La familia romana. Aspetti giuridici ed antiquari. Band II, Roma 2005.
Feld, K., Barbarische Bürger. Die Isaurier und das Römische Reich, Berlin 2005.

Fischer Drew, K., The Burgundian code book of constitutions or law of Gundobad, Philadelphia 1972.
- The Family in Visigothic Law, in: Dies.: Law and society in early medieval Europe. Studies in legal history, London 1988, S. 1–22 (VII).
- The Germanic Family of the Leges Burgundionum, in: Fischer Drew, Law and society in early medieval Europe. Studies in legal history, London 1988, S. 5–14 (V).
- The Lombard laws, Philadelphia 1973.
- The laws of the Salian Franks, Philadelphia 1991.

Fögen, M. T., Muttergut und Kindesvermögen bei Konstantin d. Gr., Justinian und Eustathios Rhomaios, in: D. Simon (Hg.), Eherecht und Familiengut in Antike und Mittelalter, München 1992, S. 15–27.

Frey, J., Der historische Jesus und der biblische Christus, in: J. Rohls u. a. (Hg.), Das Wesen des Christentums, Göttingen 2003, S. 29–59.

Friedrichs, J., Methoden empirischer Sozialforschung, Opladen 1990[14].

Frier, B. u. a. (Hg.), A casebook on Roman family law, New York 2004.
- Roman Demography, in: D. S. Potter u. D. Mattingly (Hg.), Life, death, and entertainment in the Roman Empire, Michigan 1999, S. 85–109.
- Roman Life Expectancy. Ulpian's Evidence, Harvard Studies in Classical Philology 86 (1982), S. 213–251.

Gärtner, M., Die Familienerziehung in der Alten Kirche, Köln 1985.

Gall, D., Römische Rhetorik am Wendepunkt, in: B.-J. und J.-P. Schröder (Hg.), Studium Declamatorium. Untersuchungen zu Schulübungen und Prunkreden von der Antike bis zur Neuzeit, München 2003, S. 107–126.

Gardner, J., Women in Roman law and society, London 1991.

Gaudemet, J., Familie I, in: RAC 7 (1969), Sp. 286–358.

Geerlings, W., Augustinus. Leben und Werk, München 2002.

Geller, M.J., New Sources for the Origins of the Rabbinic Ketubah, HUCA 49 (1978), S. 227–245.

Gibson, C., Libanius' Progymnasmata. Model exercises in Greek prose composition and Rhetoric, Atlanta 2008.

Graf, W., Der Ehebruch im fränkischen und deutschen Mittelalter unter besonderer Berücksichtigung des weltlichen Rechts, Dissertation Würzburg 1983.

Grant, R. M., Early Christianity and Society. Seven Studies, New York 1977.

Gray-Fow, M., The wicked stepmother in Roman literature and history. An evaluation, Latomus 47 (1988), S. 741–757.

Grelot, P., Die Entwicklung der Ehe als Institution im Alten Testament, Concilium 6 (1970), S. 320–325.

Grubbs, J., Constantine and Imperial Legislation on the Family, in: J. Harries u. I Wood, The Theodosian Code. Studies in the Imperial Law of Late Antiquity, New York 1993, S. 120–142.
- Law and Family in Late Antiquity, Oxford 1995.

Hahn, F., Theologie des Neuen Testaments, Tübingen 2005[2].

Harries, J., Law and Empire in Late Antiquity, Cambridge 1999.

Henning, D., Periclitans res Publica. Kaisertum und Eliten in der Krise des Weströmischen Reiches 454/5–493 n.Chr., Stuttgart 1999.

Herwig, W., Die Goten. Von den Anfängen bis zur Mitte des sechsten Jahrhunderts, München 2001[4].

Homolka, W., Das jüdische Eherecht, Berlin 2009.

Honsell, H., Römisches Recht, Heidelberg 2010[7].

Hopkins, M.K., The Age of Roman Girls at Marriage, Population Studies 18/3 (1965), S. 309–327.

Hughes, I., Belisarius, Pennsylvania 2009.
Humbert, M., Le remariage à Rome. Étude d'histoire juridique et sociale, Milano 1972.
Instone-Brewer, D., Divorce and Remarriage in the Bible, Michigan 2002.
- Techniques and assumptions in jewish exegesis before 70 CE, Tübingen 1993.
- Deuteronomy 24: 1–4 and the Origin of the Jewish Divorce Certificate, Journal of jewish studies 49 (1998), S. 230–243.
Johlen, M., Die vermögensrechtliche Stellung der weströmischen Frau in der Spätantike. Zur Fortgeltung des römischen Rechts in den Gotenreichen und im Burgunderreich, Berlin 1999.
Jolowicz, H, The wicked guardian, JRS 37 (1947), S. 82–90.
Kajanto, I., On divorce among the common people of Rome, in: Mélanges Marcel Durry, Paris 1970, S. 99–113.
Kampers, G., Geschichte der Westgoten, Paderborn 2008.
Kaser, M., Das römische Privatrecht. Erster Abschnitt. Das altrömische, das vorklassische und klassische Recht, München 1971.
- Das römische Privatrecht. Zweiter Abschnitt: Die nachklassischen Entwicklungen, München 1975.
Kasten, B., Noverca venefica. Zum bösen Ruf der Stiefmütter in der gallischen und fränkischen Gesellschaft, Frühmittelalterliche Studien 35 (2001), S. 145–181.
Keenan, J., On law and society in late roman Egypt, ZPE 17 (1975), S. 237–250.
King, P. D., Law and society in the Visigothic kingdom, Cambridge 1972.
Körnter, U., Weltangst und Weltende. Eine theologische Interpretation der Apokalyptik, Göttingen 1988.
Kötting, B. u. Hopfner, Th., Bigamie, in: RAC 2 (1954), Sp. 282–286.
- Digamus, in: RAC 3 (1957), Sp. 1016–1024.
Kohler, J. u. Peiser, F., Hammurabi's Gesetz, Leipzig 1904.
Konecny, S., Die Frauen des karolingischen Königshauses. Die politische Bedeutung der Ehe und die Stellung der Frau in der fränkischen Herrscherfamilie vom 7. bis zum 10. Jahrhundert. Dissertation Wien 1976.
Kortekaas, G.A.A., Historia Apollonii regis Tyri, Groningen 1984.
Krause, J.-U., Rechtliche und soziale Stellung von Waisen, Stuttgart 1995.
- Witwen und Waisen im frühen Christentum, Stuttgart 1995.
Krauss, F.S. u. a. (Hg.), Artemidor von Daldis. Traumbuch, Basel 1965.
Kroeschell, K., Söhne und Töchter im germanischen Erbrecht, in: G. Landwehr (Hg.), Studien zu den germanischen Volksrechten. Gedächtnisschrift für Wilhelm Ebel, Frankfurt am Main 1982, S. 87–116.
Krüger, H., Zum römischen Pflichtteilsrecht, in: Festschrift für Paul Koschaker II, Leipzig 1939; S. 256–277.
Krumeich, C., Hieronymus und die feminae clarissimae, Bonn 1993.
Kruse, B.-J., Witwen. Kulturgeschichte eines Standes in Spätmittelalter und Früher Neuzeit, Berlin 2007.
Kübler, B., Über das ius liberorum der Frauen und die Vormundschaft der Mutter. Ein Beitrag zur Geschichte der Rezeption des römischen Rechts in Ägypten, in: ZRG RA 31 (1910), S. 176–195.
Laes, Ch., Children in the Roman Empire. Outsiders within, Cambridge 2011.
Lancel, S. u. Nevill, A., Saint Augustine, London 2002.
Lanzerath, M., Panoramawandel der Giftmorde. Eine Analyse von Sektionsfällen der Jahre 1946–2005 aus dem Institut für Rechtsmedizin der Universität Bonn, Dissertation Bonn 2009.
Laslett, P., La parenté en chiffres, Annales. Histoire, Sciences Sociales 43/1 (1988), S. 5–24.

Lehmann, T., Eine spätantike Inschriftensammlung und der Besuch des Papstes Damasus an der Pilgerstätte des hl. Felix in Cimitile/Nola, ZPE 91 (1992), S. 243–281.
Letsch-Brunner, S., Marcella, discipula et magistra, Berlin 1998.
Levy, E., West roman vulgar law. The law of property, Philadelphia 1951.
Liebs, D., Die Rolle der Paulussentenzen bei der Ermittlung des römischen Rechts, in: M. Avenarius (Hg.), Hermeneutik der Quellentexte des Römischen Rechts, Baden-Baden 2008, S. 157–175.
– Die Jurisprudenz im spätantiken Italien, Berlin 1987.
Lilie, R.-J., Byzantinische Kaisertestamente, in: B. Kasten (Hg.), Herrscher- und Fürstentestamente im westeuropäischen Mittelalter, Köln 2008, S. 667–687.
Limmer, J., Konzilien und Synoden im spätantiken Gallien von 314 bis 696 nach Christi Geburt, Teil I, Frankfurt am Main 2004.
– Konzilien und Synoden im spätantiken Gallien von 314 bis 696 nach Christi Geburt, Teil II, Frankfurt am Main 2004.
Löbmann, B., Zweite Ehe und Ehescheidung bei den Griechen und Lateinern, Leipzig 1980.
Loewenberg, F., From charity to social justice, New Brunswick (New Jersey) 2001.
Lohse, E., Das Urchristentum. Ein Rückblick auf die Anfänge, Göttingen 2008.
MacMullen, R., Roman Bureaucratese, Traditio 18 (1962), S. 364–378.
Malherbe, A., Social Aspects of Early Christianity, London 1977.
Marazzi, F., Cadavera urbium, nuove capitali e Roma aeterna. L'identità urbana in Italia fra crisi, rinascita e propaganda (secoli III-V), in: Chr. Witschel u. J.-U. Krause (Hg.), Die Stadt in der Spätantike. Niedergang oder Wandel, Stuttgart 2006, S. 33–67.
Martin, J., Spätantike und Völkerwanderung, München 2001.
Martindale, J.R., PLRE I, Cambridge 1971.
– PLRE II, Cambridge 1980.
– PLRE IIIa, Cambridge 1992.
Mathisen, R., Resistance and Reconciliation. Majorian and the Gallic Aristocracy after the Fall of Avitus, Francia 7 (1979), S. 597–627.
Mayer-Maly, T., Römisches Recht, Wien 1999[2].
McLynn, N.B., Ambrose of Milan. Church and court in a Christian capital, London 1994.
Meeks, W. Urchristentum und Stadtkultur. Die soziale Welt der paulinischen Gemeinden, Gütersloh 1993. (Originaltitel: The first urban Christians, London 1983)
Meier, M. u. Leppin, H. (Hg.), Prokop. Anekdota, Düsseldorf 2005.
Meinhart, M., Die Senatusconsulta Tertullianum und Orfitianum in ihrer Bedeutung für das klassische römische Erbrecht, Graz 1967.
Memmer, M., Die Ehescheidung im 4. und 5. Jahrhundert n. Chr., in: M. Schermaier u. a. (Hg.), Iurisprudentia universalis. Festschrift für Theo Mayer-Maly zum 70. Geburtstag, Köln 2002, S. 489–510.
Mercogliano, F., Tituli ex corpore Ulpiani. Storia di un testo, Napoli 1997.
Merklein, A., Das Ehescheidungsrecht nach den Papyri der byzantinischen Zeit, Dissertation Erlangen 1967.
Mette-Dittmann, A., Die Ehegesetze des Augustus, Stuttgart 1991.
Meyer-Marthaler, E., Römisches Recht in Raetien im frühen und hohen Mittelalter, Zürich 1968.
Mielziner, B., The Jewish law of marriage and divorce in ancient and modern times, Littleton 1987.
Mika, B., Alice Schwarzer. Eine kritische Biographie, Reinbek 1998.
Mikat, P., Zu den Voraussetzungen der Begegnung fränkischer und kirchlicher Eheauffassung in Gallien, in: H. Heinemann u. a. (Hg.): Diaconia et ius. Festgabe für Heinrich Flatten zum 65. Geburtstag dargebracht von seinen Freunden und Schülern, München 1973, S. 1–26.
– Die Inzestgesetzgebung der merowingisch-fränkischen Konzilien, Paderborn 1994.

Milgrom, J., Leviticus 17–22, New Haven (Connecticut) 2000.
Müller-Lindenlauf, H.G., Germanische und spätrömisch-christliche Eheauffassung in fränkischen Volksrechten und Kapitularien, Dissertation Freiburg im Breisgau 1969.
Nathan, G., Family in Late Antiquity. Christianity and the Endurance of Tradition, London 2000.
Nehlsen, H., Zur Aktualität und Effektivität germanischer Rechtsaufzeichnungen, in: P. Classen (Hg.), Recht und Schrift im Mittelalter. Bd. 23: Vorträge und Forschungen. Sigmaringen 1977, S. 449–502.
Nelson, H.L.W., Überlieferung, Aufbau und Stil von Gai Institutiones, Leiden 1981.
Nembach, U., Ehescheidung nach alttestamentlichem und jüdischem Recht, ThZ 26 (1970), S. 161–172.
Neufeld, E., Ancient Hebrew marriage laws, London 1944.
Neusner, J., The Talmud of the Land of Israel, Bd. 22, Chicago 1985.
Noethlichs, K.L., Beamtentum und Dienstvergehen. Zur Staatsverwaltung in der Spätantike, Wiesbaden 1981.
Norman, A.F., Libanius' Autobiography. Oration I, Oxford 1965.
Noy, D., Wicked stepmothers in Roman society and imagination, Journal of Family History 16 (1991), S. 345–361.
Parkin, T. G., Demography and Roman Society, Baltimore 1992.
Poethke, G., Gifttod in der Antike. Pharm. Zentralh. 108 (1969), S. 391–400.
Potter, D.S. u. Mattingly, D. (Hg.), Life, death, and entertainment in the Roman Empire, Michigan 1999.
Preisker, H., Christentum und Ehe in den ersten drei Jahrhunderten, Aalen 1979.
Pritchard, J.B., Ancient near eastern texts, Princeton 1969.
Rawson, B. (Hg.), A companion to families in the Greek and Roman worlds, Chichester 2011.
– The Roman family, in: Ders. (Hg.), The family in ancient Rome. New Perspectives, London 1986, S. 1–57.
Rebenich, S., Hieronymus und sein Kreis, Stuttgart 1992.
Richter, H.-F., Geschlechtlichkeit, Ehe und Familie im Alten Testament und seiner Umwelt, Frankfurt am Main 1978.
– Geschlechtlichkeit, Ehe und Familie im Alten Testament und seiner Umwelt. Ergänzungsband, Frankfurt am Main 1978.
Ritzer, K., Formen, Riten und religiöses Brauchtum der Eheschließung in den christlichen Kirchen des ersten Jahrtausends, Münster 1981.
Rivers, T.J., Laws of the Salian and Ripuarian Franks, New York 1986.
Rowley, H.H., The Servant of the Lord and other Essays on the Old Testament, Oxford 1965.
Rüegger, H., Einflüsse des Römischen Rechtes in der Lex Burgundionum, Dissertation Bern 1947.
Saalschütz, J., Das Mosaische Recht, Berlin 1848.
Saar, St., Ehe – Scheidung – Wiederheirat. Zur Geschichte des Ehe- und des Ehescheidungsrechts im Frühmittelalter, Münster 2002.
Saller, R., Roman Dowry and the Devolution of Property in the Principate, CQ 34/1 (1984), S. 195–205.
– Patriarchy, Property and Death in the Roman Family, Cambridge 1994.
– Men's Age at marriage and its Consequences in the Roman Family, CPh 82/1 (1987), S. 21–34.
Salzman, M., How the West was won. The Christianization of the Roman Aristocracy in the West in the Years after Constantine, Studies in Latin Literature and Roman History, Collection Latomus 217 (1992), S. 451–79.
Schade, L., Des heiligen Kirchenvaters Eusebius Hieronymus ausgewählte Briefe, Band 16, Kempten 1936.

Schäferdiek, K., Die Kirche in den Reichen der Westgoten und Suewen bis zur Errichtung der westgotischen katholischen Staatskirche, Berlin 1967.

Schiller, A., The courts are no more, in: Studi in onore di Edoardo Volterra. Pubblicazioni della Facoltà di Giurisprudenza dell'Università di Roma I, Milano 1971, S. 469–502.

Scheidel, W., The Demographic Background, in: S.R. Huebner u. D. M. Ratzan (Hg.), Growing Up Fatherless in Antiquity, Cambridge 2009, S. 1–9.

– Population and Demography, in: A. Erskine (Hg.), A companion to ancient history, Oxford 2009, S. 134–146.

Schmidtke, F., Apostasion, in: RAC 1 (1950), Sp. 551–553.

Schmitz, W., Haus und Familie im antiken Griechenland, München 2007.

Schnabel, E.J., Urchristliche Mission, Witten 2002.

Schneider, G., Jesu Wort über die Ehescheidung, in: Ders. (Hg.), Jesusüberlieferung und Christologie, Leiden 1992, S. 187–210.

Schönberger, E. und O., Sentenzen, Einteilungen, Färbungen von Rednern und Redelehrern, Würzburg 2004.

Schöllgen, G., Ecclesia sordida? Zur Frage der sozialen Schichtung frühchristlicher Gemeinden am Beispiel Karthagos zur Zeit Tertullians, Münster 1985.

Schürer, E., The history of the Jewish people in the age of Jesus Christ, Edinburgh 1979.

Schuller, W., Grenzen des spätrömischen Staates. Staatspolizei und Korruption, ZPE 16 (1975), S. 1–21.

Schwartz, E., Bußstufen und Katechumenatsklassen, Berlin 1963.

Schwartz, S., Imperialism and Jewish society, Princeton 2001.

Seeck, O., Die Briefe des Libanius zeitlich geordnet, Leipzig 1906.

Seidl, E., Die Jurisprudenz der ägyptischen Provinzialrichter byzantinischer Zeit, Tübingen 1954.

Selb, W., Zur Bedeutung des syrisch-römischen Rechtsbuches, München 1964.

Shanzer, D. u. a., Avitus of Vienne. Letters and Selected Prose, Liverpool 2002.

Shaw, B.D., The Age of Roman Girls at Marriage. Some Reconsiderations, JRS 77 (1987), S. 30–46.

– The Family in Late Antiquity. The experience of Augustine, Past and Present 115 (1987), S. 3–51.

Söllner, A., Zur Vorgeschichte und Funktion der actio rei uxoriae, Köln 1969.

Solazzi, S., Alle fonti della ›exceptio SC. Velleiani‹, in: Studia et documenta historiae et iuris 19 (1953), S. 321–326.

Steinwenter, A., Was beweisen die Papyri für die praktische Geltung des justinianischen Gesetzgebungswerkes?, in: Aegyptus. Rivista italiana di egittologia e di papirologia 32 (1952), S. 131–137.

– Die Briefe des Qu. Aur. Symmachius als Rechtsquelle, ZRG RA 74 (1957), S. 1–26.

Stiegler, H., Divortium, culpa und retentio propter liberos, in: Mélanges Fritz Sturm I., Lüttich 1999, S. 431–452.

Strecker, G., Die Bergpredigt. Ein exegetischer Kommentar, Göttingen 1985.

Strenge, I., Codex Hammurapi und die Rechtsstellung der Frau, Würzburg 2006.

Syme, R., People in Pliny, JRS 58 (1968), Parts 1 and 2, S. 135–151.

Taubenschlag, R., The Legislation of Justinian in the light of the Papyri, Byzantion. International Journal of Byzantine Studies 15 (1940/41), S. 280–295.

– Die materna potestas im gräko-ägyptischen Recht, in: E. Levy u. E. Rabel u. a. (Hg.), ZRG RA 49 (1929), S. 115–128.

Thackeray, H., Josephus. In Nine Volumes, transl. by H. St. J. Thackeray, London 1961.

Thraede, K., Blutschande (Inzest), in: RAC Suppl.-Bd. 2 (2002), Sp. 37–85.

Theißen, G. u. Merz, A., Der historische Jesus. Ein Lehrbuch, Göttingen 2001[4].

Theißen, G., Christologie und soziale Erfahrung, in: Ders., Studien zur Soziologie des Urchristentums, Tübingen 1989, S. 318–331.

– ,Wir haben alles verlassen'. Nachfolge und soziale Entwurzelung in der jüdisch-palästinensischen Gesellschaft des 1. Jahrhunderts n. Chr., in: Ders., Studien zur Soziologie des Urchristentums, Tübingen 1989, S. 106–141.

Torjesen, K.J., Clergy and Laity, in: S. Ashbrook Harvey u. D.C. Hunter (Hg.), The Oxford handbook of early Christian studies, Oxford 2008, S. 389–406.

Treggiari, S., Divorce Roman Style. How easy and how frequent was it?, in: B. Rawson (Hg.), Marriage, Divorce and Children in Ancient Rome. Canberra 1991, S. 31–46.

Trevett, C., Montanism. Gender, Authority and the New Prophecy, Cambridge 1996.

Ubl, K., Inzestverbot und Gesetzgebung. Die Konstruktion eines Verbrechens, Berlin 2008.

Vaccari, P., Scritti di storia del diritto privato, Padua 1956.

Veyne, P., Clientèle et corruption au service de l'État. La vénalité des offices dans le Bas-Empire romain, Annales 36 (1981), 339–360.

Vickers, B., Mächtige Worte, Berlin 2008.

Voci, P., Diritto ereditario romano II, Milano 1963.

Vogt, J., Zur Frage des christlichen Einflusses auf die Gesetzgebung Konstantins des Großen, in: Festschrift für Leopold Wenger Bd. II, München 1945, S. 118–148.

Volterra, E., Intorno ad alcune costituzioni di Costantino, in: Rendiconti dell'Accademia Nazionale dei Lincei 13 (1958), S. 61–89.

Vonessen, F., Die Mutter als Stiefmutter. Zur Mythologie eines Märchenmotivs, in: Jahrbuch für Symbolforschung. Neue Folge Bd. 1 (1972), S. 113–138.

Waiblinger, F., Historia Apollonii regis Tyri, München 1978.

Wasserstein, A., A Marriage Contract of the Province of Arabia Nova. Notes on Papyrus Yadin 18, Jewish Quaterly Review 80 (1989), S. 93–130.

Watson, P., Ancient Stepmothers. Myth, Misogyny and Reality, Leiden 1995.

Weiler, I., Giftmordwissen und Giftmörderinnen, Eine diskursgeschichtliche Studie, Tübingen 1998.

Wemple, S., Women in Frankish society. Marriage and the cloister, Philadelphia 1981.

Westbrook, R., The Prohibition on Restoration of Marriage in Deuteronomy 24: 1–4, in: Studies in the Bible. Scripta Hierosolymitana 31. Jerusalem Magnes Press at Hebrew University 1986.

– Property and the family in biblical law, Sheffield 1991.

Williams, M., The Jewish Family in Judaea from Pompey to Hadrian, in: G. Michele (Hg.), The Roman family in the empire. Rome, Italy, and beyond, Oxford 2005, S. 159–183.

Winkelmann, F., Geschichte des frühen Christentums, München 2007[4].

Wintjes, J., Das Leben des Libanius, Rahden 2005.

Wolf, P., Libanius. Autobiographische Schriften, Zürich 1967.

Wolff, H.J., Doctrinal trends in postclassical Roman marriage law, in: ZRG 67 (1950), S. 261–319.

Wood, I., Incest, law and the Bible in sixth-century Gaul, EME 7/3 (1998), S. 291–303.

Yaron, R., Reichsrecht, Volksrecht and Talmud, Revue Internationale Des Droits De L'Antiquité 11 (1964), S. 281–298.

– De divortio varia, Tijdschrift voor Rechtsgeschiedenis 32 (1964), S. 533–557.

Zeitlin, S., Testamentary Succession. A Study in Tannaitic Jurisprudence, The Jewish Quaterly Review 75 (1967), S. 574–581.

Ziegler, A.K., Church and state in Visigothic Spain, Washington 1930.

Quelleneditionen und -übersetzungen:

Pritchard, J.B., Ancient near eastern texts, Princeton 1969.
Seckel, E. u. Huschke, P, Iurisprudentiae Anteiustinianae Reliqiuas I / II, Leipzig 1988.
Rauschen, G., Frühchristliche Apologeten und Märtyrerakten Band I, Aus dem Griechischen und Lateinischen übersetzt, München 1913.
Leitl, J., Frühchristliche Apologeten Band II, Aus dem Griechischen übersetzt, München 1913.
Schmeling, G, Historia Apollonii regis Tyri, Leipzig 1988.
Kortekaas, G.A.A., Historia Apollonii regis Tyri, Groningen 1984.
Apuleius, Der Goldene Esel, lat.-dt., herausg. und übers. von E. Brandt und W. Ehlers, Zürich 1998.
Artemidor von Daldis. Traumbuch, übers. von F.S. Krauss, hg. von M. Kaiser, Basel 1965.
Augustinus, Epistulae CI-CXXXIX, hg. von K. D. Daur, Turnhout, 2009.
Augustinus, Epistolae ex duobus codicibus nuper in lucem prolatae, hg. von J. Divjak, Wien 1981.
Augustinus, Der Nutzen des Fastens, übertr. und erl. von R. Arbesmann, Würzburg 1986.
Saint Augustin, Letters VI (1–29), übers. von R. Eno, The fathers of the Church. A new translation 81, Washington 1989.
Avitus of Vienne, Letters and Selected Prose, übers. von D. Shanzer and I. Wood, Liverpool 2002.
Basil, Letters, Volume I-IV, with a translation by. R. J. Deferrari, Cambridge 1972 ff..
Des heiligen Kirchenlehrers Basilius des Grossen ausgewählte Schriften, übersetzt von J. Kösel, München 1925.
Die Bibel oder die Heilige Schrift des Alten und des Neuen Testaments. Revidierter Text 1975, Stuttgart 1979.
Catull, Gedichte, lat.-dt., ediert von W. Eisenhut, München 1986.
Cicero, Die Prozessreden, Band I, lat.-dt., herausg. und übers. von M. Fuhrmann, Zürich 1997.
Cicero, Topica, lat.-dt., herausg. und übers. von K. Bayer, München 1993.
Columella, Buch eines Unbekannten über Baumzüchtung, Band II, lat.-dt., herausg. und übers. von W. Richter, München 1982.
Hartmann, W., Monumenta Germaniae Historica. Concilia IV, Hannover 1998.
Jedin, H. (Hg.), Conciliorum Oecumenicorum Decreta, Freiburg 1962.
Corpus Christianorum. Series Latina, Turnholti (Turnhout) 1953 ff..
Corpus Iuris Civilis, Band II, lat.-dt., übers. und herausg. von O. Behrends u.a., Heidelberg 1995.
Corpus Iuris Civilis. Institutiones. Digesta. Codex Iustinianus. Novellae, hg. von P. Krüger u. Th. Mommsen, Hildesheim 1895.
Corpus Scriptorum Ecclesiasticorum Latinorum. Editum consilio et impensis Academiae Litterarum Caesareae Vindobonensis, Wien 1866 ff..
Achelis, H. u. Flemming, Joh., Die ältesten Quellen des orientalischen Kirchenrechts. Die syrische Didaskala, Leipzig 1904.
Einheitsübersetzung der Heiligen Schrift, Stuttgart 1980.
Euripides, Sämtliche Tragödien und Fragmente, Band I, griech.-dt., übers. von E. Buschor, herausg. von A. Seeck, München 1972.
Firmicus Maternus, Die acht Bücher des Wissens. Matheseos Libri VIII, eingeleitet und kommentiert von R. Stiehle, Tübingen 2008.
Firmicus Maternus, Matheseos libri VIII, herausgegeben von W. Kroll u. F. Skutsch, Stuttgart 1968.
Gaius, Institutionen, herausg., übers. und komm. von U. Manthe, Darmstadt 2004.

Heliodor, Die Abenteuer der schönen Chariklea. Ein griechischer Liebesroman, übertr. von R. Reymer, Zürich 1950.
Hieronymus, Epistolae, hg. u. übers. von J. Labourt, 8 Bde., Paris 1949–1963.
Horaz, Oden und Epoden, lat.-dt., herausg. und übers. von G. Fink, Düsseldorf 2002.
Hygin, L'astronomie, franz.-lat., hg. u. übers. von A. Le Bœuffle, Paris 1983.
Isidori Hispalensis Episcopi Synonyma, hg. von Elfassi, J., Turhout 2009.
Isidori Hispalensis Episcopi Etymologiarum sive Originum Libri XX, hg. von W.M. Lindsay, Oxford 1911.
Iurisprudentiae anteiustinianae reliquias, herausg. von P. Huschke, Leipzig 1988.
Juvenal, Satiren, lat.-dt., herausg. und übers. von J. Adamietz, Zürich 1993.
L. Caeli Firmiani Lactanti Opera Omnia, Libri de opificio die et de ira die, hg. von S. Brandt, Wien 1893 (1965).
Des Lucius Caelius Firmianus Lactantius Schriften, übersetzt von A. Hartl, München 1919.
Libanios, Briefe, gr.-dt., herausg., übers. u. erl. von G. Fatouros und T. Krischer, München 1980.
Gibson, C., Libanius' Progymnasmata. Model exercises in Greek prose composition and Rhetoric, Atlanta 2008.
Martial, Epigramme, übers. von R. Helm, Zürich 1957.
Correns, D. (Hg.), Die Mischna. Das grundlegende enzyklopädische Regelwerk rabbinischer Tradition, Wiesbaden, 2005.
Ovid, Heroides and Amores, lat.-engl., by G. Showerman, London 1963.
Ovid, Amores, lat.-dt., herausg. von W. Marg und R. Harder, München 1992.
Ovid, Liebesbriefe, lat.-dt., herausg. und übers. von B. Häuptli, Zürich 1995.
Ovid, Metamorphosen, lat.-dt., herausg. von N. Holzberg, übers. von E. Rösch, Zürich 1996.
Ovid, Fasti, lat. – dt., übers. und herausg. von N. Holzberg, Düsseldorf 2006.
Migne, J. P., Patrologiae cursus completus. Patrologia Latina, Paris 1841 ff..
Migne, J. P., Patrologiae cursus completus. Patrologia Gaeca, Paris 1857 ff..
Philostratos, Das Leben des Apollonios von Tyana, griech.-dt., herausg. und übers. von V. Mumprecht, Zürich 1983.
Plautus, Komödien, Band V, lat. – dt., herausg., übers. und komm. von P. Rau, Darmstadt 2008.
Plinius, Naturalis historia, Buch VII, lat.-dt., herausg. und übers. von R. König, München 1975.
Plinius, Briefe, lat.-dt., hg. von H. Kasten, München 1984.
Plinius, Naturalis historia, Buch XVII, lat.-dt., herausg. und übers. von R. König, Zürich 1994.
Plinius, Naturalis historia, Buch XIV und XV, lat.-dt., herausg. und übers. von R. König, Zürich 1981.
Plutarch, Große Griechen und Römer, Band VI, übersetzt von K. Ziegler, Zürich 1965.
Prokop, Anekdota, gr.-dt., übers. von O. Veh, Stuttgart 1961.
Properz, Liebeselegien, lat.-dt., herausg. und übers. von G. Luck, Zürich 1996.
Quintilian, The lesser declamations, Bd I und II, lat.-engl., transl. by B.D. Shackleton Bailey, London 2006.
Seneca, Sentenzen, Einteilungen, Färbungen von Rednern und Redelehrern, übers. von E. und O. Schönberger, Würzburg 2004.
Seneca, Declamations in two Volumes, lat.-engl., Bd I, übers. von M. Winterbottom, London 1974.
Thomann, T., Seneca. Sämtliche Tragödien, Band I, Stuttgart 1961.
Sextus Pompeius Festus, De verborum significatu quaesupersunt. Cum Pauli epitome, hg. von L. Wallace, Stuttgart 1997.
Sidonius Apollinaris. Texte établi et traduit par André Loyen. 3 Bände, Paris 1960–1970.
Sidonius, The Letters of Sidonius, übers. von O.M. Dalton, 2 Bände, Oxford 1915.

Silius Italicus, Punica, lat.-dt., übers. von H. Rupprecht, Mitterfels 1991.
Statius, Silvae, lat.-engl., hg.. u. übers. von D.R. Shackleton Bailey, Cambridge 2003.
Der Babylonische Talmud, ins Deutsche übersetzt von L. Goldschmidt, Frankfurt 1996.
Neusner, J., The Talmud of the Land of Israel, Vol. 22, Chicago 1985.
Theodori Studitae Epistulae, Pars Prior, hg. von Georgios Fatouros, Berlin 1991.
Theodosiani Libri XVI cum Constitutionibus Sirmondianis, hg. von P. Krüger u. Th. Mommsen, Berlin 1962.
Leges novellae ad Theodosianum, hg. von P. Meyer u. Th. Mommsen, Berlin 1962.
The Theodosian Code and novels and the Sirmondian Constitutions. A translation by C. Pharr, New York 1952.
Valerius Maximus, Memorable doings and sayings, Band II, lat.-engl., übers. u. hg. von D.R. Shackleton Bailey, London 2000.
Briscoe, J., Valeri Maximi Facta et Dicta Memorabilia, Stuttgart 1998.
Vergil, Landleben, lat.-dt., hg. von J. und M. Götte, Zürich 1995.

Personenregister

Sachregister